转变经济发展方式下的城镇化质量提升与消费结构优化耦合研究

胡若痴◎著

中国商务出版社

·北京·

图书在版编目（CIP）数据

转变经济发展方式下的城镇化质量提升与消费结构优化耦合研究／胡若痴著. —北京：中国商务出版社，2023.12

ISBN 978-7-5103-4873-0

Ⅰ.①转… Ⅱ.①胡… Ⅲ.①城市化—研究—中国②消费结构—研究—中国 Ⅳ.①F299.21②F126.1

中国国家版本馆 CIP 数据核字（2023）第 203378 号

转变经济发展方式下的城镇化质量提升与消费结构优化耦合研究

胡若痴◎著

出版发行：中国商务出版社有限公司

地　　址：北京市东城区安定门外大街东后巷 28 号　邮　　编：100710

网　　址：http://www.cctpress.com

联系电话：010—64515150（发行部）　　010—64212247（总编室）
　　　　　010—64515164（事业部）　　010—64248236（印制部）

责任编辑：云　天

排　　版：北京天逸合文化有限公司

印　　刷：宝蕾元仁浩（天津）印刷有限公司

开　　本：787 毫米×1092 毫米　1/16

印　　张：23　　　　　　　　　　　字　　数：340 千字

版　　次：2023 年 12 月第 1 版　　　印　　次：2023 年 12 月第 1 次印刷

书　　号：ISBN 978-7-5103-4873-0

定　　价：89.00 元

目　录

第1章 绪 论

1.1 研究背景

1.1.1 国际形势日趋严峻复杂，须更坚定地实施内需拉动战略

自 2018 年中美贸易争端以来，我国经济发展所面临的外部风险不断加大，贸易保护主义抬头，逆全球化趋势初现，尤其是新冠疫情给全球经济带来巨大的负面影响，更使得我国经济发展面临着种种不确定性。外需持续萎缩，世界经济政治格局正发生深刻变化，过去靠外需拉动经济增长的发展模式难以为继。

第一，全球经济持续低迷、新冠肺炎疫情加剧萧条，外需持续萎缩。新冠疫情之前，全球经济已经陷入低迷状态，一直未能完全走出 2008 年金融危机的影响；而当疫情在全球范围内暴发以后，世界各国相继出台封城、禁止外出等隔离措施，严重影响了经济发展，需求严重减少，消费市场呈现断崖式下滑，全球经济衰退加剧。与此同时，俄乌冲突对许多经济体产生了较大冲击，多国央行大幅加息以抑制通胀，全球金融环境的收紧也将阻碍经济复苏。当前全球经济增长面临极大不确定性，经济增长的下行风险大幅增加。国际货币基金组织 2023 年 4 月发布的《世界经济展望报告》中预计 2023 年

全球经济增长率为2.8%。

第二，全球化政策倒退，许多国家贸易保护主义抬头、单边主义加剧。从英国脱欧公投到2016年特朗普当选美国总统并开始大力推行保护主义，直至拜登政府上台以来推出的包括"买美国货"在内的各种贸易保护主义法案，使得全球化进程极大受阻。同时，以美国为首的发达国家开始退出各种全球性组织，导致全球治理机制受损。中国经济的跨国发展遭受打压，西方发达国家阵营对中国的高科技公司开始实行不合理的制裁，而印度国内兴起的民族主义开始抵制中国制造、"一带一路"共建国家中部分项目的推迟和债务违约，都制约了中国在不同经济发展水平国家的发展，国际社会上的保护主义和单边主义行为增加了我国经济所面临的外部风险。

第三，中美关系日趋紧张，多领域矛盾摩擦不断。在贸易领域，双方近年来愈演愈烈的关税战导致进出口业务下滑。在政治方面，近年来美方在西藏、新疆、台湾、香港等问题上屡屡干涉我国内政，出台各项不友好的对华政策；新冠疫情以来，中美关系陷入一轮低潮，美方极力阻碍中方发展，军事、外交、科技、教育文化等多个领域都出现了挑衅、打压中国的事件。现阶段中美矛盾的复杂性和长期性为中国经济发展和世界经济发展前景增加了不确定性，外部性风险不断上升。

第四，高标准经贸规则遭遇阻碍，利己主义抬头，中间产品贸易萎缩，国际投资加速下滑。新冠疫情暴发后，某些国家出现推脱责任、指责他国、以邻为壑的非理性行为，阻碍我国与其他国家加强国际技术合作；疫情中出现的民族主义和排华情绪都对我国的贸易和投资造成不同程度的影响。各国在经济全球化上较难取得共识，导致高标准的国际经贸规则的建立受阻，全球经济治理陷入困境。

第五，全球产业链面临重构。疫情之下，全球供应链遭受重创，越来越多的国家注重产业链的"安全性"，从安全角度布局产业链、供应链，避免因链条过长带来的风险，全球产业链分工模式面临调整。很多发达国家的公司工厂回流，并将中国国内的供应链转移到东南亚和印度等国，虽然中国目前的配套基础设施和工业上下游供应链制造门类齐全，但是外资脱逃中国、产业链转移的风险仍存在，为我国经济发展增加了不确定性。

1.1.2　扩大内需是我国经济发展的长期重要战略

1997 年亚洲金融危机爆发，面对国内外经济风险冲击加剧，1998 年中共中央、国务院发布《关于转发〈国家计划委员会关于应对东南亚金融危机，保持国民经济持续快速健康发展的意见〉的通知》，提出"立足扩大国内需求，加强基础设施建设"以应对金融危机带来的影响[①]；1998 年底，面对亚洲金融危机所导致的外需严重减少，江泽民总书记明确指出"扩大国内需求、开拓国内市场，是我国经济发展的基本立足点和长期战略方针"[②]，至此，扩大内需开始成为我国应对各种风险挑战、保持经济活力的一项长期坚持的战略方针。

2002 年党的十六大上，胡锦涛总书记再次强调"坚持并不断完善扩大内需的方针"[③]，改善我国贸易顺差较大易引起贸易摩擦的局面；2007 年，党的十七大指出"坚持扩大国内需求特别是消费需求的方针，促进经济增长由主要依靠投资、出口拉动向依靠消费、投资、出口协调拉动转变"[④]，要逐步实现消费成为拉动经济增长的主要动力，党中央高度重视扩大内需战略，加强国内自主创新能力，加快调整国民收入分配差距，增强城乡居民消费能力，加快城乡一体化建设，重视民生问题，等等，在实践中不断完善并优化扩大内需战略。2008 年，为了应对全球金融危机，党中央提出"把扩大内需作为保增长的根本途径"，开展"四万亿"计划、"家电下乡补贴"等政策完善国内消费环境、刺激国内消费需求，以应对金融危机造成的冲击。2012 年，党的十八大指出"要牢牢把握扩大内需这一战略基点，加快建立扩大消费需求长效机制，释放居民消费潜力，保持投资合理增长，扩大国内市场规模"。

---

① 资料来源：1998 年《关于转发〈国家计划委员会关于应对东南亚金融危机，保持国民经济持续快速健康发展的意见〉的通知》。

② 资料来源：1998 年 12 月召开的中央经济工作会议。

③ 资料来源：中共十六大报告。

④ 资料来源：中共十七大报告。

转变经济发展方式下的城镇化质量提升与消费结构优化耦合研究

扩大内需战略逐渐开始注重居民的消费升级，2017 年，党的十九大首次提出深化供给侧结构性改革，从供给侧提出扩大内需的方案；扩大内需战略不仅仅关注由生产过剩所导致的总需求不足，还需注重供给端的升级，实现低水平的供给转向高水平的供给，迎合国内的消费结构升级，扩大内需，满足人民对美好生活的愿望。2022 年，党的二十大提出要坚持以推动高质量发展为主题，把实施扩大内需战略同深化供给侧结构性改革有机结合起来，增强国内大循环内生动力和可靠性，提升国际循环质量和水平。同年 12 月，中共中央、国务院发布的《扩大内需战略规划纲要（2022—2035 年)》和《"十四五"扩大内需战略实施方案》指出，必须坚定实施扩大内需战略、培育完整内需体系，要打好宏观政策、扩大需求、改革创新和防范化解风险组合拳，把实施扩大内需战略同深化供给侧结构性改革有机结合起来。

扩大内需战略自 1998 年确立以来，国内不断出台各项政策措施，使得内需增长较快，对经济增长的贡献率甚至在 1998 年达到 88.7%。从 2001 年我国加入世界贸易组织后，外部需求暴增，带动国内供给市场发展，经济进入高速发展阶段，外需和投资逐步主导经济发展，但我国一直高度重视扩大内需战略，2001—2021 年消费对经济增长的贡献呈现逐年上升的趋势，并逐渐占据主导地位。尤其是党的十八大以来，消费基础性作用持续强化，根据国家统计局公布的数据显示，最终消费支出占国内生产总值的比重持续 11 年保持在 50% 以上。2021 年，最终消费支出对经济增长的贡献率为 65.4%，拉动 GDP 增长 5.3 个百分点，是拉动经济增长的第一驱动力。

近年来，我国经济发展面临的外部风险不断加大，中央政府 2020 年工作报告提出坚定实施扩大内需战略，将国内过剩的外部供给转化至国内的消费市场，并出台各项调控政策促进国内消费复苏。2020 年 7 月，在中共中央政治局会议上习近平总书记指出，"牢牢把握扩大内需这个战略基点，大力保护和激发市场主体活力""要以新型城镇化带动投资和消费需求，推动城市群、都市圈一体化发展体制机制创新"。以深化供给侧结构性改革为主线，保持扩大内需战略方针，以新型城镇化建设带动消费结构升级，激发国内消费市场活力，推动经济高质量发展。这次会议还提及了我国经济发展将加快形成

"以国内大循环为主体、国内国际双循环相互促进的新发展格局"。中央政府2022年工作报告提出，要坚定实施扩大内需战略，推进区域协调发展和新型城镇化。畅通国民经济循环，打通生产、分配、流通、消费各环节，增强内需对经济增长的拉动力。扩大内需和新型城镇化建设是进行国内大循环的重要抓手，是国内大循环能否成功畅通的关键。目前，我国拥有世界上规模最大、门类最全、配套最完备的制造业体系，是全球唯一拥有联合国产业分类目录中所有工业门类的国家，拥有较为完善的供给端；在需求端市场，通过新基建和新型城镇化建设的投资提供产业发展基础并创造消费新场景，尤其是新型城镇化的高质量建设释放了国内大量潜在消费人群和消费需求，作为内循环的一大抓手，新型城镇化建设在未来仍需继续着力发展，保持内循环的畅通。在国内国外双循环的背景下，我国可以通过数字化生产和新一轮科技革命达到产业升级。随着经济发展质量的不断提升，中产阶层人群逐渐增多并且呈现良好发展，使得国内消费市场迎来多元消费时代，从而带来消费升级，逐步与国内供给达到均衡，实现国内经济内循环的畅通，成功实现经济的高质量增长。

1.1.3 我国经济正处在加快转变发展方式、优化经济结构、转换新旧动能的关键期

1.1.3.1 加快转变经济发展方式的紧迫性

改革开放之初，我国经济发展水平比较落后，为了解决人民的温饱问题和改善基本生存环境，政府集中于向短期经济增长发展，盲目地追求 GDP 指标，并且以环境破坏、资源的低效利用、劳动力成本的低廉为代价换取经济增长，形成了粗放型经济增长方式，虽然使得 GDP 迅猛增长，国内经济实力大幅提升，工业化和城镇化初具规模，但也造成了许多生态环境被破坏，国内财富分配不均，人与自然失衡的局面，经济发展模式亟须改变。之前我国的快速经济增长是建立在地大物博、资源丰富的原料出口以及大量的农村低廉劳动力之上的，这种增长模式虽然带动了我国整体经济增长，但也导致了

环境问题频出，可持续发展遭遇质疑。且随着我国经济实力的增强，劳动力成本已经失去了原来的竞争优势，适宜出口导向型增长战略的基础已经不复存在了。另外，依靠外需的经济增长使得我国经济对外依赖度很高，随着经济全球化的深入，国际上的一点风吹草动都会使我国的经济增长遭遇困境。这种发展方式还会加剧我国的区域发展不平衡，加剧我国宏观经济的内外失衡。而长期的国际收支顺差使得我国承受了越来越重的通货膨胀压力，对泡沫经济的预期更加抑制了居民的消费欲望。出口导向型经济还使得我国面临越来越多且愈演愈烈的贸易摩擦。这不仅影响我国的外贸出口额，而且使得我国的企业遭遇各种惩罚措施，无暇研发创新，这对一个企业乃至一个外贸型的国家都是沉重的打击。在严峻的环境下，我国经济要保持持续高速的增长，就必须扩大内需，依靠国内消费来为经济增长助力，通过城镇化创造需求、扩大消费就是一条必经之路。[①] 因此，2007 年 9 月，胡锦涛总书记首次提出转变经济发展方式，10 月，党的十七大报告提出要加快转变经济发展方式的战略任务，至此，加快经济发展方式转变上升为国家战略。

目前，中国经济已由高速增长阶段转向高质量发展阶段。2022 年，党的二十大报告指出，要统筹稳增长、调结构、推改革，加快转变发展方式，不搞粗放型发展。为了实现经济高质量发展，必须加快落实国内经济发展方式的转变，逐步将经济的"质"和"量"放到同等重要的位置，其突出特点是从关注经济规模和增长速度转向关注增长的质量和社会效益，从地区性经济发展、局部产业的发展转向区域整体性发展和产业一体化协同发展，逐步提升全要素生产率，加大经济发展中科技创新的成分，不断改革优化国内经济政策，扩大改革开放并逐步完善相关法律法规，政府将经济的主导作用移交市场并居于幕后实行宏观调控，协调城乡区域发展和制度安排，并加快实行新型城镇化建设，高质量发展要求加快转变经济发展方式。

---

① 李茜. 城市化拉动消费增长的国际比较及对我国的借鉴［D］. 北京：对外经济贸易大学，2014：1.

1.1.3.2 供给端和需求端的良性循环是加快经济新旧动能转换的关键

第一，供给端实行真正的改革和升级离不开需求市场的拉动，在新旧动能转换的进程中，世界经济形势也在发生变化，国内的消费人群构成也在发生变化，改革开放以后出生的人群逐渐成为消费的中坚力量，由于这代人的成长环境正是我国经济腾飞的四十年，因此，这部分消费人群的消费观念与习惯随着经济条件的变好而不断提升，对产品质量的要求更高并且能承受相对较高的价格，同时不少群体贷款性消费上升，如花呗的流行、信用卡业务的上升等都能反映出这种新的消费现象。新的需求市场，为供给端的创新提供支撑，国内提供的相关服务还有很大的提升空间，需求端提出的新需求必须引起相关供给端产业的重视，通过供需的均衡匹配推动新旧动能的转换。不少群体不再仅满足于国内便宜但是质量不够优良的产品，而转向国外市场消费，尤其是毒奶粉事件、去日本买马桶盖事件等的出现，体现出了国内的相关企业仍然没有适应这种新旧动能的转变，并未重视产品的创新和质量的提升，造成供给端和需求端不匹配，供给的产品量很多，但是质并没有满足需求端，因此通过达到供给端和需求端的良性循环可以促成新旧动能的转换。

第二，新型城镇化质量提升带来的巨大消费市场。新型城镇化建设带来了大量农业人口的转移，逐步释放内需促进消费结构升级，是供给端和需求端实现良性循环的重要一环。城镇化是拉动经济增长的一个重要动能，通过提升新型城镇化质量，为庞大的潜在消费人群提供更好的消费环境，催生出城镇居民在教育、旅游、文化、休闲娱乐、保健等服务领域的需求，形成需求端的消费集聚效应，激发国内消费市场更多需求，为供给端提供规模生产优势，并且刺激供给端通过产业升级、加强科技创新来培育新动能，淘汰落后的旧动能，满足日渐增长的服务需求，促使新旧动能的转换，加快经济增长方式的转变。

1.1.4　新型城镇化是推动我国经济高质量发展的重要引擎

1.1.4.1　从国际经验看城镇化进入中后期阶段的发展规律

纵观发达国家的城镇化进程，大致分为三个阶段，城镇化初期、中期和后期，每个阶段具有不同的特点。城镇化初期，农业比重大，农村人口占大多数，生产水平效率低，以简单加工型工业为主，而其中主要的消费产品比较单一，主要是农产品及日用品销售，消费结构不高。城镇化中期，出现繁荣与问题共存、效率与公平失衡的特征，国际发达国家面临诸多生态问题和社会矛盾。首先，高能耗、高污染的城市发展状态贯穿发达国家整个城镇化中期，因此产生的噪声污染、固体废弃物污染、空气污染等严重危害居民的公共健康，使人居环境恶化。比如，英国的"毒雾"事件、德国莱茵鲁尔工业区的"强逆温层"。其次，在人口大迁徙的过程中，城乡差距扩大，城市居民生活成本高昂。比如，美国在大规模城市推进过程中，大量农村人口和资源涌入城市，乡村资源和经济出现前所未有的冲击和衰退；日本国土面积狭小而人口众多，在极度追求城市化的过程中曾出现著名的三次地价上涨，导致房价飞涨的局面。最后，城市资源承载能力有限，在城市化极度追求效率的同时，社会资源分配不公平较为明显，城市社会呈现空间分化现象，进而出现了大量的社会矛盾。比如，美国严重的种族歧视、古巴西的"贫民窟"、英国的"棚户区"等，导致城市安全事件频发，城市犯罪率不断攀升，严重影响了城市的公共治安。城市化率基本达到70%时进入后期，发展速度逐渐放缓，更加注重城市化内涵和质量的提升。首先，发达国家借助科技革命产生的新技术，在全球范围内优化产业布局，实现了从重工业到轻工业再到服务业的转型，服务业在三次产业中的比重逐渐攀升，消费成为拉动经济增长的主导模式，城市总体环境得到改善。其次，在城市的空间布局上，更加注重城乡和区域的科学、集约和协调发展，经历了城市化、逆城市化和再城市化的发展历程，城市扩容的同时更加注重内部功能的优化，使城市的宜居水平不断提升。最后，在城市治理上更多地体现为政府政策制度的转型，以多元主体共治的模式取代"精英管理"模式，缓解城市拥堵、降低城市犯罪率等，有效化解社会矛盾，维护城市公共安全。在不断转型的基础上，已进入成熟阶段的发达国家呈现出了相对良好的城市状态。

从 1978 年到 2022 年，我国城镇化率逐步上升，从 1978 年的 17.92% 增加到 2022 年的 65.22%①，40 余年间翻了 3.6 倍，标志着我国新型城镇化建设取得显著效果、进入了中后期阶段，国际上许多地方的城镇化建设为我国提供了丰富的经验和教训。未来，我国新型城镇建设要一直明确"以人为核心"，达到"人"与"城"的和谐，党的十九大报告更是指出，要满足人民群众对美好生活的向往，人是新型城镇化建设的核心和根本，城镇化是实现更加美好生活需求的途径，因此，新型城镇化建设要满足人民对美好生活的向往。人民对美好生活的向往直接体现在消费需求上，不再仅仅满足于生存型消费，发展型消费和享受型消费开始占据主流，而"以人为本"的城镇化建设更是要迎合这一消费结构升级，增强城市消费功能，加快建设消费型城市，提升城市化整体质量水平，使得新型城镇化建设成为我国经济高质量发展的重要引擎。

党的二十大报告提出，深入实施新型城镇化战略、着力推进城乡融合，我国的新型城镇化建设主要呈现如下新特点。

第一，以县域为载体加快推进新型城镇化建设。县域是我国城镇体系的重要组成部分，是城镇化建设的重要载体，对于推进新型城镇化意义重大。县域城镇化阶段是新型城镇化高质量发展的新阶段，强调县域统筹、城乡一体化发展。近年来，我国不同县域根据当地发展实际，因地制宜补齐县域发展短板，增强县域综合承载能力，极大提升了本地区新型城镇化建设质量。东部沿海县域大力推动城市更新，更好地满足了经济社会发展需要和人民群众需求；中西部县域全力打通基础设施"最后一公里"，并完善公共服务设施建设，进一步提升了新型城镇化水平。

第二，以数字化赋能新型城镇化建设。近年来，大数据等新一代信息技

---

① 数据来源：国家统计局。

术的迅猛发展为新型城镇化建设带来了重大机遇，众多城市一方面根据产业发展实际，积极推进产业数字化，为新型城镇化建设提供支撑；另一方面根据城市发展需要，适当布局并推进新型基础设施建设，并对传统基础设施进行数字化改造，为新型城镇化建设的持续推进提供了保障。

第三，以绿色引领新型城镇化建设。坚持生态优先、绿色发展是新型城镇化建设的重要遵循。在"双碳"背景下，各层级城市坚持绿色发展理念，着力推动经济社会绿色转型发展，在实现促进生态保护和经济发展双赢的过程中提升了新型城镇化建设质量。

1.1.4.2　新型城镇化是扩大内需、推动供给侧改革的重要动力

2012 年 12 月，中央经济工作会议指出，在今后的工作中要积极稳妥推进城镇化，并且在稳步推进的过程中重点提升城镇化建设质量。[①] 新型城镇化建设是我国刺激内部巨大潜在需求的重要方式，是推动我国实现供给侧结构性改革的重要动力，是完成我国经济发展方式转变的必经之路。1978—2022 年我国城镇化建设一直呈现上升趋势，2022 年我国城镇化率达到 65.22%，通过加大新型城镇化建设，带动消费需求上涨，我国社会消费品零售总额从 1978 年的 1558.6 亿元增长到 2022 年的 439733 亿元[②]，城镇化率表现出显著的上升趋势，反映出在加大城镇化建设下的消费品销售额的极大扩张，国内消费规模正日渐增长，在新型城镇化建设下，广大农民工等流动人口进城享受城市红利扩大内需市场，增加国内消费市场规模，并带动第三产业发展，推动供给侧改革。我国的资本形成率（投资率）在四十年间呈现缓慢上升的态势，与城镇化率上升趋势相符，通过城镇化基础设施建设创造工业品需求，带动第二产业发展，城镇化质量提升带来的消费结构升级推动供给侧改革，优化第二、第三产业的发展，从而实现经济的高质量发展。城镇化率与投资率和社会消费品零售总额在 1978—2022 年呈现明显的上升趋势，可以看出，新型城镇化是我国扩大内需、推动供给侧改革的重要动力。

---

① 资料来源：2012 年 12 月中央经济工作会议。
② 数据来源：国家统计局。

新型城镇化建设蕴含着巨大的内需潜力，首先，新型城镇化的核心是人口的城镇化，而我国是一个拥有 14 亿多人口的大国，城镇化率每增加一个百分点，就意味着有近 1400 万人口从农村转入城市，并将释放巨大的衣、食、住、行等方面的消费，同时在城市居民"示范效应"的影响下，农村转移人口的消费转为城市消费，消费结构不断优化升级。其次，人口城镇化的过程必然带动教育、医疗、金融、保险、物流、旅游、餐饮等多个服务业的发展，也会带动交通、水利等重大工程建设和投资，进而带动多个相关工程建设的发展。最后，我国地大物博、物产丰富，经济发展不平衡，无论从市场容量还是未来发展上，内需潜力都非常大。新型城镇化的提升能够从空间上打破区域、省域和城乡之间的市场分割，清除国内市场在生产、分配、流动和消费各环节的阻碍因素，提高资本、人才、土地、信息等生产要素的市场化配置，加强要素的自由流动，实现市场的供需平衡和资源的优化配置，充分发挥市场的动力机制，形成循环、统一的国内市场。另外，新型城镇化质量的提升能推动我国新基建和新兴产业的发展，在城市产业聚焦于人工智能、大数据、5G、物联网、区块链等领域，使城市探索供给模式变更的同时，加快培育智慧物流、电子商务等新的消费业态，助力"消费下沉""精准消费"和"精致消费"释放更多的消费潜力。

1.1.4.3　新型城镇化质量提升仍面临系列问题

第一，城镇化建设中存在的短板与弱项。本次新冠疫情不仅暴露出城市治理经验不足，对公共卫生安全事件响应不迅速的短板，也暴露出城镇化建设在公共卫生、公共服务、设施环境等方面存在不少短板。医疗服务设施和医护人员供给不足，城市人口增长的同时，政府所能提供的公共服务保障满足不了庞大的人群需求，卫生医疗管理系统在疫情来临后容易失控，人均医疗资源严重匮乏，居民的健康需求得不到保证，还会引发生存性物资的紧缺，城市的资源分配和供给体系运转艰难。社会综合治理能力存在问题，市场资源未能有效在政府引导下进行合理配置。不利于农业转移人口城镇化，对扩大内需市场存在较大阻碍。这就要求我们在后疫情时代加快城市群建设，分担大型城市的容纳压力，将过剩需求转移到邻近城市，利用中心城市的带动作用和城市群内部的需求规模效应，带动城市群内部其他城市的产业发展，满足居民消费结构升级并完善供给端改革。

第二，新型城镇化建设带来的消费外溢在大城市群里较为明显。北上广深等一线城市和京津冀、长三角、大湾区等城市群的发展越来越快，城市群内部的交通设施趋于完善，使得城市群内部中小型城市的中高端消费人群选择到大都市进行消费和生活，造成其户口所在城镇存在消费外溢效应，由于本地供给端无法在短期内匹配消费结构升级，造成这部分消费质量较高的居民流失，不利于该城镇中高端产业发展。城市群中特大城市发展的第一级门槛是房价问题一直居高不下，交通联动更加方便导致房价上涨，大城市较高的房价导致大量收入不高的毕业生等年轻型人才的生活进入困难。第二级门槛，大都市对外地人口落户限制较严格，导致人才和大量潜在的消费群体前往落户较容易的城市，落户相关政策制度严重阻碍城市的创新活力和未来的消费潜力，尤其是在老龄化社会，城市居民中年轻人的数量对未来的城市增长、消费结构升级至关重要。

第三，新型城镇化建设面临地区失衡。东部和中西部差异明显，不利于中西部消费市场的打开，不利于满足人民对美好生活的向往。东部地区有强力的产业支撑，城镇化普及率以及建设质量较高，而中西部地区经济发展相对落后，工业基础设施和产业实力薄弱，城市群、城镇化数量以及规模都较小。城镇化发展的东、中、西部差异导致人口流动较大，每年的春运浪潮可直接反映出该现象，这将导致中西部建设的新型城镇没有强有力的消费群体，对当地的消费结构提升和产业升级造成巨大隐患，使得政府负担较大，投资不见回报，经济发展缓慢。

第四，公共服务和城乡基础设施建设缓慢，城乡融合渠道不畅，公共资源分配不均。许多地方政府在进行城镇化建设时忽略"以人为本"，过度重视城镇化率等指标，进行的建设项目没有真正考虑到民生需求，棚户区拆迁引发的安置问题难以达成一致，这也导致城乡出现二元结构差异，城乡融合存在问题，大量进城农民无法享受相应的福利，城镇建设无法真正带动消费结构升级，扩大内需市场。

第五，党的十九大指出，当前需要推进农业转移人口市民化。作为拉动城市内需的重要消费群体，农民工也是城市发展最大的助力，如果不能处理好农民工的就业问题，将在一定程度上制约城市的经济发展，降低消费结构。农民工市民化要解决农民工在城市的基本生存问题，就业是最大的民生，新进城的农民工如果仅实现定居而没有转移到第二、第三产业就业，就会出现印度、拉美等国的贫民窟问题，因此，实现农民工就业群体的转移是城镇化的重要任务。为了推进农业人口转移市民化，保证新进城的农民工权益显得尤为重要，在教育、医疗、文化等公共服务上改善城乡居民的差异待遇，提升整体的幸福水平，扩大新增城镇居民对发展型消费和享受型消费的需求，真正激发新进城农民工的各项消费需求，达到城镇化扩大内需的目标。

1.1.5　消费提质升级是拉动我国经济高质量发展的重要动力

1.1.5.1　我国消费主导型经济增长模式已经逐步形成

虽然我国消费在 20 世纪 80 年代中后期、90 年代后期，以及 2001 年至 2006 年，对经济的拉动作用明显低于出口和投资，远不及近 80% 的世界平均消费率水平，但中央在 2007 年党的十七大报告中明确提出形成以消费为首、投资和出口协调共同拉动经济增长的格局。国内相继出台各种政策措施促进国内消费，尤其是从 2014 年开始，消费对 GDP 的拉动率开始稳定的大于投资，表明消费在"三驾马车"中开始占据主导地位。2013 年之后消费对经济增长的贡献率开始稳定超过投资，并处于 60% 左右[①]，2021 年最终消费支出对经济增长的贡献率达到 65.4%，成为保持经济平稳运行的稳定器与压舱石，消费占据国民生产总值的份额也逐年上升。而投资和出口对经济增长的贡献率明显落后于消费，尤其是净出口对 GDP 的贡献率则一直有正有负起伏不

---

① 　数据来源：国家统计局。

大。随着我国转变经济增长方式加快推进，国内经济正逐步迈入高质量发展阶段，其中城乡融合进程加速，城镇化建设有序展开，使得潜在消费需求稳步释放。2019 年发布的《进一步优化供给推动消费平稳增长促进形成强大国内市场的实施方案（2019 年）》强调了消费是经济发展的第一引擎。2022 年国务院办公厅发布的《关于进一步释放消费潜力促进消费持续恢复的意见》指出，消费是最终需求，是畅通国内大循环的关键环节和重要引擎，对经济具有持久拉动力，事关保障和改善民生。党的十九大报告、二十大报告更是先后提出要"增强消费对经济发展的基础性作用"。近年来，我国消费总量占GDP 总量的比重逐渐上升，2022 年我国最终消费支出超过 60 万亿元，占GDP 的比重保持在 50% 以上，消费正逐渐占据 GDP 三大支柱的主要地位，国内经济逐步迈入消费主导型模式。

1.1.5.2 消费提质升级仍存在制约因素

第一，我国的城乡居民收入差距明显。2022 年城镇居民人均可支配收入为 49283 元，而农村居民人均可支配收入为 20133 元，由消费函数理论可知，收入是决定消费水平的重要因素，而占中国人口绝大多数的农村居民收入提升对消费升级有着重要的带动作用。目前，新型城镇化建设加快了城乡居民融合，帮助部分农村居民转移就业、提高收入，拉动消费增长。但是城镇化建设也存在着短板和弱项，尤其是在新冠疫情的冲击下，农村居民收入提高的任务仍然艰巨，消费升级前景不容乐观。

第二，人口老龄化问题，导致社会负担加大、适龄劳动人口减少，消费升级受到制约。截至 2022 年底，16～59 岁劳动年龄人口仅有 87556 万人，而65 岁及以上人口达到 20978 万人，65 岁以上老年人口占比达 14.9%，相比2010 年的 11894 万人翻了接近一番。① 随着计划生育政策导致的新生人口增速放缓，近二十年来中国老年人口呈现稳步增长趋势，而 0～14 岁人口有下滑趋势，社会老年人口占比增大，正在进入老龄化时代，进而导致我国经济活力

---

① 数据来源：国家统计局。

下降。其中，老年人口增多促进了医疗、保健、养老、旅游等服务产业的发展，但目前我国在这方面的发展较为滞后，新型城镇化建设在医疗基础设施建设这块存在短板，导致城镇医疗服务难以跟上日渐增多的老年人口的消费需求，成为影响消费制约的重要因素。

第三，在新型城镇化建设进程中，大量的流动人口选择在城市安居乐业，首要的便是对住房的需求。新型城镇化进程推进带动了房地产市场消费，但日益高企的房价同时也加剧了家庭债务，严重影响居民的消费愿望和消费能力。特别是消费能力最强的年轻人，由于对住房的刚需，导致家庭大部分的储蓄用来支付房子的首付，收入的大部分则要用于偿还债务，挤出了其他发展型和享受型的消费。被房债困住的这部分潜在消费群体将是我国消费结构升级的中坚力量，但是目前来看，这部分潜在的消费需求受困于长期的债务，而无法实现消费的升级。

第四，供给端短期内无法提供高品质的产品和服务来满足消费升级。目前我国存在供给过剩，其中供给端的许多产品已经落后于国内升级的消费需求，仅靠拉动内需无法达到供给均衡。因此，国内不少对高品质的产品和服务有需求的群体转而去海外消费市场寻求满足，尤其是新型城镇化建设带来的消费端群体增加，有更多的群体开始寻求除了生存型需求之外的发展型需求和享受型需求，这也迫使更多的产业开始进行转型升级，提高品质和服务，但是短期内供给缺口大的局面较难改善。

第五，消费升级降级并存，需与城镇化深度融合激发消费潜力。随着人均国民收入稳步上升，国民幸福指数也在提升，使得我国居民对消费品的种类和质量需求日渐提高，消费升级明显。但是，目前国内有些现象也反映出消费降级，比如，主打低价产品的拼多多在已接近饱和的电商市场迅速崛起反映出大部分国人对低价产品的喜好，拼多多凭借价格低廉以下沉式策略迎合中小型城镇以及农村大量潜在的消费需求，低价产品销量暴增的背后反映出一定的消费降级现象。因此可以看出，国内目前存在消费升级和消费降级并存的现象，需要加快推进城乡融合、注重县城城镇化的发展，实现高质量城镇化建设，使大量的农村人口进入城镇，转移就业并提高收入，刺激潜在消费需求。着力提高中小型城市、城镇居民的生活环境质量，促进城乡深度融合，激发消费潜力，化消费降级为消费升级。

第六，2020—2022年新型冠状病毒感染周期性多发频发，居民消费及消费结构受到巨大的冲击和影响。据国家统计数据，2022年中国最终消费支出对经济增长的贡献率为32.8%，与2019年相比下降25%。疫情对居民的商品和服务消费造成了较大的冲击，2021年的中央经济工作会议首次提出中国经济发展面临"需求收缩、供给冲击、预期转弱三重压力"，其中需求收缩重点表现为消费需求的恢复偏缓。疫情后的消费复苏是一个循序渐进的过程，尤其是在当下，制约消费的因素较多，经济恢复的基础尚不牢固，需求收缩、供给冲击、预期转弱三重压力仍然较大，如何让消费者敢消费、愿消费，仍需要打出更精准、更细化的政策"组合拳"。

2022年以来，中央出台多项政策大力提振消费。着力扩大国内需求，推动消费尽快恢复，强化消费基础性作用，正是当前经济工作的重要着力点。中共中央、国务院印发的《扩大内需战略规划纲要（2022—2035年)》指出，要坚定实施扩大内需战略、培育完整内需体系，将促进消费投资，内需规模实现新突破。作为"十四五"时期实施扩大内需战略的主要目标，带动消费的基础性作用进一步增强。2023年政府工作报告指出，要着力扩大国内需求，把恢复和扩大消费摆在优先位置，并进一步明确，稳定汽车等大宗消费，推动餐饮、文化、旅游、体育等生活服务消费恢复。同时，商务部将2023年确定为"消费提振年"，将3月确定为"全国消费促进月"。以消费为牵引实现人财物有序流动、产供销有机衔接、内外贸有效贯通，亿万消费者的"购物车"将继续稳步拉动中国经济的"基本盘"。这不仅需要消费券等真金白银的财政政策举措，还需要用好用足其他宏观政策工具，通过有效减税降费、优化营商环境、激发消费热点、促进消费升级等方式进一步提振消费需求，发挥消费引领拉动作用。

基于上述背景，本书认为分析新型城镇化质量提升、消费结构优化升级和经济发展方式转变之间的相关性，通过促进二者，进而促进三者的耦合协调发展，是当前一个重要的理论研究课题，具有鲜明的时代意义。对提升城市品质、统筹城乡发展、发挥乡村居民的消费潜力具有重要的现实意义，对满足人民基本生存需求转变为对更加美好生活向往需求的愿望具有指导性作用，为解决不平衡不充分发展之间的矛盾提供更加科学和合理的政策建议。

1.2 研究意义

1.2.1 理论意义

第一，为推进多领域、跨学科的交叉性多维理论架构研究提供了拓展性探索，丰富了相关理论研究。本书属于跨学科研究，主要涉及消费经济学和城市经济学两个学科领域的内容，将两个学科的理论有机结合，探索交错的理论领域、契合点，这对于丰富消费经济和城市经济的理论，具有重要意义。而且，由于城镇化、消费和经济发展方式均是高度综合复杂的问题，本课题突破传统的消费理论和城镇化理论的研究框架，尝试运用海派经济学的学术风格，综合运用经济地理学、演化经济学、社会学、人口学、发展经济学、新制度经济学、区域经济学、公共管理学、公共财政学、生态经济学、消费者行为学、市场营销学等多门学科的理论知识及最新成果，形成"多维理论架构"，从多个领域、多个角度展开多元化的分析研究。借鉴其他学科的研究思路、视角、方法，拓宽消费经济学和城市经济学的研究范畴，也使相关理论研究更加深入和细化。同时，也丰富了经济发展方式转变这一研究主题的相关理论，以往研究大都简单笼统地独立分析城镇化或扩大消费与经济发展方式转变的关系及促进路径。而本书力图通过城镇化质量提升和消费结构优化这两个更具体、更可操作的重要落脚点的有机耦合展开探析。

第二，为研究城镇化与消费的互动关系提供了新的视角和具有参考意义的理论研究框架。目前国内外学者关于城镇化、消费各自单一的理论和实证研究较为丰富并自成体系，研究范围也相对宽泛。关于城镇化和消费二者关系的研究，近十年来文献日益增多，但更多是从城镇化对消费的单向影响作用视角展开的，有部分学者虽然认为两者之间是相互促进的，但消费如何影响作用于城镇化的研究不够深入，大都浅尝辄止。而本书将研究对象聚焦于新型城镇化质量提升、消费结构优化升级，细化研究二者的互动关系、作用机理和动力机制。而且，为了使二者互动更加具有目的性，将经济发展方式转变为目标、以协调发展为切入点。目前学界少有学者对新型城镇化、消费结构和经济发展方式三者之间的关系进行研究，一般仅局限于其中两两之间相互关系的研究框架内，且协调发展的提法也甚少。本书综合采用定性与定量分析、规范与实证分析相结合的研究方法，分析城镇化质量提升与消费结构优化的协调发展和经济发展方式转变之间的促进推动作用，探究三者历史发展脉络的协调性，实证三者的耦合度以及耦合协调发展状况。以此从理论上印证了经济发展方式转变的新突破口就是二者的耦合发展，核心在消费结构优化，依托在城镇化质量提升，关键在耦合协调联动。本研究为日后学者对相关领域的探索和研究提供了具有参考价值的研究框架和理论依据。

第三，在研究方法上进行了有益的探索和尝试。本书引入耦合的概念和原理，用系统耦合的研究方法探求城镇化质量提升和消费结构优化耦合的机理、基础、动力机制、路径，将我国和其他国家城镇化质量提升与消费结构优化耦合发展的实践结合起来分析。通过国内的同一时期不同规模、类型城市以及不同省域的横向比较分析，不同阶段同一省域的纵向比较，以及不同国家的国际比较，对二者、三者关系进行理论和实证分析。

过往对于二者相互关系，较多基于 VAR 模型、LA-AIDS 拓展模型等开展实证研究，以分析某一省份或某一区域城镇化和消费增长的动态关系，城镇化对某一产业或行业的消费起到的作用，以及验证城镇化是如何通过促进消费拉动内需等。然而个别省份和区域难以体现全国的整体情况，且仅仅单向验证城镇化对消费的影响，对于二者关系的解释力往往不够充分，此外，还有复杂的外部影响因素促进或阻碍二者的协调发展。基于此，本研究将城镇化质量和消费结构优化升级二者紧密结合，不仅采用熵权法、Morans 指数、NICH 指数和交叉相关性指数的实证分析方法论证三者在时序演化、空间动态关联上都呈正相关的发展趋势，还构建了二者耦合度和耦合协调度模型，整合了影响二者耦合协调发展的内部和外部因素，并提炼出影响程度最大的因素作为驱动因子，运用面板数据模型验证了影响二者协调发展的因素，丰富了二者协调发展实证研究的方法。

第四，在研究跨度、范围上有所突破，丰富了城镇化和消费结构相关研究的理论框架。目前学界相关文献研究的时间跨度相对较短，集中在 5 ~ 20 年，尤其是发表年限较早的文献，当时指标数据不能完全体现和说明现阶段我国的经济发展状态和趋势。同时，很少有学者在文献中分别从全国、省域、区域、不同类型城市 4 个空间维度对实证结果进行综合分析。而本书选取的指标数据覆盖范围是我国 31 个省市自治区 1980 年至 2018 年的连续数据，且指标选取时既综合考虑指标选取的科学性又综合考虑指标数据的官方可得性，并综合运用实证分析法从全国、区域、省域、城市 4 个维度对实证结果进行分析说明，因此，无论是从时间范围还是空间跨度均已超越了学界现有的研究文献，大大增加了研究结论的准确性和科学性。

以往文献对于城镇化、消费结构的发展进程，有多种划分方式，但主要以单独分析各自的历程为主，鲜少有文献将二者结合分析综合的发展情况。本研究则参考了以往文献的划分方式，整合了改革开放至今消费结构和城镇化各自的发展历程，其中城镇化主要以城镇化率为依据，消费结构以恩格尔系数为依据，将二者均划分为 5 个阶段。另外，考虑到在二者发展历程中，我国经济发展方式发生了一系列的转变，需要考虑这些转变对二者发展起到的作用。因此，本书作者也通过大量文献的查阅，参考了以往研究，将改革开放以来经济发展方式的转变也划分为五个阶段，依据为不同时期的国家发展规划与政策制度，并探索了三者的协调发展程度，以及相互作用和影响的关系，为日后进一步深入探索城镇化质量提升与消费结构优化升级协调性分析完善了理论框架。

1.2.2　现实意义

城镇化质量提升和消费结构优化耦合协调发展，既是一个经济问题，又是一个社会问题，还是一个政治问题。涉及宏观方面的国内外形势、全国经济社会发展、中央政策，中观方面的区域政府、产业结构布局和区域协同发展，微观方面的城市功能定位分区和城市治理、家庭居民消费结构和消费水平、企业经营决策；关系到城乡经济发展、社会平等稳定、民生、城市功能分区和城市治理、消费、资源要素合理有效配置使用。

第一，为推动新型城镇化高质量发展提供新思路。城镇化质量提升与消费结构优化耦合发展是一种符合市场经济规律的新思路，特别强调应处理好市场与政府在促进二者耦合中的关系和各自应发挥的作用，以及全球化对耦合的影响。本书从这一角度探析了二者耦合的基础、动力机制，列举了相应的实践案例，提出城镇化的水平和质量的提高不是靠政府主导、地方债务来推动的，而是转向靠政府、市场、企业、城乡居民多元化主体推动，靠生产和消费的集聚和辐射效应，靠生产供给和消费的增长。对于指导新型城镇化发展模式的选择，制定城镇化发展战略中如何处理好政府与市场关系有重要意义。

本书在新型城镇化质量评价指标体系的设置中，充分考虑到 2020 年国务院印发的《关于构建更加完善的要素市场化配置体制机制的意见》，对新型城镇化高质量发展提出新要求，从土地利用率、资本利用率、技术创新活力、劳动力效率等方面设置了全要素效率指标，为准确科学评价城镇化质量提供了新视角。

新型城镇化高质量发展要求加快促进区域协调发展、推进城乡融合发展。本书通过实证分析得出，我国新型城镇化质量提升、消费结构优化升级和经济发展方式转变存在时间和空间的不一致，从时序演化来看，呈现整体上升趋势，而从空间角度来看，区域间存在较大的地域差异，且区域间的差异是长期存在的。本书还重点分析了消费率水平，消费结构的城乡、区域差异，探析了城乡融合中存在的系列问题。并从多个方面提出了缩小城乡差距、统筹城乡融合、推动区域协调发展的政策建议。有助于提高相关经济主体的积极性，促进城乡居民消费协调发展。

第二，为加快实现扩内需、调结构、转方式提供新思路。本书将消费结构的演变历程与城镇化的发展历程相结合进行梳理，对比了我国不同阶段不同区域消费结构在城镇化发展进程中的变化特点，以及国际上一些国家消费结构在城镇化发展阶段的演变特征，通过借鉴其他国家的经验，找出在不同城镇化阶段消费结构演变的共同规律，科学把握其发展的趋势，更好地在未来城镇化发展中，准确合理预测并把握消费新增长点，及时有效地促进相关产业调整，充分满足整体居民消费结构优化升级的需求。

本书充分考虑社会分层化消费因素，并提出多元化分层引导消费主体的思想。新型城镇化质量提升的关键核心是"人的城镇化"，满足不同人的各种需求；而消费主体是多元化的，既有政府和私人之分，也有城镇居民和农村居民、流动人口与常住人口之分，还有不同收入、不同年龄、不同阶层（富裕、中产、贫困）、不同区域等划分，会导致不同主体消费结构的差异性。因此，二者耦合分析必须充分考虑这些分层化结构因素，尤其是老龄化，农民工市民化，失地农民、高中收入群体等不同主体消费的引导，城市贫困等问题，要注重家庭结构变化下的家庭消费结构变迁。本书对此都进行了相应的探讨，并提出了相应的对策建议。为充分挖掘新的消费潜力，促进消费提质扩容、激发市场活力，发挥消费对经济增长的基础性作用、构建扩大内需的长效机制提供了思路。促进消费品制造业和现代服务产业融合发展，促进"智慧城市"和"智慧街区"的建设，构建宜居、宜业、宜游的高品质城市，为消费创造优质的城市消费环境，对挖掘市场消费潜力、激发市场活力、丰富市场供给具有重要的现实指导意义，对不断满足人们日益增长的物质文明和精神文明的需求，实现人们对美好生活的向往和经济的高质量发展具有重大现实意义。

第三，为"构建国内、国际双循环的发展格局"、提质增效推动经济高质量发展提供了现实指导意义。本书认为城镇化质量提升与消费结构优化耦合发展在一定程度上意味着供给与需求的耦合，一方面，能有效推动产业结构的优化和升级，促进资源的优化配置，有效解决经济结构失衡，进一步促进经济增长中消费动力作用的发挥；有利于消费大国的建立，推动消费主导型经济发展方式的转变；有利于缩小城乡差异、促进区域发展平衡；有利于促进技术进步，进而促使经济发展方式的转变；二者在开放条件下的耦合发展有利于推动开放型经济发展方式转型。另一方面，经济发展方式由外向型经济转变为内需型经济、由工业型经济转为服务型经济、由粗放型经济转为集约型经济，推动了新型城镇化质量提升和消费结构优化升级的耦合发展。而且，产业发展的支撑力、科技创新的推动力和信息化的传导力、内外"双循环"和高水平开放的驱动力、自我发展的原动力、高质量发展的原动力构成了新型城镇化质量提升，消费结构优化升级与经济发展方式转变，三者互动关系的动力机制。因此，本书研究为双循环发展格局的构建提供了理论参考价值。

本书在中央提出构建以国内大循环为主体、国内国际双循环相互促进的重大战略决策基础上，还提出了积极推进区域间的开放合作、推动都市圈和城市群消费的协调发展，提高市场的成熟度和开放水平、积极完善消费市场体系和丰富消费市场供给能力。同时，要不断提升城市的开放水平，积极推进城市国际化和国际消费中心的建设，构建经济、社会和生态良性动态循环的发展系统等相关政策建议。这符合党和中央政府对振兴国内经济、增强综合国力的战略方向，有利于提高区域自主创新能力和发挥区域特色优势，形成区域间多维度的供需平衡，实现要素的自由流动和资源的优化配置，也有利于深化供给侧改革，使我国在对外开放中获得更多的资源、技术、人才和资金等的支撑，形成国际、国内的统一开放的市场，从而有效推动我国经济高质量发展。

第四，有助于在城市规划布局、转型升级，城市治理方面提供实际的解决思路和方案。本书通过从国家整体层面以及具体中观城市层面，城镇化和消费结构优化耦合协调发展对比的国内外案例，总结经验与教训，得出如何从激发消费活力、满足人民日益增长的消费需求、优化消费结构、提升消费水平、优化消费环境等视角，推动我国城市转型升级、城市更新、助力城市规划布局等方面的具体启示。针对制度问题、城市人口结构和产业结构问题、老城区的衰败，传统商业企业落寞、传统商业空间亟待转型改造问题，收缩型城市问题等提出了思考。因此，本研究在城市规划布局、城市转型升级、顶层政策制度的制定及具体落地等方面，具有实际的参考和借鉴意义。

　　本书在研究城镇化质量提升和消费结构优化升级协调发展的具体实践中，发现二者协调发展的影响因素既有促进因素也有阻碍因素，可以通过对影响因素加以改进、变革、优化，来进一步促进二者的协调发展，并解决二者发展过程中出现的一系列问题。新型城镇化以人民为核心，要深化"为人民管理城市"的理念，有效解决城市管理不充分不平衡问题，因此，本课题从消费视角，探析了城市管理中存在的诸如环境污染问题，服务水平问题，设施配套问题，城市病、半城市病问题，建设缺乏科学布局问题，以及消费分层化、城市高房价抑制消费、职住不平衡等现实痛点问题，并有针对性地给出了合理对策建议，从而有助于为推动城市管理向城市治理新转变提供思路。比如本书通过分析二者协调发展的影响因素以及总结国内外发展的经验与启示，为城市管理者在主导城市公共设施建设和公共服务完善方面提供具有建设性的实践指导建议。

　　新型城镇化质量提升、消费结构优化升级和经济发展方式转变三者在经济体系中是一个相互依存、相互影响的整体，在经过理论和实证的论证后，沿着三者的整体演化规律、发展趋势，提出科学、可行的政策建议和实现路径，以增强三者之间的关联度，充分发挥"1+1+1>3"的经济效益，实现经济社会生态效益最大化。

第2章　相关内涵界定及理论基础

2.1　新型城镇化与新型城镇化质量

2.1.1　城市化和城镇化

国内外有关文献表明，Urbanization 的表述有"城市化""城镇化""都市化"三种。城市化属于国际名词，国外学者对于城市化的解释有很多种，城市化的概念被首次提出是在 1867 年西班牙经济学家赛达的《城镇化基本理论》中，之后这一概念在全球范围内得到了广泛的推广和应用。经济学家认为，城市化是在规模经济和集聚效应的共同作用下，人口和资源逐步向城市集聚的这种空间视角下的经济转换进程。经济发展会加速城市化的进程，而城市化质量的提升也会反过来对经济发展起到推动作用。国外由于城市化水平已经很高，理论界主要采用"城市化"的提法，关于这一概念的争议也不大。①

我国普遍采用的是前两种表述，而且这两种提法在很多情况下混用，以至于有时用得不够确切。中共中央的正式提法一般是城镇化，尤其是近些年，这一提法越来越明确，并被广泛用于各级政府的文件精神中。而学界最初的

---

① 赵彦博. 城镇化质量提升与消费结构优化耦合发展的国际比较及对我国的借鉴 [D]. 北京：对外经济贸易大学，2017：19.

提法大多是"城市化"，并且对两者概念是否有区别的争议较大，有人认为我国城市系统由市和镇两部分组成，因此两个概念在本质上是一致的；有人认为根据1998年8月13日颁布并于1999年2月1日实施的《中华人民共和国国家标准·GB/T 50280—98，城市规划基本术语标准》的有关规定，两者完全是同义的；还有人认为从严格意义上说，两者是有所区别的，广义的城市化包括城镇化，但城镇化更偏重于小城市以及县域重点镇的发展，而城市化更偏向于大中城市的发展。此外，也有人认为城市化仅仅指大、中、小城市，但不包括镇；而城镇化既包括小城镇，也包括城市，故而城镇化的概念要大于城市化。[①] 至于日本和中国台湾译法的"都市化"，国内外学者通常不采用。当然，随着中央提法的明确清晰，越来越多的学者开始使用城镇化的概念。

我国因为行政级别的划分特点，学界更多使用"城镇化"的提法，也更为适应我国国情。对城镇化这样一个复杂的社会现象，国内外经济学、社会学、地理学、人口学等多个学科的学者一直将其作为热点研究话题之一，并给出不同视角的定义。从经济学视角来说，城镇化是人口结构的变化导致经济结构变化，以及非农产业的集中，从而影响产业结构和消费结构的优化升级，与经济发展密不可分；从社会学视角来说，城镇化是人们生活方式的转变，是城镇意识形态和观念向周边地区辐射和转化的过程；从地理学视角来说，城镇化是集合了现有城市的发展、新城市的形成，及农村和小城镇成为核心城市的过程，也是城市空间扩张和城乡互动的过程；从人口学视角来说，城镇化先是农村人口转移到城镇，进而农村居民市民化的过程。

本书秉持的观点与大部分学界同仁相似，认为广义的城市化就包括了城镇化概念。广义上的城市化是指在社会生产力推动下城市数量增多和区域规模扩大，人口、资源、产业、市场、资本向城市集中，经济、政治、文化等社会活动向城市集中，城市的物质、精神、文化等诸方面文明不断扩散和影响着乡村，农村生活和生产方式向城市生活和生产方式转变、乡村经济向城

---

① 胡若痴. 中国新型城镇化下的消费增长动力研究［M］. 北京：经济科学出版社，2014：52-54.

市经济转化、产业结构不断升级转换的过程。应该说,广义的城市化不仅指乡村城镇化,也包括城市自身的发展。狭义的城市化偏重于规模扩张,强调的是大型城市的发展、城市群的扩张。城镇化一般是指农村人口、资本逐步向城镇集中的过程,在这个过程中伴随着建筑设施、社会分工等的深刻变化,也伴随着农民传统的生活方式和思想观念的转变,是连接农村和城市、农民和市民的纽带和桥梁,是城市功能向城乡的辐射,是农村功能的转型和升级,也是消除城乡二元结构的重要途径。而我国的城镇化更注重大中小城市和城镇的协调发展,不仅强调扩大居民居住点的规划范围,变集体土地为国有土地、变农村居民为城镇居民,靠投资和工业拉动城市建设和经济增长;而且更注重的是城镇化质量的提升,包括城镇综合承载能力的提高、进城农民社保体系的建立和健全、避免中小城镇"产业高度同构同质"现象的重复出现、强调既具有本地特色而又有竞争力的产业发展,户籍制度改革的同时配套改革土地制度等。

同时本书认为,我国尚属于发展中国家、处于社会转型期,而我国农村地区地域广大、农村人口占总人口的比重很大又较分散、城镇化总体水平低;如只从大城市、特大城市来看,现在我国大城市的发展和发达国家的大城市相比毫不逊色,但中小城市和城镇的发展,以及城市群的发展与发达国家相比却有较大差距,未起到应有的集聚和辐射作用。基于这些现实情况,按照国家发展改革委发布的《2020 年新型城镇化建设和城乡融合发展重点任务》部署,既重视推动超大特大城市、城市群、都市圈的发展,也重视中心城市、中小城市、县城、特色小镇和特色小城镇的发展;推进县(市)域城镇化建设,重塑城乡关系;建设布局合理的城镇体系、实现城乡一体化协调发展;既重视规划、建设,也重视城市治理方式,有很强的现实意义。可以说,城镇化道路是城市化进程中必经的一个阶段,是推动城镇化的一种方式和途径。但从长期看,从发达国家的城市化历程来看,中小城镇会走向城市化,即城镇自身规模的发展、城市质量和水平的提高、综合功能以及辐射带头作用的增强。从某种意义上来说,城镇化和城市化是两个不同发展阶段,城镇化是城市化的起点和初始阶段。[①]

2.1.2　传统城镇化和新型城镇化

城镇化的发展形态随着经济社会的发展而产生了两种模式或者说两种发展道路：一种是属于城镇化初级形态发展模式的传统城镇化，即人口转移型加地理空间区域扩张型城镇化，另一种是高级形态发展模式的新型城镇化，这是城市和谐发展的理想模式，是"结构转换型"的城镇化。我国政府关于新型城镇化的提法，最早是在 2002 年党的十六大报告中，在提出"新型工业化道路"的同时，明确提出"坚持大中小城市和小城镇协调发展，走中国特色的城镇化道路"。之后，2007 年党的十七大报告亦明确指出走"中国特色城镇化道路"，学界很多人士又称之为"新型城镇化道路"。而且在 2010 年中央经济工作会议上，提出以稳步推进城镇化为依托，刺激消费增长。之后，党的十八大报告又重申将推进新型城镇化作为结构调整的重点之一；同时，党的十八大报告还明确提出"坚持走中国特色新型工业化、信息化、城镇化、农业现代化道路"，推动"四化"良性互动、协调同步发展的重要战略思想。2014 年，中共中央、国务院又印发了《国家新型城镇化规划（2014—2020年)》，提出走以人为本、四化同步、优化步局、生态文明、文化传承的中国特色新型城镇化道路。[②]《2020 年国务院政府工作报告》再次明确提出，将重点支持新型城镇化建设；国家发改委更是指出加快开展县城城镇化建设，补齐新型城镇化的短板。可见，新型城镇化的提法、概念、发展思路愈来愈明晰。区别于传统城镇化，新型城镇化的发展重点更加具体，要求和标准更高，更关注质量的提升和效率的提高，更有助于实现拉动经济增长和扩大内需的效果。

传统型的经济发展方式呈现出"简单数量扩张"和"摊大饼式"的特征。首先，传统城镇化是由政府主导和调控的，主要体现为在户籍、教育、

[①]　胡若痴. 新型城镇化与工业化、信息化、农业现代化关系的马克思主义分析［J］. 科学社会主义，2014（4）.

[②]　胡若痴. 中国新型城镇化下的消费增长动力研究［M］. 北京：经济科学出版社，2014：7.

就业、医疗、社保、公共设施投入、城市空间规划等方面的限制。政府主导型的城镇化能够有效地调控和整合资源，但在市场经济主导下，政府过度干预导致资源配置不合理，甚至造成巨大的浪费。其次，传统的城镇化主要依靠粗放型的土地空间扩张和人口集聚以及投资和工业的拉动，在这个过程中虽能快速拉动城市建设和经济增长，但大量的土地投入和土地抵押资金的投入，导致实质城镇化效率很低。

新型城镇化和传统城镇化相比较，"新"在何处？这一问题是学界研究新型城镇化内涵的"元问题"。首先，有学者从"新旧城镇化对比"的角度来分析，认为"新型城镇化"和"传统城镇化"的发展基础并无显著差异，都是在城市空间扩张、产业结构调整、人口集聚和城镇观念意识转化发展起来的。但新型城镇化更加强调民生、可持续发展和城镇化发展质量三大内涵，学者认为新型城镇化是以民生为重点，以追求平等、幸福、转型、绿色、健康和集约为核心目标，以实现区域统筹和协调一体、产业升级和低碳转型、生态文明和集约高效、制度改革和体制创新为重点内容的崭新的城镇化过程（单卓然、黄亚平，2013）。其次，也有学者从"城乡融合区域协调"的角度来分析，认为新型城镇化涉及两个方面的核心内容，一方面是城镇化发展的模式和路径是可持续、生态、低碳和绿色的；另一方面是人的城镇化，即如何解决农业转移人口的市民化以及公共服务均等化的问题（李铁，2013）。将城市群作为中国新型城镇化质量建设的空间主体，推进城市群的高度一体化、智慧化、国际化和绿色化，继续实施城乡振兴战略，推进新型城镇化与乡村振兴向同步化、融合化、共荣化方向发展，同步提升城乡发展质量（方创琳，2018）。新型城镇化是通过以城带乡、公共服务均等化等方式促进产城融合、城乡协调，实现农民就业城镇化，生活方式、消费方式城镇化，人居环境更加惬意，是农村人口融入城镇的有效途径，是新型城镇化和传统城镇化的差别所在。

2.1.3　新型城镇化质量

《国家新型城镇化规划（2014—2020 年）》首次提出全面提高城镇化质量的新要求，2019 年两会政府工作报告明确提出要"提高新型城镇化质量"。

提高新型城镇化质量是一种内涵式、集约式的城镇化发展模式，更加注重资源利用效率、空间优化程度、要素投入产出比、资源环境的承载能力和城乡统筹融合能力。城镇化高质量发展要求充分体现"以人为本"，城市的发展、规划和建设，城市的治理、转型升级，都要充分考虑满足城镇居民、外来流动人口、农业转移人口的多元化需求和人民利益，一切要服务于人民。

城镇化是一个涉及经济、社会、生态等多方面的"系统工程"，目前学术界对城镇化质量的内涵缺乏全面、准确的定义。根据对新型城镇化质量内涵的界定范围，学者们的相关研究分为四类：第一，以"城市发展质量"为主的城镇化质量评价研究，学者通过总结国内学者的相关研究，创立了包含城镇化率在内的城镇化质量测度指标体系，包含经济、社会、环境、城市化水平等广义的指标（王家庭、唐袁，2009）。第二，包含"城市发展质量"和"城乡统筹发展"两个维度的研究，学者认为，城市化发展的核心载体是城市的发展质量，即城市的现代化。城市化域面载体是区域的发展质量，即城乡一体化。城乡统筹协调是提升城市化质量的终极目标。在构建评价指标体系时，更加注重人的因素，包含了人的现代化的相关指标（叶裕民，2001）。第三，包含"城市发展质量""城乡统筹发展"及"城镇化发展效率"3 个维度的研究。学者认为，城市化质量的内涵从城市自身的发展质量、城市化推进的效率、实现城乡一体化的程度 3 个方面来体现（李明秋、郎学彬，2010；魏后凯等，2013）。第四，基于之前学者的研究，在城镇化质量内涵的研究基础上，更多地关注城市化质量的内涵和外延，更加注重人口城镇化在评价指标体系中的重要性。学者认为，城镇化质量的研究，除紧扣城镇化本身，还应考虑城市内部关系、城市之间的关系、城乡关系，城市和资源、人与自然等的关系；并且通过城镇化质量和高质量城镇化的结合，实现理论分析和政策研究的有机结合。在具体的指标上更加注重人口城镇化率、人地挂钩等关于人口的指标（苏红键，2020）。

本书研究的城镇化质量，指的是与城镇化的数量化指标相对的，可以反映城镇化发展水平，衡量城镇化发展好坏程度的系统性概念。对城镇化质量进行研究评价时，不仅要考虑城镇的发展，还要综合考虑城乡协调发展程度；

不仅要考虑城镇化带来的现代文明成果，还要考虑为此付出的科教文卫事业等的投入支持；不仅要考虑人民物质生活的提升状况，还要考虑劳动、资本、资源、土地、能源、环境等付出的成本代价。城镇化质量，是衡量城镇化发展优劣程度的综合概念，包括城镇化水平和效率、城镇可持续发展程度、城镇的竞争力以及人们的生活质量等，它不光是土地的扩张和人口数量的增加，而且涵盖了人口、经济、社会、生态、文化等多方面内容。从人口的角度，城镇化质量表现为农村居民的市民化程度；从经济的角度，城镇化质量是随着城镇化发展，产业结构的不断优化，经济水平不断提高，经济发展质量不断提升；从社会的角度，城镇化质量是指城乡和区域间的协调一体化发展，以及基础设施、基本社会保障和公共服务等的不断完善以及资源的均衡分配；从生态的角度，城镇化质量是在发展过程中对环境的保护，比如打造绿色生态城市、花园城市等；从文化的角度，城镇化质量是城市文化品牌的打造和城市形象的提升；从空间的角度，城镇化质量表现为对旧城的改造，对城市的更新。

2.2　消费结构与消费升级

消费结构优化升级是一个动态的、相对的概念，是指随着社会经济发展，居民 PH 由低等级的、不合理的消费结构向高层级的、合理优化的状态不断演化进步的过程。消费结构合理化和消费结构升级两个方面共同作用最终实现消费结构的优化。前者是在一定的消费水平下进行的优化；后者是由低级转化为高级的过程。二者相互补充、相互影响，其发展状况、发展水平共同决定了消费结构优化的效果。首先，消费结构合理化为消费结构升级打下了基础。如缺少这一坚实基础，消费结构升级只是在不合理结构的状态下向更高一级推进，这种现象只是一种虚假繁荣，根基不稳，难以长久。其次，消费结构合理化不是固定不变的，它需要在消费结构不断升级、不断演变的进程中发挥作用，根据客观条件的变化，对消费主体及消费资料之间的认同和顺应进行动态变化调整，本质上，消费结构合理化的演变进程也是对消费结构持续发展升级的真实反映。

　　图 2-1 可以直观地反映出三者的关系。消费结构合理化通过横轴反映，消费结构升级通过纵轴反映，理想目标的消费结构优化通过 45°线反映，代表实际的消费结构优化情况通过围绕期望线变化的曲线来反映。此图形象地展示出了消费结构合理化和消费结构升级之间的密切关系，协调发展、共同作用最终形成消费结构优化。同时，表明消费结构优化是最大限度地朝向其最好目标靠近并不断升级变化的调整过程。①

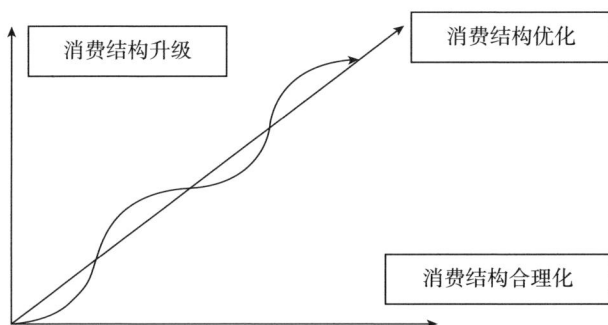

图 2-1　消费结构升级、消费结构合理化和消费结构优化的作用关系

　　消费结构优化升级是随着经济和社会的发展，居民的生活质量标准从较低向较高演变的过程。有学者认为，消费结构优化升级分为两种：第一，改良性的升级，即原有消费项目的比例维持不变，但主要消费项目向更高层次变化；第二，革命性的升级，即有更高层次的消费项目加入，使得消费项目及其比例关系发生变化，并且这种变化是向更高层次的正向变化。在现实生活中，最常见的是两种升级的交叉融合（陈启杰，2005）。还有学者认为，消费结构优化升级是沿袭经典的恩格尔定律和马斯洛需求层次理论，当人们的收入水平较低时，大部分收入用于满足基本的生存需求，也就是温饱型消费占主导地位。随着收入水平的不断提升，人们有更多可用于提高生活品质和生活价值的剩余收入，进而追求发展型和享受型消费，消费结构呈现不断上

---

　　① 赵彦博. 城镇化质量提升与消费结构优化耦合发展的国际比较及对我国的借鉴 [D]. 北京：对外经济贸易大学，2017：21-22.

升趋势。影响消费结构优化升级的因素，除收入外，还有产品的替代弹性、城乡收入差距、产业结构、社会保障、消费观念、国家政策等，这些因素都会引起消费者结构的变化（胡日东等，2014；黄卫挺，2013；易行健、杨碧云，2015；张庆，2019；李江一、李涵，2016；宋平平、孙皓，2020）。

消费结构优化升级主要包括以下几个方面：第一，消费类别结构优化升级，又分为类别间和类别内部结构优化升级。例如，食品类别中的粮食类消费下降，水果蔬菜肉蛋奶类的消费上升，为消费类别内部结构优化升级；食品消费占总消费支出比重下降，而教育文化、医疗保健、休闲娱乐等消费支出上升，为消费类别间结构优化升级。第二，消费类型结构优化升级，从实物型消费向服务型消费的升级，例如外出就餐占食品消费支出的比例上升。从线下消费转向线上消费，例如网购、海淘等比例上升。第三，消费品质升级，消费者追求更高品质的商品和服务，更加便利的消费环境和消费效率的提升。例如，追求餐厅的环境和服务质量、米其林星级餐厅、高档健康绿色食材、品牌质量的保证。①

当前经济理论多认为"消费升级"就是"消费结构优化升级"，实际上，消费升级的内涵要比消费结构优化升级更丰富，我们可以从消费的本质、消费的地位以及和投资的互动关系予以阐述。

从消费的本质来看，消费过程主要涉及消费对象、消费方式和消费理念3个维度。消费升级就是消费者从获取消费对象到消费对象转换为效用过程的升级。消费升级表现为3个方面，第一，消费对象升级，即以"商品"为核心的消费变革，既包含了消费结构优化升级，也包含了消费内容升级。消费结构优化升级指的是从温饱型向发展型和消费型转变的过程；消费内容升级指的是服务型消费占总支出的比重大幅度提升。恩格尔系数下降就是消费升级的核心表现。第二，消费方式的转变，随着生产方式和生产关系的转变，消费方式随之产生质变，呈现出个性化消费、品质消费、智能化消费等。第三，消费制度和消费观念的改变，即消费者地位得到尊重，主权得到维护。

---

① 毛中根，杨丽姣. 经济全球化背景下供给侧改革与居民消费结构升级［J］. 财经科学，2017（1）：72-82.

其中第一、第二层次的升级主要以消费者需求为核心，而第三层次的升级则是消费结构优化升级的制度和环境保障，关系到消费者精神层面的提升。[①]

从消费的地位以及消费和投资互动关系来看，消费升级是消费在需求结构中由从属地位上升为主导地位的过程。消费、投资和净出口作为拉动经济增长的"三驾马车"，消费的力量不容小觑，但在特定的经济环境下，当投资和消费占主导地位时，消费处于从属地位，而当国际和国内环境发生变化时，投资和外需疲软的状态下，消费就成为拉动经济的主导力量。因此，我们可以将消费升级理解为消费在需求结构中地位上升、消费品质升级、消费方式和观念转变的综合过程。

2.3　经济发展方式转变与经济高质量发展

经济增长方式是决定经济增长的各种要素的组合以及各种要素组合起来推动经济增长的方式。经济发展方式是实现经济发展的方法、路径和模式，不仅包含经济增长方式，还包含经济结构优化、经济运行效率、收入分配制度、城市化率、工业化和现代化水平、资源环境保护等诸多方面的内容。[②]

学界大多数学者认为转变经济发展方式的内涵是由主要依靠增加资源、资金、劳动力等生产要素的投入来增加产品数量的"外延式、粗放型经济增长方式"向主要依靠科技进步、创新管理和提高劳动者素质来增加产品的数量以及质量提升的"内涵式、集约型的经济增长方式"转变的过程，前者以数量的增长速度为核心，后者以提高经济增长质量和经济效益为核心。除此之外，还涵盖了生态环境协调可持续、资源优化配置、居民生活质量提升等方面的内容，转变经济发展方式更加强调经济运行的整体质量提升和经济结构的优化升级。[③]

转变经济发展方式的实现路径体现在 6 个方面：第一，提高自主创新能力，由依靠投资和技术引进型经济增长方式向技术进步、产业结构优化升级

---

①　杜丹清. 互联网助推消费升级的动力机制研究 [J]. 经济学家, 2017（3）：48-54.

②　经济发展方式. 百度文库. 经济学名词解释.

③　转变经济发展方式. 百度文库. 经济学名词解释.

的经济发展方式转变；第二，坚持走新型工业化道路，由主要依靠工业拉动型的经济增长方式向三大产业协调发展的经济发展方式转变；第三，调整需求结构，扩大内需特别是消费需求，促进经济增长由主要依靠投资和出口拉动型的经济增长方式向消费、出口和投资协调发展的经济发展方式转变；第四，加强能源资源节约，由高投入、高能耗、高污染和低收益"三高一低"的经济增长方式向发展低碳经济，循环经济等绿色经济，建设资源节约型、环境友好型社会转变；第五，调整要素结构，由主要依靠增加物质消耗的经济增长方式向依靠科技进步、劳动者素质提高、管理创新转变；第六，转变经济发展方式，始终贯彻以人为本、统筹兼顾、全面协调可持续的科学发展观。

学者认为经济高质量发展是传统经济增长模式的升级版，应该由低劳动力成本、低附加值升级为依靠知识和技术、高附加值的经济；由依靠外需升级为内需外需协调推动，是速度和效率有机结合、资源有效利用的经济发展方式（刘迎秋，2013）。也有学者认为，经济高质量发展是能够更好地满足人民日益增长的美好生活需要的发展，要以创新、协调、绿色、开放、共享五大发展理念为指导，实现高质量的发展方式（高建新，2018；王永昌，2019）。经济高质量发展的状态应该是生产要素投入低、资源配置效率高、资源环境成本低、经济社会效益好（刘丽波，2018）。

2.4 耦合协调发展的涵义

2.4.1 耦合的概念和阶段划分

耦合，在物理学上指两个或两个以上的系统或者运动形式，通过一系列互相作用而彼此影响以至协同的现象。[1] 在以上认识的基础上，可以把城镇化质量提升与消费结构优化两个系统通过各自的耦合要素而产生的相互作用、

---

[1] 高楠，等. 基于耦合模型的旅游产业与城市化协调发展研究——以西安市为例 [J]. 旅游学刊，2013，28（1）.

彼此影响的现象定义为城镇化质量提升—消费结构优化耦合。

根据城镇化质量提升与消费结构优化作用的强弱程度，一般可以将其耦合过程按照耦合度由小到大，划分为低水平耦合、颉颃①、磨合和高水平耦合4 个阶段。

2.4.2　协调发展的涵义

"协调"即"配合得当。"发展"是指事物不断更新、变化和进步的过程。"协调发展"词义上是指在发展过程中，各要素在成为一个统一的整体时相互配合、和谐发展的状态和过程，也是系统内各子系统之间相互关系的体现。

党的十八届五中全会曾提出五大理念，"协调发展"即其中一大理念之一。该理念强调了城乡的协调发展，以及经济和社会的协调发展，同时强调了发展的整体性、平衡性和可持续性，通过促进新型工业化、信息化、城镇化、农业现代化的协调发展，促进国家实力的提升。

国内外学者较常采用测算耦合协调度的方式来反映协调发展的程度和阶段，比如将协调发展分为从极度失调到优质协调的 10 个等级，并从时间和空间层面，进行协调度的检验。对于协调发展的研究主要集中在对影响因素、驱动机制、协调机制、理论分析等方面。

2.4.3　二者协调发展的涵义与特征

本书的"协调发展"是指我国城镇化质量提升系统与消费结构优化升级系统，在各自发展的过程中，二者互为背景、互相影响、相互作用、配合得当，并和谐共同发展的理想状态和过程，具有整体性、动态性和开放性的特征。

第一，整体性。城镇化质量提升和消费结构优化升级这两个系统，一方的发展，都会对另一方产生作用，二者作为经济社会的两个子系统是整体发展的。两个系统的发展都会对经济和社会产生一定的影响，若二者能协调发

---

① 泛指不相上下，相抗衡。

展，则一定有助于促进经济增长和社会发展。第二，动态性。由于我国仍处在城镇化的快速推进阶段，而消费结构也是随着居民消费水平变化而不断调整的，因此二者协调发展也是呈动态的。第三，开放性。在经济全球化背景下，城镇化和消费结构的变化也具有世界性的特征，也会因国际形式变化而变化，因此市场的开放对于二者协调也起到了一定作用。

第3章 新型城镇化质量提升、消费结构优化升级与经济发展方式转变的相互关系及机理分析

3.1 新型城镇化质量提升、消费结构优化与经济发展方式转变的相互关系

3.1.1 新型城镇化质量与经济发展方式转变的相互关系

3.1.1.1 新型城镇化质量提升促进经济发展方式转变

新型城镇化质量的提升是经济发展方式转变的重要抓手，对经济稳增长、调结构、促改革、惠民生起到积极作用。

第一，优化资源配置，提升经济效率。新型城镇化质量的提升不仅能够有效促进城乡之间基础设施的完善和社会保障体系的健全，也能够有效推动相关政策制度的修订和完善，使得城乡之间的人口、土地、资本和技术等生产要素在市场机制的作用下更加自由地流动和合理配置，尤其是农村大量剩余劳动力从农业转入城市工业和服务业，在巩固好农业基础产业的同时能够有效促进城市工业和服务业的发展，以实现产业结构、产品结构和投资结构更加趋于高级化和合理化，进一步提升资源的配置效率，进而促进经济发展

方式的转变。

第二，提升制度的开放性，提高人力资本投资回报率。目前我国有 2.2 亿以上在城市务工的外来人口没有享受到平等的公共服务待遇，其中很大一部分新移民具备高学历、高素质，更年轻、更具生产力的特征，但因户籍制度等方面的因素，在城市的生活总成本相对较高。新型城镇化质量的提升能够破除劳动力在城乡之间、城市之间流动的障碍，更加有利于劳动力的自由流动，顺应人口就业选择，减少外来务工人员的后顾之忧，提高生活的幸福指数，进而发挥市场对资源配置的决定性作用，为提高全要素劳动生产率提供保障，提升人力资本积累的回报率，进一步推动经济发展方式的转变。

第三，加快城市创新的聚集性，增强城市的宜居性。新型城镇化质量的提升能够促进人口、产业的集聚，逐步形成以科技进步和创新为核心的新的增长动力，实现城市质量提升和经济发展方式转变之间的良性互动、协调发展，改变我国过度依赖生产要素的投入而产生的资源枯竭、环境污染等问题，使经济发展方式向集约型转变。

3.1.1.2 经济发展方式转变能够有效推动新型城镇化质量的提升

当前，我国正处于经济发展的重大转型期，经济发展方式正在由高速度增长阶段向高质量发展阶段转变，主要通过如下几个方面的转变推动新型城镇化质量的提升。

第一，经济发展方式由主要依靠第二产业带动向三大产业协同拉动转变。经济发展方式的转变有利于产业结构的调整，尤其是有利于第三产业的大力发展，能够为农村转移人口提供更多的工作岗位和更高的薪资收入，使农村劳动力向生产效率更高的第三产业转移。与此同时，农村转移人口在进城务工的过程中，为具备和更高薪资岗位相匹配的能力而不断提升自身的职业技能和文化素养，进而促进新型城镇化质量的提升。

第二，经济发展方式由外需拉动型向内需主导型转变。经济发展方式由投资驱动和出口拉动向出口、投资和消费协同发展转变，尤其是将扩大内需、刺激消费作为经济发展方式的主导力量，有利于释放新型城镇化的内需潜力，使城乡居民的消费意愿和消费能力不断提升，进而推动产品结构的不断优化升级，如餐饮、旅游、教育、养老、医疗、家政、商场等。为适应居民多元化的消费需求，新型城镇化必然采取多种举措优化购物场所、完善交通布局、构建现代化物流体系、大力发展电商平台、加强对外开放等，进而促进新型城镇化质量的不断提升。

第三，经济发展方式由粗放型向集约型转变。经济发展方式由粗放型向集约型转变代表着我国的经济发展方式将主要依靠科技创新、人才素质提升和管理创新，这也意味着我国将更加注重科技和信息技术的创新与发展，更加注重人才的培养，从而在科技和教育领域提供更多的政策和财政支持，这个过程，有利于我国宜居、宜业的智慧城市的建设，也有利于降低能源消耗，发挥单位资源的最大效能，实现城市环境的优化。因此，经济发展方式由粗放型向集约型转变有利于推动新型城镇化质量的提升。

3.1.2　消费结构优化升级与经济发展方式转变的相互关系

3.1.2.1　消费结构优化升级是经济发展方式转变的原动力

依据马斯洛层次需求理论，随着居民收入的提高和消费需求的增长，消费结构必然呈上升趋势，即居民在满足个人生存和温饱型的消费需求基础上，更多地向满足个人发展型和享受型升级，这个过程不仅包含消费品质的升级也包含消费口径的扩宽，使经济结构随居民需求不断调整，进而推动经济发展方式的转变，主要体现在以下四个方面。

第一，消费结构优化升级推动经济发展方式由粗放型向集约型转变。随着居民消费结构的优化升级，居民更加注重产品的品质和质量，更加注重产品从原材料到最终成品的全部生产周期是否符合国家标准，更加注重产成品的科技投入量和品牌价值。因此，从需求端促使厂商不断扩宽原材料的采购途径以及以更加严格的标准选购原材料，不断改进生产技术、加大科技创新，培养现代化的经营管理人才，将劳动密集型产业向技术密集型产业转移，提升品牌形象。同时，随着厂商对原材料要求的提高，也推动了现代农业的发展，所以，消费结构优化升级能够有效推动经济发展方式由粗放型向集约型转变。

第二，消费结构优化升级推动经济发展方式由以第二产业为主导向三次产业协调发展转变。随着居民收入水平的增加和消费结构的优化升级，居民对消费品的需求更加多元，以工业为主导的经济发展方式已经不能完全适应居民日益增长的消费需求，而农业、工业和服务业三次产业融合才能在市场供求机制的作用下满足居民的消费需求，比如，发展现代观光农业，实现农业和服务业的有效结合，使城市白领在闲暇之时感受乡村的自然风光，这就是通过产业间的融合产生新的消费热点，进而满足居民消费结构的升级。因此，消费结构升级势必会从需求端影响产业结构、产品结构和投资结构之间原有的互补关系和替代关系，并使之进一步合理化和高级化，推动经济发展方式的转变。

第三，消费结构优化升级推动经济发展方式由不可持续向环境友好型转变。居民消费结构的优化升级集中体现了居民的消费观念、消费方式、消费内容等多方面的提升，因此，在国家大力倡导绿色消费的环境下，居民的环保意识不断增强，进而在消费观念和消费行为上更加注重环保消费和绿色消费，比如商超购物时自备购物袋，减少一次性塑料袋的使用量，再比如点外卖时选择使用家用餐具，减少一次性餐具的使用量，进而有利于我国经济发展方式向资源节约型、环境友好型转变。

第四，消费结构优化升级推动经济发展方式由外需拉动向内需主导型转变。居民消费结构逐步从温饱型向发展型和享受型转变，因此在消费总支出中，食物的支出相应减少，而科、教、文、卫等相应的支出逐步增加，进而通过扩大内需推动经济发展方式向内需主导型转变。

3.1.2.2 经济发展方式转变促进消费结构优化升级

当前，我国正处于经济发展的重大转型期，我国经济正由高速度增长的粗放型经济向高质量发展的内涵型经济转变，高质量发展的五大综合评价指标分别为创新、协调、绿色、开放、共享，因此能够从供给端促进居民消费结构不断优化升级。主要表现在以下几个方面。

第一，经济发展方式转变有利于创新消费方式。经济发展方式由粗放型向集约型转变，推动了科技创新和信息技术的发展，将现代化信息技术应用于消费领域，能够有效改善居民的消费方式和消费内容，使居民的支付方式更加便捷，获得产品信息的渠道更加多样，进而实现消费结构的优化升级。比如，远程教育、线上医疗、线上直播带货、电商平台、支付宝、微信支付等。

第二，经济发展方式转变有利于推动共享经济的发展，进而提升服务型消费。经济发展方式由以工业为主导向三次产业协调发展转变，能够从供给侧有效引导投资结构、产品结构和产业结构的优化升级，推动居民消费结构的优化升级。同时，经济发展方式转变还可以有效推动共享型经济的发展，有效激活经济市场活动主体，优化资源配置，实现社会和经济总供给的效益最大化，尤其是大数据和互联网的应用，为居民的服务型消费提供更加全面准确的信息，减少了消费的不透明和信息的不对称。

第三，经济发展方式转变有利于引导居民绿色消费。经济发展方式由不可持续的发展方式向环境友好型转变，倡导绿色消费。政府除了充分利用市场机制进行积极引导，还会采取相关政策和法规对居民的消费行为进行约束，使绿色环保可持续的消费观念对居民的衣、食、住、行等方方面面产生影响。例如，国家禁止捕食国家保护动物和野生动物。再如，为了减少环境污染，购物时一次性塑料袋采取付费方式；新能源汽车的推广及优惠政策等。

3.1.3 新型城镇化质量提升与消费结构优化升级的辩证关系

如图 3-1 所示，城镇化是人口从农村到城市迁移的过程，是第一产业向第二、第三产业转换的过程。产业结构升级带来了经济发展，而经济增长和发展又提高了居民的收入水平，人们有更多收入用于消费，且不再满足于基本的衣食住行，而是更注重文化、教育、营养、环保、健康、休闲、旅游等发展型和享受型消费，即便是基本的衣食住行，也同样会追求更高的品质和更注重人的感受和体验。而这一系列消费结构优化升级会随着科技进步与传媒发达程度的提高，更快地传递到城市周围地区和农村地区，引发更多人向往并涌向城市，促进了城镇化发展。

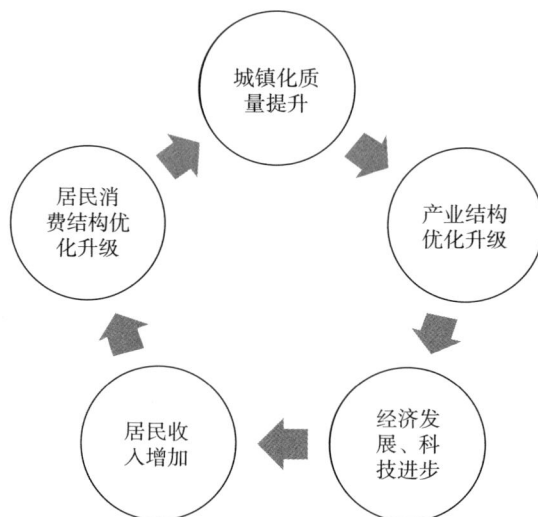

图 3-1　城镇化质量提升和消费结构优化升级的辩证关系

资料来源：作者整理。

3.1.3.1　新型城镇化质量提升是挖掘内需潜力、扩大消费的重要支点

新型城镇化的核心是人口城镇化，"人"是创造需求的核心，尤其是农村人口进入城镇后，从依赖土地的半自给自足消费状态转变为完全商品化的消费状态，也被称为"消费城镇化"，而消费城镇化能够使市场需求呈乘数增长，进而创造持续的需求，促进消费结构优化升级。新型城镇化质量的提升不仅能够提高居民的收入水平、转变居民的消费观念和消费方式，还能逐步建立健全社会保障体系、消除城乡二元结构、优化公共服务的均衡配置，减少农村转移人口的后顾之忧，进而产生新的消费需求，形成新的消费模式、消费业态、市场信用、流通体系，实现城乡消费的均质化和一体化，促进消费结构优化升级，如图 3-2 所示。

第一，新型城镇化质量提升使居民收入分配结构更加公平合理，同时，

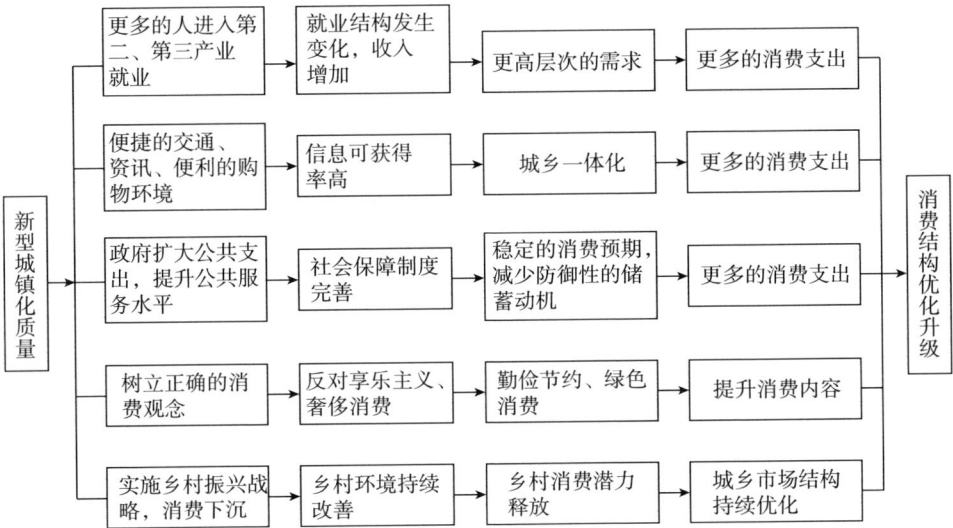

图3-2　新型城镇化质量提升促进消费结构优化升级关系

资料来源：作者整理。

伴随城镇化效率的提升，更多的人进入第二、第三产业就业，居民就业结构发生变化、收入呈上升趋势。随着居民生活质量的提升，消费需求由"吃、穿、用"转变为"住、行、学"，由满足基本生存条件的食物、衣物等基本需求向科技、医疗、教育、健康、文化、体育等的需求转变，恩格尔系数明显下降，进一步推动消费结构优化升级。

第二，新型城镇化质量的提升促进农村转移人口释放消费潜力。大量农村转移人口的年龄结构、受教育水平、地域分布是不同的，消费需求是多样化、多层级的。这部分人口大部分在城市就业、创业以及培训，能够更加快速地获取关于消费的资讯，降低搜索成本。同时，城市能够提供更加完善的交通通信设施、便利的购物环境、前沿的资讯、便捷的支付方式等为居民消费提供强大支撑，因此，新型城镇化质量的提升能够实现城乡联动，促进消费结构优化升级。

第三，新型城镇化质量的提升有助于扩大政府公共支出和提升公共服务水平，为农村转移人口提供更加完善的社会保障制度，为居民提供均等化的医疗保险、养老保险、失业保险等社会保障，为进城人员子女教育、自身健康等提供强有力的保障，从而降低居民对未来的不确定性，减少防御性的储蓄动机，形成稳定的消费预期，这样，居民将更多的可支配收入用于消费，进而促进消费结构优化升级。

第四，新型城镇化质量的提升能够引导居民树立正确的消费观念，反对享乐主义、奢侈消费，提倡勤俭节约、绿色消费，树立更高层次的消费观念，比如，扩大文化教育的消费，不断提高人的素质、促进人的发展，扩大消费内容、提高消费能力，进而促进消费结构优化升级。

第五，新型城镇化质量提升的过程也是乡村振兴战略相关政策逐步落地的过程。随着互联网等信息技术的发展，网络销售渠道逐渐下沉到农村地区，乡村的消费环境得到持续改善，进而使消费潜力得到释放，乡村市场消费品零售额占社会消费品零售总额比重持续上升。其中，农村居民用于教育文化娱乐、医疗保健、住房、汽车等消费支出加快，因此，新型城镇化质量提升有利于城乡市场结构持续优化，有利于促进消费结构优化升级。

3.1.3.2 不同阶段城镇化对消费结构的影响

1. 传统城镇化对消费结构的影响

在传统城镇化背景下，城镇化的推进注重数量的增加，而非质量的提升。通过人口的增加、土地和城镇规模的扩张，单纯追求经济增长指标，并且只针对某一级别规模的城市发展投入更多关注，政府或直接推进或采取自由放任的方式，造成了一系列问题。这些问题对消费结构的影响主要是：第一，城乡和地区的差距逐渐扩大，二元结构明显，中小城镇缺少关注，发展落后，居民收入不高，抑制了消费；第二，城市空间布局不合理，缺少发展型和享受型消费氛围，难以转变居民过于保守的消费观念；第三，城镇化与工业化发展不协调，造成过度城镇化或滞后城镇化，抑制了消费；第四，一味地发展工业而忽略了对环境的保护，造成环境污染严重，居民生活质量差，城市的消费环境不佳，没能激发居民消费的欲望；第五，公共基础设施和公共服务建设不完善、社会保障制度不健全，居民消费能力没有得到充分释放，也阻碍了消费结构优化升级。基于此，构建了如图3-3所示的传统城镇化对消费结构优化升级的影响传导机制，以反映传统城镇化对消费结构的影响和作用。

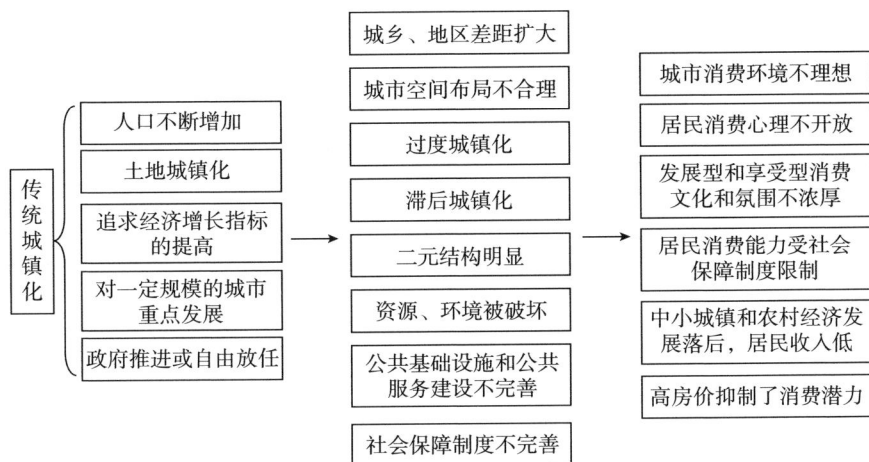

图3-3　传统城镇化对消费结构优化升级的影响传导机制

资料来源：作者整理。

2. 新型城镇化对消费结构的影响

而新型城镇化则不仅注重提升城镇化水平，也注重质量的提升。第一，注重提高城镇化的推进效率，并完善了各项政策制度，包括土地、户籍、社会保障制度等，消除了居民，特别是新移民的消费顾虑；第二，注重环境保护和可持续发展，并不断完善城市的功能，打造绿色、友好、便利的消费环境，满足不同阶层、不同年龄的消费群体的不同需求，并激发居民消费的意愿；第三，加强区域间和城乡间的协调发展，使公共基础设施建设、公共服务和其他资源均衡发展，缩小了城乡和地区之间的发展差距，进而缩小了居民收入和消费的差距；第四，市场开放程度不断提高，吸引外资，鼓励创新，加强科技的投入，为市场提供多样化的产品供给，促进了产业结构的优化升级，从而推动了消费结构的优化升级；第五，不断加强对人才的引进和培育，提升城市整体人力资本的水平，提高人口素质，进而推动整个社会的消费结构优化升级。基于此，构建了如图3-4所示的新型城镇化对消费结构优化升级的影响传导机制，以反映新型城镇化对消费结构的影响和作用。

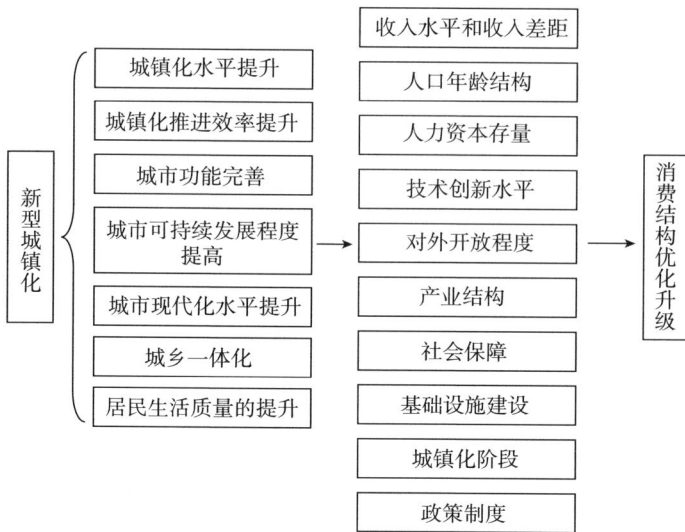

图 3-4　新型城镇化对消费结构优化升级的影响传导机制

资料来源：作者整理。

3.1.3.3　消费结构优化升级能够最大限度地释放新型城镇化潜力

消费结构优化升级是新型城镇化的基本内涵，消费结构优化升级是对城镇的基本功能进行完善和优化的过程，这个过程，有利于优化城市产业结构、城市空间布局、城市公共产品和服务、城市功能升级和创新，进而不断推动新型城镇化质量的提升，如图 3-5 所示。

第一，消费结构优化升级使居民消费形态由实物消费向服务转变、由基本生存型向发展享受型转变。据中国互联网协会发布的报告显示，2018 年我国信息消费比上年增长 11%，信息服务消费规模首次超过信息产品消费，信息消费市场出现结构性改变。在消费转型的带动下，通信、电气、文化、娱乐、旅游等行业的市场投资增势良好。国际统计局数据显示，2018 年我国文化、体育和娱乐业投资比上年增长 21.2%，增速比上年加快 8.3 个百分点。因此，消费结构优化升级能够从需求侧改变市场投资结构进而促进新型城镇化质量的提升。

第二，消费结构优化升级对完善市场制度体系，营造健康的城市消费环

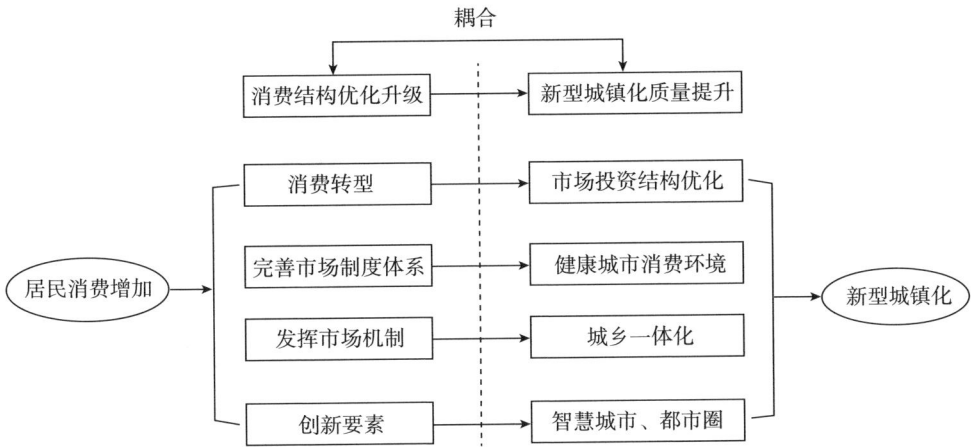

图3-5　消费结构优化升级推动新型城镇化质量提升关系

资料来源：作者整理。

境提出了新的要求。消费结构优化升级有利于监督各级政府和相关部门加强市场监管，打击假冒伪劣等不法行为，构造健康合理、良性竞争的市场环境，完善市场信用体系，提升城市消费体验，促进新型城镇化质量不断提升。

第三，消费结构优化升级能够更好地发挥市场机制的作用，进一步破除城乡二元经济结构的体制机制限制，促进城乡融合、区域协调，降低居民在城市生活和发展的成本，解决城市空间不足，推进完善社会保障体系，以更好地释放新型城镇化质量提升的新红利。

第四，消费结构优化升级能够使创新要素加快集聚，为新型城镇化质量提升提供创新驱动力，有力推动旧城更新和改造工程、打造新型智慧城市和大城市圈，使城市公共服务质量、城市管理水平、城市基础设施、城市生态文明意识等均得到提升，全方位增强城市的吸引力，提升城市发展质量。

3.1.3.4　不同消费结构对城镇化质量的影响

第一，食品、衣着等生存型消费支出的优化升级，有助于第三产业的发展和城镇基础设施的完善；令城镇整体商业氛围更加浓厚，消费环境得到提升；提供更多的就业机会吸引农村剩余劳动力，加快城镇化进程；城镇绿色健康的消费观念也影响到农村地区，农村居民对食品、衣着等的消费也有了绿色和环保的意识，在农业生产过程中也促进了绿色农业的发展，提升了城镇消费品质量。

大城市生活压力较大，为了节省时间，上班族更倾向于点外卖或到餐厅用餐，因此城镇餐饮消费支出也相应较高，不仅为餐饮行业带来了更高的经济效益，也推动了快递行业和外卖行业的发展。而这些行业需要大量的体力劳动者，为农村剩余劳动力提供了就业机会，也加快了城镇化发展进程。另外，随着居民对于自身健康和生态环保意识的不断增强，绿色、低热量食品等受到城镇居民的青睐，相关产业不断推出满足居民这方面需求的产品，市面上"零卡路里"饮料、"低脂"食品越来越多，丰富了城市消费供给。而这样的信息通过互联网等渠道快速传播到农村，农民一边效仿城镇的消费方式，一边研究满足城镇消费者需求的相应的健康食品，不仅促进了绿色农业的发展，也有利于提高城乡消费品的质量，进而有助于城镇化质量的提升。

第二，教育等发展型消费支出的优化升级，可促进城市创新能力的提升，推动新兴产业的发展和科技水平的提高，提升城市经济效率，改善城乡消费环境，推动城乡一体化发展。

我国居民对于教育方面的消费支出呈升级态势，2019 年内容付费用户数量已超过 3 亿人，且呈上升趋势。在巨大的消费市场面前，自 2016 年起，大量知识付费平台涌现并形成了一个新兴行业，例如"樊登读书会""喜马拉雅""得到 App"等平台，通过在这个信息过载的时代筛选有效知识的方式，以"互联网+"的形式吸引着大量的消费者，体现了城市创新能力和技术发展水平。这种新兴行业的发展，得益于城市互联网技术的发展和在线支付技术的普及，不仅体现了城市功能和服务的完善，也体现了居民消费观念从炫耀性和物质性消费转向精神文化消费。这样的消费方式和消费内容通过示范效应，使农村居民也同样可以通过互联网加入知识消费群体中，优化了农村的消费环境，加速了城乡一体化发展。

第三，服务、文化消费等享受型消费结构优化升级有助于提供更多的服务性岗位，促进农村剩余劳动力到城镇就业，从而有助于社会稳定，城市功能更加完善和多样化，居民生活质量得到提高，从而提升了城镇化质量。

随着城镇居民收入水平的增加，对生活质量和效率要求的提高，城镇居民家庭的服务消费支出增加。越来越多收入较高的城镇家庭为了提高生活品质和保证家庭的和谐稳定，选择雇用保姆、司机、小时工、月嫂等来将自己或家庭成员从烦琐的家务事中解脱出来。特别是"二胎政策"放开后以及老龄化趋势背景下，城镇家庭的生活工作压力较大，对家政服务消费需求不断增加。这一方面促进了农村剩余劳动力的就业，增加了城乡人口流动，甚至解决了农民工家属的就业问题，不仅提高了城镇居民的生活品质，也提高了流动人口的家庭收入，有助于城市社会的稳定与和谐发展。另一方面，这样的需求也推动了家政服务业的发展，令城市服务功能更加完善，提升了城镇化质量。

另外，城镇居民对于文化消费支出增加，有助于推动城市文化环境的建设，例如城市设立了更多的图书馆，甚至是移动便民图书馆，方便城镇居民借阅图书；文化机构举办了更多的文化活动、展览等；民间社团组织开展了更多的音乐节、演唱会等活动，在满足居民文化消费需求的同时，令城市功能更加多元化、综合化、便民化，从而提升了城镇化质量。

第四，消费结构不同类型间的优化升级通过日益多样化的居民消费需求得到发展，促进了新的消费增长点和经济增长点的形成，推动了产业结构的优化升级，带动经济发展，有助于公共基础设施和消费环境的改善。

随着城乡居民消费结构的优化，食品和衣着消费支出占比减少，其他消费比例有所增加。消费者日益增长的发展型和享受型消费需求会推动城市教育行业、医疗领域的发展，交通通信等基础设施的建设，文化消费和休闲消费环境的改善。例如海淘、直播购物、共享经济等，推动了产业结构的优化升级和科技的进步，助力经济高质量发展。同时，为城市的创新带来动力，也为城市吸引了高素质人才、创新科技人才等。

城乡居民对住房的要求也不同以往，城镇居民更加关注居住人口密度（例如梯户比）、小区配套设施（例如健身房、会所、塑胶跑道）、教育和医疗资源、物业管理水平（例如人车分流、安保配置）、绿色环保的装修装饰、周边环境（例如大型公园）等更高品质的消费需求。当房价趋于稳定发展之后，居民更加关注居住的生活品质，用于智能家居家电、绿色环保家装、独立衣帽间、独立书房或健身房等更加精致的生活空间，消费支出会相应增加。这些有助于城镇生态环境质量的提升，改善了城镇整体消费环境，居民生活质量得到提高。而农村居民对房屋的消费需求，也不仅限于加高楼层、修复外表等传统城镇化阶段的消费观念，而更倾向于房屋居住的便利性。一部分农村居民甚至把自住房打造成农家院或者民宿的可经营形式，促进了乡村旅游产业的发展，提高了农村居民的收入，带动了农村地区第三产业的发展，令农村居民也可以不必依赖于土地和农业生产而获得更多的收入，有助于农村的经济发展和城乡一体化发展。

3.1.4 城镇化质量提升与消费结构优化耦合协调发展的作用

城镇化质量提升和消费结构优化升级耦合协调发展对于城市的综合发展具有非常重要的作用，有助于经济发展方式的转变，并在产业、经济发展、民生、环境生态等方面得以体现。

3.1.4.1 对产业结构的作用

首先，二者协调发展，有助于打造开放的消费环境，吸引外资和国内外领先企业的加入，不断研发新的产品，提供多样化供给，优化本地的产业结构。其次，二者协调发展，有助于吸纳大量农村剩余劳动力以及各种生产要素和资源，促进第二和第三产业的发展，令产业结构更加合理化，即第一产业的比重降低和第三产业的比重提高。最后，随着人们收入的提高，消费水平和消费结构不断优化升级，逐渐从生存型向发展型和享受型转变，也会同样带动产业结构的优化升级。

3.1.4.2 对经济发展的作用

城镇化质量提升与消费结构优化升级可以分别促进经济发展，若二者能够协调发展，则对经济发展有很大的促进作用。首先，二者协调发展有助于扩大内需。城镇化质量的提升可以加大城镇基础设施建设的投资，释放人口到城镇进行消费的潜力，为地区经济和社会带来巨大的内需驱动，从而拉动地区经济增长。随着我国人口红利的逐渐消失，单纯依靠人口增长促进消费的时代已经不再，因此我国正在转变经济发展方式，通过对现有人口的消费结构优化升级，来实现经济增长以及经济的高质量发展。其次，城镇居民的消费结构优化升级能够通过示范效应影响农村居民的消费结构优化升级，从而带动城乡一体化发展，促进农村居民市民化，缩小城乡差距，提高农村居民的收入，进而带动经济增长。最后，城镇化令人口素质提高，令知识的复杂性增加，将创新人才聚集在城市，为科技创新的发展提供便利性，有利于增强区域经济的韧性，抵御外部的冲击，探索出更有利于发展的路径，用于抵御来自美国等西方国家对中国实行的贸易战和经济制裁。

3.1.4.3　对民生的作用

如何提高居民生活质量、社会保障、就业率等一直是我国重点关注的民生问题，城镇化质量提升和消费结构优化升级协调发展为一系列民生问题提供了解决方案。首先，可以令社会保障制度不断完善和健全，令农村居民和城镇流动人口能够减少"看病难""看病贵"等问题，从而减少预防性储蓄，改变其消费结构，增加发展型和享受型支出，从而提高居民生活质量。其次，城镇中存在更多的就业机会，提供给农村转移城市的居民，提升农民工的收入，提高居民基本的消费能力，对社会稳定与和谐发展起到重要作用。

3.1.4.4　对环境生态的作用

随着人们生活水平的提高，对人居环境有了更高的要求。一方面，更多人开始追求绿色健康的消费方式，例如减少塑料袋的使用、贯彻执行垃圾分类政策等。资源环境保护是提升城镇化质量的一项重要任务，倡导绿色消费，有助于打造可持续发展的绿色城镇，增强城镇竞争力的同时，也能增强居民的幸福指数。另一方面，从城市规划角度来解释，例如生活与生产设施相对集中，缩短通勤时间，交通基础设施服务功能完善，减少了居民出行对于汽车的依赖而能够适当乘坐公共交通工具，可以减少对能源的消耗，提升城市的生态环境。因此，城镇化质量提升和消费结构优化升级协调发展有利于推进高质量城镇化建设，从"以人为本"出发，兼顾社会公平、经济发展和自然环境生态的可持续发展。

3.1.5 新型城镇化质量、消费结构优化升级与经济发展方式转变的相互关系

3.1.5.1 新型城镇化质量提升与消费结构优化升级耦合发展对经济发展方式转变的促进作用

新型城镇化质量提升与消费结构优化升级互相促进、相互推动，新型城镇化质量提升必然会促使消费的增长和结构的合理，进而促使消费结构高级化；相反，消费结构优化升级会进一步释放消费对于经济发展的带动作用，引导投资和第三产业的发展和转型，进而使城镇居民经济行为发生转变和城镇经济增长的速度得到提升，促进新型城镇化质量不断提升。因此，新型城镇化质量提升和消费结构优化升级是相互融合且不断促进的，二者的耦合关系对经济增长方式转变产生巨大的作用，释放经济发展的潜力。具体而言，新型城镇化质量提升和消费结构优化升级耦合，从以下四个角度促进经济发展方式的转变。

第一，新型城镇化质量提升和消费结构优化升级耦合发展可以有效解决经济结构失衡问题。新型城镇化质量提升和消费结构优化升级耦合发展会有效地促进消费和城市经济的融合，让城市经济的发展基于有效消费，进而可以防止消费与生产脱节，防止总消费和总供给之间缺乏有效纽带和沟通所产生的失调，避免总需求和总供给不匹配所产生的经济波动。因此，新型城镇化质量提升和消费结构优化升级耦合会有效地促进经济供求结构的优化，进而有助于经济供求结构的平衡。另外，新型城镇化质量提升和消费结构优化升级耦合会优化城乡结构，以消费为基础将城市和乡村结合起来，吸引农村和城市的优势资源相互流动，劳动力等要素向城市流动，旅游及高端有机农业向农村流动，进而避免产业过度集中于城市或者农村，优化城乡产业结构

和生产要素的合理流动，进而使得城市和农村形成一个有效的经济综合体，促使城乡区域结构的优化和调整。

第二，新型城镇化质量提升和消费结构优化升级耦合发展可以进一步激发经济增长中消费的带动力量。新型城镇化质量提升和消费结构优化升级耦合发展无疑将促使城乡居民消费的升级，农村居民会消费城市经济的产品，例如便捷的交通、饭店和儿童乐园等。反过来，城市居民也会增加农村产品的消费，例如采摘、农家乐以及其他特色农业等，这不仅能通过消费拉动内需，还能有效地传递信息，整合生产要素，促使城乡居民素质的提升，让他们可以实现干中学，在从事自己工作的时候不断了解和发现新的发展机会。通过这样的机制，城乡的消费就被带动了起来，居民的生活质量也得到不断提升，消费对于经济增长的促进和带动作用将被有效地释放出来，形成长期有效的经济增长动力。所以，新型城镇化质量提升和消费结构优化升级耦合将激发消费，让消费成为持久的经济增长力量。

第三，新型城镇化质量提升和消费结构优化升级耦合发展可以促进区域均衡协调发展。新型城镇化质量提升和消费结构优化升级耦合发展将有效地激发农村居民和城市居民的好奇心，促使农村居民和经济体与城市居民及经济体有效地结合起来，在城市中寻找机会。相反，城市居民越来越关注健康，注重释放压力，追求新鲜的空气、自然的景色、绿色的食品等，所以越来越多的城市居民也会走向农村，从而促使农民居民与城市居民有效沟通和融合。此外，农村居民与城市居民之间的沟通与融合也会促使相关产业的发展，例如，旅游、交通、农业特色经济、城市餐饮等产业也会打破城乡分割，进而促进区域均衡协调发展。另外，新型城镇化质量提升和消费结构优化升级耦合将有利于建设生态环保型社会。农村居民、城市居民以及产业相融合，会提升城乡居民追求天然、绿色无污染产品，激发农村和城市发展环境友好型产业，进而实现城乡高质量发展，实现习近平总书记所倡导的生态型经济增长。

第四，新型城镇化质量提升和消费结构优化升级耦合发展可以促进技术进步，进而促使经济增长方式的转变。新型城镇化质量提升和消费结构优化升级耦合发展促使消费升级和城镇化质量的提升必须通过提高技术来实现。休闲观光农业、新型旅游等农村产业以及能吸引农村居民的城镇高新技术产品都需要通过技术进步来实现，技术进步又会促使城乡发展现代化、工业化、自动化和产业结构高级化，提高城乡单位要素投入的产出，从而实现较少投入获得较高产出，实现经济增长方式从粗放型向集约型转变。

3.1.5.2 经济发展方式转变对新型城镇化质量提升、消费结构优化升级耦合协调发展的推动作用

经济发展方式的转变把提高质量和效益作为推动发展的立足点，把扩大内需特别是消费需求作为推动发展的基本方针。经济发展方式转变能够使新型城镇化和消费结构克服重速度轻效益、重规模轻质量的倾向，真正以提升质量和重视效率为重点。经济发展方式转变推动新型城镇化质量提升和消费结构优化升级耦合协调发展，具体从以下几方面说明：

第一，经济发展方式由外向型经济转变为内需型经济，推动新型城镇化质量提升与消费结构优化升级的耦合发展。

中国的崛起不是自身资本积累和科技创新发展的结果，而是通过外向型模式，在全球经济体系中，中国是一个大的生产基地，也就是"世界工厂"。中国凭借大量的廉价劳动力和丰富的国内资源，随着外资和技术的涌入，我国从一个贫困国家一跃成为世界第二大经济体，世界最大的外贸出口国。但中国一直处于全球产业链的最低端、缺乏核心技术，中国经济和社会结构发展片面，导致资源过度消耗、生态平衡遭到破坏。随着全球经济放缓尤其是2020年受新冠疫情影响，外需拉动和投资驱动更加疲软，经济发展方式由外向型向内需型转变，扩大内需，形成内需外需兼容互补、国内国际双循环相互促进的新格局。

内需型经济能够有效推进我国新型城镇化质量和消费结构优化升级。外向型的经济发展模式下，我国的城镇化建设注重要素的投入和土地的扩张，属于外延式的城镇化建设模式，这样的模式造成区域发展差距过大、城乡居民收入差距过大、农村转移人口在城市生活成本高昂等问题，消费结构受到

严重的限制。内需型经济发展模式，能够最大限度地挖掘新型城镇化的消费潜力，更加注重新型城镇化内涵式的发展方式，更加注重城乡融合、区域协调，更加注重人的全面发展，例如，我国中部和西部地区的城镇化建设远远落后于东部，尤其是东南沿海地区，通过发展内需型经济，不断提升新型城镇化质量，能够将沿海地区过剩的产能转变为中部和西部地区的推动力，无疑，中部和西部地区的发展能够极大地带动中国的内需市场。东南沿海地区着重于科技创新，中部地区和西部地区成为经济发展潜力。因此，经济发展方式转变为内需型经济能够推动新型城镇化质量提升和消费结构优化升级的耦合发展。

第二，经济发展方式由工业型经济转为服务型经济，推动新型城镇化质量提升与消费结构优化升级的耦合发展。

经济发展方式以工业主导型（第二产业）向服务业主导型（第三产业）转变，大力发展服务业，能够推动产业结构优化升级，既可以为农民提供就近就业机会，也可以为更多的农民进入城市提供就业渠道。例如，通过农业和工业现代化的结合，面向中小企业的基础工艺、基础材料进行商业活动。再如，农村转移人口进入城市从事第三方物流行业、融资租赁、家政服务、服务外包、售后服务、外卖等行业；受到良好教育的农村大学生，可以从事科技含量更高的行业，比如电子商业、金融、互联网等行业。因此，大力发展第三产业，能够使农村和城市突破地域限制，使农业人口渗透到农村和城市的各行各业，这符合新型城镇化质量提升的核心，即以人为本。随着居民收入的不断增加，对提高生活质量的意愿会逐渐增加，尤其有能够达到或超越城市原有居民的生活质量动力，进而促使消费需求增加、消费结构进一步优化升级，因此，服务型的经济发展模式能够促进新型城镇化质量提升和消费结构优化升级的耦合协调发展。

第三，经济发展方式由粗放型经济转为集约型经济，推动新型城镇化质量提升与消费结构优化升级的耦合发展。

集约型的经济发展方式更加注重质量和效率的提升，以质量变革、效率变革和动力变革为根本核心，积极引导传统型产业优化升级，大力发展具有创新潜力的产业，主动协调和化解"去杠杆"和"去库存"，为经济发展提供充足的市场空间。

集约型的经济增长方式能够将现代新兴技术应用于城市的现代化建设，通过打造智慧城市提升城市质量；同时，也能够为居民提供更加丰富多样的产品，进而刺激消费、引领消费，使消费结构不断得到优化升级。在这个过程中，集约型的经济增长方式更加注重人口素质的提升，大力发展教育事业，为科技创新提供源源不断的人才。人才素质的提升不仅能进一步推动提高生产力，还能够不断提升绿色消费、资源节约和环境友好的消费观念。因此，集约型经济发展方式能够促进新型城镇化质量的提升和消费结构优化升级的耦合协调发展。[①]

3.2 新型城镇化质量提升与消费结构优化耦合协调关系的机理分析

城镇化质量和消费结构优化升级作为两个系统，二者在发展过程中，通过各种机制机理，相互作用，彼此影响，呈现出互动发展关系，最终实现动态协调发展，共同促进经济增长、城市建设，以及经济发展方式的转变。

3.2.1 集聚效应

在城镇化的过程中，大量农村人口涌入城市，带动着物流、资金流、信息流、劳动力流和消费流五种相互关联的流量，以及产业、人力资本、技术、知识、FID 资本等要素在空间上的快速集聚，使得城镇在空间数量上增多、规模扩大、功能和设施逐步完善，形成了城市、城镇和乡村之间内在密切关联的城市群，城市群代表着城镇化集聚发展的高级形态。

集聚效应使得城市规模不断扩大，进而形成更大规模的交易市场，有利于生产活动的专业化和精细化分工、产业结构合理布局、新型技术和产品创

---

① 黄奇帆. 我国应如何构建完整的内需体系以及双循环新格局，2020-07-13，新浪财经——自媒体综合，https://finance.sina.cn/china/gncj/2020-07-13/detail-iivhuipn2797006.d.html.

新、交通基础设施更加完善。企业通过共享城市公共基础设施，在能源消耗和经济投入成本不变的条件下根据市场需求变化敏捷地获取劳动力，降低生产和交易成本，实现资源的高效和最优配置，进而为推动居民消费结构优化升级创造必要条件，具体从以下四个方面体现。

第一，城市集聚效应能够为居民提供良好的消费氛围。城市群拥有合理布局的产业、发达的商业、多元化的销售渠道、便捷的物流、完善的基础设施、均等的公共服务，为居民营造了舒适、健康、环保、便捷的工作、生活和消费环境。例如，苏州邻里中心的商业布局，打造了"院落式生态主题休闲"商业街的模式，以满足周边居民生活和消费为目的，囊括了餐饮美食、咖啡厅、书店、美容美发、健身保健、休闲娱乐、生鲜超市、教育培训等全方位的业态模式。在规划布局上利于开放式街区、立体景观、情景化的商业主题和错落有致的建筑空间布局，营造"一步一景"的商业感受，使居民在满足消费需求的同时，尽情享受放松的休闲时光，从物质到精神层面提升了居民的消费感受。[①]

第二，城市集聚效应能够降低企业创新的成本。城市是第二、第三产业的集聚中心，也是移动通信、互联网、金融、人工智能、融资租赁、区块链等新兴产业的孵化器，尤其在一线城市，高新技术产业、独角兽企业、外企等比比皆是。集聚效应使经济活动主体在空间上拉近了距离，降低了运输成本和沟通成本，减少了交易和协调的困难，增强了彼此的信任度，有效提高了劳动生产效率。尤其是为高新企业获得了竞争优势，有利于高素质、高水准和高技术人才的集聚，为企业创新提供了原动力。与此同时，城市供应商和服务商的竞争也更加激烈，从而使城市产品和服务质量不断提升、改良和创新。往往新的业态形式是最早出现在城市的，因此城市的集聚效应能够为居民提供更加丰富更加多样化的消费选择。

第三，城市的集聚效应能够为消费者提供更多的同品类产品以便消费者进行试用、比价和筛选，从而刺激各类厂商在生产产品或提供服务时，既要

---

① 领衔青山. 你所不知道的"邻里中心"社区商业模式. https://www.sohu.com/a/271931155_695367.

充分考虑主流消费群体的需求，又要兼顾个性消费群体的需求，提供定制化的专业服务。因此，城市群的集聚效应能够提高消费者和消费产品质量的匹配度，从而提升消费者满意度，促进居民消费结构优化升级。

第四，城市群的集聚效应能够促使城市不断完善交通体系，比如城市地铁和城际高铁、高速公路等，不断缩短城市间的距离。同时，随着城镇化质量的提升，居民就业的社会保障体系不断完善，例如，八小时工作制、五险一金等，使得城市劳动力增加了闲暇时间、减少了通勤时间和城市生活成本，从而最大限度地释放城市消费潜力，提升消费质量。

因此，城镇集聚的过程形成了较高的人口密度，使城市不断打破城乡二元经济结构，减少户籍限制，实现教育、医疗、社保等公共资源的均等化，不断提升城镇化质量。同时，也使城市为居民不断构建良好的消费环境，提升消费者权益保障，更加关注消费者的满意度，通过城市质量的提升不断促进消费结构的优化升级。让居民在城市中既能实现自身就业效益最大化，也能实现生活效益最大化，进而实现我国经济发展方式向内需型转变。

3.2.2　扩散效应和辐射效应

扩散效应和辐射效应在经济学中主要指以城市为基点，经济发展、资源、要素和部分经济活动在地理空间上向周边城镇和乡村分散的过程，这个传导过程是单向的，其强度取决于中心城市的经济发展实力，最终结果是实现城市、城镇和乡村在宏观经济上的动态平衡，也被称为空间区域向外的"离心力"。城市的辐射类型有两种，一种是点辐射，即经济要素和经济活动以大城市为中心向周边城市扩散；另一种是线辐射，即以交通运输干线为依托，沿铁路、公路、水路等向两端或上下游地区扩散。在"点辐射"和"线辐射"双重作用下，形成以直辖市、省会城市、重要节点城市和辐射干线为核心的一体化区域。城市群是城市发展到高级阶段的空间表现形态，其扩散和辐射形式取决于城市的空间架构，比如，京津冀城市群，是以北京为核心，周边分布若干中等城市和小城镇，中心城市的主导地位突出；而长江三角洲城市群是由多城市担当核心城市的功能，形成上海、苏州、杭州、南京、无锡等多核心城市协调发展的格局。

在扩散效应和辐射效应的作用下，城市群加强了城市间的物质交流和交换，使得原本在空间分离、交流封闭的城镇间产生了密不可分的经济联系。首先，城市群的中心城市拥有良好的基础设施环境、健全均等化的社会保障体系、成熟和完善的供应链系统、各种个性化和定制化的产品服务推广渠道、各种专业化和规模化的市场，如金融、科技、信息、服务、物流等。除此之外，中心城市还是政治经济中心和交通、人才、信息技术、资本等生产要素的集聚中心，具备综合和多种主导型功能，在一定区域内具有重要地位，具备引领城市群发展的能力。其次，随着中心城市规模的逐步扩大和交通条件的改善，中心城市逐步将其经济功能和其他功能适当疏散到外围城市，以加强和周边城镇的公共服务共享和基础设施的链接，凸显中心城市科技创新、高端服务的主导地位。最后，周边城市通过加强经济实力、完善城市功能，实现与中心城市的协作对接、集约发展、联动发展和互补发展，进而带动整个区域的协调发展，辐射周边城镇带动整个经济效益的总体提升。

我国新型城镇化质量提升的核心是以人为本，通过构建大城市群和商业圈，充分发挥扩散效应和辐射效应，以优化城市空间布局、产业合理转移扩散、人力资本合理流动，提高城镇化建设的整体经济效益，实现城乡融合、区域协调的宏伟目标。在宏观上，城市总体布局处于动态平衡和整体向上的状态；在微观上，则对居民的衣、食、住、行产生着深刻的影响，城镇化质量的提升和居民消费结构优化升级呈正相关关系。主要从以下几个方面进行说明。

第一，城市的扩散效应和辐射效应有利于人力资本的合理配置。人力资本是城市最活跃的生产要素，在城市消费驱动和产业推动的作用下，必然吸引人力资本的大量集聚，然而，人口的过度集中导致城市人口密集度过高，造成房价高昂、交通拥堵、教育资源不均、医疗资源短缺等问题，居民在城市生活的成本越来越高。而城市群的扩散和辐射效应使得人口和产业沿"核心城市—次级核心城市—城市群外围城镇—非城市群地区"路径向外迁移，通过全力打造基础设施良好、经济实力强、教育医疗等资源丰富的宜居、宜业、宜商的新兴城市，缩小区域间的人均收入差距，降低人力资本迁出的实际成本和沉没成本，使人力资本合理分布，以提升整体城市质量和居民生活的幸福指数。

第二，城市的扩散效应和辐射效应有利于产城协调发展。城市群的中心城市往往是高新技术、高端人才、金融中心、研发基地和企业总部的聚集地，具有较高的土地成本和人力成本，因此，企业为获取更大的收益，通常采取空间分散、纵相分离的外向型扩散发展模式，对于生产率较高或技术密集型产业优先选择在中心城市，对于生产率相对较低或劳动密集型产业选择在市场规模较小的周边城市，形成了中心地区以生产性服务业为主、外围地区以制造业为主的空间格局，进而实现产业分布和人力资本分布的高度匹配，实现时间和空间的合理布局。

第三，城市的扩散效应和辐射效应有利于消费偏好外溢。城市群拥有完善的基础设施和交通运输体系，通信设施密集布局，公路、铁路、航道、管道、地铁四通八达，进而降低了区域间的交流和运输成本，扩大了区域间的关联半径，使得区域间的资源共享、创新协同、沟通交流的效率大大提升。人力资本和产业由中心城市向周边城市的扩散和辐射，居民的消费习惯、消费方式和消费偏好的扩散，带动了周边区域居民消费结构的不断优化升级。比如，实物消费的不断提档，住房市场、汽车市场、信息化智能产品市场；服务性消费的扩容提质，养老医疗、运动健身、绿色消费、教育培训等；消费新业态的体验，共享经济、人工智能等，着力改善了消费基础设施和消费环境。

新型城镇化质量和消费结构优化升级在扩散效应和辐射效应的作用下，从供需两端发力，促进了经济发展方式的转变。

3.2.3　协同效应

协同效应是指两个或两个以上子系统之间相互作用所产生的整体效果远

远超过各个独立系统单独运作时产生的效果总和，因此被描述为"1+1>2"。该理论普遍应用于经济学、化学、生物学、社会学、物理学等多门学科和领域，是系统内子系统之间、系统与外界系统之间的物流和信息流的互动关系。本书认为充分利用"协同效应"实现我国城乡、区域、城市群之间的协同发展，能够为新型城镇化质量提升和消费结构优化升级的耦合发展奠定基础，进而为促进经济发展方式转变创造条件。

第一，城市群的协同效应有利于形成合理的城市化空间布局，为居民消费结构优化升级提供经济基础。

我国东部和中部地区已形成以京津冀、长江三角洲、珠江三角洲为主的城市群格局，城市群之间的联系是开放的、多元的，以企业、高校、中介机构、政府、信息网络、资本流转等作为结点形成庞大的经济社交网络。城市群间的协同效应能够构建新的产业链、知识链、技术链、价值链，使城市群之间建立长期稳定的协作关系。同时，城市群的协同效应能够使城市群形成以"超大城市为中心、城市群多重嵌套"的大联通、小分布的城市化布局，使城市群的集聚效应和辐射效应得到充分发挥，也能形成产业优势互补、制度创新互补的优势。

城市群综合效益的提升必然带动经济主体的活跃性，使城市间的要素流动和交流更加频繁，进而为产品和服务市场提供更多的创新思路，为居民提供更优的消费空间和消费内容，不断促进消费结构优化升级。例如，联想集团，总部设置在北京，在上海、深圳等各大城市均有分公司，这样的商业模式能够使企业在各大城市中充分利用当地资源优势，降低人流、物流的综合成本，实现企业效益的最大化。同时，根据不同区域居民对产品需求的偏好程度，进行产品设计的更新和配置的升级，以满足居民消费需求，使居民消费结构在消费品质上不断得到提升，消费结构不断优化升级。

第二，区域间的协同效应有利于实现资源和优势互补，形成强大的内需市场。

我国东部和中部地区具备大城市群和商业圈的经济发展优势和较强人口承载能力，西部地区拥有丰富的矿产、土地等能源及旅游资源，例如，拥有秦始皇陵兵马俑、敦煌莫高窟、万里长城遗址、丝绸之路、布达拉宫等名胜古迹和宗教文化场所。但我国区域间发展不平衡不充分的问题相对比较突出，西部发展与东部地区相比较为落后，因此，西部地区应该借助东部地区的高新技术充分发挥资源天然禀赋，形成优势互补的区域经济格局。比如，西部地区地广人稀，不宜采取东部劳动密集型的农业模式，而应借助高科技、企业型的模式，建立立体种植、无土栽培、蔬菜大棚等，将戈壁滩改造成东部和中部地区的蔬菜和粮食基地。再如，加大西部特高压电网的投资力度，使西部地区富裕的电力资源输送到东部地区，或在西部地区建立云计算数据中心，为东部地区提供成本角度的云计算服务。利用东部创新技术和系统工程开发西部地区的能源资源，为全国经济高质量发展提供物质基础。①

在区域协同效应的作用下，东部、中部和西部资源的协调和优势互补，能够构建一个强大的内需市场，有利于形成经济内循环的发展模式。在这个过程中，资源的重新整合调配和产业链的优化重组，则会给居民带来大量的工作机会，进而使城市吸纳更多的劳动力资源和生产要素，促进新型城镇化质量的不断提升。同时，随着社会和经济效率的提升，居民的生活质量得到了大幅的提升，消费结构不断优化升级，符合集约型、内需型经济发展方式的内涵。

3.2.4 示范效应

消费者在认识和处理自己的收入、消费及其相互关系的过程中，受到其他消费者的影响而不自觉地做比较，进而影响自身的消费水平，相反，一个消费者的自身行为往往也会对其他消费者的行为产生影响，这被称为"示范效应"。示范效应涉及多门学科，包括心理学、社会学、经济学、生物学等，不同学科中会使用不同相关名词，比如攀比效应。

经济学家凡勃伦认为，居民消费的内容，一种是满足居民的日常生活需求，体现的是商品的实际使用效用，另一种是除满足第一种消费需求外，还

① 黄奇帆. 我国应如何构建完整的内需体系以及双循环新格局，2020-07-13，新浪财经——自媒体综合，https://finance.sina.cn/china/gncj/2020-07-13/detail-iivhuipn2797006.d.html.

能体现个人地位或身份的需求，而这种商品的价格远远超过了商品实际效用的价值，并且价格越高，炫耀性消费的效用就越高。随着新型城镇化质量的不断提升，农村转移人口在城市中逐步实现生存需求后，开始追求城市居民身份的认同，包括消费水平、消费观念、消费内容和消费方式等各个方面，因此农业人口市民化的消费潜力中，存在着炫耀性动机。炫耀性消费又可称为"奢侈品消费"，在经济学中我们要辩证地看待这一现象，它对经济起到积极作用也起到消极作用。其积极作用是炫耀性消费能够从需求端调整产业结构，对生产有很强的拉动作用，以满足城市中不同阶层居民的不同消费需求，有利于居民消费结构优化升级和拉动经济增长。比如，珠宝、名表、名酒、豪车、别墅、私人会所、健身、香薰 SPA 等。

随着我国新型城镇化质量的不断提升，城乡居民之间的收入差距逐步缩小，二元经济结构逐步解除，而在这个过程中，消费的示范效应不断影响着居民的消费结构，主要从以下几方面体现。

第一，新时代下基于大数据的信息传播方式，跨越地域营销的局限性，比如朋友圈微商、微博营销、抖音直播以及更多自媒体形态，起到传递消费信息、引导消费行为、推广消费文化的作用，使示范效应呈乘数放大。资讯传播方式的变化带动更高品质的消费文化、消费理念的传播，进而萌生居民消费方式的改变，向更高消费层次靠近，从而推动消费结构优化升级。比如，2020 年新冠肺炎疫情期间，在现实封闭而网络开放的环境下，加速了我国"线上化"进程，深刻地影响着居民的消费方式，为我国经济"危中求机"提供了强大的内需支撑。线下生鲜、零售、服装、餐饮等实体店的经营模式顺应消费者的习惯和观念而改为电商销售、主播直播带货等模式，很大程度上加速了行业洗牌和产业重塑，商业模式和经营策略，都顺应消费者的习惯而发生改变，减轻了疫情对我国经济的冲击，为国民复工复产提供了便利，在这个过程中，城镇居民和农村居民接收到的网络信息不受地域限制，也不存在地域歧视，进而使农村居民能够快速获取到更多新鲜和前沿的消费信息，并通过网络主播获得更多的认同感。加之新型城镇化建设过程中，物流脉络遍布全国，甚至能够延伸至四五线城镇下的乡村地区，所以，在示范效应的作用下，随着新型城镇化质量的不断提升，居民消费结构逐步优化升级。

第二，在新型城镇化质量提升的基础上，城乡基础设施不断完善，劳动力资源在城乡之间自由流动，进而加强了城乡之间的联系，增加了示范效应对消费结构的影响。首先，农村人口进城后受到城市居民消费习惯、消费方式和消费理念的影响，进而对自身消费产生示范效应。其次，农村是一个大的社交团体，通常祖祖辈辈都生活在一个村庄中，相互之间有着千丝万缕的联系，农村家庭之间交流频繁、相互影响较大，因此，农民工作为示范效应影响的传播介质，能够通过亲属或邻里之间的关系进行传播。例如，子女教育消费，城市居民子女在正常学业外会报名参加各种课外兴趣班，如美术、音乐、舞蹈、英语等，对子女进行素质教育，农民工会受到示范效应的影响，希望自己的孩子能够在同等的教育环境下长大，因此也会在自身收入不断增加的情况下，提高对孩子的教育投资和消费。近些年，各地乡镇或农村也在不断模仿城市教育模式开展各种专业培训，能够让农村的孩子就近拥有多元化的教育环境。

第三，随着新型城镇化质量的提升，社会保障体系逐步完善，能够充分释放农村消费潜力。首先，城市原有居民和农村转移人口能够在城市中享受到均等的医疗、养老、失业和工商等保险。其次，国家将农民列入社会保障体系，在农村开展新农合，减轻农村农民医疗费、服务费的负担，使得农民对自己未来生活有较明确的预期，进而将部分防御性储蓄转为消费。在示范效应的作用下，农村居民不断受到城镇居民消费方式的影响，进而使农村自身的消费结构不断优化升级。比如，城镇居民定期体检，维护自身身体素质的良好状态，预防疾病的健康意识相对较强。而农村居民体检意识相对薄弱，通常是用储蓄的方式攒钱养老，大病时再花钱治疗，有时甚至无钱治疗。国家新农合制度体系，能够让农村居民对生活保障更有信心，受到城镇健康消费的影响，农村居民的体检和健康意识也在不断增强，小病提前治疗、大病有国家保障的支撑，农村居民的健康消费不断增加，进而使得居民生活健康幸福指数不断提升，推动消费结构优化升级。

第四，政府对农村居民消费的政策扶植，有利于示范效应的作用充分发挥。随着城乡一体化的逐步推进，城镇居民对农村居民的消费示范效应也会越来越明显，新市民消费习惯逐渐向老市民靠拢、农村居民消费习惯逐渐向城镇居民靠拢。农村人口进入城市后，城市的生活和消费环境与农村存在很大差异，原来在农村靠自给自足获得的消费品在城市需要从市场购买获得，原来在农村不需要的消费品在城市会变成生活必需品，这会导致居民总消费需求增加。① 比如，农民在农村住自建的平房，吃自产的蔬菜、水果、粮食，自行车、农用拖拉机、三轮车能够解决出行问题，为种田方便和受经济条件的限制对衣着款式和质量要求不高，品牌意识相对薄弱，衣、食、住、行整体处于半自给自足的状态，消费内容和品质都不高。农民进入城市后，受到城市居民消费示范作用的影响，希望拥有更高品质的生活，因此，在城市购房、购车、智能家电、装修、高端食材、珠宝首饰等需求无限扩大。但农村居民追求更加美好生活的愿望和实际的消费能力之间的匹配度相对较弱，因此，国家通过家电下乡、发展农村消费金融、汽车补贴、教育助学金等形式，帮助农民提高生活水平，改变居民消费习惯，在示范作用的影响下助力农民实现消费结构优化升级。

3.2.5　极化—涓滴效应

"极化—涓滴效应"是世界著名经济学家赫希曼提出来的，该理论是基于对一个国家各个区域之间经济关系的深入研究，提出了经济发达区域和欠发达区域之间是相互作用和相互影响的。"极化效应"是指经济发达区域吸引欠发达区域的资源向经济发达区域流动，进而削弱欠发达区域的发展能力。"涓滴效应"是指经济发达区域吸收欠发达区域资源的同时也提供了发展机会，也称为"反哺"。我国新型城镇化质量的提升以实现"城乡统筹"和"城乡一体"为目标，破解城乡"二元经济结构"是我国现阶段面临的重要任务。城镇和乡村两个区域间通过劳动力、技术、信息、资金、物流等方式时时刻刻发生着各种各样的经济联系，而这种经济关联既呈现出"极化效应"，又包

---

① 王平. 新型城镇化驱动居民消费的效应研究［D］. 西安：陕西师范大学，2018.

含了"涓滴效应"。因此本书研究新型城镇化质量提升可以用"极化—涓滴效应"进行研究。具体从以下两个方面进行说明。

第一，城镇化发展过程中的"极化效应"对消费结构的影响。

城镇和农村是两个经济发展不均衡的区域，城镇属于经济相对发达区域，农村属于经济欠发达区域。城市具备区域内增长极的优势，通过集聚效应和规模效应大量吸纳周边欠发达区域的多种生产要素，导致周边欠发达区域资源匮乏，对周边欠发达区域经济发展产生抑制作用。城市之所以能够吸纳周边大量的生产要素主要是因为城市处于区域核心地位拥有规模效益和路径依赖优势，尤其是第二、第三产业在城市的优化升级为居民提供了更多的工作岗位，使得城镇对人力资源的需求上升，特别是具备专业技能的高素质技术人才需求的增加，并且能够支付远远超过农村地区的工资。与此同时，城市能够提供优于乡村的生活环境和消费环境，使农民对生活有了更新的认知和体验，这就促使农村劳动力在就业机会、高收入、高品质消费的驱动下流入城市，在这个过程中，伴随着其他生产要素涌入城市，居民的消费结构呈上升趋势。

农村区域的生产要素被城市"虹吸"后，给农村经济带来负面影响。首先，人力资本是农业生产力发展和生产效率提高的重要因素，而人口的外流使得农村劳动力匮乏，尤其是缺乏具备专业能力的青壮年劳动力，农业人口呈现老龄化的社会现象，削弱了农村区域的创新潜力，抑制了农业现代化的发展，进而加大了城乡之间的差距。其次，城市规模扩张，建造高速公路、铁路等导致优质的农业耕地被侵占和破坏，使农民土地权益受损。最后，随着农村进城务工人员收入水平的提升，大多数人选择在城市贷款购房、购车，这就导致农村大量房屋空置、资源浪费、资金外流，使农村经济进入停滞状态。

第二，城镇化发展过程中的"涓滴效应"对消费结构的影响。

我国提出走新型城镇化的道路，提升城镇化质量、缩小城乡差距、实现城乡一体化，将城市先进的科学技术、现代化的消费观念扩展到农村地区，帮助农民开辟一条致富之路，是对"涓滴效应"的一种有效运用。(1) 城市是现代科学技术的发源地，也是高素质人才和高新企业的聚集地，随着城市创新能力的不断增强和信息通信基础设施的不断完善，城市的外溢效应就愈加明显，将科技赋能农业，有利于提升农业生产率水平和实现农业的现代化。(2) 城市是高等教育的聚集地，中国每个省市的大学都会设置专业的农业大学，比如坐落在北京的中国农业大学，为我国农业发展培养了一批又一批的专业人才，通过知识的力量提高农业产量、减少病虫侵害，通过传递新的生产方法，增强农户抵御自然灾害等风险的能力。(3) 人口流动有量的变化，也有质的升级。农村流动人口转入城市后思想观念、行为举止会发生很大的变化，生活品质和消费理念向更高层次发展，他们在客观上起到介质的作用，带动和提升农村的精神文明，改变农村居民的消费观念，进而使农民消费结构不断优化升级。(4) 随着城市规模的逐步扩大和城市居民消费结构的不断优化升级，居民对农产品的数量需求随之增加，同时对农产品的品质、档次和多样化的要求也会提高。市场供求的动态平衡，拉动了农业生产规模的扩大、生产效率的提升、农产品附加值的增加，进而实现农业现代化和农民致富。

新型城镇化进程中，"极化—涓滴效应"不仅应用于城市和农村，在城市内部也同样存在，比如，北京 CBD、金融街、中关村等区域的商业、医疗、教育、交通等资源充分，吸引了大量的劳动力资源聚集，呈现高楼林立的国际大都市风范，但北京郊区、河北交界等区域配套设施和公共资源相对缺乏，因此，我们在提高城镇化质量的过程中，不仅要利用"涓滴效应"实现城乡一体化发展，也要推动城市内部发展的平衡，这是我国集约型经济发展方式的内在要求。

3.2.6　收入—财富效应

城市化拉动消费增长的"收入效应"主要表现在城市化可以增加城乡居民的收入，主要通过增加城乡居民的就业机会和工作时间两个途径。在城市化进程中，一方面，农村居民向城市转移，得到更多的就业机会，收入增加；另一方面，随着人口的转入，城镇居民人数增加，引起城市消费品市场的消费需求量增加，从而提高了第三产业产品与服务的供给，促进了第三产业的发展，进一步提高了城镇居民的收入。对于农村居民而言，城镇人口的增加也扩大了农产品的需求量，在供给不变的前提下，价格上涨，农村居民收入增加。另外，城镇化进程可以大幅提高传统农业的劳动效率，进而实现农村居民增收。此外，随着城市人口的集聚，社会保障体系的受众人群增多，或多或少地解决了居民的后顾之忧，隐性增加了城乡居民的收入。1995 年城镇化步伐加快以来，我国城镇居民收入与农村居民收入均保持着较快的增速，而且近年来我国农村居民人均收入的增长速度甚至超过城市居民的增长速度。由此可见，在城镇化的进程中，城乡居民的收入都呈现出明显的增长，城镇化拉动消费的"收入效应"得以彰显。[①]

城镇化的"收入效应"大概呈现出"U 型"趋势（刘艺容，2005）。从短期来看，随着城镇化的发展，居民的消费水平反而会下降。一方面，由于农村居民到城镇生活需要相应的转移成本，短期内会造成新进入的居民收入下降；另一方面，城镇居民短期内将面临激烈的就业竞争压力，挤占就业岗位，也会造成原城镇居民收入下降。但从长期来看，新进入城镇的居民有了稳定的工作之后，会获得更高的收入；原城镇居民由于具有较高的文化教育水平和更加丰富的科学技术知识，在农村居民进入城市挤占就业机会的情况下，他们可以转向新兴行业，这些行业的工资收入一般较高；从农村留守人口的角度来看，随着城镇化和城市人口的逐步增加，人们对农产品的需求也会增加，这将促进农产品的销售，增加农村人口的收入。这些都会使居民的消费状况得到改善，从而促进消费结构优化升级。

而且，随着城镇化进程，居民的家庭财富积累会不断增加。根据持久收入假说，随着资产的增加，居民预期收入将会增加，这对提高消费水平起着重要作用。特别要指出，在促进消费方面，财富效应更注重反映预期收入增长对消费的影响，主要通过降低居民的预防性储蓄动机、降低资产流动约束来促进消费支出的增加。这与"收入效应"有所不同。此外在三四线城市因

---

① 李茜. 城市化拉动消费增长的国际比较及对我国的借鉴 [D]. 北京：对外经济贸易大学，2014：10.

为棚改货币化安置带来的财富效应对消费产生了重要的推动力。近年来，由于城镇化的不断发展，城镇规模逐渐扩大，郊区拆迁现象明显增多。随着棚改货币化安置的推进，居民的财富积累会在短时间内增加，刺激居民消费，进而带动整体消费结构的提升。[①]

3.3 新型城镇化质量提升、消费结构优化升级与经济发展方式转变的相互关系的动力机制

3.3.1 产业发展的支撑力

如图3-6所示，产业结构的优化升级使得城市工业部门和服务业部门对劳动力要素、资本要素、土地要素等生产要素的需求逐步增加，进而引导生产要素由效率较低的农村农业部门向效率更高的城市工业部门和服务业部门流动和聚集，为城市规模的扩张以及城市质量的提升创造了条件，也为农村人口进入城市提供了大量的就业机会。在这个过程中，农村转移人口的收入水平不断提升，进而追求更高质量的生活水平，对衣、食、住、行相关产品的可选品类以及产品质量的要求越来越高，消费结构不断优化升级。相反，消费结构优化升级又能从需求端以"质量变革"倒逼产品结构优化升级，以提升产业综合竞争力和供给能力，满足不同需求阶段的居民对不同品质和层次的产品需求，实现从精细化供给向定制化、高端化的产品和服务升级，不断培养品牌价值，使产业结构不断合理化和高级化，进而助力城市质量的不断提升。

产业结构优化升级能够使城市实现规模报酬递增，有效提升生产效率，为经济高质量发展提供动力源泉。而经济发展水平的提升是建设宜业、宜居高品质城市的物质基础，使国家有能力通过财政支出不断完善交通、绿化、医院、商场、图书馆、娱乐场所等城市基础设施建设，也能够使国家有针对

---

① 仝召娣. 我国消费结构在城镇化发展进程中的演变及其影响因素分析 [D]. 北京：对外经济贸易大学，2019：10-11.

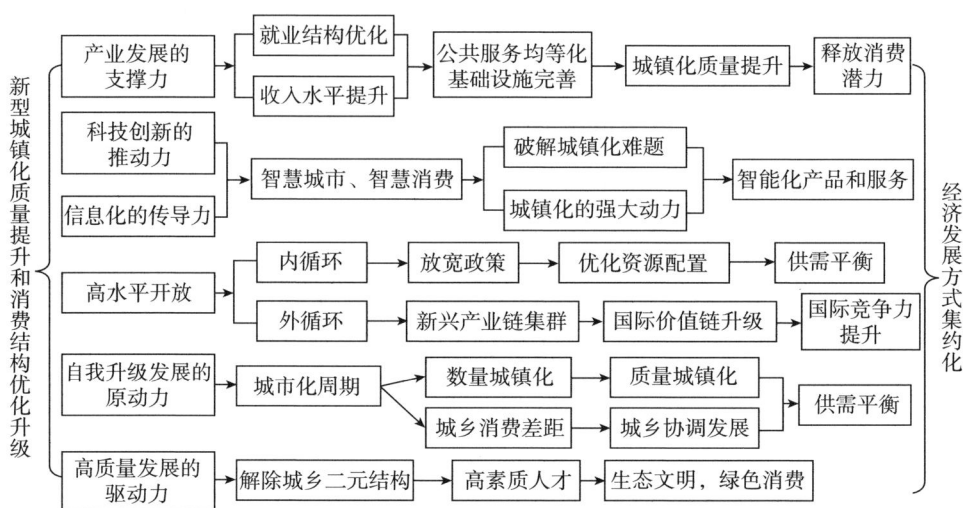

图 3-6　新型城镇化质量提升、消费结构优化升级和
经济发展方式转变耦合协调发展的动力机制

资料来源：作者整理。

性和有计划地进行住房、医疗、教育、户籍、养老等改革，为促进城乡融合、产城协调提供必要的制度保障，减少城市转移人口的后顾之忧，提升他们在城市的获得感、安全感和认同感，使新型城镇化的消费潜力不断得到释放。比如，高新技术产业的发展，能够有效实现"精准消费"；金融行业的发展，能够为居民提供量身定制的理财和投资产品；物流和电子商务的发展，能够打破购物的区域限制，有效实现城乡市场的一体化。因此，产业结构优化升级能够有效推动新型城镇化质量提升和消费结构优化升级的良性循环，进而实现经济的高质量发展。

3.3.2　科技创新的推动力和信息化的传导力

"十四五"规划中提出，中国经济发展的下一个五年增长点在于"深度城市化"和"科技自主化"。[①] 在科技创新的推动力和信息化的传导力作用下，

---

① "十四五"系列研究报告（第 1 期）："十四五"经济发展趋势与政策取向. 中国经济形势报告网，http://www.china-cer.cm.cn/shisiwu/202003211.html.

有助于打造智慧城市、缩小区域差距、促进城乡融合，促进国内统一市场的形成，实现经济发展方式的集约化，因此，我国非常重视5G、人工智能、工业互联网及物联网等新型领域的发展，大力支持"新基建"，包括铺设网络、布置传感器、搭建系统平台、实现数据全采集等大数据平台的基础设施建设，建立创新驱动机制，不断提升综合国力，实现我国的现代化。

将科技创新和信息化赋能城市，能够有效破解城镇化建设中的难题。首先，有助于在城市扩容的同时有效优化城市内部功能，即优化城市空间结构、完善城市基础设施和社会保障体系；其次，通过信息化不断改善公共治理和提供城市服务，不断加强城市公共空间的监察和安保，让城市变得更人性化、更安全，大大降低了利益冲突带来的社会负面影响。最后，通过公共资源和服务数字化，以网络加以连接，不断更新各种信息及通信基础设施，比如，在交通领域使用车载数字信息通信系统、智能公路系统，实现驾驶提前预判、减少时间消耗和增加服务功能，减缓交通压力和环境污染。

科技创新和信息化是城镇化的强大动力。首先，信息化带来的物联网、智能物流、智能交通、高速城际通勤列车等能够有效缩短城乡之间的距离和差距，加快城乡之间的信息交流，促进城乡和区域的科学、集约、协调发展，实现城乡一体化。其次，科学技术助力打造现代农业和智能农业，使单位面积的农耕地以较少的人力和物力投入而形成规模化的产出，实现土地、劳动力的集约化，实现农产品供给和市场需求的有效匹配，使农民不断增收的同时能够从农业中真正解放出来，是解决三农问题的重要手段。最后，科学技术的创新离不开人才的培养，因此对劳动力的综合素质提出了更高的要求，新型城镇化的发展越来越依靠人力资本的发展，更加注重人才的培养，尤其是高级人才的增加，为新兴技术提供源源不断的动力。

随着科学技术的发展和智慧城市的打造，城市提供的智能化产品和服务越来越丰富、科技含量越来越高，比如，VR体验馆、线上生鲜供应链配送、智能物流、无人驾驶、无人售卖超市等，从方方面面影响着居民的衣、食、住、行，使居民消费结构在"内容"和"品质"上不断优化升级。例如杭州，堪称全球移动支付普及程度最高的城市，杭州市民通过一部手机就能享受政务、车主、医疗等领域 60 多项便民服务。因此，不断优化科技创新环境，为新型城镇化质量提升、消费结构优化升级增强科技含量，是推进经济发展方式转向集约化发展的必要途径。

3.3.3　内外"双循环"及高水平对外开放

在"双循环"的指导思想和国家政府的大力支持下，扩大内需能够最大限度地释放新型城镇化的消费潜力，进而推动产业链投资结构的优化升级，为提升居民消费结构优化升级提供基本的物质保障。我国政府不断深化改革，着力打通生产、分配、流通和消费的国内大循环，以高水平开放增强在对外开放过程中的主动性和韧性，助推国际经济大循环，最大限度地发挥国内需求潜力，繁荣国内经济、畅通国内循环，通过补短板、锻长板，促进供需平衡，提升中国经济自身的持续稳定进而促进全球产业链的稳定。例如，中国的汽车行业，2019 年每千人拥有汽车量仅 173 辆，和世界发达国家的平均水平相比差距很大，而我国是拥有 14 亿多人口的大国，这说明我国的市场和内需潜力是非常巨大的，但是我国出台了各种限号、限牌等政策，尤其是北京、上海和广州的居民处于一号难求的境地。无疑，这使得有很强购车需求的居民买不了车。在扩大内循环经济的背景下，可以倒逼城市改造交通配套设施，建立智能立体车库，同时，加强城市管理和调整城市管理规则，提升公共管理水平；也可以协调城市楼房型的立体车库资源，达到精准把握和匹配国内的供求关系，实现双赢。进而，使汽车的刚需家庭拥有购车的资格，有车的家庭拥有更换品质更好车辆的动力，促进消费结构不断提升。因此，内循环经济不仅能够提升新型城镇化质量又能使消费结构不断优化升级，促进两者的协调发展，实现我国经济发展方式的集约化。

发展国际国内双循环，能够从高度、深度和广度上进一步扩大物流、科学技术、数字经济等行业的对外开放。打造一批在空间上高度集聚、供应链集约高效、上下游紧密协同的亿万级的战略性新兴产业链集群，使区域产业链合作带动全球产业链的大循环和优化资源配置。以国内大循环为主体、国内国外双循环相互促进的格局，能够扩宽新型城镇化质量提升的发展空间，形成以国际大都市、知名城市群带动周边产业发展，不断提升居民消费的内容和品质，推动经济发展方式向消费、出口、投资三者协调发展。[①]

3.3.4　自我升级发展的原动力

1957 年国际著名的城市地理学家戈特曼提出了"大都市带"的概念，认为大都市带是能够消灭城市和乡村明显的地理景观差别的区域。[②] 1976 年美国学者布赖恩·贝里首次提出"逆城市化"，1980 年美国有学者提出"再城市化"。[③] 荷兰学者克拉森提出"城市化进程空间周期理论"，认为城市化进程是由（向心）城市化、郊区化、逆城市化和再城市化 4 个阶段组成的周期理论。[④] 城市化进程的每个必经阶段都伴随着大量的物资流、劳动力流、信息流和资金流等在空间上的流动，从而带动了相关产业、科学技术等在空间范围内的扩散，进而推动区域或国家整体城市化进程和消费结构的发展和变迁。比如北京的"虹吸效应"，使全国各地尤其是周边省市的高校毕业生和青壮年集聚于北京，从而推动了当地产业结构不断呈现高级化、居民的消费结构不断优化升级以及经济的高效发展。但北京公共资源的承载能力有限，这势必使得人口、产业在"扩散效应"和"外溢效应"的影响下向北京周边地区转移，进而带动周边地区城市和消费的发展，形成以北京为中心城市的京津冀城市群。

我国的城镇化进程经历了飞速发展的大流动时代，"加速城市化"一度成为我国经济增长的关键点，形成了超大规模的城市以及长江三角洲、珠江三角洲等城市群。大都市圈和城市群不仅带动了城市第二、第三产业的迅猛发展，也使居民的收入水平和消费能力都得到迅速提升。然而，传统的城镇化盲目追求土地的扩张和经济的增长，单纯地将乡村地貌转变为城市地貌，忽

---

① 黄奇帆. 我国应如何构建完整的内需体系以及双循环新格局. 2020-07-13. 新浪财经—自媒体综合, https://finance.sina.cn/china/gncj/2020-07-13/detail-iivhuipn2797006.d.html.

② 吴兵, 王铮. 城市生命周期及其理论模型 [J]. 地理与地理信息科学, 2003（1）: 55-58.

③ 郑卫. 城市化进程空间周期理论质疑 [J]. 城市发展研究, 2010, 17（10）: 15-20.

④ 坂本英夫, 浜谷正人. 现代人文地理学 [M]. 杨慧敏, 等译. 呼和浩特: 内蒙古教育出版社, 1997: 185-186.

略了城乡、区域以及人与自然的协调发展，因此产生了一系列经济、社会、资源和环境的问题，同时也伴随着居民消费观念和消费结构的问题，例如在城镇化的过程中，发达地区的失地农民一夜之间"暴富"，他们瞬间拥有的大量财富和自身对社会的贡献不成正比，从而产生挥霍、奢侈、浪费等消费行为，相比之下，我国科研人员、实业人员以及刻苦学习追求梦想的学子所能拥有的财富可能和这些失地农民相差甚远，但消费观念、消费行为会受到这些失地农民的负面影响，使消费观被错误引导。

新型城镇化是产业、人口、土地、社会和农村"五位一体"的城镇化，更加注重人口的"市民化"问题，更加注重从政策层面积极引导居民的消费观念和消费行为。新型城镇化质量的提升不仅客观上遵循城镇化发展周期的内在规律，而且能够充分体现中国特色社会主义建设的内在要求。新型城镇化在空间上形成大中小城市、小城镇、新型农村社区协调发展、互促互进的格局，有助于消除城乡之间、区域之间要素流动的阻力，使得劳动力、信息技术等要素资源能够自由流动，使城乡之间形成统一的国内市场，进而充分释放城镇化的内需潜力，不断提升居民的消费结构。比如，随着新型城镇化质量的提升，城乡之间的交通运输更加便捷，互联网覆盖率不断提高，加之现代电子商务和智能物流的快速发展，使得在城镇化的进程中实现了"消费下沉"和"精准消费"。

从宏观来讲，城市化进程和居民的消费结构呈现"供给"和"需求"的动态平衡关系，城市化进程的推进必然从供给侧带动消费结构的优化升级，同理，消费结构的优化升级也会从需求侧推动城市化进程，两者之间的良性循环必然推动经济发展方式的转变。因此，本书认为新型城镇化质量的提升、消费结构优化升级和经济发展方式转变的自我升级发展是提升三者相关性的原动力。

3.3.5 高质量发展的驱动力

党的十九大提出"我国经济已由高速增长阶段转向高质量发展阶段"。高质量发展是以高新技术和信息化产业为支撑，更加注重要素的市场化配置以及全要素的生产效率，更加注重"两新一重"建设。① 将高质量发展具体到新型城镇化建设领域，就意味着要着力提高新型城镇化质量，走绿色、集约、高效、低碳、创新、智能的新型城镇化道路。②

经济的高质量发展有助于加快农业转移人口市民化的进程，有效突破"城乡二元经济结构"的束缚，使劳动力能够更加自由地在城乡之间流动，也使得农业转移人口在城市中以"市民"的身份生活，以获得更多的认同感。同时，经济的高质量发展能够有效推进城市常住人口基本公共服务的全覆盖，使农业转移人口能够获得和城市原居民平等的医疗、教育、购房、养老等公共服务待遇，使农业转移人口能够更稳定地在城市居住和就业，并且随着居民在城市中职业技能的提升以及收入的增加，尤其是随迁子女教育制度的改革，获得更多的安全感、获得感和幸福感，从而，居民的消费结构必然会不断优化升级。

经济高质量发展能够为加快我国新型基础设施建设、大力发展科技创新和信息化产业提供更加优质的国内环境，而新兴产业必然能够在产业规划、产业培育以及建设运营等方面产生大量的人才缺口，进而提供更多的高端岗位，能够有力吸引国内人才回流和有效开展国际人才竞争，为新型城镇化建设吸引更多高素质、高技能人才，人才是推动新型城镇化质量提升和消费结构优化升级的动力源泉，也是建设智慧城市和促进智慧消费的重要保障。

经济高质量发展更加注重生态文明建设，更加强调新型城镇化建设的绿色发展、低碳发展和循环发展，更加注重要素的市场化配置和全要素效率的提高，是集约型的经济发展方式，因此政府通过多项政策积极倡导居民的绿色消费、低碳消费和环保消费，大力支持低碳环保产业的发展。因此，本书认为经济高质量发展是新型城镇化质量提升、消费结构优化升级以及经济发展方式转变的原动力。

---

① "两新一重"是指新型城镇化、新型基础设施，以及交通、水利等重大工程。
② 方创琳. 中国新型城镇化高质量发展的规律性与重点方向 [J]. 地理研究，2019，38（1）：13-22.

第4章 经济发展方式转变、新型城镇化 质量提升和消费结构优化升级的 测度、演化与动态关联分析

4.1 新型城镇化质量提升、消费结构优化升级和经济 发展方式转变的测度与时序演化分析

4.1.1 新型城镇化质量提升的评价指标的选取

提高以人为核心的新型城镇化质量，优化城市空间布局、提高城市质量、促进城乡一体化是我国城市化建设由传统型向质量型转变的内在要求，是实现城市化质量提升的必然选择。

对于如何客观科学地设计新型城镇化质量的指标并进行指标的测算是当前研究新型城镇化质量相关课题的关键，对于城镇化的高质量发展具有重要的现实意义。但目前国内外学者并没有权威统一的新型城镇化质量指数，因此，本书在借鉴大量学者的研究成果基础之上构建了以城镇化发展质量、城镇化推进效率和城乡融合区域协调为一级指标的评价体系。（1）城镇化发展质量。城镇化质量提升的过程，是整个社会、经济、资源、环境和城市空间结构整体提升的过程，也是居民的衣、食、住、行全方位的质量提升。因此，本书从人口发展、经济发展、社会发展、空间结构集约优化、资源环境这五个方面构建了二

级评价指标体系，包含了人口流动、人口素质、人口就业、经济实力、产业结构、对外开放、公共服务、基础设施、居民生活、城市布局、城市综合容积率、人口密度、生态环境、污染控制、节能环保等15个三级指标及37个四级指标，以达到对城镇化质量全面评估的目标。（2）城镇化推进效率。新型城镇化摒弃了传统城镇化的高耗能、低产出的发展方式，更加注重要素的投入产出效率、更加注重以科技创新和人才素质的提升对城镇化的贡献率。因此本书将全要素效率和经济社会效率设置为二级指标，包含了土地利用效率、资本利用效率、劳动力效率、技术创新活力、经济效率和社会效率等6个三级指标及17个四级指标。（3）城乡融合区域协调。新型城镇化是以高质量发展为导向，以科学发展观为原则，注重经济系统的均衡发展，同时新型城镇化内涵中最重要的一点是构建以大城市群为核心，大中小城市协调和城乡统筹一体化。因此本书将城乡融合和区域协调设置为二级指标，包含了收入、医疗、生活水平、社保、教育等与公共服务均等化相关的8个三级指标及17个四级指标。具体指标的构成及分解见表4-1。

表4-1 新型城镇化质量评价指标体系及权重系数

一级指标	二级指标	三级指标	四级指标	权重（%）
城镇化发展质量（45%）	人口发展（8%）	人口流动	农业人口市民化	1.19
			人口流动迁移	1.48
		人口素质	行政人员本科以上学历者所占比例（普通专本科以上学历人数）	1.33
			新增劳动人口平均受教育年限（平均受教育年限）	2.37
		人口就业	城镇登记失业率	1.63
	经济发展（11%）	经济实力	GDP 总量	2.08
			GDP 的增速	2.08
		产业结构	泰尔指数	1.66
			第一、第二、第三产业增加值占 GDP 的比重	1.66
		对外开放	人均实际利用外资金额（实际利用外商投资额）	1.45
			外商和港澳台投资企业占注册企业数量比重	1.04
			对外依存度	1.04

续表

一级指标	二级指标	三级指标	四级指标	权重（%）
社会发展（9.5%）		公共服务	卫生从业人员	0.93
			医疗卫生机构床位数（万张）	0.65
			人均拥有公共图书藏书量	0.93
			互联网普及率	0.65
			文化文物机构数（个）	0.46
		基础设施	公共交通分担率	0.46
			固定避难场所面积	0.46
			燃气普及率	0.46
			地均基站数	0.46
			城市公共服务设施投资占 GDP 的比重	0.97
		居民生活	城镇居民家庭平均总收入	1.11
			社会保障业法人单位数（个）	0.56
			社会保障覆盖率（城镇最低生活保障覆盖率）	0.70
			城市人均住房（建筑）使用面积	0.70
	空间结构集约优化（7%）	城市布局	工业用地/建成区城市用地面积	1.57
			商业服务单位面积销售额	1.57
		城市综合容积率	城市建筑总面积/城市建设用地面积	2.04
		人口密度	城市总人口/城市总面积（单位建成面积吸纳的城镇人口数量）	1.81
		生态环境	人均公园绿地面积	1.58
			空气质量指数为优良的天数占比	1.58
	资源环境（9.5%）	污染控制	工业废物综合利用率（工业固体废物综合利用率）	1.11
			工业废水排放达标率	1.11
		节能环保	生活垃圾无害化处理率	1.50
			每平方公里二氧化硫排放量	1.19
			城市污水处理率	1.43

续表

一级指标	二级指标	三级指标	四级指标	权重（%）
城镇化推进效率（25%）	全要素效率（17%）	土地利用效率	人均建成区面积	0.70
			单位土地回报率（分省份 GDP/分省份建成区面积）	1.16
		资本利用效率	单位固定资产投资实现的 GDP	1.63
			单位资本回报率	1.86
		劳动力效率	资本生产率	1.51
			单位劳动力实现的 GDP	1.51
		技术创新活力	劳动生产率	1.40
			人均科学技术费一般预算支出	1.98
			专利申请量	1.28
			人均财政科技支出	1.98
	经济社会效率（8%）	经济效率	高新技术产值占工业总产值的比重	1.98
			城镇经济密度	1.75
			全要素生产率	1.75
			单位建成区面积工业产值（工业产值/建成区面积）	1.13
		社会效率	城市人均非农产业产值	0.88
			人均公共财政支出（三项基本公共服务公共预算支出占财政总支出的比重）	1.25
			人均财政收入	1.25
城乡融合区域协调（30%）	城乡融合（15%）	收入	城乡居民收入增长率	1.83
			城乡居民人均可支配收入之比	1.83
		医疗	每万人拥有医院（卫生机构）床位数	1.55
			城乡居民人均医疗保健支出	1.10
		生活水平	城乡居民人均消费之比	2.01
			城乡常住居民人均住房建筑面积	1.19
		社保	城乡基本医疗保险参保率	1.28
			城乡职工基本养老保险参保率	1.28
			福利机构数	1.28
		教育	城市与农村平均受教育年限比值	1.65

一级指标	二级指标	三级指标	四级指标	权重（%）
区域协调（15%）	经济社会	经济增长速度协调指数（GDP 增长指数）		2.94
		平均低保金额		1.76
		从事非农业生产人口比例		1.76
		每万人卫生机构数		1.76
	科技教育	科教文卫支出		2.35
	人口环境	城镇化率		2.50
		清洁能源使用率（天然气消费量）		1.91

4.1.1.1 数据来源

本书以 1980—2018 年我国 31 个省市自治区（不含港、澳、台地区）的指标数据为观察样本进行分析，所有数据主要来源于《中国统计年鉴》《新中国六十年统计资料汇编》、中国国家统计局、Wind 数据库、CEIC 数据库、国泰安数据库、商务部、海关总署，对少数年份统计缺失的数据采用插值法进行估算。

4.1.1.2 权重确定

指标主要采取两种赋权方法：（1）客观赋权，熵权法确定指数权重。（2）主观赋权，主要采用德尔菲法、层次分析法确定指数权重。首先采用熵权法依据数据本身的变异程度确定指标权重，再采用主观赋权法对部分相对重要的指标因数据变异程度较小而导致其权重较小情况加以修正。

4.1.1.3 熵权法的计算原理和过程（城镇化质量的 71 个四级指标）

第一步，将新型城镇化指数 71 个指标进行归一化处理，处理过程为：

$$Z_{ij} = \frac{X_{ij} - \min(X_{ij})}{\max(X_i) - \min(X_i)} \tag{4.1}$$

其中，X_{ij} 表示某年第 i 个省份的第 j 个四级指标，例如 1980 年的 X_{15} 表示 1980 年北京市的城镇登记失业率。

第二步，根据 Z_{ij}，进一步可以计算出 31 个省市自治区各年的信息熵：

$$E_j = -\frac{1}{\ln 71} \sum_{i=1}^{31} (Z_{ij} / \sum Z_{ij}) \times \ln(Z_{ij} / \sum Z_{ij}) \qquad (4.2)$$

第三步，根据信息熵计算出各项四级指标的权重：

$$w_j = \frac{1 - E_j}{71 - \sum E_j} \qquad (4.3)$$

为使指标权重更加稳定科学，减少个别年份重大事件对指标权重造成的影响，本研究按照上述公式分别计算 1980 年至 2018 年的指标权重，并以各指标权重的历年均值作为熵权法赋权结果。

第四步，根据各项四级指标计算出新型城镇化指数。

根据上述熵权法的计算思路和收集的数据，利用 Matlab 2018，计算出 1980 年至 2018 年 31 个省市自治区的新型城镇化指数。

4.1.1.4　新型城镇化质量指标结果综合分析

由于新型城镇化质量指标数据覆盖 31 个省市自治区 1980 年至 2018 年的数据，时间和空间范围较广、数据量较大，本书不方便完全显示。

为了能够在对相关指数结果进行分析时有更直观的印象，本书列出指数矩阵时，以 5 年为一个时间跨度呈现。需要特别说明的是，指数的平均值、省份排名、时序演化的文字分析均按照 31 个省市自治区 1980 年至 2018 年连续数据得出。具体如表 4-2、表 4-3、图 4-1 和图 4-2 所示。

表 4-2　五年跨度中国省域和全国新型城镇化指数及排名

省市自治区	1980 年	1985 年	1990 年	1995 年	2000 年	2005 年	2010 年	2015 年	2018 年	平均值	排名
上海	0.1187	0.1115	0.1142	0.2482	0.2308	0.3115	0.4115	0.4761	0.5277	0.2597	1
北京	0.0866	0.0832	0.0870	0.1997	0.2190	0.2905	0.3866	0.4330	0.4924	0.2337	2
广东	0.0514	0.0419	0.0523	0.1485	0.1898	0.2515	0.3522	0.4688	0.5563	0.2119	3
江苏	0.0507	0.0343	0.0453	0.1010	0.1432	0.2138	0.3230	0.4278	0.4916	0.1827	4

续表

省市自治区	1980 年	1985 年	1990 年	1995 年	2000 年	2005 年	2010 年	2015 年	2018 年	平均值	排名
天津	0.0595	0.0592	0.0714	0.1729	0.1760	0.2193	0.2724	0.3399	0.3485	0.1775	5
浙江	0.0447	0.0471	0.0585	0.1061	0.1408	0.2022	0.2955	0.3878	0.4484	0.1745	6
辽宁	0.0613	0.0598	0.0644	0.1167	0.1468	0.1711	0.2351	0.2828	0.3052	0.1519	7
山东	0.0264	0.0295	0.0415	0.0930	0.1245	0.1696	0.2525	0.3383	0.3689	0.1463	8
福建	0.0309	0.0340	0.0439	0.1041	0.1330	0.1762	0.2324	0.2980	0.3499	0.1430	9
黑龙江	0.0585	0.0494	0.0591	0.0967	0.1104	0.1384	0.1782	0.2236	0.2280	0.1195	10
湖北	0.0302	0.0290	0.0436	0.0752	0.0965	0.1317	0.1874	0.2636	0.3131	0.1168	11
河北	0.0323	0.0275	0.0398	0.0788	0.0996	0.1363	0.1937	0.2473	0.2832	0.1153	12
湖南	0.0297	0.0282	0.0416	0.0774	0.1002	0.1343	0.1874	0.2520	0.2935	0.1151	13
四川	0.0320	0.0230	0.0370	0.0753	0.0943	0.1225	0.1850	0.2568	0.3055	0.1124	14
宁夏	0.0579	0.0427	0.0601	0.1038	0.1101	0.1236	0.1567	0.1886	0.2158	0.1118	15
河南	0.0440	0.0234	0.0300	0.0689	0.0924	0.1259	0.1819	0.2583	0.3096	0.1116	16
重庆	0.0313	0.0216	0.0295	0.0763	0.1006	0.1289	0.1762	0.2498	0.2816	0.1109	17
吉林	0.0410	0.0377	0.0463	0.0845	0.1022	0.1276	0.1667	0.2131	0.2307	0.1101	18
山西	0.0234	0.0216	0.0338	0.0842	0.1037	0.1313	0.1759	0.2253	0.2571	0.1085	19
内蒙古	0.0210	0.0235	0.0356	0.0714	0.0968	0.1206	0.1846	0.2404	0.2555	0.1078	20
陕西	0.0189	0.0201	0.0296	0.0752	0.0957	0.1294	0.1828	0.2430	0.2736	0.1077	21
海南	0.0406	0.0304	0.0343	0.0896	0.0991	0.1253	0.1697	0.2069	0.2284	0.1073	22
安徽	0.0334	0.0212	0.0322	0.0672	0.0893	0.1159	0.1716	0.2448	0.3045	0.1061	23
江西	0.0257	0.0278	0.0395	0.0746	0.0949	0.1127	0.1656	0.2286	0.2666	0.1040	24
广西	0.0297	0.0189	0.0356	0.0716	0.0896	0.1177	0.1626	0.2200	0.2493	0.1006	25
云南	0.0163	0.0198	0.0357	0.0685	0.0886	0.1122	0.1547	0.2034	0.2449	0.0957	26
新疆	0.0121	0.0180	0.0228	0.0690	0.0889	0.1140	0.1525	0.1952	0.2244	0.0922	27
贵州	0.0177	0.0197	0.0280	0.0567	0.0706	0.0968	0.1455	0.1988	0.2312	0.0870	28
青海	0.0126	0.0139	0.0279	0.0711	0.0829	0.1091	0.1457	0.1764	0.2022	0.0866	29
甘肃	0.0216	0.0164	0.0214	0.0600	0.0815	0.1071	0.1378	0.1794	0.2064	0.0841	30
西藏	0.0136	0.0120	0.0296	0.0473	0.0650	0.0945	0.1307	0.1752	0.1935	0.0776	31
全国	0.0379	0.0338	0.0442	0.0946	0.1147	0.1504	0.2082	0.2691	0.3061	0.1281	——

注：指数的平均值、省份排名均按照 31 个省市自治区 1980 年至 2018 年连续数据得出。

从省域层面来看，1980 年至 2018 年我国 31 个省市自治区的城镇化指标

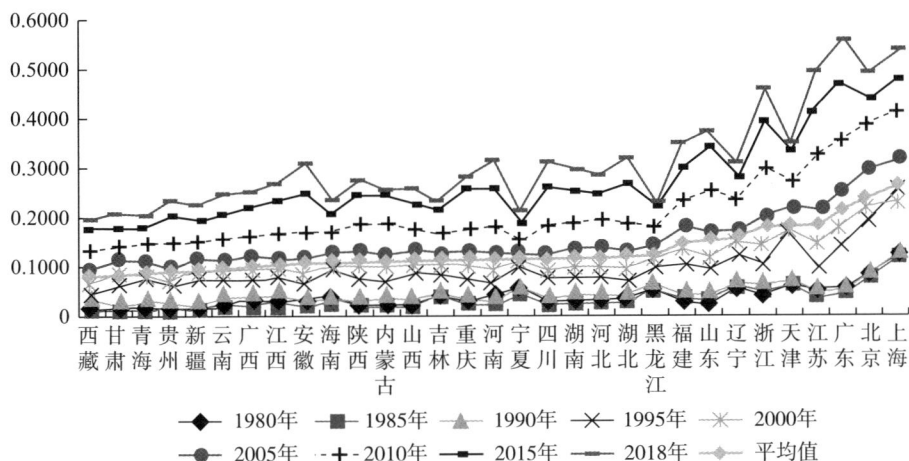

图 4-1 五年跨度中国省域新型城镇化综合得分的时序演变

数据均呈现上升趋势，且上海、北京、广东、浙江等省份增速较为显著。各省份城镇化指标的历年平均值超过全国总平均值（0.1281）的省份有 9 个，分别是上海（0.2597）、北京（0.2337）、广东（0.2119）、江苏（0.1827）、天津（0.1775）、浙江（0.1745）、辽宁（0.1519）、山东（0.1463）、福建（0.1430）。低于全国总平均值（0.1281）的省份有 22 个，其中排名后 5 位的分别是新疆（0.0922）、贵州（0.0870）、青海（0.0866）、甘肃（0.0841）、西藏（0.0776）。从五年跨度中国省域新型城镇化综合得分的时序演变的线性分布可见，2000 年是新型城镇化指标数据的分界线，自 2000 年以后 31 个省市自治区的新型城镇化指标指数均高于各省市自治区历年平均值。

表 4-3 五年跨度中国全域和四大区域新型城镇化指数及排名

区域	1980 年	1985 年	1990 年	1995 年	2000 年	2005 年	2010 年	2015 年	2018 年	平均值	排名
东部	0.0542	0.0499	0.0588	0.1342	0.1556	0.2096	0.2890	0.3624	0.4095	0.1752	1
东北部	0.0536	0.0490	0.0566	0.0993	0.1198	0.1457	0.1933	0.2398	0.2546	0.1272	2
中部	0.0311	0.0252	0.0368	0.0746	0.0961	0.1253	0.1783	0.2454	0.2907	0.1103	3
西部	0.0237	0.0208	0.0327	0.0705	0.0887	0.1147	0.1596	0.2106	0.2403	0.0979	4
全国	0.0379	0.0338	0.0442	0.0946	0.1147	0.1504	0.2082	0.2691	0.3061	0.1281	—

注：指数的平均值、省份排名均按照 31 个省市自治区 1980 年至 2018 年连续数据得出。

从全国层面来看，在 1980 年至 2018 年，我国新型城镇化质量指数整体呈现上升趋势，尤其 2000 年以后，年均新型城镇化指标数据明显超过总平均值（0.1281）。这说明我国的城镇化建设取得了卓越的成效，并且城镇化质量是不断优化和提升的。具体来看，1980 年至 1992 年全国平均新型城镇化指数略有上升但变化趋势不明显，处于全国总平均指数（0.1281）以下，反映出自改革开放以来，尽管我国经济重心已经转移到经济建设上来但整体城镇化建设还处于恢复期和起步期，是计划经济体系下的城镇化建设。1992 年至 1993 年平均新型城镇化指数呈现了陡然上升的趋势，1993 年（0.0802）相较 1992 年（0.0444）平均新型城镇化指数增长了 81%。在这个历史节点上，党的十四大正式确立中国经济体制改革的目标是建立社会主义市场经济体制。基于这样的历史背景，1993 年至 2000 年我国的城镇化建设呈现快速扩张的趋势。2000 年"十五"计划提出大中小城市协调发展的策略，防止盲目扩张。2000 年至 2012 年，是我国城镇化建设飞速发展的阶段，在图 4-2 中能够明显地看出新型城镇化指数是直线上升的，就是在这个时期，形成了我国现有的城市群和城镇的轮廓和结构，2011 年城镇化率达到 51.27%。但这个阶段依旧是以土地扩张和要素投入为主的数量型的城镇化，也因此产生了一系列的经济、社会和环境问题。2012 年，党的十八大正式提出"走中国特色新型城镇化道路"，因此，在 2012 年至 2018 年，我国新型城镇化指数的提升不是单纯的数量提升，城镇化质量也在不断地提升，这个阶段我国的城镇化建设已进入高质量发展的阶段，更加注重以人为本、城乡一体和区域间的均衡发展。

从区域层面来看，1980 年至 2018 年我国东部、中部、西部和东北部地区的新型城镇化质量指数呈历年上升趋势，东部地区相较中部、西部、东北部地区的上升速度更快，更明显。从图 4-2 中可以看出，东部地区的新型城镇化指数历年都高于全国平均值（0.1281），处于绝对优势地位。中部地区和西部地区则低于全国平均值（0.1281）处于相对劣势地位，1980 年至 2000 年，我国城镇化建设以工业为主，而东北地区是重工业的集聚地，因此在这个时期东北部地区的新型城镇化指数和东部持平并且高于全国历年指数的平均值。

但 2000 年以后我国逐步转变为以轻工业或第三产业为主的城镇化发展模式，东北部地区的城镇化指数尽管处于上升状态，但增速明显下降，尤其是 2015 年后由于东北部地区人口外流严重，整个区域的城镇化指数增速落后于中部地区。由此可见，我国区域间的不均衡是长期存在的，并且差异呈现越来越明显的趋势。因此，我国不断提升新型城镇化质量、转变经济发展方式以推进区域间的协调发展，形成东、中、西部以及东北部地区优势互补的局势。

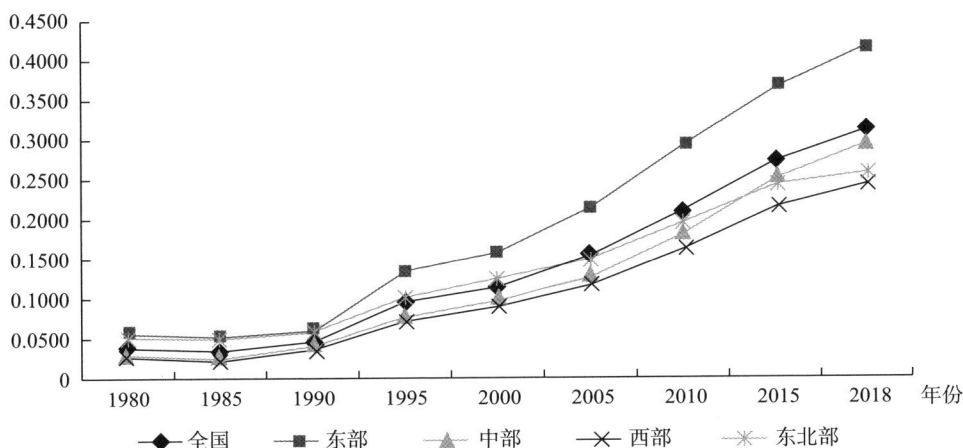

图 4-2　五年跨度中国全域和四大区域新型城镇化综合得分的时序演变

4.1.2　消费结构优化升级的水平测度和时序演化

4.1.2.1　消费结构优化升级的评价指标选取

消费结构是指各类消费品的支出在总支出中所占的比重，能够综合反映一个国家的经济发展水平和社会习俗。学界大多数学者基于消费的八大支出将消费结构归纳为生存型、发展型和享受型，并将其作为一级评价指标。而本书着重从新型城镇化质量、消费结构优化升级和经济发展方式转变三者之间相互作用和相互促进构建消费结构的评价指标体系，以综合反映随着新型城镇化质量的不断提升和经济发展方式的转变，居民的消费内容、消费形式、消费品质以及个人维权意识及整个市场环境所呈现的发展趋势。

本书基于学者们的研究将消费总量、消费维权、消费类型、消费类别和消费品质 5 个方面作为消费结构综合评价指标体系的一级指标。(1) 消费总量，我国经济发展方式正在逐步由外向型向内需型转变，党和中央政府多次在会议上强调消费提质扩容的重要性，将消费作为拉动经济增长的主要动力。新型城镇化作为释放内需的最大潜力，随着其质量的不断提升，推动了产业结构的升级和产品结构的调整，使城乡之间的要素流动更加自由，居民的生活越来越富裕、市场产品供给也越来越丰富，因此，消费总量是衡量消费结构优化升级的一项重要指标，本书将消费规模和消费水平作为二级指标并包含了 4 个三级指标。(2) 消费维权，随着新型城镇化质量的提升和经济发展方式的转变，大量农村人口涌入城市，第三产业得到了快速发展，而农民转入城市后，大量自给自足的生活资料需要通过消费购买实现，大量生活非必需品成了生活的必需品。而在市场经济体制下，市场在资源调配中起主导作用，在消费市场上必然存在违法乱纪、假冒伪劣等行为，要不断加强市场监督和提升居民的自我维权意识，因此本书将消费者自身维权和市场监督作为二级评价指标并包含 2 项三级指标。(3) 消费类型，包含生存型消费、发展型消费和享受型消费 3 个方面，主要基于消费内容和消费结构的内涵进行划分，其中构建了 9 项三级指标。(4) 消费类别，消费结构的优化升级还包含消费方式和消费内容的升级，因此本书将耐用品和非耐用品消费、线上消费和线下实体消费、实物消费和服务消费作为二级评价指标并构建了与之对应的 7 个三级指标。(5) 消费品质，我国经济发展方式和新型城镇化建设都已进入高质量阶段，更加注重人才的培养、科技的创新、资源和环境的协调发展，因此，本书将绿色消费、科技消费作为消费品质的二级指标，与此同时，消费品质的升级包含原有消费品品质的提升以及扩宽消费口径朝更高层次发展，因此，将基本生活消费和品质消费也纳入衡量消费品质的二级指标中，在此基础上构建了 11 个三级指标。消费结构具体指标的构成及分解见表 4-4。

表4-4　消费结构优化升级评价指标体系及权重系数

一级指标	二级指标	三级指标	权重（%）
消费总量（10%）	消费规模（50%）	社会消费品零售总额	2.94
		城镇居民消费水平增长速度	2.35
	消费水平（50%）	燃气普及率	1.76
		居民人均消费支出	2.94
消费维权（10%）	消费者自身维权（50%）	消费者案件申诉数量	5.00
	市场监督（50%）	产品质量国家监督抽查产品批数	5.00
消费类型（30%）	生存型消费（35%）	人均食品消费支出	3.50
		人均衣着消费支出	3.50
		人均居住消费支出	3.50
	发展型消费（40%）	人均交通与通信消费支出	3.00
		人均家庭设备用品及服务消费支出	3.00
		人均教育消费支出	3.00
		人均医疗保健消费支出	3.00
	享受型消费（25%）	人均文化娱乐消费支出	3.75
		人均杂项商品和服务消费支出	3.75
消费类别（25%）	耐用品和非耐用品消费（35%）	每百户冰箱拥有量	4.38
		水果消费量	4.38
	线上消费和线下实体消费（30%）	实物商品网上零售额	2.50
		电子商务发展指数	2.50
		亿元以上商品交易营业面积	2.50
	实物消费和服务消费（35%）	每百户洗衣机拥有量	4.38
		国际互联网上网人数	4.38
消费品质（25%）	科技消费（20%）	每百户移动电话拥有量	2.50
		每百户家用电脑拥有量	2.50
	绿色消费（20%）	城市天然气家庭用量	2.50
		生活垃圾无害化处理率	2.50
	基本生活消费（30%）	人均干鲜瓜果类消费支出	1.50
		乡村人均住房面积、城市人均住房面积	1.50
		恩格尔系数	3.00
		每百户汽车拥有量	1.50

一级指标	二级指标	三级指标	权重（%）
	品质消费（30%）	别墅、高档公寓销售额	2.50
		人均健身支出	2.50
		人均旅游消费支出	2.50

4.1.2.2　消费结构优化升级评价指标的相关数据来源、权重确定以及熵权法的计算原理同第 4.1.2 节新型城镇化质量提升的水平测度和时序演化第（2）步、第（3）步、第（4）步

4.1.2.3　消费结构优化升级指标结果综合分析

由于消费结构优化升级指标数据覆盖 31 个省市自治区 1980 年至 2018 年的数据，时间和空间范围较广、数据量较大，本书不方便完全显示。

为了能够对相关指数结果进行分析时有更直观的印象，本书列出指数矩阵时，以 5 年为一个时间跨度呈现。需要特别说明的是，指数的平均值、省份排名、时序演化的文字分析均按照 31 个省市自治区 1980 年至 2018 年连续数据得出。具体如表 4-5、表 4-6、图 4-3 和图 4-4 所示。

表 4-5　五年跨度中国省域和全国消费结构优化升级指数及排名

省市自治区	1980 年	1985 年	1990 年	1995 年	2000 年	2005 年	2010 年	2015 年	2018 年	平均值	排名
北京	0.1192	0.1157	0.1131	0.1567	0.2221	0.2886	0.4107	0.5613	0.6291	0.2620	1
上海	0.0656	0.0634	0.0630	0.1055	0.1487	0.2840	0.4987	0.6825	0.7536	0.2568	2
广东	0.0475	0.0493	0.0594	0.1031	0.1612	0.2548	0.3859	0.4916	0.5526	0.2108	3
浙江	0.0519	0.0531	0.0618	0.1065	0.1369	0.2311	0.3414	0.4599	0.5800	0.1970	4
江苏	0.0569	0.0551	0.0546	0.0811	0.1081	0.1843	0.3199	0.4709	0.5645	0.1819	5
天津	0.0160	0.0193	0.0239	0.0606	0.1019	0.1657	0.2830	0.3763	0.4593	0.1456	6
福建	0.0083	0.0183	0.0283	0.0596	0.0970	0.1614	0.2633	0.3507	0.4117	0.1405	7
山东	0.0195	0.0263	0.0344	0.0666	0.0963	0.1489	0.2527	0.3442	0.4074	0.1366	8
辽宁	0.0242	0.0311	0.0389	0.0610	0.0831	0.1265	0.2229	0.3019	0.3580	0.1248	9

续表

省市自治区	1980年	1985年	1990年	1995年	2000年	2005年	2010年	2015年	2018年	平均值	排名
重庆	0.0102	0.0147	0.0218	0.0520	0.0828	0.1476	0.2353	0.3065	0.3892	0.1213	10
四川	0.0126	0.0154	0.0232	0.0579	0.0876	0.1348	0.2282	0.3069	0.3694	0.1199	11
湖南	0.0139	0.0163	0.0219	0.0494	0.0795	0.1262	0.2048	0.2887	0.3615	0.1112	12
河南	0.0125	0.0197	0.0279	0.0525	0.0768	0.1230	0.1990	0.2888	0.3342	0.1106	13
湖北	0.0111	0.0139	0.0203	0.0503	0.0744	0.1206	0.1967	0.2803	0.3607	0.1078	14
内蒙古	0.0075	0.0114	0.0148	0.0326	0.0561	0.1034	0.2080	0.3001	0.3401	0.1031	15
河北	0.0118	0.0154	0.0195	0.0430	0.0661	0.1163	0.1873	0.2760	0.3314	0.1025	16
江西	0.0094	0.0167	0.0245	0.0483	0.0704	0.1159	0.1850	0.2569	0.3180	0.1013	17
安徽	0.0061	0.0108	0.0154	0.0419	0.0635	0.1047	0.1965	0.2680	0.3297	0.1003	18
广西	0.0084	0.0131	0.0202	0.0490	0.0660	0.1168	0.1986	0.2494	0.3042	0.1000	19
陕西	0.0074	0.0103	0.0139	0.0365	0.0611	0.1004	0.1896	0.2740	0.3252	0.0985	20
吉林	0.0056	0.0114	0.0184	0.0382	0.0633	0.1114	0.1898	0.2549	0.3064	0.0972	21
云南	0.0124	0.0176	0.0231	0.0422	0.0716	0.1012	0.1760	0.2459	0.3149	0.0958	22
海南	0.0038	0.0100	0.0172	0.0430	0.0526	0.0883	0.2028	0.2551	0.3091	0.0948	23
新疆	0.0104	0.0138	0.0161	0.0419	0.0644	0.0919	0.1641	0.2656	0.3243	0.0943	24
黑龙江	0.0141	0.0190	0.0255	0.0447	0.0638	0.1029	0.1669	0.2300	0.2767	0.0917	25
宁夏	0.0076	0.0115	0.0151	0.0367	0.0589	0.0932	0.1734	0.2551	0.3076	0.0903	26
西藏	0.0192	0.0258	0.0325	0.0534	0.0765	0.1117	0.1289	0.2014	0.2713	0.0883	27
山西	0.0055	0.0087	0.0140	0.0330	0.0564	0.0964	0.1613	0.2382	0.2886	0.0868	28
青海	0.0099	0.0145	0.0181	0.0388	0.0614	0.0920	0.1372	0.2434	0.2922	0.0861	29
贵州	0.0072	0.0102	0.0160	0.0401	0.0581	0.0895	0.1534	0.2286	0.2893	0.0852	30
甘肃	0.0048	0.0078	0.0127	0.0306	0.0576	0.0947	0.1505	0.2374	0.2974	0.0846	31
全国	0.0200	0.0239	0.0293	0.0567	0.0847	0.1364	0.2262	0.3158	0.3793	0.1235	—

注：指数的平均值、省份排名均按照31个省市自治区1980年至2018年连续数据得出。

从省域层面来看，1980年至2018年我国31个省市自治区的消费结构指标数据均呈上升趋势，且上海增速最为显著，其次为北京、广东、浙江和江苏等省份。北京历年消费结构指数平均值大于上海市，但上海的增速明显快

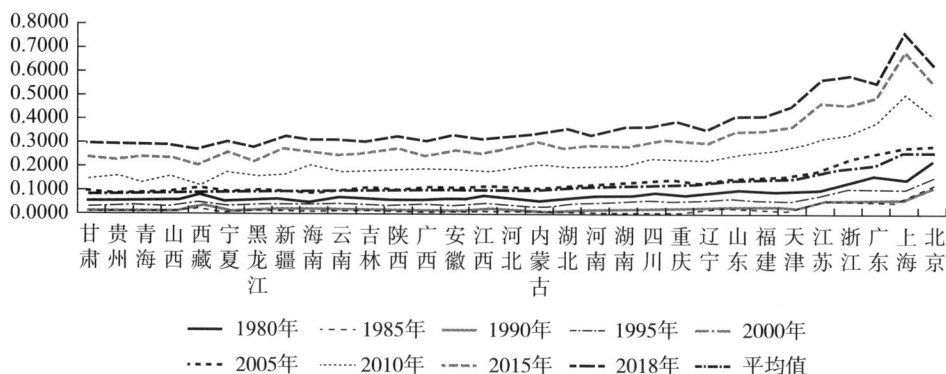

图 4-3　五年跨度中国省域消费结构优化升级综合得分的时序演变

于北京。其中，各省份消费结构指标的历年平均值超过全国总平均值
（0.1235）的省份有 9 个，分别是北京（0.2620）、上海（0.2568）、广东
（0.2108）、浙江（0.1970）、江苏（0.1819）、天津（0.1456）、福建
（0.1405）、山东（0.1366）、辽宁（0.1248）。低于全国总平均值（0.1235）
的省份有 22 个，其中排名后 5 位的分别是西藏（0.0883）、山西（0.0868）、青
海（0.0861）、贵州（0.0852）、甘肃（0.0846）。从五年跨度中国省域消费结构
优化升级综合得分的时序演变来看，2004—2005 年是消费结构优化升级指标数
据的分界线，自 2005 年以后 31 个省市自治区的消费结构指标指数均高于各省市
自治区历年平均值。

表 4-6　五年跨度中国全域和四大区域消费结构优化升级指数及排名

区域	1980 年	1985 年	1990 年	1995 年	2000 年	2005 年	2010 年	2015 年	2018 年	平均值	排名
东部	0.0401	0.0426	0.0475	0.0826	0.1191	0.1924	0.3146	0.4269	0.4999	0.1728	1
东北部	0.0146	0.0205	0.0276	0.0480	0.0701	0.1136	0.1932	0.2623	0.3137	0.1046	2
中部	0.0097	0.0143	0.0206	0.0459	0.0702	0.1145	0.1905	0.2701	0.3321	0.1030	3
西部	0.0098	0.0138	0.0190	0.0426	0.0668	0.1064	0.1786	0.2595	0.3188	0.0973	4
全国	0.0200	0.0239	0.0293	0.0567	0.0847	0.1364	0.2262	0.3158	0.3793	0.1235	—

从全国层面来看，1980 年至 2018 年我国消费结构优化升级指数整体呈上
升趋势，尤其 2005 年以后，年均消费结构优化升级指数明显超过总平均值

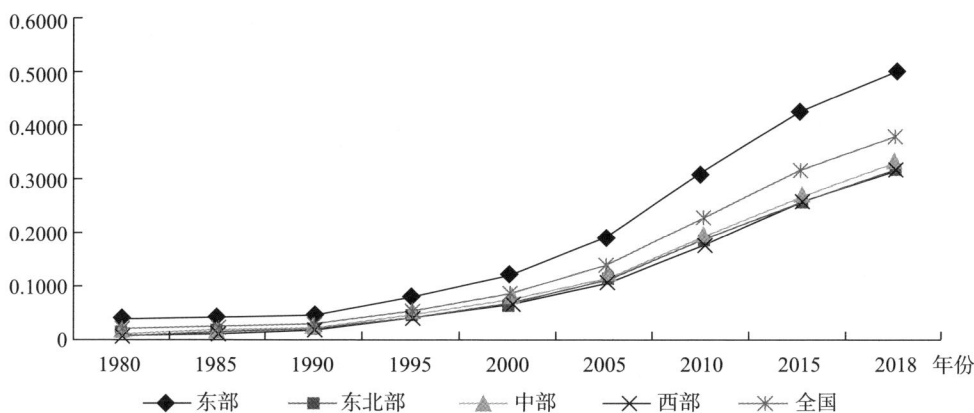

图 4-4 五年跨度中国全域和四大区域消费结构综合得分的时序演变

（0.1235）。这说明我国居民的消费结构处于不断优化升级的状态。具体来看，1980 年至 1992 年全国平均消费结构指数略有上升但变化趋势不明显，处于全国总平均指数（0.1235）以下，反映出这个时期我国的国民经济发展的重心虽已转移到经济建设上来，但改革开放初期我国整体国民经济处于恢复期，重生产而轻消费，因此，消费处于相对弱势的地位。同时，在计划经济体制下，居民大多数的生活用品都是整齐划一、批量生产的，市场产品供给单一，并且居民的消费意识薄弱，需求不足，整体消费结构处于生存型和温饱型的阶段。1992 年是我国居民消费指数迅速上升的起点，党的十四大正式确立中国经济体制改革的目标是建立社会主义市场经济体制。对我国居民消费结构的提升起到了非常大的促进作用，居民经济水平的生活质量也不断提升。2000 年至 2012 年，是居民消费结构优化升级指数上升最迅速的时期，从图 4-4 可以看出，全国消费结构指数的上升趋势是最明显的，这反映出在这十几年期间，是我国的城镇化扩张最迅速的时期，伴随着大量的人口、资源等的流动，使得国民经济和消费结构也随之增速迅猛。2012 年，党的十八大提出加快转变经济发展方式、尽快完善社会主义市场经济体制，因此在 2012 年至 2018 年，我国居民消费结构朝着更高质量和更高品质升级。

从区域层面来看，1980 年至 2018 年我国东部、中部、西部和东北部地区的消费结构指数呈历年上升趋势，东部地区相较中西部、东北部地区的上升速度更快，更明显。从图4-4中可以看出，东部地区的消费结构指数历年都高于全国平均值（0.1235），处于绝对优势地位。中部、西部和东北部地区则低于全国平均值（0.1235）处于相对劣势地位，由此可见，我国消费结构区域间的不均衡是长期存在的，并且差异呈现越来越明显的趋势。因此，我国在内需拉动的经济背景下，应不断扩大内需、形成国内经济大循环，促进东、中、西及东北部地区的优势互补，优化居民整体的消费结构。

4.1.3　经济发展方式转变的水平测度和时序演化

4.1.3.1　经济发展方式转变的评价指标选取

随着新型城镇化发展和消费结构优化升级，我国经济增长势必迈上新的台阶，经济增长更加注重效率的提升，进而转变经济发展方式。首先，新型城镇化会促使城乡融合和区域协调发展，不断优化经济发展的空间布局，关注并实现技术进步，加大技术进步对经济发展的贡献，从而导致经济社会效率的提升和全要素生产率的提升，最终提升人口素质、人均资本存量和人均产出，使单位投入的产出也得到显著提高，经济发展方式发生转变。其次，消费结构优化升级会促进消费总量的增长，并发展到更加关注消费类型和消费品质，进而关注消费维权和消费的市场监督，消费要求越来越高，对品质和加工精度的要求必然也会得到提高，从而提高消费领域的技术水平，促使消费领域单位产出提高，实现经济发展方式的不断转变。同时，消费结构的提升也必然会促使消费者素质的提升，人力资本水平也得到提高，进而促使和带动其他行业的发展，所以也会促使经济发展方式发生转变。

经济发展方式的转变不仅仅会体现为人均投入的产出增加和发展效率的提升，还表现为创新驱动、结构优化、开放共享和绿色协调水平的提升和优化，结合这些经济发展方式转变趋势特征和数据搜集的可获得性构建了经济发展方式转变的一级指标。（1）创新驱动，集约型的经济发展方式是改变以往高投入、高耗能和低产出的粗放型经济发展方式，通过科技创新、人才素质提升和管理创新提高单位生产要素的产出，因此本书将创新驱动作为一级评价指标，并从创新环境、创新投入和创新产出 3 个方面构建二级评价指标及 7 个三级指标对其加以说明。（2）结构优化，经济结构的优化是推动新型城镇化质量提升和消费结构不断优化升级的动力机制，进而可以推动经济发展方式由传统工业产业型向现代化的服务型转变、由外向型向内需型转变。因此本书将结构优化作为经济发展方式转变的一级指标，并从产业结构、投资结构和需求结构 3 个方面构建二级指标及其对应的 10 个三级指标加以说明。（3）开放共享，经济发展方式转变是由速度型向质量型转变。对内要实现资源共享和互补，对外要提高在国际产业链上的地位，提升综合国力，高质量对外开放。因此本书将开放共享作为评价经济发展方式转变的一级指标，并从开放深度、开放结构、共享发展 3 个方面构建二级指标及其对应的 8 个三级指标加以说明。（4）绿色协调，经济发展方式转变以科学发展观为重要依据，是低碳、绿色、环境友好型的发展方式，因此，将绿色协调作为一级指标，并从环保投入、生态环境、城乡区域协调 3 个方面构建二级指标及其对应的 10 个三级指标加以说明。（5）发展效率，经济发展方式的转变，更加注重经济效率和资源环境之间的关系，因此从生态效率和经济效率两个方面构建二级指标并构建了与之对应的 9 个三级指标。具体经济发展方式指标体系见表 4-7。

表 4-7　经济发展方式转变评价指标体系及权重系数

一级指标	二级指标	三级指标	权重（%）
创新驱动（16.6%）	创新环境（40%）	科技人才资源总量（高技术人才总量占人才总量的比重）	3.69
		企业 R&D 经费支出增长率（R&D 经费与主营业收入之比）	2.95
	创新投入（30%）	工业企业 R&D 经费	2.05
		科技拨款占财政拨款的比重	2.93
	创新产出（30%）	人均技术市场成交额	1.99
		科技企业孵化器内累计毕业企业	1.20
		专利授权数	1.79

一级指标	二级指标	三级指标	权重（%）
结构优化（20.8%）	需求结构（40%）	居民消费占 GDP 的比重	2.68
		最终消费支出对国内生产总值增长贡献率和拉动	2.68
		货物和服务净出口对国内生产总值增长的贡献率和拉动	1.61
		资本形成总额对国内生产总值增长的贡献率和拉动	1.34
	产业结构（40%）	产业结构系数（一二三产业产值/GDP）	2.34
		制造业增加值占 GDP 比重	1.30
		服务业增加值占 GDP 比重	2.60
		文化及相关产业增加值占 GDP 比重	2.08
	投资结构（20%）	民间投资占固定资产投资比重（省统计局）（非国有企业投资/GDP）	1.71
		第三产业固定资产投资总额/固定资产投资总额	2.45
开放共享（16.6%）	开放深度（25%）	实际利用外资增长速度及占投资比重（实际利用外商直接投资/GDP）	2.31
		实际利用内资增长速度及占投资比重（国内地区间贸易总额/GDP）	1.84
	开放结构（25%）	高新技术产品出口比重	4.15
	共享发展（50%）	劳动报酬比重适中率（劳动报酬与劳动生产率增长同步率）	1.07
		养老保障覆盖率	1.61
		就业保障覆盖率	1.61
		贫困保障覆盖率	1.34
		政府公共消费支出占 GDP 的比重	2.68
绿色协调（26%）	环保投入（25%）	环境保护支出占财政支出的比重	2.34
		环境污染治理投资总额占生产总值比重	2.60
		城市环境基础设施建设投资额占生产总值比重	1.56
	生态环境（25%）	城区环境噪音平均值	1.56
		森林覆盖率	2.34
		主要污染物排放削减率（综合指数）	2.60
	城乡区域协调（50%）	城乡居民收入差距	4.41
		城乡消费水平差距	4.19
		农村自来水普及率	1.76
		城乡每万人拥有卫生技术人员比［城乡村医疗卫生机构床位数（万张）——统计年鉴可查］	2.64

续表

一级指标	二级指标	三级指标	权重（%）
发展效率（20%）	生态效率（45%）	单位 GDP 电耗	2.05
		单位 GDP 水耗	2.05
		单位 GDP 能耗	1.64
		单位 GDP 二氧化硫排放量	1.64
		单位 GDP 粉尘排放量	1.64
	经济效率（55%）	全员劳动生产率（包括农业劳动生产率、工业劳动生产率、服务业劳动生产率）	2.12
		全要素生产率	4.23
		单位建设用地税收收入	2.54
		资本生产率	2.12

4.1.3.2 经济发展方式转变评价指标的相关数据来源、权重确定以及熵权法的计算原理同第 4.1.2 节新型城镇化质量提升的水平测度和时序演化第（2）步、第（3）步、第（4）步

4.1.3.3 经济发展方式转变指标结果综合分析

由于经济发展方式转变指标数据覆盖 31 个省市自治区 1980 年至 2018 年的数据，时间和空间范围较广、数据量较大，本书不方便完全显示。

为了能够对相关指数结果进行分析时有更直观的印象，本书列出指数矩阵时，以 5 年为一个时间跨度呈现。需要特别说明的是，指数的平均值、省份排名、时序演化的文字分析均按照 31 个省市自治区 1980 年至 2018 年连续数据得出。具体如表 4-8、表 4-9、图 4-5 和图 4-6 所示。

表 4-8 五年跨度中国省域和全国经济发展方式转变指数及排名

省市自治区	1980 年	1985 年	1990 年	1995 年	2000 年	2005 年	2010 年	2015 年	2018 年	平均值	排名
北京	0.0685	0.0742	0.0709	0.2456	0.2521	0.3024	0.3871	0.4348	0.4793	0.2424	1

省市自治区	1980年	1985年	1990年	1995年	2000年	2005年	2010年	2015年	2018年	平均值	排名
上海	0.0433	0.0555	0.0614	0.1829	0.2290	0.2925	0.3277	0.3513	0.3694	0.2060	2
天津	0.1266	0.1167	0.1044	0.1967	0.2178	0.2360	0.2285	0.2402	0.2679	0.1894	3
广东	0.0431	0.0525	0.0437	0.1837	0.2046	0.2371	0.2743	0.3071	0.3432	0.1798	4
江苏	0.0548	0.0647	0.0650	0.1404	0.1671	0.2066	0.2397	0.2646	0.2827	0.1597	5
湖南	0.1180	0.1187	0.1060	0.1624	0.1765	0.1776	0.1732	0.1793	0.1949	0.1552	6
福建	0.0592	0.0732	0.0748	0.1673	0.1687	0.1854	0.1964	0.2050	0.2100	0.1488	7
辽宁	0.0864	0.0893	0.0715	0.1426	0.1547	0.1704	0.1690	0.1973	0.2232	0.1443	8
浙江	0.0202	0.0365	0.0391	0.1104	0.1398	0.1789	0.2269	0.2636	0.2897	0.1378	9
西藏	0.0856	0.0880	0.0861	0.1548	0.1480	0.1543	0.1569	0.1612	0.1621	0.1348	10
重庆	0.0610	0.0703	0.0747	0.1343	0.1397	0.1499	0.1585	0.2011	0.2061	0.1296	11
安徽	0.0464	0.0532	0.0501	0.1096	0.1293	0.1415	0.1472	0.1721	0.1935	0.1129	12
海南	0.0118	0.0183	0.0245	0.1227	0.1310	0.1488	0.1789	0.2011	0.2090	0.1128	13
湖北	0.0401	0.0487	0.0456	0.1069	0.1212	0.1365	0.1502	0.1870	0.2115	0.1113	14
云南	0.0494	0.0474	0.0547	0.1103	0.1252	0.1379	0.1463	0.1586	0.1726	0.1098	15
青海	0.0772	0.0746	0.0615	0.1203	0.1264	0.1298	0.1202	0.1253	0.1366	0.1084	16
贵州	0.0321	0.0520	0.0537	0.1059	0.1198	0.1339	0.1552	0.1560	0.1699	0.1077	17
江西	0.0364	0.0464	0.0456	0.1108	0.1282	0.1287	0.1440	0.1634	0.1799	0.1067	18
广西	0.0357	0.0465	0.0516	0.1162	0.1231	0.1379	0.1326	0.1508	0.1682	0.1054	19
山东	0.0033	0.0109	0.0182	0.0950	0.1173	0.1412	0.1737	0.2048	0.2370	0.1051	20
吉林	0.0358	0.0426	0.0356	0.1060	0.1251	0.1389	0.1368	0.1470	0.1782	0.1029	21
陕西	0.0187	0.0331	0.0338	0.1027	0.1169	0.1295	0.1424	0.1756	0.1975	0.1019	22
河北	0.0230	0.0363	0.0341	0.1009	0.1146	0.1287	0.1453	0.1611	0.1851	0.1006	23
四川	0.0130	0.0232	0.0209	0.0910	0.1104	0.1301	0.1490	0.1857	0.2212	0.0992	24
黑龙江	0.0198	0.0148	0.0147	0.0854	0.1090	0.1381	0.1592	0.1870	0.1990	0.0984	25
山西	-0.0003	0.0160	0.0103	0.0918	0.1128	0.1308	0.1386	0.1793	0.1847	0.0932	26
宁夏	0.0005	0.0210	0.0083	0.0868	0.1085	0.1180	0.1347	0.1432	0.1597	0.0872	27
内蒙古	0.0014	0.0172	0.0192	0.0858	0.1117	0.1202	0.1215	0.1404	0.1613	0.0847	28
甘肃	0.0020	0.0139	0.0062	0.0750	0.0975	0.1195	0.1297	0.1623	0.1763	0.0839	29

续表

省市自治区	1980 年	1985 年	1990 年	1995 年	2000 年	2005 年	2010 年	2015 年	2018 年	平均值	排名
新疆	-0.0211	0.0021	0.0132	0.0838	0.1017	0.1211	0.1278	0.1498	0.1611	0.0816	30
河南	0.0109	0.0179	0.0142	0.0746	0.0912	0.1074	0.1166	0.1554	0.1760	0.0811	31
全国	0.0388	0.0476	0.0456	0.1227	0.1393	0.1584	0.1738	0.1971	0.2163	0.1233	—

注：指数的平均值、省份排名均按照 31 个省市自治区 1980 年至 2018 年连续数据得出。

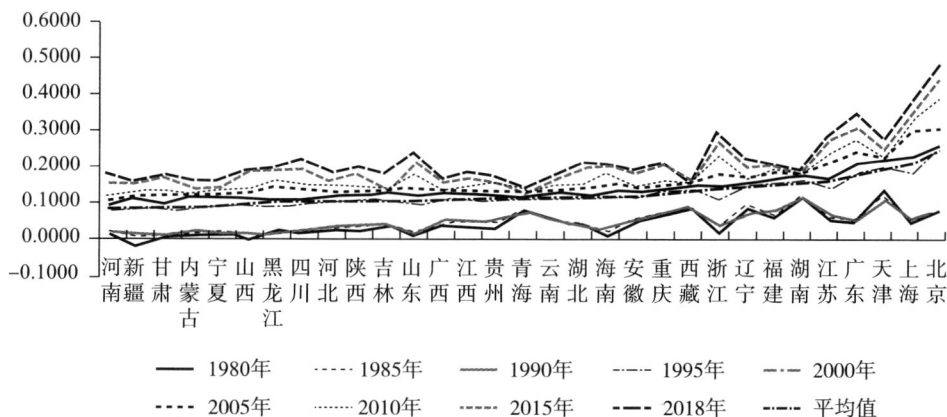

图 4-5　五年跨度中国省域经济发展方式转变综合得分的时序演变

从省域层面来看，1980 年至 2018 年我国 31 个省市自治区的经济发展方式转变均呈现上升趋势，且北京增速最为显著，其次为上海、广东、浙江和江苏等省份。其中，各省份经济发展方式转变的历年平均值超过全国总平均值（0.1233）的省份有 11 个，排名前 9 位的分别是北京（0.2424）、上海（0.2060）、天津（0.1894）、广东（0.1798）、江苏（0.1597）、湖南（0.1552）、福建（0.1488）、辽宁（0.1443）、浙江（0.1378）。低于全国总平均值（0.1233）的省份有 20 个，其中排名后 5 位的分别是河南（0.0811）、新疆（0.0816）、甘肃（0.0839）、内蒙古（0.0847）、宁夏（0.0872）。从图 4-5 各省市历年指数平均值的线性分布可见，2000 年是经济发展方式转变指标数据的分界线，自 2000 年以后 31 个省市自治区的经济发展方式指标指数均高于各省市自治区历年平均值。

表 4-9　五年跨度中国全域和四大区域经济发展方式转变指数及排名

区域	1980 年	1985 年	1990 年	1995 年	2000 年	2005 年	2010 年	2015 年	2018 年	平均值	排名
东部	0.0454	0.0539	0.0536	0.1546	0.1742	0.2058	0.2378	0.2634	0.2873	0.1582	1
东北部	0.0473	0.0489	0.0406	0.1113	0.1296	0.1491	0.1550	0.1771	0.2001	0.1152	2
中部	0.0419	0.0502	0.0453	0.1094	0.1265	0.1371	0.1450	0.1728	0.1901	0.1101	3
西部	0.0296	0.0408	0.0403	0.1056	0.1191	0.1318	0.1396	0.1592	0.1744	0.1028	4
全国	0.0388	0.0476	0.0456	0.1227	0.1393	0.1584	0.1738	0.1971	0.2163	0.1233	—

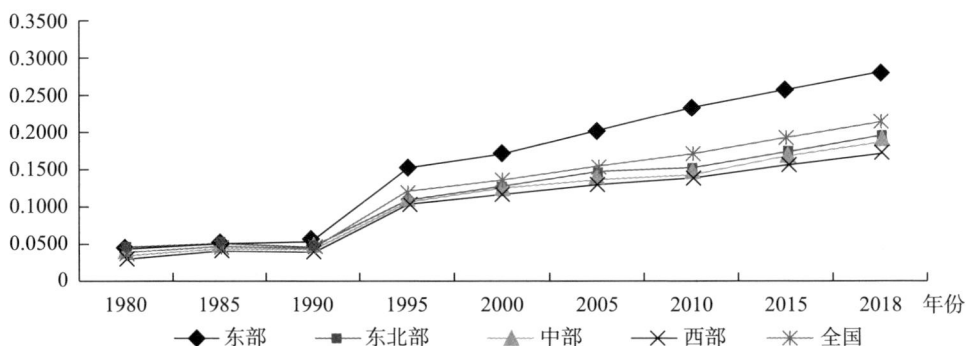

图 4-6　五年跨度中国全域和四大区域经济发展方式转变综合得分的时序演变

从全国层面来看，在 1980 年至 2018 年，我国经济发展方式转变指数整体呈上升趋势，尤其 2000 年以后，年均经济发展方式转变指标指数明显超过总平均值（0.1233）。这说明我国的经济发展方式转变取得了卓越的成效。具体来看，1980 年至 1992 年全国平均经济发展方式转变指数略有上升但变化趋势不明显，处于全国总平均指数（0.1233）以下，反映出自改革开放以来，尽管我国经济重心已经转移到经济建设上来但整个国民经济还处于恢复期和起步期，以计划经济体制为主，发展相对缓慢。1992 年至 1993 年平均经济发展方式转变指数呈现了陡然上升的趋势，1993 年（0.1224）相较 1992 年（0.0567）平均经济发展方式转变指标增长了 116%。同时，我国城镇化建设和居民消费结构优化升级也在这个历史节点开始有了突飞猛进的发展。因此，1992 年至 2000 年，转变经济增长方式成为我国重要的战略思想，指标曲线有了大幅上升。2000 年至 2012 年，经济发展方式转变指标指数呈平稳上升趋势。在此期间，党和中央政府在多次会议上提出加快转变经济增长方式，加快推进经济体制改革，建设有中国特色的新型城镇化等重大策略，推动了经济发展方式的转变，但这个时期的经济发展方式仍是高投入低产出的粗放型发展方式，也因此造成了大量的资源浪费和环境污染等问题。2012 年至 2018 年，我国经济发展方式逐步由速度型向质量型转变。

从区域层面来看，1980 年至 2018 年我国东部、中部、西部和东北部地区的经济发展方式转变指数呈历年上升趋势，东部地区相较中部、西部、东北部地区的上升速度更快，更明显。从图 4-6 可以看出，东部地区的经济发展方式转变指数历年都高于全国平均值（0.1233），处于绝对优势地位。中部地区和西部地区则低于全国平均值（0.1233）处于相对劣势地位，1980 年至 2000 年，我国城镇化建设以工业为主，而东北地区是重工业的集聚地，因此在这个时期东北部地区的经济发展指数和东部持平并且高于全国历年指数的平均值。但随着经济发展方式的转变，东北部地区的经济发展指数尽管处于上升状态，但增速明显下降。由此可见，我国区域间经济发展的不均衡是长期存在的，并且差异呈现越来越明显的趋势。因此，我国要加快经济发展方式转变，在保证东部地区快速发展的过程中，也要充分发挥中部、西部和东北部地区的经济优势。

4.2 新型城镇化质量提升、消费结构优化升级和经济发展方式转变的空间关联分析

从空间角度看，度量某个经济变量空间关联和空间集中程度有许多方法，比如空间 Moran 指数、离差系数和相关系数等，虽然离差系数和相关系数对于变量间的关联分析有较大解释作用，但是对于空间关联分析难以构成空间相关关系，进而难以分析空间权重。因此，本书采用 Moran 指数方法，讨论中国经济发展方式转变、新型城镇化和消费结构优化升级的空间关联。

4.2.1 空间关联性 Moran 指数的构建

$$I = \frac{n}{S_0} \frac{\displaystyle\sum_{i=1}^{n} \sum_{j=1}^{n} w_{ij} z_i z_j}{\displaystyle\sum_{i=1}^{n} z_i^2} \tag{4.4}$$

其中，I 指空间关联 Moran 指数，n 为待分析对象数量个数，w_{ij} 为分析对象 i 与对象 j 之间的空间权重，它由地理位置之间的关系生成，S_0 为所有分析对象空间权重的总和，即 $S_0 = \sum_{i=1}^{n} \sum_{j=1}^{n} w_{ij}$，$z_i$ 表示对象 i 与其平均数的差额。

如果 $I > 0$，则表明待分析变量与空间分布之间存在显著的正相关关系，并且 I 值越大，就表明待分析变量的空间分布特性越明显，待分析变量与空间分布之间的关系越显著，或者说，空间分布越集聚，待分析变量分布越集中。相反，如果 $I < 0$，则表明待分析变量与空间分布之间呈负相关关系，即空间分布越离散，则待分析变量相关性越不明显。

4.2.2 新型城镇化质量、消费结构优化升级和经济发展方式转变空间关联性 Moran 指数测算

利用第 5 章 5.1 中收集的数据，考虑时间跨度特点，利用 Geoda 软件，可以计算出中国经济发展方式转变、新型城镇化质量和消费结构优化升级的空间关联性 Moran 指数。

表 4-10　新型城镇化质量、消费结构优化升级和经济发展方式转变 Moran 指数

指标	新型城镇化质量				消费结构优化升级				经济发展方式转变			
省市自治区	1993 年	2002 年	2012 年	2018 年	1993 年	2002 年	2012 年	2018 年	1993 年	2002 年	2012 年	2018 年
北京	1.067	1.366	0.728	0.301	-1.311	0.016	0.071	0.191	1.264	1.732	0.411	0.529
天津	1.191	1.485	0.861	0.607	-0.301	0.663	0.468	0.363	1.166	1.972	1.165	1.184
河北	-0.145	-0.145	-0.094	-0.083	-0.177	-0.147	-0.155	-0.067	-0.003	-0.168	-0.161	-0.191
山西	0.181	0.136	0.143	0.317	0.430	0.350	0.237	0.131	0.810	0.538	0.379	0.228

续表

指标	新型城镇化质量				消费结构优化升级				经济发展方式转变			
省市自治区	1993 年	2002 年	2012 年	2018 年	1993 年	2002 年	2012 年	2018 年	1993 年	2002 年	2012 年	2018 年
内蒙古	0.055	0.125	0.158	0.200	0.429	0.398	0.057	0.296	0.527	0.407	0.424	0.31
辽宁	-0.268	-0.298	-0.17	0.085	-0.161	0.003	-0.046	0.004	-0.358	-0.221	0.061	-0.056
吉林	-0.007	-0.017	0.093	0.297	0.193	0.216	0.131	0.340	0.198	0.125	0.257	0.165
黑龙江	-0.080	0.052	0.259	0.432	0.289	0.355	0.248	0.514	0.722	0.349	0.161	0.160
上海市	1.165	2.495	4.118	5.427	2.418	2.047	3.929	3.803	0.352	1.259	2.455	2.118
江苏	0.151	0.755	1.996	1.926	0.816	0.348	1.427	2.064	0.014	0.373	0.818	0.737
浙江	0.283	0.493	1.008	1.451	0.707	0.585	1.198	1.222	-0.163	0.158	0.530	0.447
安徽	0.124	-0.055	-0.195	-0.179	-0.263	-0.122	-0.084	-0.010	0.170	0.073	-0.03	-0.059
福建	0.212	0.212	0.186	0.145	0.100	0.260	0.626	0.340	0.528	0.219	0.091	-0.037
江西	-0.069	-0.118	-0.167	-0.161	-0.069	-0.134	-0.261	-0.219	-0.183	-0.144	-0.067	-0.100
山东	0.069	-0.058	0.184	0.022	-0.013	-0.036	0.016	0.271	0.353	0.175	-0.015	-0.029
河南	0.271	0.151	0.045	0.131	0.050	0.095	0.094	-0.002	0.888	0.640	0.326	0.118
湖北	0.203	0.227	0.093	0.051	0.100	0.061	0.110	-0.013	0.105	0.129	0.187	0.024
湖南	0.092	0.071	0.027	0.014	0.010	-0.009	0.012	-0.014	0.202	-0.007	0.014	0.014
广东	-0.225	-0.551	-0.732	-0.500	-0.429	-0.545	-0.250	-0.747	1.086	0.152	-0.323	-0.602
广西	0.011	0.025	-0.029	-0.002	-0.027	-0.075	-0.012	-0.151	-0.057	-0.165	-0.099	-0.036
海南	0.950	-0.698	-1.235	-0.914	-0.799	-1.311	-0.977	-2.032	0.800	-0.393	0.101	-0.185
重庆	0.346	0.248	0.111	-0.028	0.151	0.011	-0.016	0.058	-0.038	0.010	0.020	0.035
四川	0.513	0.419	0.157	0.050	0.109	0.037	-0.026	0.004	0.144	0.268	0.168	-0.040
贵州	0.556	0.583	0.328	0.139	0.204	0.177	0.188	0.193	-0.015	0.054	0.091	0.162
云南	0.592	0.621	0.532	0.335	0.074	0.227	0.484	0.401	0.013	0.122	0.128	0.277
西藏	0.888	0.728	0.705	0.438	-0.044	0.125	0.774	0.727	-0.463	-0.239	0.059	0.467
陕西	0.239	0.218	0.161	0.176	0.382	0.276	0.111	0.129	0.413	0.432	0.302	0.109
甘肃	0.456	0.470	0.593	0.358	0.542	0.475	0.430	0.608	0.977	0.744	0.432	0.331
青海	0.585	0.656	0.733	0.416	0.241	0.296	0.733	0.799	-0.103	0.260	0.448	0.571
宁夏	-0.180	0.223	0.489	0.314	0.54	0.539	0.292	0.575	0.687	0.732	0.452	0.426
新疆	0.751	0.587	0.808	0.381	0.294	0.310	0.717	0.900	0.117	0.322	0.384	0.635

4.2.2.1 新型城镇化质量的空间关联分析

从时间角度来看，1993年至2018年，我国大多数省市新型城镇化空间关联性 Moran 指数都呈现出下降的趋势，这就表明我国新型城镇化与区域的关联性在减弱，城镇化的发展不再仅仅集聚在某些核心区域，例如京津冀地区、长三角地区和珠三角地区，其他地区新型城镇化的发展也取得了巨大的进步，新型城镇化在全国范围内大面积推进，因此可以看出，全国各地新型城镇化都取得了显著的发展和进步，新型城镇化的空间分布不再具有集聚特点。

从全国各省市自治区来看，新型城镇化空间关联性 Moran 指数存在显著的差异，东部地区新型城镇化空间关联性 Moran 指数普遍小于西部地区，这表明我国东部地区新型城镇化发展呈现出区域内新型城镇化全面发展的特点，区域内新型城镇化发展之间的差异越来越小，各地区均衡发展的趋势越来越明显，导致新型城镇化质量逐渐提高，进而导致经济发展方式转变加快和经济增长质量不断提升。相反，我国西部地区新型城镇化空间关联性 Moran 指数仍然相对偏高，从而使我国西部地区新型城镇化发展的区域集中效应仍然很明显，新型城镇化发展仍然呈现出发展不平衡的特点。

1993年至2018年，我国东部地区新型城镇化发展的水平较高，北京、天津、山东、江苏、上海、浙江和福建新型城镇化发展水平表现得较为明显，而广大西部地区新型城镇化发展水平却相对较低。而且，1993年，东北地区，尤其是黑龙江和辽宁的新型城镇化水平相对较高，高于中西部其他地区，但是到了2018年，东北地区新型城镇化的发展却相对落后了，已经退出了新型城镇化相对较高的区域。2018年，以重庆为代表的成渝经济区域新型城镇化发展水平与历史相比，得到了较大的发展和提升，成为我国新型城镇化发展的"黑马"，取得了显著的成就。

4.2.2.2 消费结构优化升级的空间关联分析

从时间角度来看，1993年至2018年，我国大多数省市消费结构优化升级空间关联性 Moran 指数也都呈现出下降的趋势，这就表明消费结构优化升级与区域的关联性在减弱，消费结构优化也不仅仅集聚在某些核心区域，消费结构优化升级在全国范围内也得到了显著的提升，全国各地消费发展都取得了较大的成绩，对于经济增长方式的转变都发挥了较大作用。

从全国各省市自治区来看，我国各省市地区消费结构优化升级空间关联性 Moran 指数存在显著的差异，东部地区消费结构优化升级空间关联性 Moran 指数普遍小于西部地区，这表明我国东部地区消费结构优化升级在区域内都取得了显著的成就，区域内各地区消费结构优化升级都出现了较好的发展，各地区消费均衡发展和对经济的贡献趋势越来越明显，进而导致消费结构优化升级越来越显著。相反，我国西部地区消费结构优化升级空间关联性 Moran 指数仍然相对偏高，从而使得我国西部地区消费结构优化升级发展的区域集中效应仍然很明显，消费发展较好的仍然是区域内的大城市，其他中小城市和农村地区消费发展潜力仍然有待进一步挖掘，消费结构优化升级发展呈现出发展不平衡的显著特点。

1993 年至 2018 年，我国东部地区消费结构优化升级较显著，北京、天津、山东、江苏、上海、浙江和福建消费结构优化升级都表现得很明显，消费方式和消费类型在全国具有代表性和引领作用。此外，四川、重庆和西藏的消费结构升级也比较显著，这与川菜的发展有重要的关系，四川、重庆和西藏主要是消费川菜，1993 年至 2018 年，迅速地推广到全国其他地区，其引领作用也表现得比较明显。

4.2.2.3 经济发展方式转变水平的空间关联分析

从时间角度来看，1993 年至 2018 年，我国大多数省市经济发展方式转变空间关联性 Moran 指数也呈现出下降的趋势，这就表明我国经济发展方式转变与区域的关联性在减弱，经济增长方式的转变不再仅仅集聚在某些核心区域，经济增长方式的转变在全国都发生了显著的变化，经济要素投入的产出效率得到了显著的提升，整体而言，中国经济增长方式的转变得到了显著体现，经济发展质量得到了较大的提升。

从全国各省市自治区来看，我国各省市地区经济发展方式转变空间关联性 Moran 指数存在显著的差异，东部地区经济发展方式转变空间关联性 Moran 指数普遍小于西部地区，这表明我国东部地区经济发展方式的转变也呈现出区域内经济增长方式的转变，区域内经济增长方式的转变的趋同作用愈发显著，进而促使东部地区经济发展方式显著提升，经济增长的投入产出效益越来越好。相反，我国西部地区经济发展方式转变空间关联性 Moran 指数仍然相对偏高，从而使得我国西部地区经济发展方式仍然存在不足，一直以来资源耗竭型的发展方式仍然未能得到完全改变，少数大城市的经济发展方式远远优于中小城市和农村地区，整体经济发展方式需要进一步提升和加快转型。

1993 年，北京、天津、江苏、福建、湖南、广东和海南的经济发展方式转变十分显著和突出，辽宁、重庆、青海和西藏的经济发展方式的转变也比较显著，这表明与过去的经济发展方式比较，这 4 个省自治区的经济发展方式取得了显著的成效。2012 年，我国东北部地区的黑龙江、吉林、辽宁以及内蒙古、山西、山东和广东的经济发展方式得到了改变，经济发展的质量得到了改变和提升。2018 年，我国西北区域的青海和甘肃，经济发展方式的转变比较显著和突出，成为新兴的经济发展方式转变的代表，经济发展和社会进步的成就引起了全国人民的关注，取得了良好的发展效果。

新型城镇化质量、消费结构优化升级和经济发展方式转变在空间关联上呈正相关，空间关联变化的历史背景在时序演化部分已详细阐述，从而结合时序演化和空间关联来看，三者之间互相关联、互相影响。

4.3　新型城镇化质量提升、消费结构优化升级和经济发展方式转变的动态关联分析

以上时空分析表明，中国新型城镇化质量、消费结构优化升级和经济发展方式转变之间的关联程度越来越强，相互促进作用也越来越强。但是，它们之间强烈的促进作用究竟是来源于它们之间差异增加带来的引力，还是来源于它们之间差距减小带来的推力还不清楚，需要进一步从实证来进行分析和说明。为衡量中国新型城镇化、消费结构优化升级和经济发展方式转变三

者之间促进作用的机理,将 1980 年作为基期,可以构建 NICH 指数对三者相对增长速度进行分析和解释,NICH 指数的构建方法如下:

$$NICHcon_{it} = (consumption_{it} - consumption_{it-1})/(consumption_t - consumption_{t-1})$$
$$(4.5)$$

$$NICHurb_{it} = (urban_{it} - urban_{it-1})/(urban_t - urban_{t-1}) \quad (4.6)$$

$$NICHeco_{it} = (economy_{it} - economy_{it-1})/(economy_t - economy_{t-1}) \quad (4.7)$$

其中,$NICHcon_{it}$ 表示消费结构优化升级 NICH 指数,$consumption_{it}$ 表示第 i 个省份第 t 年的平均消费水平,$consumption_{it-1}$ 表示第 i 个省份第 $t-1$ 年的平均消费水平,$consumption_t$ 表示第 t 年的全国平均消费水平,$consumption_{t-1}$ 表示第 $t-1$ 年的全国平均消费水平。$NICHurb_{it}$ 表示第 i 个省份第 t 年新型城镇化 NICH 指数,$urban_{it}$ 表示第 i 个省份第 t 年的新型城镇化水平,$urban_{it-1}$ 表示第 i 个省份第 $t-1$ 年的新型城镇化水平,$urban_t$ 表示第 t 年的全国平均城镇化水平,$urban_{t-1}$ 表示 $t-1$ 年的全国平均城镇化水平。$NICHeco_{it}$ 表示第 i 个省份第 t 年经济发展方式转变 NICH 指数,$economy_{it}$ 表示第 i 个省份第 t 年的经济发展方式水平,$economy_{it-1}$ 表示第 i 个省份第 $t-1$ 年的经济发展方式水平,$economy_t$ 表示第 t 年的全国平均经济发展方式水平,$economy_{t-1}$ 表示 $t-1$ 年的全国平均经济发展方式水平。

根据式(4.5)至(4.7),结合中国新型城镇化、消费结构优化升级和经济发展方式转变的指标数据,可以计算出新型城镇化 NICH 指数、消费结构优化升级 NICH 指数和经济发展方式转变 NICH 指数。

为了能够对相关指数结果进行分析时有更直观的印象,本书在列出指数矩阵时,以 5 年为一个时间跨度。需要特别说明的是,指数的平均值、省份排名、时序演化的文字分析均按照 31 个省市自治区 1980 年至 2018 年连续数据得出。

进一步,以 5 年为一个时间跨度,借助新型城镇化 NICH 指数、消费结构优化升级 NICH 指标和经济发展方式转变 NICH 指数,可以分析新型城镇化质量提升、消费结构优化升级和经济发展方式转变的相对发展程度,具体见表 4-11、表 4-12 和表 4-13。

表 4-11　五年跨度新型城镇化质量 NICH 指数

省市自治区	1980 年	1985 年	1990 年	1995 年	2000 年	2005 年	2010 年	2015 年	2018 年	平均值	排名
广东	-3.7976	0.4236	1.0818	0.5005	2.2885	1.8094	1.5538	2.5501	1.4520	2.0585	1
贵州	1.3774	1.9944	-0.1290	0.5801	0.3196	0.8660	0.6098	1.0630	1.2308	1.6476	2
吉林	2.0854	2.0614	-0.4153	0.4622	1.1343	0.0628	0.7505	0.7928	0.1520	1.4669	3
西藏	8.8001	-1.4261	1.5981	0.3182	0.5312	0.5479	0.7340	1.3522	1.3152	1.4156	4
广西	7.2367	2.0077	3.3938	0.7246	0.5733	0.5142	0.7140	1.0773	0.9978	1.2671	5
四川	-2.3913	1.6540	2.3748	0.6376	0.7231	0.6881	1.0262	1.1357	1.3646	1.2100	6
湖北	2.6302	0.7800	0.2764	0.5795	1.0009	0.7420	0.9067	1.2730	1.1039	1.1725	7
上海	-1.7072	0.5923	1.6043	7.0192	2.0813	3.0584	1.2869	1.1192	0.7443	1.1649	8
山东	1.2132	1.0448	1.5301	1.0266	1.4042	1.2965	1.4497	1.2599	0.3639	1.1382	9
浙江	2.1272	0.5620	1.7399	0.9308	1.7344	1.7858	1.4428	1.4299	1.4772	1.1322	10
内蒙古	5.8237	1.9494	1.4576	0.5768	0.9350	0.3919	0.9894	1.0021	0.5526	0.9540	11
湖南	1.2067	0.4252	1.4780	0.5391	0.4980	0.9243	0.8783	1.0729	0.9441	0.9387	12
天津	0.4817	1.1317	1.5321	4.3059	1.7113	1.2115	1.1966	0.7700	-0.3666	0.8594	13
陕西	1.7022	0.7248	1.8670	0.7021	0.8077	1.2472	0.9892	1.0778	1.1232	0.8520	14
辽宁	-0.6512	1.3823	0.4465	0.9080	1.2808	-0.1593	1.1737	-0.0630	0.8165	0.8237	15
安徽	7.5722	-0.0145	0.3472	0.4762	0.5065	0.5801	1.0820	1.2762	1.9004	0.8222	16
福建	3.2824	1.0681	0.7396	0.7452	1.1513	1.1749	0.8135	1.1773	1.6869	0.7688	17
黑龙江	-1.8409	0.8856	1.3003	0.5307	0.4906	0.4856	0.9476	0.9663	-0.0858	0.6898	18
甘肃	-2.1865	0.8349	0.1807	0.5190	1.0999	0.6225	0.6487	0.7229	0.5925	0.6876	19
青海	-0.3646	0.2128	1.3806	0.6278	0.4908	0.3720	0.6715	0.6780	1.2073	0.5169	20
重庆	2.3709	1.6667	-0.8312	0.8714	0.8657	1.0491	0.8608	0.7665	1.0389	0.4659	21
江西	3.4781	-0.4949	2.6377	0.7078	0.4078	0.7502	0.9329	1.1157	1.2674	0.4401	22
北京	-0.6442	1.6067	-0.1213	0.7617	2.6419	4.8240	1.7329	0.3804	1.7861	0.4321	23
江苏	-6.3507	1.9517	0.7949	1.0599	1.3505	2.0708	1.7956	1.2252	1.2518	0.4124	24
河南	-9.3677	0.7317	0.2853	0.6431	0.7576	0.7828	0.9493	1.1930	1.3530	0.4036	25
海南	-1.6749	1.6352	-0.3679	0.2398	0.5132	0.0875	0.8821	0.6298	0.6281	0.3200	26
河北	-3.1162	0.1521	1.8767	0.7242	0.7152	0.7491	1.0620	0.9118	0.9352	0.3178	27
宁夏	6.5451	3.6820	-0.6835	0.9792	0.4615	0.8009	0.8351	0.5336	0.6184	0.2887	28
山西	2.9298	1.3749	0.5950	1.1426	0.8227	0.6282	0.9100	1.0177	0.5780	0.2635	29

续表

省市自治区	1980 年	1985 年	1990 年	1995 年	2000 年	2005 年	2010 年	2015 年	2018 年	平均值	排名
新疆	1.2462	-0.4453	0.8194	0.6438	1.0804	0.7086	0.4653	0.5705	1.1171	0.2293	30
云南	2.9836	0.8445	2.2102	0.5164	0.6208	0.3268	0.7092	0.9220	1.8536	0.1039	31

注：指数的平均值、省份排名均按照 31 个省市自治区 1980 年至 2018 年连续数据得出。

1980 年至 2018 年，我国 31 个省市自治区新型城镇化 NICH 指数平均值大于 1 的省市有广东（2.0585）、贵州（1.6476）、吉林（1.4669）、西藏（1.4156）、广西（1.2671）、四川（1.2100）、湖北（1.1725）、上海（1.1649）、山东（1.1382）、浙江（1.1322），其他省市新型城镇化 NICH 指数都小于 1，而且各省市自治区之间呈现出显著差异，广东新型城镇化 NICH 指数高达 2.0585，而云南新型城镇化 NICH 指数为 0.1039，远远低于 1。此外，广东、贵州、吉林、西藏、广西、四川、湖北、上海、山东、浙江新型城镇化 NICH 指数大于 1 表明这些省市平均而言，当期新型城镇化质量提升的速度超过前一期新型城镇化质量提升的速度，新型城镇化质量提升的速度出现较大的增长，新型城镇化质量提升对于消费结构优化升级和经济发展方式转变的作用得到较大的提升和增强，出现新型城镇化不断向高质量方向发展的趋势。相反，其他省份新型城镇化 NICH 指数小于 1，说明这些省市自治区新型城镇化质量提升的速度呈现出下降的趋势，新型城镇化对于消费结构优化升级和经济发展方式转变的促进作用不足，潜力没有完全释放出来，有待进一步挖掘和提升。

表 4-12　五年跨度消费结构优化升级 NICH 指数

省市自治区	1980 年	1985 年	1990 年	1995 年	2000 年	2005 年	2010 年	2015 年	2018 年	平均值	排名
福建	3.2138	1.9324	1.6156	0.8135	1.5694	0.9350	0.8654	-0.1409	1.0717	1.5159	1
广东	-0.4632	1.1260	1.2510	1.3313	2.1524	1.7814	1.9083	2.3248	0.1103	1.3731	2
浙江	0.6144	0.8873	1.7593	1.4569	1.2569	2.4853	0.7291	1.1582	2.8599	1.3202	3
山东	1.9392	1.7634	1.2234	1.1938	0.9702	1.0178	1.2690	1.2671	0.9074	1.2492	4

省市自治区	1980年	1985年	1990年	1995年	2000年	2005年	2010年	2015年	2018年	平均值	排名
天津	0.4169	1.2548	1.0255	1.3382	0.8460	1.2482	1.6248	1.6761	1.6403	1.1678	5
上海	-1.1068	0.5474	-0.2514	1.5810	1.1913	2.2511	1.1649	3.7006	2.0419	1.1427	6
河南	1.6916	1.5917	1.4920	1.0422	0.8882	1.1833	1.1479	0.8300	0.5745	1.1406	7
辽宁	1.5630	1.1719	1.0831	1.003	0.8004	0.5541	0.8397	0.0162	0.3088	1.1356	8
江西	2.2056	1.2788	1.2061	0.8571	0.8265	1.2109	0.6346	0.8448	1.3423	1.1202	9
重庆	3.4229	0.7541	1.9635	1.3623	0.7581	1.4115	1.0286	0.5718	0.7106	1.1186	10
四川	0.3046	0.9581	2.2878	1.2352	1.0636	1.0221	1.1888	0.9474	0.1967	1.0667	11
吉林	0.1997	1.2832	1.0416	0.6992	0.8680	0.7556	0.9033	0.3922	1.5437	1.0497	12
海南	2.7567	0.9927	1.6548	0.8717	0.2786	-0.0275	1.8778	0.7615	0.0143	1.0054	13
西藏	1.7249	0.9212	0.5382	0.4614	0.6505	0.5488	0.5044	0.3262	1.6214	0.9978	14
湖北	0.4965	0.9676	1.8025	1.1078	0.729	0.8032	0.9667	0.8747	2.0851	0.9687	15
广西	0.7089	1.0832	0.8988	0.7944	0.953	1.0779	0.9764	0.4938	1.2944	0.9554	16
云南	1.0953	1.4065	1.2692	0.6342	0.7232	0.4417	1.3808	0.7368	1.7125	0.9509	17
安徽	3.3584	0.6584	0.4850	1.0367	0.9396	0.9557	1.2559	0.3717	0.7153	0.9129	18
湖南	0.6634	0.7871	0.9132	0.9751	1.3950	0.7649	1.1606	0.8902	1.3141	0.9020	19
内蒙古	1.3114	0.8894	-0.0405	0.7608	0.7568	0.7020	1.0218	0.8083	0.2850	0.8953	20
黑龙江	0.8185	1.2754	1.0317	0.8016	0.7842	0.7798	0.7739	0.1178	0.9194	0.8740	21
河北	1.4987	0.9919	0.6462	0.9237	1.0974	1.1240	0.7374	0.9011	0.4536	0.8469	22
陕西	0.6631	0.9141	0.4036	0.9278	0.7482	0.7215	0.9904	0.4389	0.5746	0.8408	23
青海	0.4918	0.5253	1.0072	0.7675	1.0198	0.3467	0.6578	0.9084	0.8306	0.8287	24
山西	0.7175	0.8369	1.1673	0.7648	1.1588	1.0711	0.7075	0.6619	0.8822	0.8208	25
江苏	-0.9142	0.2174	-0.4648	1.1383	0.7187	2.4795	0.7808	2.4536	1.5121	0.8200	26
宁夏	0.765	1.1343	0.8016	0.8605	1.1962	0.8181	1.0490	1.0210	1.2982	0.8117	27
北京	-1.667	0.3768	-0.3217	1.4504	2.5816	0.5088	0.4327	0.3266	0.1992	0.7963	28
甘肃	0.4645	0.8382	1.1139	0.6399	0.8988	0.6571	0.7718	0.7954	0.8617	0.7927	29
贵州	0.6213	0.9534	1.1806	0.9560	0.5292	0.7733	0.8099	0.6678	0.4708	0.7917	30
新疆	1.4237	0.6812	1.2157	1.2139	0.6502	0.597	0.8401	1.0558	0.6472	0.7875	31

注：指数的平均值、省份排名均按照31个省市自治区1980年至2018年连续数据得出。

1980年至2018年，我国31个省市自治区消费结构优化升级NICH指数平均值大于1的省市有福建（1.5159）、广东（1.3731）、浙江（1.3202）、山东（1.2492）、天津（1.1678）、上海（1.1427）、河南（1.1406）、辽宁（1.1356）、江西（1.1202）、重庆（1.1186）、四川（1.0667）、吉林（1.0497）、海南（1.0054），其他省市自治区消费结构优化升级NICH指数都小于1，而且各省市之间呈现出显著差异，福建省消费结构优化升级NICH指数高达1.5159，而新疆消费结构优化升级NICH指数为0.7875，它们之间的NICH指数比值约为1.9249，差距十分显著。福建、广东、浙江、山东、天津、上海、河南、辽宁、江西、重庆、四川、吉林、海南消费结构优化升级NICH指数大于1表明这些省市自治区平均而言，当期消费增长数量超过前一期消费增长数量，消费出现较大的增长，消费增长对于新型城镇化的发展和经济发展方式转变的作用得到较大的提升和增强，出现消费繁荣发展的趋势。相反，其他省份消费结构优化升级NICH指数小于1，说明这些省市自治区消费增量呈现出下降的趋势，消费增长对于新型城镇化和经济发展方式转变的促进作用不足，没有完全释放出来，需要进一步挖掘潜力，促使消费增长对于新型城镇化的发展和经济发展方式转变的作用得到提升和加强。

表4-13　五年跨度经济发展方式转变 NICH 指数

省市自治区	1980年	1985年	1990年	1995年	2000年	2005年	2010年	2015年	2018年	平均值	排名
浙江	1.4389	15.882	0.5953	0.5637	2.2824	1.9492	4.1226	1.1800	1.8421	2.5857	1
新疆	1.3629	25.0816	0.5388	-0.3124	0.5030	1.1229	-3.9212	0.7705	1.0256	2.1886	2
上海	0.8333	6.6161	0.2657	-1.4016	2.6668	3.4642	2.7269	0.2108	1.5165	2.1165	3
宁夏	1.3289	24.2360	3.7137	3.1153	0.8064	0.7783	1.7894	-0.0236	0.3915	2.0018	4
山东	0.8679	7.9229	0.7396	-0.4263	0.7488	1.2734	5.2489	0.8573	2.5106	1.9822	5
内蒙古	-1.7293	28.7994	1.2697	1.4393	1.6025	-0.3039	-0.4715	0.7998	-1.2502	1.7245	6
北京	0.3483	-4.2598	0.9642	-0.0060	3.7978	7.2805	11.1819	-1.2884	3.1383	1.7097	7
江苏	1.0085	11.0415	1.0220	0.5338	1.2727	2.2332	6.7086	0.8742	2.0700	1.6070	8
甘肃	0.2825	12.7817	2.4297	0.9346	1.4726	1.8274	-0.8076	2.3085	-0.5097	1.5548	9
广东	-0.4421	29.5742	0.4602	4.2991	1.7694	0.7862	6.6424	1.8482	3.3379	1.4861	10
贵州	1.9749	9.1258	1.2493	0.7742	0.7505	2.2143	-0.4257	0.2466	1.8878	1.4468	11

续表

省市自治区	1980 年	1985 年	1990 年	1995 年	2000 年	2005 年	2010 年	2015 年	2018 年	平均值	排名
海南	0.7195	11.0635	0.1780	1.9048	0.7209	-0.0526	3.1660	0.4171	0.8199	1.4390	12
四川	0.5317	10.3547	0.8975	0.0208	0.8311	0.5829	0.3845	2.2355	2.0237	1.4369	13
河北	1.0764	10.9532	1.2197	1.1347	0.4489	0.8537	1.3296	1.2532	1.5134	1.3886	14
山西	1.5497	5.1162	1.4831	-1.3926	0.5922	0.1662	-1.7477	3.2746	0.1025	1.3556	15
陕西	1.0663	9.4749	0.9637	1.1541	0.3154	1.1068	-0.4262	2.4687	1.3496	1.2471	16
江西	0.8996	11.9594	0.7464	0.3396	0.6345	0.4816	0.7564	1.1151	0.8323	1.2337	17
天津	-0.6071	-8.9845	1.1938	-0.6564	1.3245	1.1104	0.9609	0.3466	2.4894	1.1165	18
云南	1.7853	13.3208	0.5850	1.2487	0.8017	1.3123	-0.2640	0.5767	0.9833	1.0848	19
河南	0.4321	7.1003	1.6693	-0.1346	0.6486	0.1631	0.5472	1.7233	1.0745	1.0270	20
西藏	2.2956	7.7088	-0.0256	12.0347	0.2758	0.6136	-1.7156	-0.1281	0.3952	0.9453	21
福建	2.0194	10.8263	0.7937	1.8919	0.5133	0.5350	0.8905	0.6164	-0.4468	0.8864	22
湖北	0.5549	10.0520	1.1606	-0.6203	0.6441	1.0706	0.1549	1.8732	1.0634	0.8523	23
广西	0.1603	11.0072	0.6104	1.2195	0.5302	0.3848	-2.2289	0.5892	-0.1421	0.7857	24
安徽	1.4654	6.1865	0.9676	1.7551	0.6253	0.3376	0.1399	1.7350	0.8768	0.6587	25
黑龙江	-0.2349	-8.1654	0.3738	-0.8285	0.6424	0.8251	1.2492	1.0590	-0.5081	0.6237	26
吉林	0.6806	-0.9795	0.9169	0.0204	1.2462	-0.6977	-0.2793	0.7353	1.0639	0.4932	27
重庆	0.5287	7.9556	-0.4942	-1.2372	0.5529	-0.0662	0.6345	-1.0342	0.8385	0.4411	28
辽宁	8.7087	-24.9975	1.1737	-0.0679	0.8483	-1.1101	0.0087	2.0127	0.0374	-0.1441	29
湖南	0.1492	-0.2392	1.0001	1.3612	0.6341	0.1897	-1.7228	0.6308	0.3021	-0.3113	30
青海	-0.0562	-9.5150	2.3383	2.3383	0.4969	0.5674	-3.6326	1.7160	0.3706	-0.4151	31

注：指数的平均值、省份排名均按照 31 个省市自治区 1980 年至 2018 年连续数据得出。

1980 年至 2018 年，我国经济发展方式转变 NICH 指数平均值大于 1 的省市自治区有 20 个，包含浙江（2.5857）、新疆（2.1886）、上海（2.1165）、宁夏（2.0018）、山东（1.9822）、内蒙古（1.7245）、北京（1.7097）、江苏（1.6070）、甘肃（1.5548）、广东（1.4861）、贵州（1.4468）、海南（1.4390）、四川（1.4369）、河北（1.3886）、山西（1.3556）、陕西（1.2471）、江西（1.2337）、天津（1.1165）、云南（1.0848）、河南（1.0270），其他省市自治区经济发展方式转变 NICH 指数都小于 1，而且各省

市之间呈现出显著差异，浙江省经济发展方式转变 NICH 指数高达 2.5857，而青海、湖南和辽宁经济发展方式转变 NICH 指数相对较低，分别仅为 -0.4151、-0.3113、-0.1441，远远低于 1，可以看出小于 1 的省市自治区经济资源投入的产出效率有待提升。此外，经济发展方式转变 NICH 指数大于 1 表明对这些省市自治区而言，当期经济发展方式转变速度超过前一期的且出现较大的增长，经济发展方式转变对于新型城镇化的发展和消费结构优化升级的作用得到较大的提升和增强，出现经济发展方式不断转向集约型的趋势。相反，其他省份经济发展方式转变 NICH 指数小于 1，说明这些省市经济发展方式转变速度呈现出下降的趋势，经济发展方式转变对于新型城镇化和消费结构优化升级的促进作用不足，潜力没有完全释放出来，有待进一步挖掘和提升。

4.4　新型城镇化质量提升、消费结构优化升级和经济发展方式转变的交叉关联性分析

皮尔逊相关系数（Pearson Correlation Coefficient）也被称为皮尔逊积矩相关系数（Pearson Product-moment Correlation Coefficient，PPMCC），用来度量两个变量 X 和 Y 之间的线性关系，表示两个变量之间的亲密程度和发展趋势。Pearson 指数的绝对值介于 0~1 之间，数值的绝对值越趋向于 1，说明两者之间的相关性越强。从理论来看，皮尔逊相关系数可以用来分析新型城镇化质量提升、消费结构优化升级和经济发展方式转变两两之间的关联性。具体计算方程式如下：

$$r = \frac{\sum_{i=1}^{n}(X_i - \overline{X})(Y_i - \overline{Y})}{\sqrt{\sum_{i=1}^{n}(X_i - \overline{X})(X_i - \overline{X})^2}\sqrt{\sum_{i=1}^{n}(Y_i - \overline{Y})(Y_i - \overline{Y})^2}} \tag{4.8}$$

根据方程式（4.8），结合中国新型城镇化质量提升、消费结构优化升级和经济发展方式转变指标数据，可以分别从全国和省域两个维度计算出新型城镇化质量提升、消费结构优化升级和经济发展方式转变之间的 Pearson 指

数。本书将新型城镇化质量提升和消费结构优化升级之间的 Pearson 指数用 A 来表示，新型城镇化质量提升和经济发展方式转变之间的 Pearson 指数用 B 来表示，消费结构优化升级和经济发展方式转变之间的 Pearson 指数用 C 来表示。全国 Pearson 指数见表 4-14，省域 Pearson 指数见表 4-15。

表 4-14　全国范围-Pearson 指数表

全国	消费结构优化升级	经济发展方式转变	新型城镇化质量
消费结构优化升级	1.0000	0.8774	0.9862
经济发展方式转变	0.8774	1.0000	0.9411
新型城镇化质量	0.9862	0.9411	1.0000

在全国范围内，新型城镇化质量提升和消费结构优化升级的 Pearson 指数是 0.9862，两者之间的交叉相关性指数无限接近于 1，说明两者之间呈现明显的正相关性，相互之间的紧密程度和融合作用很强。新型城镇化质量的提升使得城镇人口集聚程度提高，教育、餐饮和医疗卫生等产业也随之呈现出集聚和层次差异的特点，最终促使人们在消费中不断重视教育和医疗卫生等，进而对消费结构优化产生巨大影响。相反，消费结构优化升级使得居民更加注重消费的品质和内涵，例如教育消费、健康消费和旅游消费等，进而推动城镇的教育、健康、旅游等产业的发展，实现新型城镇化质量的提升。整体而言，新型城镇化质量提升和消费结构优化升级的 Pearson 指数（0.9862）高于新型城镇化质量和经济发展方式转变的 Pearson 指数（0.9411），这说明新型城镇化质量提升和消费结构优化升级结合的紧密程度要高于新型城镇化质量提升和经济发展方式转变之间的紧密程度。

新型城镇化质量提升和经济发展方式转变的 Pearson 指数是 0.9411，两者之间的交叉相关性指数无限接近于 1，说明两者之间呈现明显的正相关性，相互之间的紧密程度和融合作用很强。新型城镇化质量的提升改变了城镇经济的格局，城镇的网络化经济与现代技术有效地结合起来，促使了效率的提升，进而也使城镇经济发展方式不断优化并向乡村辐射和延伸，促使整体经济发展方式不断得到优化和提升。相反，经济发展方式的转变也促使新型城镇化得到提高和优化，使城镇的集聚效应得到体现，城镇中新兴产业不断得到提升和发展，人工智能、网络和物流等产业也使城镇经济的运行效率得到不断提升。整体而言，经济发展方式转变和新型城镇化质量提升的 Pearson 指数（0.9411）高于经济发展方式转变和消费结构优化升级的 Pearson 指数（0.8774），这说明经济发展方式转变和新型城镇化质量提升相互结合的紧密程度要高于经济发展方式转变和消费结构优化升级之间的紧密程度。

消费结构优化升级和经济发展方式转变的 Pearson 指数是 0.8774，两者之间的交叉相关性指数相较消费结构优化升级和新型城镇化质量提升的 Pearson 指数 0.9862、经济发展方式转变和新型城镇化质量提升的 Pearson 指数 0.9411 均偏低，这说明两者之间的融合度稍逊于和另外两者的融合度，但整体来讲也呈现明显的正相关性，相互之间的紧密程度和融合作用也较强。消费结构优化升级促进了经济发展方式的转变，使得经济发展方式高级化，单位要素投入的产出日益提高，经济发展质量也不断得到提高。同时，经济发展方式转变也促使消费结构不断优化升级，促使消费的品质和结构发生显著的变化，甚至使居民的消费习惯发生了根本性改变，从而使消费与经济发展紧密结合起来，不断发挥消费结构优化对经济发展的推动作用。

综上分析可得，新型城镇化质量提升、消费结构优化升级和经济发展方式转变之间的交叉相关性较强，在全国范围内均呈现明显的正相关性，相互之间是互相影响和互相促进的。

表 4-15　省域范围-Pearson 指数表

省市自治区	A	B	C
北京	0.9662	0.9894	0.9290
天津	0.9685	0.9088	0.7989
河北	0.9843	0.9292	0.8639
山西	0.9734	0.9516	0.8674
内蒙古	0.9812	0.8822	0.7901
辽宁	0.9695	0.9042	0.8350
吉林	0.9841	0.9019	0.8210

续表

省市自治区	A	B	C
黑龙江	0.9778	0.9715	0.9123
上海	0.9714	0.9541	0.8707
江苏	0.9815	0.9474	0.8766
浙江	0.9953	0.9703	0.9488
安徽	0.9920	0.9015	0.8604
福建	0.9833	0.8856	0.7995
江西	0.9917	0.9113	0.8628
山东	0.9932	0.9588	0.9248
河南	0.9948	0.9434	0.9176
湖北	0.9969	0.9410	0.9188
湖南	0.9924	0.8000	0.7317
广东	0.9880	0.9382	0.8878
广西	0.9868	0.8710	0.8054
海南	0.9618	0.9519	0.8421
重庆	0.9890	0.9462	0.9019
四川	0.9963	0.9479	0.9277
贵州	0.9898	0.8991	0.8423
云南	0.9796	0.9279	0.8418
西藏	0.9646	0.7438	0.6666
陕西	0.9822	0.9397	0.8673
甘肃	0.9708	0.9684	0.8944
青海	0.9418	0.7731	0.5961
宁夏	0.9526	0.9246	0.8189
新疆	0.9568	0.9354	0.8090
平均值	0.9793	0.9168	0.8461

新型城镇化质量提升和消费结构优化升级的 Pearson 指数平均值 A = 0.9793，高于平均值的省市自治区有 19 个，其中排名前 5 位的省市分别是湖北（0.9969）、四川（0.9963）、浙江（0.9953）、河南（0.9948）和山东（0.9932）；低于平均值的省市自治区有 12 个，其中排名后 5 位的省市自治区

分别是西藏（0.9646）、海南（0.9618）、新疆（0.9568）、宁夏（0.9526）、青海（0.9418）。

新型城镇化质量提升和经济发展方式转变的 Pearson 指数平均值 B = 0.9168，高于平均值的省市自治区有 19 个，其中排名前 5 位的省市自治区分别是北京（0.9894）、黑龙江（0.9715）、浙江（0.9703）、甘肃（0.9684）、山东（0.9588）；低于平均值的省市自治区有 12 个，其中排名后 5 位的省市分别内蒙古（0.8822）、广西（0.8710）、湖南（0.8000）、青海（0.7731）、西藏（0.7438）。

消费结构优化升级和经济发展方式转变的 Pearson 指数平均值 C = 0.8461，高于平均值的省市自治区有 16 个，其中排名前 5 位的省市自治区分别是浙江（0.9488）、北京（0.9290）、四川（0.9277）、山东（0.9248）、湖北（0.9188）；低于平均值的省市自治区有 15 个，排名后 5 位的省市分别是天津（0.7989）、内蒙古（0.7901）、湖南（0.7317）、西藏（0.6666）、青海（0.5961）。

从省域来讲，新型城镇化质量提升、消费结构优化升级和经济发展方式转变之间的相关性均大于 0.5，说明在全国范围内各省市自治区的新型城镇化质量提升、消费结构优化升级和经济发展方式转变的交叉相关性较强，但省域间的差距相对较大，其中新型城镇化质量提升和消费结构优化升级的 Pearson 指数最高值为湖北（0.9969），最低值为青海（0.9418）；新型城镇化质量提升和经济发展方式转变的 Pearson 指数最高值为北京（0.9894），最低值为西藏（0.7438）；消费结构优化升级和经济发展方式转变的 Pearson 指数最高值为浙江（0.9488），最低值为青海（0.5961）。与此同时，Pearson 指数相对较高的分布在东部和中部地区，而 Pearson 指数相对较低的分布在西部地区，三者之间的交叉相关性存在明显的区域差异。

新型城镇化质量提升、消费结构优化升级和经济发展方式转变三者之间的交叉融合，是经济和社会整体发展质量不断提升的推动力量。因此，本书研究三者之间的交叉相关性，有助于经济增长潜力的充分挖掘和发挥，使经济发展中的各种要素更加有效地融合起来，形成经济发展的综合推动力量。

4.5　本章小结

本章系统阐述了新型城镇化质量提升、消费结构优化升级和经济发展方式转变指标选取的原则，结合时政背景、国家政策方针、内涵特征、相关领域和学科进行了指标的选取，构建了一套完整、创新、科学的综合评价指标体系，并对一级指标、二级指标选取的原因进行了详细说明。根据选取的 31 个省市自治区 1980 年至 2018 年的连续指标数据，综合运用熵权法、Moran 指数、NICH 指数以及交叉相关性指数分别对新型城镇化质量提升、消费结构优化升级和经济发展方式转变进行了时序演化和空间动态关联性分析，得出的主要研究成果有以下几点。

第一，从时序演化来看，新型城镇化质量提升、消费结构优化升级和经济发展方式转变三者呈现明显的正相关性，且历年呈整体上升趋势。改革开放初期，我国城镇化、消费结构和经济发展指数略有上升但变化趋势不明显，整体处于起步期和恢复期。1992 年至 2000 年均处于快速发展时期，尤其是 2000 年至 2012 年有了突飞猛进的发展，均已进入高速发展时期。2012 年至 2018 年发展速度有所下降，但整体质量持续上升，这说明，我国更加注重新型城镇化质量的提升、消费结构优化升级和经济发展方式的转变。

从省域指数分析得出，上海、北京的上升幅度最为明显，其次集中在广东、江苏、浙江、天津、福建、辽宁、山东等东部沿海城市。而发展速度较慢的地区集中在新疆、西藏、甘肃、青海、贵州、内蒙古、宁夏等中西部地区。从区域层面来讲，东部发展速度最快，东北部次之，中部地区和西部地区相对落后，但东北部地区的发展受国家政策影响较为明显，随着工业发展重点的转移和人口的严重外流，逐渐呈下降趋势，有被中部地区赶超的迹象。

第二，从空间相关度来看，新型城镇化质量提升、消费结构优化升级和经济发展方式转变之间，在空间上的关联程度越来越强，相互促进作用也越来越强。通过 Moran 指数分析可见，我国新型城镇化质量提升、消费结构优化升级和经济发展方式转变在全国范围内都取得了较为显著的发展和进步，空间分布不再集聚在某些核心区域。

从省域空间分布得出，新型城镇化质量提升、消费结构优化升级和经济发展方式转变发展较为突出的城市集中在北京、天津、山东、江苏、上海、浙江和福建等东部沿海地区。从区域层面来讲，东部地区发展速度最快，且区域内各地区均呈现全面发展的特点，区域内的差异越来越小，发展趋势越来越均衡，尤其是长江三角洲、珠江三角洲等城市集群均衡发展的趋势较为明显。但东、中、西、东北部地区四大区域间的差异依然较大，依旧呈现发展不均衡的特点。

第三，从动态关联度来看，新型城镇化质量提升、消费结构优化升级和经济发展方式转变的速度超过前一期发展速度的城市集中在东部地区，如广东、上海、北京、山东、浙江等地。这说明这些地区的新型城镇化更加注重内涵和质量的提升，消费结构进一步优化升级呈高级化，经济发展方式更加注重科技的投入，向更加集约的方式转变。但东、中、西、东北部地区的差异依然较大，中西部地区和东北部地区依旧蕴含着很大的潜力，有待进一步挖掘。

第四，从交叉相关性来看，新型城镇化质量提升、消费结构优化升级和经济发展方式转变之间的紧密程度不断在增强，融合度不断提升，相互促进的作用也在不断增加，并且三者均呈现上升趋势。

综上，无论从时序演化、空间关联性还是从动态关联度，抑或从交叉相关性分析，新型城镇化质量提升、消费结构优化升级和经济发展方式转变之间均存在长期、稳定的正相关性，并且呈整体上升趋势。这说明，我国的新型城镇化质量提升、消费结构优化升级和经济发展方式在整个经济体系中是相互促进、相互影响的，新型城镇化质量提升和消费结构优化升级能够有效推动经济发展方式的转变。同时，通过实证分析，我们也可得出，我国区域之间长期存在不均衡发展的趋势，东部地区发展速度较为显著，而中部、西部和东北部地区的潜力有待进一步挖掘，经济结构有待进一步优化升级。

第5章 新型城镇化质量提升、消费结构优化升级与经济发展方式转变耦合协调发展的水平测度及时空特征分析

5.1 新型城镇化质量提升和消费结构优化升级耦合发展的水平测度与分析

耦合作为一个物理学上的概念，指的是两个（或两个以上的）系统或运动形式通过各种作用而彼此影响的现象。[①] 耦合度所要刻画的就是系统或要素之间相互影响的水平以及程度。这里我们借鉴物理学中的耦合度概念来构建耦合度模型，对新型城镇化与消费结构优化的耦合发展状况进行水平测度，其具体计算过程如下：

$$C_{it} = \sqrt{Urbanization_{it} \times Consumption_{it} / \left(Urbanization_{it} + Consumption_{it} \right)^2}$$

$$(5.1)$$

其中，$Urbanization$ 表示新型城镇化质量提升指数，$Consumption$ 表示消费结构优化升级指数，Cit 表示耦合度，其中 $i = 1, 2, 3 \cdots 31$，$t = 1, 2, 3 \cdots 39$，进而可以计算出耦合度。参考王永明、马耀峰[②]的做法，将耦合度等级划

[①] 周宏，等. 现代汉语辞海 [K]. 北京：光明日报出版社，2003：820-821.

[②] 王永明，马耀峰. 城市旅游经济与交通发展耦合协调度分析——以西安市为例 [J]. 陕西师范大学学报（自然科学版），2011，39（1）：86-90.

分为：

C 值	0~0.3	0.3~0.5	0.5~0.8	0.8~1
耦合阶段	低水平耦合阶段	拮抗阶段	磨合阶段	高度耦合阶段

依据上述耦合度模型公式，将新型城镇化质量提升指数和消费结构优化升级指数，代入公式（5.1）计算得出 1980—2018 年各省新型城镇化质量提升和消费结构优化升级耦合度值，选取关键年份 1980 年、1993 年、2002 年、2012 年、2017 年各省耦合度值，见表 5-1。

从省域角度来看，浙江（0.4986）、北京（0.4973）、江苏（0.4971）的均值均相对较高保持全国领先的优势，它们的新型城镇化质量提升和消费结构优化升级的互动作用较强。浙江、北京和江苏在城镇化质量提升和消费结构优化升级的表现均处于全国前列，两系统由此有着更强的互动作用。而山西（0.4600）、吉林（0.4481）、宁夏（0.4414）、海南（0.4366）的均值相对较低，居于全国末尾，落后于绝大多数省级行政区，它们的新型城镇化质量提升和消费结构优化升级的互动作用较弱。山西、吉林和宁夏在 GDP 和恩格尔系数上表现一般且有一定的位次降低趋势，因此两系统之间的互动性较弱。海南均值较低的原因在于海南在前半期的消费结构指标上缺失值较多，导致较低的耦合度。

表 5-1　部分关键年份各省耦合度及均值

省市自治区	1980 年	1993 年	2002 年	2012 年	2017 年	均值
北京	0.4937	0.4993	0.4995	0.4995	0.4946	0.4973
天津	0.4090	0.4164	0.4865	0.4999	0.4977	0.4619
河北	0.4429	0.4513	0.4932	0.5000	0.4979	0.4771
山西	0.3931	0.4208	0.4868	0.5000	0.4995	0.4600
内蒙古	0.4403	0.4288	0.4900	0.4977	0.4943	0.4702
辽宁	0.4505	0.4574	0.4861	0.5000	0.4979	0.4784
吉林	0.3254	0.4273	0.4922	0.4981	0.4976	0.4481
黑龙江	0.3956	0.4329	0.4865	0.4999	0.4990	0.4628

续表

省市自治区	1980 年	1993 年	2002 年	2012 年	2017 年	均值
上海	0.4788	0.4636	0.4954	0.4981	0.4934	0.4859
江苏	0.4992	0.4940	0.4934	0.5000	0.4990	0.4971
浙江	0.4966	0.4978	0.5000	0.4992	0.4972	0.4986
安徽	0.3606	0.4562	0.4959	0.4986	0.4989	0.4620
福建	0.4093	0.4578	0.4961	0.4945	0.4978	0.4711
江西	0.424	0.4742	0.4983	0.4995	0.4982	0.4825
山东	0.4943	0.4841	0.4949	0.5000	0.4997	0.4946
河南	0.4153	0.4837	0.4985	0.4994	0.4992	0.4792
湖北	0.4429	0.4678	0.4986	0.4998	0.4996	0.4817
湖南	0.4659	0.4652	0.4978	0.4991	0.4978	0.4852
广东	0.4996	0.4795	0.4994	0.4996	0.4999	0.4956
广西	0.4140	0.4742	0.4960	0.4968	0.4980	0.4758
海南	0.2811	0.4204	0.4904	0.4987	0.4927	0.4366
重庆	0.4300	0.4714	0.4994	0.4971	0.4926	0.4781
四川	0.4501	0.4784	0.4997	0.4978	0.4962	0.4844
贵州	0.4528	0.4632	0.4985	0.4995	0.4953	0.4819
云南	0.4955	0.4746	0.4957	0.4986	0.4956	0.4920
西藏	0.4926	0.5000	0.4993	0.4999	0.4934	0.4970
陕西	0.4498	0.4315	0.4909	0.4990	0.4974	0.4737
甘肃	0.3868	0.4500	0.4951	0.4975	0.4923	0.4643
青海	0.4965	0.4543	0.4957	0.4997	0.486	0.4872
宁夏	0.3208	0.4081	0.4861	0.4982	0.4938	0.4414
新疆	0.4986	0.4542	0.4962	0.4983	0.4898	0.4874

从时间变化来看，各省新型城镇化质量提升和消费结构优化升级耦合度整体呈现上升趋势，不同的省级行政区的变化不同。由图 5-1 可以看出，1993 年所有省份均进入了耦合发展的拮抗阶段，从总体上来看，城镇化和消费结构两系统互动作用有逐步增强趋势，有很大的发展潜力。2002—2017 年，所有省份的耦合度值均在 0.48~0.5，但波动幅度不大，各省均已接近耦合协调的磨合阶段。但值得注意的是，虽说耦合度随着时间而呈现整体上升的趋

势，新型城镇化质量提升和消费结构优化升级两系统之间的互动作用在不断增强，但是这并不意味着发展的良性，换句话说，这里的互动作用并不全然为良性互动。因此我们有必要进一步分析其中的良性互动，本书的下一节将会使用"耦合协调度"的概念来对该问题进行分析。

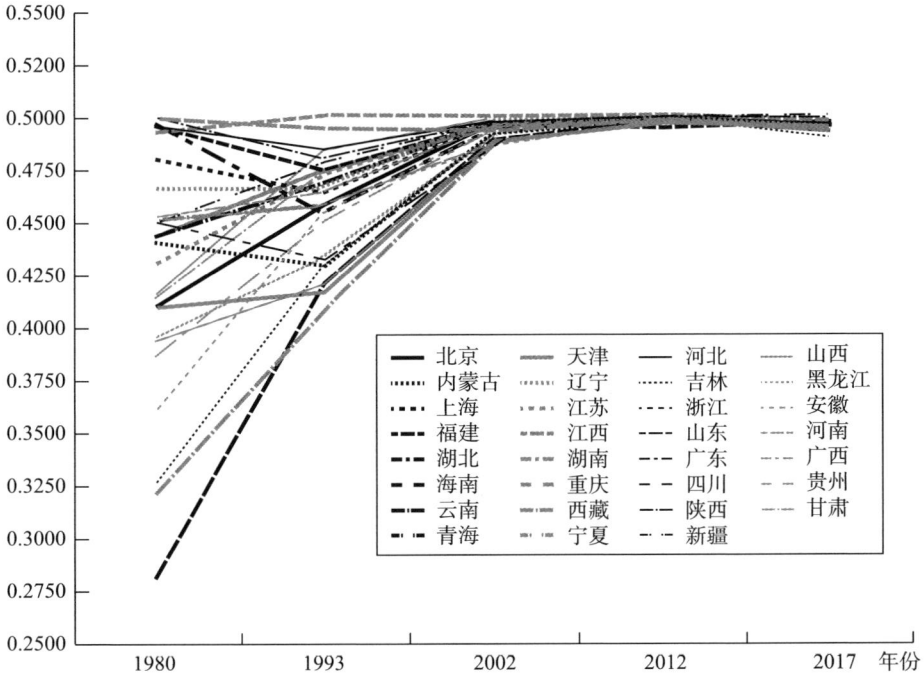

图 5-1 部分关键年份各省耦合度

5.2 新型城镇化质量提升和消费结构优化升级耦合协调发展的水平测度

5.2.1 新型城镇化质量提升和消费结构优化升级耦合协调度模型构建

新型城镇化的发展需要相当的消费结构的优化升级与之相适应，而消费结构的优化升级也需要一定程度的新型城镇化的推动。新型城镇化系统和消费结构优化升级系统相互耦合协调促进的过程，就是物理学上所描述的耦合协调过程。当系统之间或系统内部各要素之间配合得当、互惠互利时，为良性耦合；反之，相互摩擦、彼此掣肘时，为恶性耦合。[①] 协调是指两种或两种以上系统或系统要素之间一种良性的相互关联，是系统之间或系统内部要素之间配合得当、和谐一致，良性循环的关系，是多个系统或要素保持健康发展的保证。[②] 协调度是度量系统之间或系统内部要素之间在发展过程中彼此和谐一致的程度，体现了系统由无序走向有序的趋势。[③] 因此，耦合度和协调度是有差别的。耦合度是指双方相互作用的强弱，不分利弊；协调度是指相互作用中良性耦合程度的大小，体现了协调状况的好坏程度。耦合协调度（Coupling Coordinative Degree）是用来度量两个或两个以上系统或系统内部各要素之间在相互作用、相互影响过程中和谐、持续发展的程度。重点通过这种相互作用和相互关系耦合程度，体现出协调状况的好坏。因此，从理论来看，耦合理论可以分析和测度变量之间的内在联系和发展关系，根据耦合测度的经典理论，本书构建了新型城镇化质量提升和消费结构优化升级的耦合协调度指标，具体构建方式如下：

$$T_{it} = \alpha\, Urbanization_{it} + \beta\, Consumption_{it} \qquad (5.2)$$

$$D_{it} = \sqrt{C_{it} \times T_{it}} \qquad (5.3)$$

其中，*Urbanization* 表示新型城镇化质量提升指数，*Consumption* 表示消费结构优化升级指数，D_{it} 表示耦合协调度，C_{it} 表示耦合度，T_{it} 表示综合协调指数，其中 $i=1$，2，3⋯31，$t=1$，2，3⋯39，α 和 β 均赋值为 0.5，进而可以计算出耦合协调度。

进一步，采用均匀函数法可以构建新型城镇化质量提升和消费结构优化升级耦合协调度阶段划分表，并将新型城镇化质量提升和消费结构优化升级

① 刘定惠，杨永春．区域经济—旅游—生态环境耦合协调度研究——以安徽省为例 [J]．长江流域资源与环境，2011，20（7）：892-896.

② 杨士弘，廖重斌，郑宗清．城市生态环境学 [M]．北京：科学出版社，1996：114-119.

③ 吴跃明，张翼，王勤耕，等．论环境——经济系统协调度 [J]．环境污染与防治，1997（1）：25-29.

耦合协调度与划分表进行对比,研判出新型城镇化质量提升和消费结构优化升级的耦合协调程度,进而判断两者的紧密程度以及相互促进的作用,具体耦合协调等级划分见表5-2。

表5-2　两者耦合协调等级划分

发展阶段	协调等级	取值范围
失调衰退阶段	极度失调	(0, 0.1)
	严重失调	(0.1, 0.2)
	中度失调	(0.2, 0.3)
	轻度失调	(0.3, 0.4)
过渡阶段	濒临失调	(0.4, 0.5)
	勉强协调	(0.5, 0.6)
	初级协调	(0.6, 0.7)
协调上升阶段	中级协调	(0.7, 0.8)
	良好协调	(0.8, 0.9)
	优质协调	(0.9, 1)

5.2.2　新型城镇化质量提升和消费结构优化升级耦合协调度指数计算及结果分析

5.2.2.1　新型城镇化质量提升和消费结构优化升级耦合协调度指数计算

根据第5章计算出的新型城镇化质量指数、消费结构优化升级指数,结合5.1.1中新型城镇化质量提升、消费结构优化升级耦合协调度指数的计算公式(5.1)~(5.3),可以计算出我国31个省市自治区1980年至2018年的新型城镇化质量提升和消费结构优化升级耦合协调度指数。

为了能够对耦合协调度指数结果进行分析时有更为直观的印象,本书列出指数矩阵时,以5年为一个时间跨度呈现。需要特别说明的是,指数的平均值及相关文字分析均按照31个省市自治区1980年至2018年连续数据得出。

进一步，以 5 年为一个时间跨度，借助新型城镇化质量提升和消费结构优化升级的耦合协调度指数，可以分析出新型城镇化质量提升和消费结构优化升级的耦合协调程度，并研判出两者发展的紧密程度以及相互促进作用的情况，具体数据见表 5-3。

表 5-3　五年跨度新型城镇化质量提升和消费结构优化升级耦合协调度指数

省市自治区	1980 年	1985 年	1990 年	1995 年	2000 年	2005 年	2010 年	2015 年	2018 年	平均值	排名
北京	0.2254	0.2215	0.2227	0.2974	0.3321	0.3805	0.4464	0.4965	0.5275	0.3358	1
上海	0.2101	0.2051	0.2060	0.2845	0.3043	0.3856	0.4759	0.5339	0.5615	0.3338	2
广东	0.1572	0.1508	0.1669	0.2487	0.2957	0.3558	0.4294	0.4899	0.5265	0.2989	3
浙江	0.1552	0.1581	0.1734	0.2305	0.2635	0.3288	0.3985	0.4595	0.5050	0.2827	4
江苏	0.1639	0.1474	0.1577	0.2128	0.2494	0.3151	0.4009	0.4737	0.5132	0.2759	5
天津	0.1243	0.1300	0.1437	0.2262	0.2588	0.3088	0.3726	0.4229	0.4473	0.2580	6
辽宁	0.1387	0.1469	0.1582	0.2054	0.2350	0.2712	0.3383	0.3822	0.4066	0.2450	7
山东	0.1065	0.1180	0.1374	0.1984	0.2340	0.2819	0.3554	0.4131	0.4403	0.2421	8
福建	0.0896	0.1117	0.1328	0.1985	0.2383	0.2904	0.3517	0.4021	0.4356	0.2408	9
四川	0.1002	0.0970	0.1210	0.1817	0.2132	0.2535	0.3205	0.3747	0.4099	0.2177	10
重庆	0.0944	0.0943	0.1126	0.1775	0.2136	0.2626	0.3191	0.3720	0.4068	0.2168	11
湖南	0.1008	0.1035	0.1229	0.1759	0.2112	0.2551	0.3130	0.3673	0.4035	0.2158	12
河南	0.1083	0.1036	0.1202	0.1734	0.2052	0.2494	0.3084	0.3695	0.4010	0.2143	13
湖北	0.0956	0.1001	0.1219	0.1754	0.2058	0.2510	0.3099	0.3687	0.4099	0.2143	14
黑龙江	0.1198	0.1237	0.1394	0.1813	0.2049	0.2443	0.2937	0.3368	0.3544	0.2128	15
河北	0.0988	0.1014	0.1179	0.1706	0.2014	0.2509	0.3086	0.3614	0.3914	0.2109	16
江西	0.0881	0.1038	0.1247	0.1732	0.2022	0.2391	0.2959	0.3481	0.3816	0.2068	17
吉林	0.0871	0.1019	0.1208	0.1685	0.2006	0.2442	0.2982	0.3414	0.3646	0.2059	18
内蒙古	0.0793	0.0905	0.1071	0.1553	0.1919	0.2363	0.3130	0.3665	0.3839	0.2037	19
宁夏	0.1025	0.1052	0.1228	0.1757	0.2007	0.2317	0.2871	0.3312	0.3589	0.2031	20
广西	0.0888	0.0888	0.1157	0.1721	0.1961	0.2421	0.2998	0.3422	0.3711	0.2026	21
安徽	0.0843	0.0871	0.1055	0.1629	0.1940	0.2347	0.3030	0.3579	0.3980	0.2023	22
海南	0.0790	0.0935	0.1103	0.1762	0.1899	0.2293	0.3046	0.3389	0.3645	0.2017	23
陕西	0.0769	0.0847	0.1008	0.1619	0.1955	0.2388	0.3051	0.3592	0.3862	0.2013	24
云南	0.0843	0.0967	0.1198	0.1640	0.1995	0.2308	0.2872	0.3344	0.3726	0.1998	25

续表

省市自治区	1980 年	1985 年	1990 年	1995 年	2000 年	2005 年	2010 年	2015 年	2018 年	平均值	排名
山西	0.0754	0.0828	0.1042	0.1623	0.1955	0.2372	0.2902	0.3403	0.3690	0.1966	26
新疆	0.0750	0.0888	0.0979	0.1639	0.1945	0.2263	0.2813	0.3374	0.3673	0.1938	27
西藏	0.0899	0.0937	0.1246	0.1585	0.1878	0.2266	0.2548	0.3065	0.3385	0.1892	28
青海	0.0748	0.0843	0.1060	0.1621	0.1889	0.2238	0.2659	0.3219	0.3486	0.1877	29
贵州	0.0750	0.0841	0.1029	0.1544	0.1790	0.2157	0.2733	0.3265	0.3596	0.1865	30
甘肃	0.0715	0.0753	0.0908	0.1464	0.1851	0.2244	0.2683	0.3212	0.3520	0.1821	31
平均值	0.1071	0.1121	0.1293	0.1870	0.2183	0.2634	0.3248	0.3773	0.4083	0.2251	—

注：指数的平均值、省份排名均按照 31 个省市自治区 1980 年至 2018 年连续数据得出。

5.2.2.2　新型城镇化质量提升和消费结构优化升级耦合协调度指数结果分析

1. 两者耦合时序维度分析

由表 5-3 和图 5-2 可见，新型城镇化质量提升和消费结构优化升级耦合协调度指数的平均值呈历年上升趋势，其中，1980 年两者耦合协调度指数平均值为（0.1071），到 2018 年两者耦合协调度指数平均值增长到（0.4083），涨幅达到 4 倍，这说明我国新型城镇化质量提升和消费结构优化升级之间的耦合程度越来越高，两者之间的内在联系和相互促进作用日益增强。其中，1980 年至 1992 年耦合协调度指数的平均值呈现缓慢上升趋势，1992 年的耦合协调度指数的平均值为（0.1355），1993 年的耦合协调度指数的平均值为（0.1629），1993 年相较 1992 年有了跨越式的增长。这说明，在 1992 年邓小平南方谈话提出进一步加快对外开放和党的十四大正式提出了建立社会主义市场经济体制的历史背景下，我国新型城镇化质量提升和消费结构优化升级耦合开始呈现快速增长趋势，尤其是 2000 年至 2012 年呈飞速增长趋势，两者相互作用和相互影响的效果也非常明显。2012 年至 2018 年呈现平稳上升趋势，是因为这个时期我国经济发展进入新常态，更加注重新型城镇化的质量和内涵、消费结构的优化升级和高级化，耦合协调程度稳步提升。

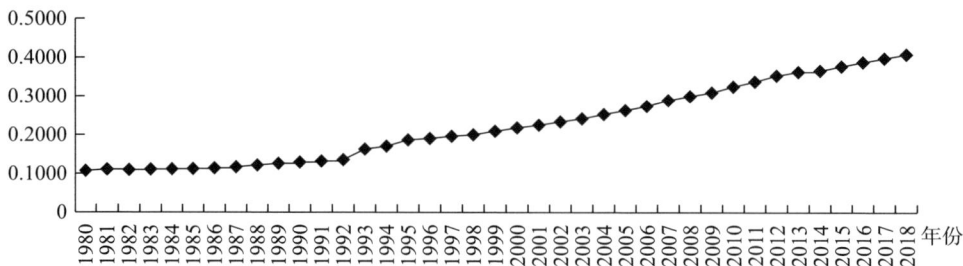

图 5-2　1980—2018 年全国（不含港澳台）两者耦合协调度平均值

2. 两者耦合年份排名变化分析

本书选取了 1980 年、1993 年、2002 年、2012 年、2017 年和 2018 年作为分析新型城镇化质量提升和消费结构优化升级耦合协调度的关键年份，并列明各年份排名前 10 位和后 10 位的省份以及对应的耦合协调度指数，据此，我们进一步分析我国 31 个省市自治区在时间和空间上的耦合协调程度。

1980 年，新型城镇化质量提升和消费结构优化升级耦合协调度指数排名前 10 位的省市自治区分别是北京（0.2254）、上海（0.2101）、江苏（0.1639）、广东（0.1572）、浙江（0.1552）、辽宁（0.1387）、天津（0.1243）、黑龙江（0.1198）、河南（0.1083）、山东（0.1065）。排名后 10 位的省市自治区分别是安徽（0.0843）、云南（0.0843）、内蒙古（0.0793）、海南（0.0790）、陕西（0.0769）、山西（0.0754）、贵州（0.0750）、新疆（0.0750）、青海（0.0748）、甘肃（0.0715）。

1993 年，新型城镇化质量提升和消费结构优化升级耦合协调度指数排名前 10 位的省市自治区分别是北京（0.2585）、上海（0.2417）、广东（0.2274）、浙江（0.2083）、江苏（0.1925）、辽宁（0.1857）、天津（0.1805）、福建（0.1800）、山东（0.1705）、海南（0.1603）。排名后 10 位的省市自治区分别是河北（0.1476）、西藏（0.1428）、青海（0.1410）、山西（0.1381）、陕西（0.1372）、安徽（0.1370）、新疆（0.1367）、内蒙古（0.1360）、贵州（0.1325）、甘肃（0.1253）。

2002 年，新型城镇化质量提升和消费结构优化升级耦合协调度指数排名前 10 位的省市自治区分别是北京（0.3423）、上海（0.3315）、广东（0.3174）、浙江（0.2828）、天津（0.2731）、江苏（0.2636）、福建（0.2560）、辽宁（0.2517）、山东（0.2489）、重庆（0.2279）。排名后10位的省市自治区分别是陕西（0.2116）、新疆（0.2110）、宁夏（0.2097）、云南（0.2083）、安徽（0.2073）、内蒙古（0.2071）、西藏（0.2055）、青海（0.2007）、甘肃（0.1957）、贵州（0.1879）。

2012年，新型城镇化质量提升和消费结构优化升级耦合协调度指数排名前10位的省市自治区分别是上海（0.4902）、北京（0.4622）、广东（0.4576）、江苏（0.4388）、浙江（0.4262）、天津（0.3977）、福建（0.3951）、山东（0.3874）、辽宁（0.3728）、四川（0.3524）。排名后10位的省市自治区分别是江西（0.3230）、山西（0.3195）、云南（0.3143）、黑龙江（0.3142）、新疆（0.3129）、宁夏（0.3102）、贵州（0.3035）、甘肃（0.2987）、青海（0.2953）、西藏（0.2822）。

2017年，新型城镇化质量提升和消费结构优化升级耦合协调度指数排名前10位的省市自治区分别是上海（0.5515）、广东（0.5209）、北京（0.5195）、江苏（0.5020）、浙江（0.4871）、天津（0.4415）、山东（0.4341）、福建（0.4225）、四川（0.4019）、辽宁（0.4009）。排名后10位的省市自治区分别是广西（0.3581）、新疆（0.3570）、吉林（0.3550）、云南（0.3524）、贵州（0.3497）、黑龙江（0.3494）、宁夏（0.3480）、甘肃（0.3435）、青海（0.3362）、西藏（0.3203）。

2018年，新型城镇化质量提升和消费结构优化升级耦合协调度指数排名前10位的省市自治区分别是上海（0.5615）、北京（0.5275）、广东（0.5265）、江苏（0.5132）、浙江（0.5050）、天津（0.4473）、山东（0.4403）、福建（0.4356）、湖北（0.4099）、四川（0.4099）。排名后10位的省市自治区分别是山西（0.3690）、新疆（0.3673）、吉林（0.3646）、海南（0.3645）、贵州（0.3596）、宁夏（0.3589）、黑龙江（0.3544）、甘肃（0.3520）、青海（0.3486）、西藏（0.3385）。

综上描述，各省份中持续排名前10位的省份有7个，分别是北京、上海、广东、江苏、浙江、天津、山东，其中北京和上海新型城镇化质量提升和消费结构优化升级耦合协调度最高。另外，排名持续下滑甚至跌出前 10 的省份分别是黑龙江、辽宁，尤其是黑龙江处于直线下滑的趋势，到 2018 年已处于全国排名 3 位的位置。而持续上升甚至跻身前 10 名的省市分别是福建、四川、重庆，尤其是 1992 年进一步加快对外开放以来，福建省的耦合协调度处于高且稳定的状态。与此同时，各省市中连续排名后 10 位的省份有 4 个，分别是甘肃、青海、新疆和贵州，耦合度持续较低的地区还有西藏、宁夏、云南、内蒙古、陕西、山西等省市。本书从如下 5 个方面进行原因阐述。

第一，北京和上海是长江三角洲和京津冀城市群的中心城市，是科技创新产业、智慧物流、商贸以及高等学府的聚集地，也是国际知名的大都市和商业圈，具备良好的交通、人文和就业环境，吸引了大量的国内外优秀人才投身于城市的建设中，是智慧城市的重点培养对象。同时上海和北京都具备深厚的历史文化底蕴，也是著名的旅游城市，吸引了大量的国内外游客，在集聚效应和示范效应的影响下，有效地推动了新型城镇化质量提升和消费结构优化升级的耦合协调度的提升。

第二，广东、江苏、浙江、福建地处我国东南沿海地区，具备天然的地理位置优势，河流水系发达、港口众多，具备良好的交通运输和对外贸易的条件，加之气候温和、人口密集，有益于劳动力和产业的集聚，是长江三角洲和珠江三角洲的核心省市。同时，在国家政策的支持下，东南沿海率先对外开放，承接了大量国内外以劳动密集型产业为主的加工工业，成为拉动我国经济增长的重要力量。近些年，广东省以深圳为经济特区加大对外开放力度，出台各项优惠的招商引资政策，同时，大力推进深圳的新型城镇化建设，加强内地和港澳之间的联系，加强发展粤港澳大湾区城市集群。江苏省等地通过落实工业园区的建设，加快科技创新项目的发展，推动了以苏州工业园区为典型的高科技、制造型产业的发展，实现宜居、宜业和宜游的产城协调发展，因此，东南沿海地区的新型城镇化质量提升和消费结构优化升级的耦合协调度稳居高位。

第三，以四川为首的川渝地区是我国新型城镇化质量提升和消费结构优化升级耦合协调发展的一匹"黑马"，持续多年稳居前 10 位，尤其是近些年的发展势头更加向好。四川省具有良好的工业产业基础和丰富的劳动力资本，尤其在交通运输设备、电气机械和器材、食品加工等行业具备比较优势，同时，川渝地区的发展主要得益于国家政策的倾斜和支持，致力打造"成渝双城地区经济圈"，使川渝地区成为重要的经济中心、科技创新中心、高品质宜居地，成为推动西部地区高质量发展的重要增长极。[①] 四川省以美食闻名，推动了当地旅游行业的发展，加之川渝地区抓住了融入全球和国内价值链分工体系的战略机遇，高新技术产业得以快速发展，更加推动了人才和产业的聚集，提升了城市的质量。因此，四川和重庆的新型城镇化质量和消费结构优化升级的耦合协调程度持续上升是必然的。

第四，以黑龙江为代表的东三省新型城镇化质量提升和消费结构优化升级的耦合协调度持续下滑，尤其是黑龙江从1980年的第8名直线下滑至2018年的第28名。这主要是因为新中国成立初期，我国和俄罗斯建交，而东北地区是通往俄罗斯的重要通道，具备了经济发展的天时和地利。加之，我国为了快速恢复国民经济，实施了"优先发展以煤炭、钢铁为主的重工业城市"的战略，这一战略率先带动了以重工业为主的东北地区城市的发展。但随着我国经济发展中心从东北地区向东南沿海地区移动，经济发展的重心逐步从重工业转移到轻工业和服务业，这是造成东北地区新型城镇化质量提升和消费结构优化升级耦合协调指数直线下滑的主要原因。另外，我国开始走更加符合我国国情的、具有中国特色的社会主义路线，和邻国的往来逐渐减少，这也是东三省的老工业基地逐步淘汰落伍的一个重要因素。近些年，随着我国城镇化的快速发展，城乡人口经历了一个大流动时代，东三省地区地广人稀，加之人才外流严重，使得当地缺少经济发展和科技创新的动力要素。因此，东三省的新型城镇化质量提升和消费结构优化升级耦合度持续下降是由历史因素导致的必然结果。

第五，持续排名后10位的4个省份，分别为甘肃、青海、新疆和贵州，以及耦合度持续较低的地区还有西藏、宁夏、云南、内蒙古、陕西等，到

---

① 2020年习近平同志在中央财经委员会第六次会议上提出，"要推动成渝地区双城经济圈建设，在西部形成高质量发展的重要增长极"。

2002 年后，东北地区也逐步跌至后 10 名，这些省市均分布于我国的中部、西部和东北部地区。这主要是因为我国内陆地区地广人稀，难以形成城市集聚和产业集聚，同时，地形以山区、盆地等为主，交通不便利，物资流动的成本较高，基础设施建设难度大，居民的经济收入水平和消费能力受限，因此，这些区域的新型城镇化质量提升和消费结构优化升级耦合协调度持续偏低。

3. 两者耦合协调发展的等级阶段分析

1980 年，我国 31 个省市自治区的新型城镇化质量提升和消费结构优化升级的耦合协调度均处于失调衰退阶段。排名前 10 位的省市自治区中，耦合协调度最高的 2 个市是北京（0.2254）、上海（0.2101），处于失调衰退阶段中度失调等级，另外 8 个省市江苏（0.1639）、广东（0.1572）、浙江（0.1552）、辽宁（0.1387）、天津（0.1243）、黑龙江（0.1198）、河南（0.1083）、山东（0.1065）均处于失调衰退阶段严重失调等级。同时，宁夏（0.1025）、湖南（0.1008）、四川（0.1002）也处于失调衰退阶段严重失调等级。其余 18 个省市的耦合协调度均处于失调衰退阶段的极度失调等级。

1993 年，我国 31 个省市自治区的新型城镇化质量提升和消费结构优化升级的耦合协调度仍均处于失调衰退阶段，但整体耦合协调发展的等级有了很大的提升。排名前 10 位的省市自治区中，北京（0.2585）、上海（0.2417）、广东（0.2274）、浙江（0.2083）耦合协调度相对较高，处于失调衰退阶段的中度失调等级。江苏（0.1925）、辽宁（0.1857）、天津（0.1805）、福建（0.1800）、山东（0.1705）、海南（0.1603）以及其他 21 个省市自治区均处于失调衰退阶段严重失调等级，其中 18 个省市自治区从 1980 年的失调衰退阶段极度失调等级过渡到了 1993 年的失调衰退阶段严重失调等级。这说明，1980 年至 1993 年我国各省市自治区的耦合协调度是稳步上升的趋势。

2002 年，我国 31 个省市自治区的新型城镇化质量提升和消费结构优化升级的耦合协调度仍均处于失调衰退阶段，但整体耦合协调发展的等级有了明显的提升。排名前 10 位的省市自治区中，已有 3 个省市自治区从 1993 年的失调衰退阶段中度失调等级过渡到 2002 年的失调衰退阶段轻度失调等级，分别是北京（0.3423）、上海（0.3315）、广东（0.3174），另外排名前 10 位的 7

个省市天津（0.2731）、江苏（0.2636）、福建（0.2560）、辽宁（0.2517）、山东（0.2489）、重庆（0.2279）、湖南（0.2261）均处于失调衰退阶段中度失调等级。另外 21 个省市自治区，除排名后两位的甘肃（0.1957）、贵州（0.1879）两个省市处于失调衰退阶段的严重失调等级外，其他 19 个省市均已进入失调衰退阶段的中度失调等级。

2012 年，我国 31 个省市自治区的新型城镇化质量提升和消费结构优化升级的耦合协调度有了质的飞跃，排名前 10 的省市自治区中，已有 5 个省市从 2002 年的耦合失调衰退阶段跨越到 2012 年的耦合过渡阶段，分别是上海（0.4902）、北京（0.4622）、广东（0.4576）、江苏（0.4388）、浙江（0.4262），处于耦合过渡阶段濒临失调等级。另外排名前 10 的 5 个省市天津（0.3977）、福建（0.3951）、山东（0.3874）、辽宁（0.3728）、四川（0.3524），以及其他 18 个省市均处于失调衰退阶段的轻度失调等级。还有排名最后 3 名的甘肃（0.2987）、青海（0.2953）、西藏（0.2822）均处于失调衰退阶段的中度失调等级。

2017 年，我国 31 个省市自治区的新型城镇化质量提升和消费结构优化升级的耦合协调度排名前 10 的省市自治区均已进入耦合协调度的过渡阶段，其中上海（0.5515）、广东（0.5209）、北京（0.5195）、江苏（0.5020）处于过渡阶段的勉强协调等级，浙江（0.4871）、天津（0.4415）、山东（0.4341）、福建（0.4225）、四川（0.4019）、辽宁（0.4009）均处于过渡阶段的濒临失调等级。另外 21 个省市自治区均处于耦合协调度失调衰退阶段的轻度失调等级。

2018 年，我国 31 个省市自治区的新型城镇化质量提升和消费结构优化升级的耦合协调度已有 14 个省市自治区进入耦合协调度的过渡阶段，分别是排名前十的上海（0.5615）、北京（0.5275）、广东（0.5265）、江苏（0.5132）、浙江（0.5050）、天津（0.4473）、山东（0.4403）、福建（0.4356）、湖北（0.4099）、四川（0.4099），还有重庆（0.4068）、辽宁（0.4066）、湖南（0.4035）和河南（0.4010）。另外 17 个省市自治区均处于耦合协调度失调衰退阶段的轻度失调等级。

综上所述，从 1980 年至 2018 年我国各省市自治区等级阶段的耦合指数排名可以看出，我国已经有 14 个省市自治区从耦合失调衰退阶段的极度失调、严重失调和中度失调的等级跨越到了耦合过渡阶段的濒临失调、勉强协调的等级，另外 17 个省市仍处于耦合失调衰退阶段，但已从极度失调等级过渡到了轻度失调的等级。由此可得，我国的新型城镇化质量提升和消费结构优化升级的耦合协调度在全国 31 个省市自治区范围内呈整体上升趋势，且历年持续上升，两者之间相互促进和相互影响的程度越来越强。这表明我国的新型城镇化和消费结构升级在全国范围内取得了很大的成效，突破了区域范围的局限性，更加追求经济、社会、文化和生态整体的平衡和协调发展。

4. 两者耦合协调发展的梯队划分

为了对各省市在整个研究期内的新型城镇化质量提升与消费结构优化升级的耦合协调发展总体水平有更加深入的认识与理解，图 5-3 列出了各省市自治区在 1980—2018 年的新型城镇化质量提升与消费结构优化升级耦合协调度平均值分布状况。本书按照均值将各省市划分为 4 个梯队，其中均值排名前七位的省市列为第一梯队，均值排名后七位的省市列为第四梯队，剩余 17 个省市自治区按照近似等值划分列为第二、第三梯队。因此，将新型城镇化质量提升和消费结构优化升级耦合协调程度较高的北京（0.3358）、上海（0.3338）、广东（0.2989）、浙江（0.2827）、江苏（0.2759）、天津（0.2580）、辽宁（0.2450）列为第一梯队；将山东（0.2421）、福建（0.2408）、四川（0.2177）、重庆（0.2168）、湖南（0.2158）、河南（0.2143）、湖北（0.2143）、黑龙江（0.2128）、河北（0.2109），列为第二梯队；江西（0.2068）、吉林（0.2059）、内蒙古（0.2037）、宁夏（0.2031）、广西（0.2026）、安徽（0.2023）、海南（0.2017）、陕西（0.2013），列为第三梯队；云南（0.1998）、山西（0.1966）、新疆（0.1938）、西藏（0.1892）、青海（0.1877）、贵州（0.1865）、甘肃（0.1821），列为第四梯队。不难看出，第一、第二梯队以东部地区的省市为主，而第三、第四梯队以中西部的省市自治区为主，东北部地区分别处于第一、第二和第三梯队。

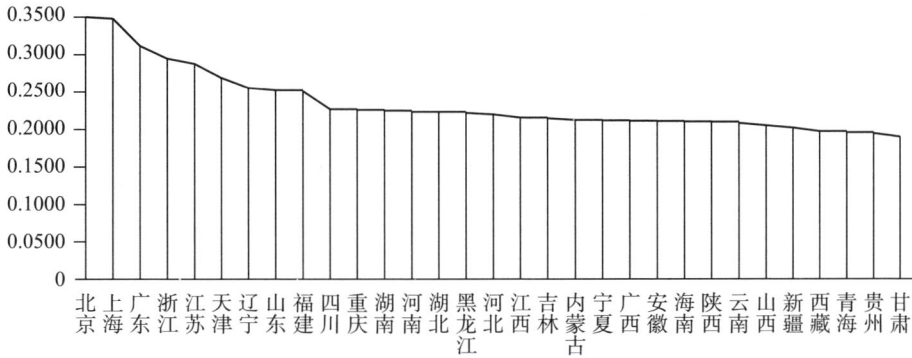

图 5-3　1980—2018 年 31 个省市自治区两者耦合协调度平均值

5.3　新型城镇化质量提升、消费结构优化升级和经济发展方式转变耦合协调发展的水平测度

5.3.1　新型城镇化质量提升、消费结构优化升级和经济发展方式转变耦合协调度模型构建

根据耦合测度的经典理论，参照 5.1.1 构建的新型城镇化质量提升和消费结构优化升级两者耦合协调度的模型，构建新型城镇化质量提升、消费结构优化升级和经济发展方式转变三者耦合的模型如下：

$$C_{it} = \sqrt[3]{\frac{Urbanization_{it} \times Consumption_{it} \times Transformation_{it}}{(Urbanization_{it} + Consumption_{it} + Transformation_{it})^3}} \quad (5.4)$$

$$T_{it} = \alpha\, Urbanization_{it} + \beta\, Consumption_{it} + \gamma\, Transformation_{it} \quad (5.5)$$

$$D_{it} = \sqrt{C_{it} \times T_{it}} \quad (5.6)$$

其中，$Urbanization$ 表示新型城镇化质量提升指数，$Consumption$ 表示消费结构优化升级指数，$Transformation$ 表示经济发展方式转变指数，D_{it} 表示耦合协调度，C_{it} 表示耦合度，T_{it} 表示综合协调指数，其中 $i = 1$，2，3…31，$t = 1$，2，3…39，由于新型城镇化质量提升和消费结构优化升级的耦合是本书研究的重点内容，因此，将这两者的指标权重，α 和 β 均赋值为 0.4。将经济发展方式转变指数的权重 γ 赋值为 0.2，进而可以计算出新型城镇化质量提升、消费结构优化升级以及经济发展方式转变的耦合协调度。

进一步，采用均匀函数法构建的新型城镇化质量提升、消费结构优化升级以及经济发展方式转变耦合协调度阶段划分表，并将新型城镇化质量提升、消费结构优化升级以及经济发展方式转变的耦合协调度与划分表进行对比，研判出新型城镇化质量提升、消费结构优化升级以及经济发展方式转变的耦合协调程度，进而判断三者的紧密程度以及相互促进的作用，具体耦合协调等级划分见表 5-4。

表 5-4　三者耦合协调等级划分

发展阶段	协调等级	取值范围
失调衰退阶段	极度失调	(0, 0.1)
	严重失调	(0.1, 0.2)
	中度失调	(0.2, 0.3)
	轻度失调	(0.3, 0.4)
过渡阶段	濒临失调	(0.4, 0.5)
	勉强协调	(0.5, 0.6)
	初级协调	(0.6, 0.7)
协调上升阶段	中级协调	(0.7, 0.8)
	良好协调	(0.8, 0.9)
	优质协调	(0.9, 1)

5.3.2　新型城镇化质量提升、消费结构优化升级和经济发展方式转变耦合协调度指数计算及结果分析

5.3.2.1　新型城镇化质量提升、消费结构优化升级和经济发展方式转变耦合协调度指数计算

根据本章计算出的新型城镇化质量指数、消费结构优化升级指数和经济发展方式转变指数，结合 5.2.1 中新型城镇化质量提升、消费结构优化升级

和经济发展方式转变耦合协调度指数的计算公式（5.4）~（5.6），可以计算出我国 31 个省市自治区 1980 年至 2018 年的新型城镇化质量提升、消费结构优化升级和经济发展方式转变耦合协调度指数。

为了能够对耦合协调度指数结果进行分析时有更为直观的印象，本书在列出指数矩阵时，以 5 年为一个时间跨度呈现。需要特别说明的是，指数的平均值及相关文字分析均按照 31 个省市自治区 1980 年至 2018 年的连续数据得出。

进一步，以 5 年为一个时间跨度，借助新型城镇化质量提升、消费结构优化升级和经济发展方式转变的耦合协调度指数，可以分析新型城镇化质量提升、消费结构优化升级和经济发展方式转变的耦合协调程度，并研判出三者的发展紧密程度以及相互促进作用，具体数据见表 5-5。

表 5-5　五年跨度新型城镇化质量提升、消费结构优化升级和经济发展方式转变耦合协调度指数

省市自治区	1980 年	1985 年	1990 年	1995 年	2000 年	2005 年	2010 年	2015 年	2018 年	平均值	排名
北京	0.2255	0.2234	0.2239	0.3173	0.3485	0.3969	0.4629	0.5102	0.5410	0.3473	1
上海	0.2078	0.2070	0.2093	0.3017	0.3229	0.4005	0.4803	0.5302	0.5548	0.3411	2
广东	0.1587	0.1535	0.1675	0.2663	0.3110	0.3675	0.4346	0.4890	0.5238	0.3057	3
浙江	0.1502	0.1576	0.1726	0.2387	0.2730	0.3357	0.4018	0.4573	0.4976	0.2855	4
江苏	0.1669	0.1511	0.1623	0.2269	0.2647	0.3285	0.4062	0.4690	0.5030	0.2826	5
天津	0.1390	0.1440	0.1574	0.2498	0.2801	0.3269	0.3807	0.4240	0.4480	0.2719	6
辽宁	0.1496	0.1574	0.1660	0.2219	0.2511	0.2852	0.3426	0.3836	0.4078	0.2552	7
福建	0.0911	0.1177	0.1402	0.2171	0.2546	0.3036	0.3579	0.4009	0.4286	0.2493	8
山东	0.0987	0.1124	0.1339	0.2077	0.2438	0.2898	0.3575	0.4101	0.4375	0.2439	9
湖南	0.1100	0.1126	0.1335	0.1936	0.2292	0.2705	0.3213	0.3679	0.4002	0.2266	10
重庆	0.0973	0.0964	0.1178	0.1923	0.2275	0.2733	0.3238	0.3755	0.4048	0.2243	11
四川	0.0966	0.0932	0.1192	0.1909	0.2230	0.2623	0.3235	0.3751	0.4101	0.2210	12
湖北	0.0960	0.1018	0.1258	0.1873	0.2181	0.2615	0.3150	0.3707	0.4085	0.2204	13
黑龙江	0.1205	0.1219	0.1366	0.1918	0.2167	0.2564	0.3028	0.3440	0.3605	0.2193	14
河北	0.0971	0.1011	0.1195	0.1827	0.2136	0.2605	0.3133	0.3597	0.3886	0.2156	15

省市自治区	1980年	1985年	1990年	1995年	2000年	2005年	2010年	2015年	2018年	平均值	排名
河南	0.1057	0.0989	0.1154	0.1806	0.2130	0.2553	0.3070	0.3650	0.3946	0.2149	16
江西	0.0863	0.1050	0.1278	0.1857	0.2156	0.2492	0.3018	0.3492	0.3796	0.2127	17
吉林	0.0822	0.1042	0.1235	0.1820	0.2144	0.2558	0.3025	0.3404	0.3654	0.2119	18
海南	0.0466	0.0903	0.1094	0.1913	0.2054	0.2441	0.3146	0.3476	0.3704	0.2084	19
安徽	0.0813	0.0864	0.1082	0.1754	0.2079	0.2472	0.3084	0.3590	0.3957	0.2083	20
宁夏	0.0952	0.1047	0.1197	0.1877	0.2130	0.2419	0.2926	0.3311	0.3571	0.2081	21
广西	0.0873	0.0866	0.1193	0.1850	0.2091	0.2534	0.3029	0.3420	0.3688	0.2078	22
云南	0.0808	0.0953	0.1237	0.1766	0.2124	0.2432	0.2947	0.3369	0.3709	0.2062	23
陕西	0.0688	0.0808	0.1005	0.1746	0.2084	0.2499	0.3096	0.3607	0.3867	0.2057	24
内蒙古	0.0687	0.0855	0.1054	0.1661	0.2047	0.2459	0.3118	0.3590	0.3775	0.2055	25
山西	0.0619	0.0762	0.1002	0.1746	0.2085	0.2489	0.2965	0.3457	0.3704	0.2009	26
西藏	0.0878	0.0884	0.1309	0.1733	0.2022	0.2405	0.2675	0.3137	0.3408	0.1987	27
新疆	0.0285	0.0783	0.0921	0.1734	0.2049	0.2371	0.2865	0.3375	0.3641	0.1941	28
青海	0.0700	0.0814	0.1092	0.1762	0.2024	0.2358	0.2721	0.3197	0.3438	0.1930	29
贵州	0.0680	0.0825	0.1051	0.1658	0.1916	0.2284	0.2839	0.3299	0.3598	0.1928	30
甘肃	0.0554	0.0652	0.0829	0.1552	0.1954	0.2348	0.2755	0.3263	0.3545	0.1842	31
平均值	0.1026	0.1116	0.1309	0.2003	0.2318	0.2752	0.3307	0.3784	0.4069	0.2311	—

注：指数的平均值、省份排名均按照31个省市自治区1980年至2018年连续数据得出。

5.3.2.2 新型城镇化质量提升、消费结构优化升级和经济发展方式转变耦合协调度指数结果分析

1. 三者耦合时间维度分析

由表5-5可见，新型城镇化质量提升、消费结构优化及和经济发展方式转变三者耦合协调指数的平均值呈现逐渐上升趋势，其中，1980年三者耦合协调指数平均值为（0.1026），到2018年三者耦合协调度指数平均值增长到（0.4069），涨幅达到4倍，这说明我国新型城镇化质量提升、消费结构优化升级和经济发展方式转变之间的耦合程度越来越紧密，三者之间的内在联系和相互促进作用日益增强。1980年至1992年三者之间的耦合协调度指数的平

均值呈缓慢上升趋势，1992 年的耦合协调度指数的平均值为（0.1389），1993
年的耦合协调度指数的平均值为（0.1772），1993 年相较 1992 年有了跨越式
的增长。1993 年至 2012 年三者之间的耦合协调度指数呈直线上升趋势，这说
明在全国范围内我国新型城镇化质量提升、消费结构优化升级和经济发展方
式转变三者之间相互作用和相互影响的效果非常明显。2012 年至 2018 年，我
国经济发展进入新常态，呈平稳上升趋势（见图 5-4）。

本研究结论与 5.2.2.1 两者耦合的时间序列分析结论趋同，这说明，在
同样的历史背景下，新型城镇化质量提升、消费结构优化升级的耦合协调发
展能够有效促进经济发展方式转变，三者之间的耦合协调度是同步上升的
趋势。

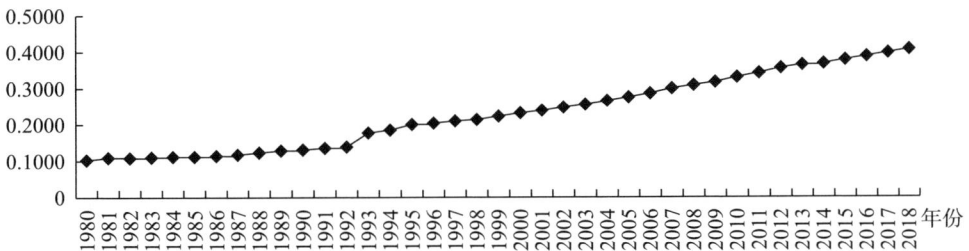

图 5-4　1980—2018 年全国（不含港澳台）三者耦合协调度平均值

2. 三者耦合年份排名变化分析

1980 年，新型城镇化质量提升、消费结构优化升级和经济发展方式转变耦
合协调度指数排名前 10 的省市自治区分别是北京（0.2255）、上海（0.2078）、
江苏（0.1669）、广东（0.1587）、浙江（0.1502）、辽宁（0.1496）、天津
（0.1390）、黑龙江（0.1205）、湖南（0.1100）、河南（0.1057）。排名后 10
的省市自治区分别是安徽（0.0813）、云南（0.0808）、青海（0.0700）、陕
西（0.0688）、内蒙古（0.0687）、贵州（0.0680）、山西（0.0619）、甘肃
（0.0554）、海南（0.0466）、新疆（0.0285）。

1993 年，新型城镇化质量提升、消费结构优化升级和经济发展方式转变耦
合协调度指数排名前 10 的省市自治区分别是北京（0.2740）、上海（0.2616）、
广东（0.2484）、浙江（0.2190）、江苏（0.2083）、天津（0.2049）、辽宁

（0.2036）、福建（0.2009）、山东（0.1808）、海南（0.1786）。排名后10的省市自治区分别是河北（0.1611）、西藏（0.1571）、青海（0.1561）、陕西（0.1505）、山西（0.1499）、安徽（0.1499）、内蒙古（0.1480）、新疆（0.1466）、贵州（0.1450）、甘肃（0.1338）。

2002年，新型城镇化质量提升、消费结构优化升级和经济发展方式转变耦合协调度指数排名前10的省市自治区分别是北京（0.3574）、上海（0.3481）、广东（0.3320）、天津（0.2936）、浙江（0.2927）、江苏（0.2792）、福建（0.2716）、辽宁（0.2671）、山东（0.2588）、湖南（0.2434）。排名后10的省市自治区分别是陕西（0.2242）、新疆（0.2219）、云南（0.2216）、安徽（0.2216）、西藏（0.2212）、宁夏（0.2212）、内蒙古（0.2195）、青海（0.2140）、甘肃（0.2064）、贵州（0.2007）。

2012年，新型城镇化质量提升、消费结构优化升级和经济发展方式转变耦合协调度指数排名前10的省市自治区分别是上海（0.4942）、北京（0.4803）、广东（0.4597）、江苏（0.4398）、浙江（0.4274）、天津（0.4022）、福建（0.3943）、山东（0.3862）、辽宁（0.3721）、重庆（0.3536）。排名后10的省市自治区分别是广西（0.3251）、山西（0.3251）、黑龙江（0.3218）、云南（0.3184）、新疆（0.3150）、宁夏（0.3128）、贵州（0.3110）、甘肃（0.3031）、青海（0.2956）、西藏（0.2948）。

2017年，新型城镇化质量提升、消费结构优化升级和经济发展方式转变耦合协调度指数排名前10的省市自治区分别是上海（0.5454）、北京（0.5320）、广东（0.5158）、江苏（0.4918）、浙江（0.4815）、天津（0.4407）、山东（0.4296）、福建（0.4188）、辽宁（0.4030）、四川（0.4012）。排名后10的省市自治区分别是广西（0.3585）、黑龙江（0.3569）、吉林（0.3563）、新疆（0.3544）、云南（0.3530）、贵州（0.3491）、甘肃（0.3480）、宁夏（0.3477）、青海（0.3332）、西藏（0.3250）。

2018年，新型城镇化质量提升、消费结构优化升级和经济发展方式转变耦合协调度指数排名前10的省市自治区分别是上海（0.5548）、北京（0.5410）、广东（0.5238）、江苏（0.5030）、浙江（0.4976）、天津（0.4480）、山东

（0.4375）、福建（0.4286）、四川（0.4101）、湖北（0.4085）。排名后10的省份分别是海南（0.3704）、广西（0.3688）、吉林（0.3654）、新疆（0.3641）、黑龙江（0.3605）、贵州（0.3598）、宁夏（0.3571）、甘肃（0.3545）、青海（0.3438）、西藏（0.3408）。

综上描述，新型城镇化质量提升、消费结构优化升级和经济发展方式转变三者耦合协调度指数关键年份的省市排名和新型城镇化质量提升和消费结构优化升级两者耦合协调度指数关键年份的省市排名进行比较，各年份间同比排名略有差异，但整体趋势相同，基本上耦合协调度指数相对较高且排名靠前的省市集中在东部地区，而耦合协调度指数相对较低且排名靠后的省市集中在中部、西部地区，东北部地区呈直线下滑的趋势。

各省份中三者耦合协调度指数持续排名前10的省市有6个，分别是北京、上海、广东、江苏、浙江、天津，其中北京和上海是我国新型城镇化质量提升、消费结构优化升级和经济发展方式转变耦合协调度最高的2个省市，另外天津、山东、福建的耦合协调度指数也一直稳居高位。排名持续下滑甚至跌出前10的省份分别是黑龙江、辽宁，尤其是黑龙江处于直线下滑的趋势，2018年已处于全国排名后6的位置。而持续上升甚至跻身前10名的省市分别是四川、重庆。与此同时，各省市中连续排名后10位的省份有4个，分别是甘肃、青海、新疆和贵州，耦合度持续较低的地区还有西藏、宁夏、云南、内蒙古、陕西、山西、黑龙江等省市自治区。

3. 三者耦合协调发展的等级阶段分析

1980年，我国31个省市自治区的新型城镇化质量提升、消费结构优化升级和经济发展方式转变的耦合协调度均处于失调衰退阶段。排名前10的省市中，耦合协调度最高的北京（0.2255）、上海（0.2078），处于失调衰退阶段的中度失调等级，另外8个省市江苏（0.1669）、广东（0.1587）、浙江（0.1502）、辽宁（0.1496）、天津（0.1390）、黑龙江（0.1205）、湖南（0.1100）、河南（0.1057）均处于失调衰退阶段的严重失调等级。其余21个省市的耦合协调度均处于失调衰退阶段的极度失调等级。

1993年，我国31个省市自治区的新型城镇化质量提升、消费结构优化升级和经济发展方式转变的耦合协调度仍均处于失调衰退阶段，但整体耦合协调发展的等级有了很大的提升。排名前十的省市中，已有 8 个省市从 1980 年的失调衰退阶段严重失调等级升级为 1993 年的失调衰退阶段中度失调等级，分别是北京（0.2740）、上海（0.2616）、广东（0.2484）、浙江（0.2190）、江苏（0.2083）、天津（0.2049）、辽宁（0.2036）、福建（0.2009），另外 2 个省市在 1980 年未进前 10，但在 1993 年不但进入前 10 还从失调衰退阶段的极度失调等级过渡到失调衰退阶段的严重失调等级。另外 21 个省市自治区也整体从失调衰退阶段极度失调等级过渡到了失调衰退阶段严重失调等级。

2002 年，我国 31 个省市自治区的新型城镇化质量提升、消费结构优化升级和经济发展方式转变的耦合协调度仍均处于失调衰退阶段，但整体耦合协调发展的等级有了明显的提升。排名前 10 的省市自治区中，已有 3 个省市从 1993 年的失调衰退阶段中度失调等级过渡到 2002 年的失调衰退阶段的轻度失调等级，分别是北京（0.3574）、上海（0.3481）、广东（0.3320），另外排名前 10 的 7 个省市天津（0.2936）、浙江（0.2927）、江苏（0.2792）、福建（0.2716）、辽宁（0.2671）、山东（0.2588）、湖南（0.2434），其他 21 个省市自治区均处于失调衰退阶段中度失调等级。

2012 年，我国 31 个省市自治区的新型城镇化质量提升、消费结构优化升级和经济发展方式转变的耦合协调度有了质的飞跃，排名前 10 的省市中，已有 6 个省市从 2002 年的耦合失调衰退阶段跨越到 2012 年的耦合过渡阶段，分别是上海（0.4942）、北京（0.4803）、广东（0.4597）、江苏（0.4398）、浙江（0.4274）、天津（0.4022），处于耦合过渡阶段的濒临失调等级。另外排名前 10 的 4 个省市福建（0.3943）、山东（0.3862）、辽宁（0.3721）、重庆（0.3536），以及其他 19 个省市均处于失调衰退阶段的轻度失调等级。还有排名最后 2 位的青海（0.2956）、西藏（0.2948）均处于失调衰退阶段的中度失调等级。

2017 年，我国 31 个省市自治区的新型城镇化质量提升、消费结构优化升级和经济发展方式转变的耦合协调度排名前 10 的省市自治区均已进入耦合协调度的过渡阶段，其中上海（0.5454）、北京（0.5320）、广东（0.5158）处于过渡阶段的勉强协调等级，江苏（0.4918）、浙江（0.4815）、天津（0.4407）、山东（0.4296）、福建（0.4188）、辽宁（0.4030）、四川（0.4012）处于过渡阶段的濒临失调等级。另外 21 个省市自治区均处于耦合协调度失调衰退阶段的轻度失调等级。

2018 年，我国 31 个省市自治区的新型城镇化质量提升、消费结构优化升级和经济发展方式转变的耦合协调度已有 13 个省市自治区进入耦合协调度的过渡阶段，分别是排名前 10 的上海（0.5548）、北京（0.5410）、广东（0.5238）、江苏（0.5030）、浙江（0.4976）、天津（0.4480）、山东（0.4375）、福建（0.4286）、四川（0.4101）、湖北（0.4085），还有辽宁（0.4078）、重庆（0.4048）、湖南（0.4002）。另外 18 个省市自治区均处于耦合协调度失调衰退阶段的轻度失调等级。

4. 三者耦合协调发展的梯队划分

为了对各省市在整个研究期内的新型城镇化、消费结构优化升级和经济发展方式转变的耦合协调发展总体水平有更加深入的认识与理解，图 5-5 列出了各省市在 1980—2018 年的新型城镇化质量提升、消费结构优化升级和经济发展方式转变耦合协调度平均值分布状况。参照前文梯队的划分方式，新型城镇化质量提升、消费结构优化升级和经济发展方式转变耦合协调程度较高的北京（0.3473）、上海（0.3411）、广东（0.3057）、浙江（0.2855）、江苏（0.2826）、天津（0.2719）、辽宁（0.2552），属于第一梯队。福建（0.2493）、山东（0.2439）、湖南（0.2266）、重庆（0.2243）、四川（0.2210）、湖北（0.2204）、黑龙江（0.2193）、河北（0.2156）、河南（0.2149），属于第二梯队。江西（0.2127）、吉林（0.2119）、海南（0.2084）、安徽（0.2083）、宁夏（0.2081）、广西（0.2078）、云南（0.2062）、陕西（0.2057），属于第三梯队。内蒙古（0.2055）、山西（0.2009）、西藏（0.1987）、新疆（0.1941）、青海（0.1930）、贵州（0.1928）、甘肃（0.1842），属于第四梯队。

5. 热点分析

进一步结合热点分析来对我国 31 个省市自治区的耦合协调度进行解析，

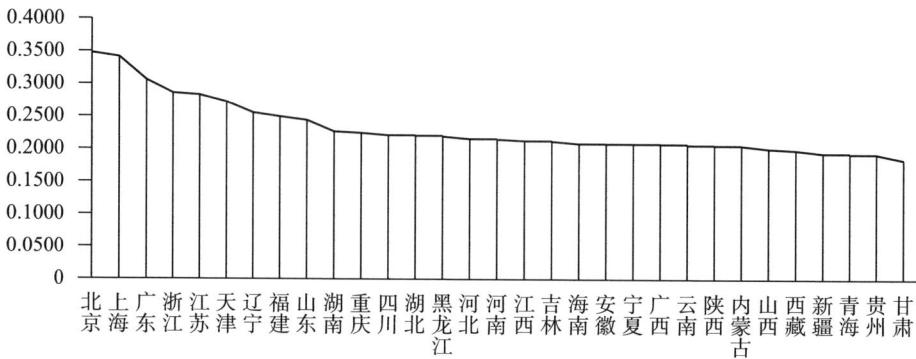

图 5-5　1980—2018 年 31 个省市自治区三者耦合协调度平均值

利用新型城镇化质量提升、消费结构优化升级和经济发展方式转变三者之间的耦合协调度指数，以排名前 7 位的省市自治区为热点地区，排名后 7 位的省市自治区为冷点地区，其余省市自治区按照近似等值划分为次热点地区和次冷点地区。

（1）冷点地区：1993 年属于冷点地区的省市自治区是新疆、甘肃、山西、陕西、贵州、内蒙古、安徽。2002 年属于冷点地区的省市自治区是内蒙古、甘肃、宁夏、青海、西藏、安徽、贵州。2012 年属于冷点地区的省市自治区是新疆、甘肃、宁夏、青海、西藏、云南、贵州。2017 年属于冷点地区的省市自治区是新疆、甘肃、宁夏、青海、西藏、云南、贵州。

（2）次冷点地区：1993 年属于次冷点地区的省市自治区是吉林、河北、河南、青海、西藏、四川、重庆、云南、广西。2002 年属于次冷点地区的省市自治区是吉林、山西、陕西、新疆、河南、江西、广西、云南、海南。2012 年属于次冷点地区的省市自治区是黑龙江、吉林、内蒙古、河北、山西、河南、江西、广西、海南。2017 年属于次冷点地区的省市自治区是黑龙江、吉林、内蒙古、河北、山西、陕西、江西、广西、海南。

（3）次热点地区：1993 年属于次热点地区的省市自治区是黑龙江、宁夏、山东、湖北、湖南、江西、福建、海南。2002 年属于次热点地区的省市自治区是黑龙江、辽宁、河北、山东、湖北、湖南、重庆、四川。2012 年属于次热地区的省市自治区是辽宁、山东、陕西、四川、重庆、湖北、湖南、安徽。2017年属于次热地区的省市自治区是辽宁、河南、安徽、湖南、湖北、四川、重庆、福建。

（4）热点地区：1993年属于热点地区的省市自治区是辽宁、北京、天津、江苏、上海、浙江、广东。2002年属于热点地区的省市自治区是北京、天津、江苏、上海、浙江、福建、广东。2012年属于热点地区的省市自治区是北京、天津、江苏、浙江、上海、福建、广东。2017年属于热点地区的省市自治区是北京、天津、山东、江苏、上海、浙江、广东。

从全国来看，我国的冷点地区主要集中在西部地区，且有从西北地区向西南地区集中的趋势。热点地区主要集中在东部地区，尤其是东南沿海地区是热点地区的集聚地。1993年和2017年相较，我国的热点地区、次热点地区和次冷点地区的范围是逐年扩大的，并且有明显的由东向西移动的趋势，进一步说明了，我国新型城镇化质量提升、消费结构优化升级和经济发展方式转变的耦合协调度在全国范围内呈逐年上升的趋势，相互之间的促进作用越来越强。也表明了新型城镇化质量提升和消费结构优化升级对经济发展方式转变的促进作用也越来越强。

从省域来看，1993年和2017年相比较，耦合协调度上升较为明显的省市是山东、四川和重庆，其中山东省由次热点地区变为热点地区，四川和重庆由次冷点地区变为次热点地区。而耦合协调度下滑较为明显的省市是东北地区，其中辽宁由热点地区变为次热点地区、由次热点地区变为次冷点地区，吉林一直处于次冷点地区，尽管东北三省的新型城镇化质量提升、消费结构优化升级和经济发展方式转变的耦合协调度实际呈逐年上升趋势，但相较其他省市上升速度较慢，整体排名呈下滑的趋势。

6. 四大区域的耦合协调度分析

根据《中共中央、国务院关于促进中部地区崛起的若干意见》《国务院关于实施西部大开发若干政策措施的通知》以及党的十六大报告的精神，将我国的经济区域划分为东部、中部、西部和东北四大地区。①

---

① 国家统计局. 东西中部和东北部地区划分方法. 2011-6-13.

表 5-6　四大区域的耦合协调度分析

区域	1980 年	1993 年	2002 年	2012 年	2017 年	2018 年	平均值	排名
东部	0.1381	0.2138	0.2895	0.4153	0.4602	0.4693	0.2751	1
东北部	0.1175	0.1798	0.2434	0.3397	0.3721	0.3779	0.2288	2
中部	0.0902	0.1604	0.2301	0.3344	0.3806	0.3915	0.2139	3
西部	0.0754	0.1544	0.2211	0.3214	0.3600	0.3699	0.2035	4
平均值	0.1053	0.1771	0.2460	0.3527	0.3932	0.4022	0.2303	—

注：指数的平均值、省份排名均按照 31 个省市自治区 1980 年至 2018 年连续数据得出。

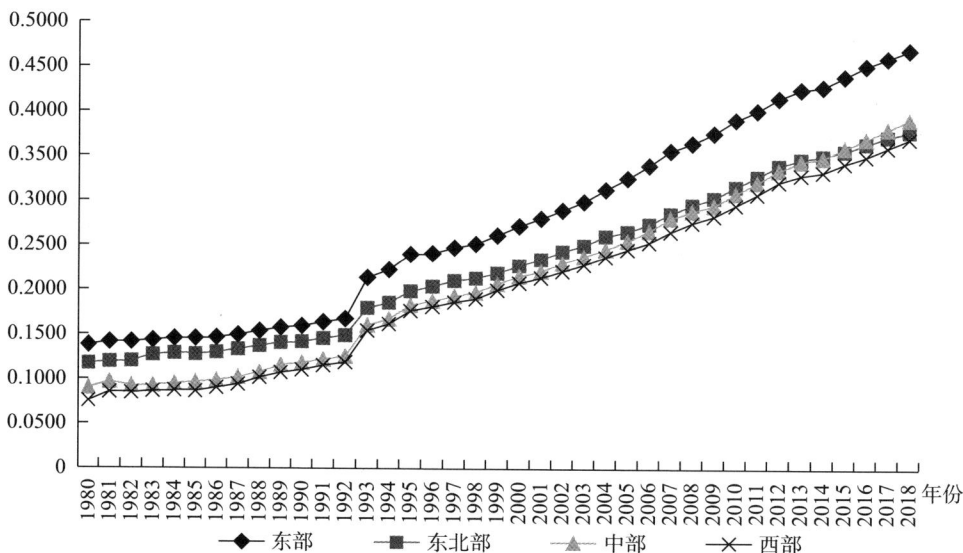

图 5-6　1980—2018 年四大区域三者耦合协调度趋势

由表 5-6 和图 5-6 可知：

（1）我国东部地区包含北京、天津、河北、上海、江苏、浙江、福建、山东、广东和海南 10 个省市，东部地区新型城镇化质量提升、消费结构优化升级和经济发展方式转变三者之间的耦合协调发展程度是最高的，1980 年至 2018 年连续年份的区域耦合协调度指数总平均值排名第一。尤其是在 1992 年至 1993 年有一个大幅上升的拐点，之后 1993 年至 2018 年呈持续快速增长的趋势，且东部的上升速度明显快于中部、西部和东北部地区，区域之间的差异越来越大。

东部地区占国土面积的13.6%，却拥有全国42%的人口，具有明显的人口集聚优势，尤其东部地区是我国教育最发达的地区，拥有众多知名学府和重点高校，培养和输出了众多高素质、高水准的人才，为东部地区的知识和技术密集型产业提供原动力。同时，东部地区是我国大城市群和商业圈的聚集地，长江三角洲、珠江三角洲、京津冀城市群均分布于此，是国家实施沿海发展战略的重要基地，率先对外开放、加快经济发展，因此，东南沿海地区成为中国经济的"隆起"地带，带动了广东、江苏、浙江等省市的快速发展。同时，东部地区既是我国第二、第三产业发展的载体，也是我国经济结构优化的重点区域。通过城市群的辐射效应和溢出效应，东部地区实现产业结构高级化，有效带动大城市周边中小城市的发展，实现产城协调。因此，东部地区是我国新型城镇化质量提升、消费结构优化升级和经济发展方式转变耦合协调程度最高的区域。

（2）东三省包括黑龙江、吉林和辽宁，目前区域耦合协调指数总平均值排名第二，但从图5-6的趋势图中可见，尽管1980年至1992年期间东三省的耦合协调程度仅次于东部地区，且明显高于中西部地区，但东三省促进三者耦合协调发展的动力不足，提升的速度明显不如中部地区。尤其到2012年中部地区和东北部地区基本持平，2012年之后被中部地区赶超。2018年甚至有被西部地区赶超的迹象。

新型城镇化质量提升、消费结构优化升级和经济发展方式转变的耦合协调度在东北三省是不断增强和提升的，但之所以增长速度较慢。在此重点强调的是，我国的新型城镇化是以城乡融合和区域协调为特征的城镇化，因此，国务院在2009年进一步提出振兴东北老工业基地的若干意见，为东北地区的发展和振兴提供政策上的支持。① 未来，我国东北地区的新型城镇化质量、消费结构优化和经济发展方式转变耦合协调发展必然有更好的成绩。

（3）中部地区包含山西、安徽、江西、河南、湖北和湖南6个省份，在1980年至1992年，中部地区的耦合协调发展程度和西部地区基本持平，与东

---

① 《国务院关于进一步实施东北地区等老工业基地振兴战略的若干意见》（国发〔2009〕33号）。

部和东北部地区有很大的差距，同期，在 1992 年至 1993 年有陡然的上升，之后 1993 年至 2018 年呈直线上升趋势，三者耦合协调程度明显加强，甚至赶超东北部地区，尽管如此，但相较东部地区差距反而更大。

中部地区不仅是我国粮、油、棉、糖、电力、煤炭、石油和有色金属等原材料和能源的重要生产基地，还是中国经济发展第二梯队，在地域分工中扮演着重要的角色，是我国重要的经济腹地，对形成我国东部、中西部、东北部的国内统一的市场具有重要战略意义，因此自 2004 年 3 月，时任总理温家宝在政府工作报告中，提出"促进中部崛起"的战略后，2006 年国务院出台了《关于促进中部地区崛起的若干意见》，2012 年 8 月，《国务院关于大力实施促进中部地区崛起战略的若干意见》（国发〔2012〕43 号）正式出台。因此，中部地区的新型城镇化质量提升、消费结构优化升级和经济发展方式转变的耦合协调度虽相对于东部地区较为落后，但增速是显著的。

（4）西部地区包含内蒙古、广西、重庆、四川、贵州、云南、西藏、陕西、甘肃、青海、宁夏和新疆 12 个省市自治区，耦合协调度发展的时序趋势和其他区域相同，都呈现逐年上升趋势，但西部地区相对落后，耦合协调度相较其他区域一直处于末位。

西部地区地广人稀，占据我国国土面积的 57.4%，但人口仅占全国的 22.4%，不具备良好的人口密度优势，加之西部地区处于内陆，地形以高原、沙漠、盆地为主，山脉众多，气候干燥，交通不便捷、工业产业基础薄弱，国家的开发难度相对较大，因此相较其他区域的耦合协调度偏低，但西部地区具有丰富的煤气、电力等资源，国家也不断提出"西电东送""西气东输"等的重大战略方针，推进西部地区的发展。尤其是 2020 年遭遇新型冠状肺炎疫情的冲击后，我国经济发展更加强调扩大内需、形成国内统一市场的重要性，更加注重东、中、西和东北部地区形成优势互补的内循环经济，因此，西部地区的耦合协调度尽管相较其他区域落后，但整体发展趋势是向好的。

7. 标准差和变异系数分析

标准差是总体各单位标志值与其算术平均数离差平方的算数平均数的平方根，通常用 σ 表示，其一般的计算公式为：

$$\sigma = \sqrt{\frac{\sum (x - \bar{x})^2}{N}} \qquad (5.7)$$

其中，N 代表数据个数，X 代表各单位标志值，$\bar{X}$ 代表各单位标志值的平均数。

变异系数，又称差异系数、离散系数，指的是总体各单位的标准差与其算数平均数对比的相对数，是反映总体各单位标志值的差异程度或离散程度的指标，其一般的计算公式为：

$$V = \frac{\sigma}{\bar{x}} \qquad (5.8)$$

其中，V 代表变异系数，σ 代表标准差，$\bar{X}$ 代表算数平均数。

标准差的局限性。标准差以算术平均数为中心，可以反映一个总体全部标志值的离散程度。但它是一个绝对指，当用其来对同一总体的不同时期或不同总体进行对比时，缺乏可比性。原因是：

第一，当总体平均水平不同时，用绝对差异指标不可比。第二，绝对指标受量纲（计量单位）的限制，导致横向数据不可比。因此，在不同水平的总体之间、不同量纲的总体之间，需要采用变异系数来比较标志值变动程度的大小。变异系数越小，标志值离散程度越小，总体各单位的差距越小。①

因此我们在对比各年度省际耦合协调度差异时，选择标准差来衡量各省之间的绝对差异，选择变异系数来衡量各省之间的相对差异。

在图 5-7 中，sd 表示标准差，用以衡量绝对变异；cv 表示变异系数，用以衡量相对变异。从图中不难看出，1980 年至 2018 年，各省耦合协调度的标准差始终稳定于 0.05 左右，变异系数则自 1980 年的将近 0.45 不断减小至2018 年的低于 0.15。这表明各省之间的绝对差异相对稳定，但各省间的相对差异在不断缩小，各省新型城镇化质量提升、消费结构优化升级与转变经济发展方式之间的耦合协调发展度正在趋于同步，许多之前表现不太令人满意的省份也在加快发展步伐追赶起着模范带头作用的省份。

---

① 王文森. 变异系数：一个衡量离散程度简单而有用的统计指标 [J]. 中国统计, 2007 (6)：41-42.

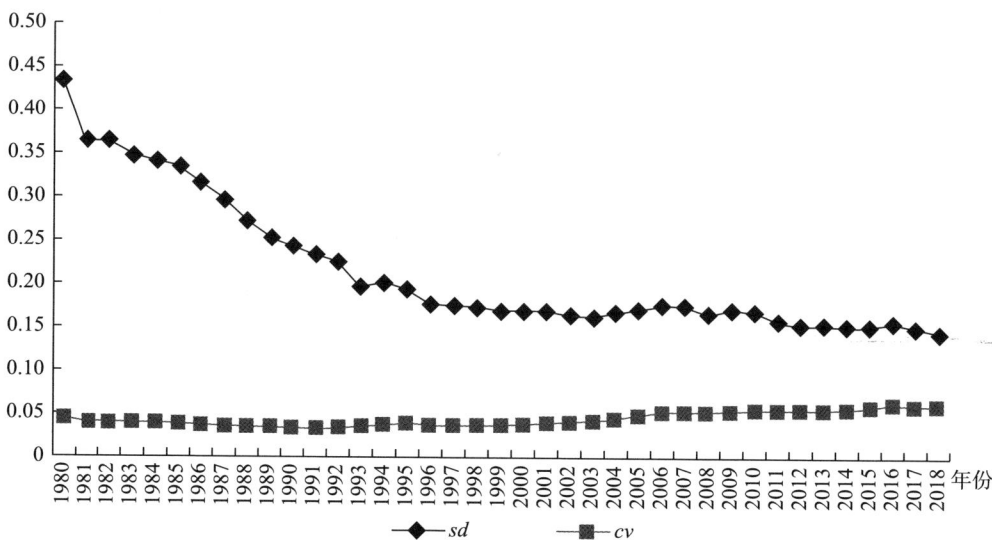

图 5-7　1980—2018 年省际耦合协调度标准差及变异系数

5.4　典型城市耦合协调度分析

5.4.1　按城市功能分类

首先，按城市功能进行划分，本节主要针对省会城市、沿海港口城市、工业主导型城市、资源型城市、文旅资源主导型城市等五大类型的城市进行研究，每类城市中选取 2~4 个最为典型的城市进行分析，一是使研究结论更为直观简洁，过多的典型城市会使研究代表性弱、冗长、无效信息多；二是识别出最具代表性的城市有助于政策的移植与借鉴，便于对典型城市进行更为深入的剖析，以揭示不同城市类型和发展方式影响下新型城镇化质量提升、消费结构优化升级和经济发展方式转变的耦合协调发展的特征。

本书选取了北京和广州作为省会城市的研究对象，天津和深圳作为沿海港口城市的研究对象，重庆和西安作为文旅资源主导型城市的研究对象。这三组研究对象的选择主要考虑南北差异，在南方与北方分别选择一个最具代表性的城市来进行研究。选取上海和苏州作为工业主导型城市的研究对象，这主要考虑到苏州与上海在 2017 年分列城市工业总产值的第一位与第二位，在工业主导型城市中最具代表性。同时值得一提的是，我们选取了代表 4 个不同类型的四座城市作为资源型城市的研究对象，分别为：成长型—鄂尔多斯、成熟型—大同、再生型—包头、衰退型—鹤岗。事实上，很多城市同时拥有不同的功能，在此只选择其最具代表性的功能来进行城市类型的划分。表 5-7 为五大类型城市中的典型城市的新型城镇化质量提升、消费结构优化升级和转变经济发展方式耦合协调度数据。

表 5-7　1998—2018 年典型城市四年周期耦合协调度数据及均值

城市类型	城市名称	1998 年	2002 年	2006 年	2010 年	2014 年	2018 年	均值
省会城市	北京	0.2248	0.2603	0.3053	0.3597	0.4054	0.4550	0.3351
	广州	0.2233	0.2504	0.2876	0.3360	0.3749	0.4203	0.3154
沿海港口城市	天津	0.1813	0.2002	0.2241	0.2856	0.3304	0.3569	0.2631
	深圳	0.1903	0.2269	0.2808	0.3597	0.3673	0.4478	0.3121
工业主导型城市	上海	0.2036	0.2461	0.2876	0.3589	0.4097	0.4472	0.3255
	苏州	0.1656	0.1973	0.2154	0.2882	0.3409	0.3801	0.2646
资源型城市	大同	0.1325	0.1586	0.1764	0.1980	0.2248	0.2270	0.1862
	包头	0.1413	0.1822	0.2206	0.2643	0.2877	0.3068	0.2338
	鹤岗	0.1082	0.1305	0.1525	0.1551	0.1975	0.2010	0.1574
	鄂尔多斯	0.1249	0.1556	0.2301	0.2909	0.3140	0.3209	0.2394
文旅资源主导型城市	重庆	0.1512	0.1740	0.2058	0.2361	0.2932	0.3137	0.2290
	西安	0.1826	0.1966	0.2187	0.2663	0.2908	0.3127	0.2446

不难看出，北京（0.3351）、上海（0.3255）、广州（0.3154）、深圳（0.3121）的均值相对较高，而鹤岗（0.1574）、大同（0.1862）、重庆（0.2290）、包头（0.2338）的均值相对较低。耦合协调度在某一时间段内的均值事实上代表了该城市在该时间段内整体的发展水平。换句话说，从整体上看，省会城市、沿海港口城市和工业主导型城市在1998—2018 年有着比资源型城市和文旅资源主导型城市更好的耦合协调度表现，但这不仅仅与城市类型有关，还与城市发展基础、地理位置、政策有关，对均值的分析不能很

好地体现城市增速的变动。因此结合该数据表，本节想要进一步研究各类型城市在 1998 年、2002 年、2012 年、2018 年 4 个关键年份耦合协调度的排位表现（见图 5-8）。

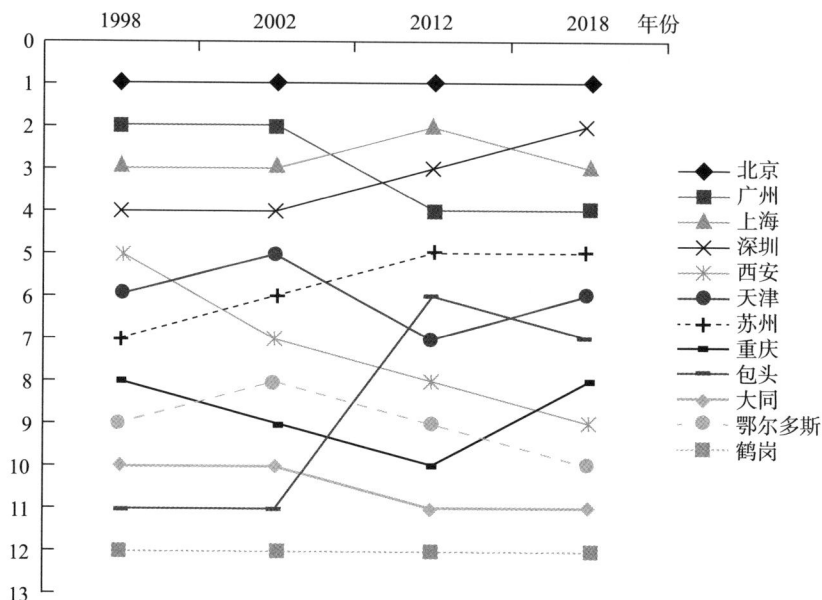

图 5-8 1998 年度等四个年度各城市耦合协调度位次情况

从省会城市的角度来看，北京一直稳居第一名，这与北京雄厚的发展基础和无可取代的政治地位是分不开的。而广州在 2002—2012 年从第二位跌至了第四位，这也意味着中国加入 WTO 以来，省会城市的政治地位对于城市发展的积极作用在不断地弱化，更多地理、经济、政策、资源等要素在城市的综合发展中发挥着作用。

从沿海港口城市的角度来看，深圳在 2002—2018 年从第四位一跃为第二位，它不仅受惠于改革开放的政策红利，与它沿海港口城市的性质也是分不开的。深圳港与香港一水之隔，坐拥八大港区，2017 年货物吞吐量位居世界第三，有力地推动了深圳的国际交流和经济发展，与城市功能互补，发挥出极强的联动效应。然而，天津始终在第五位至第七位间波动，最终在 2018 年稳定在了第六的位置。天津港 2017 年货物吞吐量位居世界第 10，但是囿于港市分离、无经济腹地等原因，港口的发展对城市耦合协调度的推进作用较弱。

从工业主导型城市的角度来看，上海的排名一直稳定在第二和第三位，上海是中国发展最早、规模最大、科技力量最雄厚的综合性工业城市，是中国重要的工业基地和科技研究开发基地，在过去的 20 年中，工业对上海发展的带动作用无疑是巨大的。同时，上海也先于全国，已进入"后工业"时代的深度经济转型期。苏州的表现同样不俗，从 1998 年的第 7 位跃升至 2012 年的第 5 位，2017 年苏州工业总产值位居全国第一，起源于 20 世纪 90 年代的中新合作成果的"苏州工业园区"也连续多年位列国家级经济技术开发区综合排名第一位，飞速发展的工业主导也使得苏州在新型城镇化质量提升和消费结构优化升级方面都取得了较大的成就。

从资源型城市的角度来看，包头从第九位降至第 10 位、大同从第 10 位降至第 11 位、鹤岗则一直保持在第 12 位，这 3 座城市发展滞后的原因是相似的，核心因素都是对于资源的过度依赖以及对转型发展、城市建设等的忽视。而鄂尔多斯恰恰相反，作为成长型的资源型城市在 2002—2012 年从第 11 位跃升至第 6 位。鄂尔多斯抓住了国家西部大开发和国家能源发展战略西移的机遇，充分发挥资源优势，实施资源转换战略，积极实现经济发展方式的转型，摆脱了对资源的过度依赖。

从文旅资源主导型城市的角度来看，重庆始终在第八位至第 10 位间波动，最终在 2018 年稳定在了第 8 的位置，重庆围绕"去"和"增"来实现发展，在过剩行业、在自己不具优势的行业做减法的同时，还要在创新中培育文旅产业，近年来，重庆文化产业以年均 26% 以上的速度实现快速增长，超过重庆市 GDP 涨势。然而，西安却从第 5 位跌至第 9 位。作为拥有大量历史文化遗产的十三朝古都，西安的文旅产业发展却不甚喜人，2017 年在综合考虑旅游人数、旅游收入、旅游业比重、交通和旅游基础设施的中国旅游城市排行榜中甚至未能跻身全国前 20，同时经济活跃度较低，民营经济没有突出的竞争力，缺乏特色，导致西安陷入了耦合协调度断崖式下跌的困局。

5.4.2 按城市规模分

依据国务院印发的《关于调整城市规模划分标准的通知》中关于城市规模划分的标准，针对超大城市（城市常住人口1000万人以上）、特大城市（城市常住人口500万至1000万人）、大城市（城市常住人口100万至500万人）、中等城市（城市常住人口50万至100万人）四类城市类型进行研究，每类城市中选取一至两个典型城市进行分析，一是本部分研究自变量仅为城市人口规模，过多的研究对象会使简单的问题复杂化；二是重复利用上部分所使用的城市数据会使研究具有统一性，无须分别验证两部分研究数据与结论的可信度，以此揭露城市规模对新型城镇化质量提升、消费结构优化升级和转变经济发展方式耦合协调度的潜在影响。

本节选取了北京和上海作为超大城市的研究对象、天津和西安作为特大城市的研究对象、苏州和大同作为大城市的研究对象、鹤岗作为中等城市的研究对象。特别是在特大城市和大城市的选择中，均分别选择了发展较好和发展相对滞后的城市以增强研究的科学性、代表性与全面性。表5-8为四大规模类型城市中的典型城市的新型城镇化质量提升、消费结构优先升级和转变经济发展方式耦合协调度数据。

表5-8　1998—2018年典型城市四年周期耦合协调度数据及均值

城市类型	城市名称	1998年	2002年	2006年	2010年	2014年	2018年	均值
超大城市	北京	0.2248	0.2603	0.3053	0.3597	0.4054	0.4550	0.3351
	上海	0.2036	0.2461	0.2876	0.3589	0.4097	0.4472	0.3255
特大城市	天津	0.1813	0.2002	0.2241	0.2856	0.3304	0.3569	0.2631
	西安	0.1826	0.1966	0.2187	0.2663	0.2908	0.3127	0.2446
大城市	苏州	0.1656	0.1973	0.2154	0.2882	0.3409	0.3801	0.2646
	大同	0.1325	0.1586	0.1764	0.1980	0.2248	0.2270	0.1862
中等城市	鹤岗	0.1082	0.1305	0.1525	0.1551	0.1975	0.2010	0.1574

不难看出，城市规模与耦合协调度均值的正相关关系是显著的，超大城市北京（0.3351）和上海（0.3255）的均值相对较高，中等城市鹤岗

（0.1574）的均值相对较低。也就是说，从整体上看，城市规模越大，城市在新型城镇化质量提升、消费结构优化升级和转变经济发展方式耦合协调度方面的表现就越好。为进一步论证这一结论，观察1998—2018年不同规模的城市耦合协调度的表现。图5-9为各城市在1998—2018年新型城镇化质量提升、消费结构优化升级和经济发展方式转变的耦合协调度的数据变化。

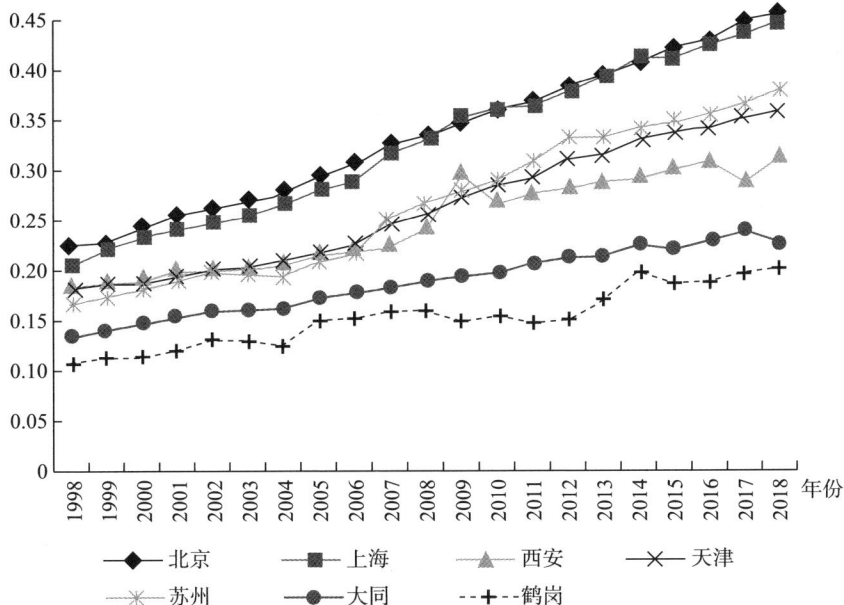

图5-9　1998—2018年各城市耦合协调度数据变化情况

为了使位次的变化呈现得更为直观，本节进一步抽取1998年、2002年、2008年、2012年、2018年5个关键年份，来考察不同规模的城市的耦合协调度位次状况。图5-10为各城市在5个年度新型城镇化质量提升、消费结构优化升级和经济发展方式转变的耦合协调度的排位。

我们不难发现，以北京和上海为代表的超大城市的位次始终处于前两位、以鹤岗为代表的中等城市和大城市之一的大同也始终处于后两位，位次的变化主要集中于特大城市西安和天津以及大城市苏州之间。天津在这三者中相对稳定，于2008年落脚于第4位。最值得关注的是，苏州的崛起和西安位次的下调。在上节我们已经对苏州飞速发展和西安发展缓慢的原因进行了分析，

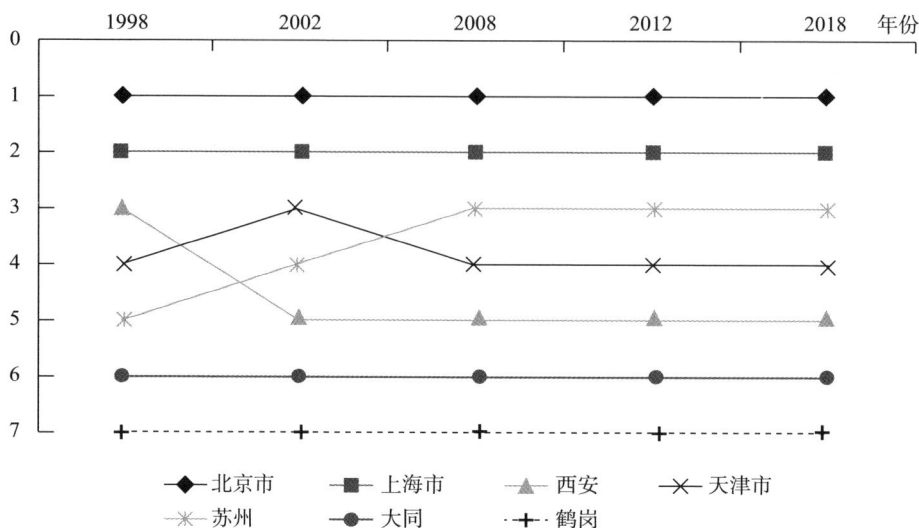

图 5-10 1998 年度等五年度各城市耦合协调度位次情况

苏州冠绝全国的工业发展水平成为其飞速发展的坚实基础，西安较为滞后的经济发展方式转变步伐也成为其发展的绊脚石，这也暗含着一个信息，21 世纪以来，城市规模对耦合协调度的影响正在不断弱化。虽然就整体而言，越大的城市规模往往伴随着更高的耦合协调度，但是更多的因素被加入进来并发挥着愈发重要的作用。产业结构、消费结构、城镇化质量等诸多因素成为影响耦合协调度的关键因素。

5.5 本章小结

本章在对中国省域新型城镇化质量提升、消费结构优化升级与经济发展方式转变耦合协调发展水平的测度基础之上，利用经典的时间分析方法以及空间分析方法，分别探讨了中国省域新型城镇化质量提升、消费结构优化升级与经济发展方式转变耦合协调发展的时间特征和空间特征，得出的主要研究结论有：

（1）从总体而言，1980—2018 年全国的新型城镇化质量提升与消费结构优化升级耦合协调度指数平均值涨幅达到 4 倍，这说明我国新型城镇化质量提升和消费结构优化升级之间的耦合程度越来越紧密，两者之间的内在联系和相互促进作用日益增强。就省域而言，各省级行政区中北京、上海、广东、江苏、浙江、天津、山东持续排名前 10 位，其中北京和上海耦合协调度最高。同时，各省级行政区中甘肃、青海、新疆和贵州连续排名后 10 位，西藏、宁夏、云南、内蒙古、陕西、山西等省级行政区耦合协调度也持续较低。需要特别指出的是，黑龙江、辽宁排名持续下滑速度快，2018 年黑龙江已处于全国排名后 3 名的位置，福建、四川、重庆持续上升速度快。1980 年至 2018 年，我国已经有 14 个省市自治区从耦合失调衰退阶段的极度失调、严重失调和中度失调的等级跨越到了耦合过渡阶段的濒临失调、勉强协调的等级，另外 17 个省市自治区仍处于耦合失调衰退阶段，但已从极度失调等级过渡到了轻度失调等级。

（2）新型城镇化质量提升、消费结构优化升级和经济发展方式转变三者耦合协调指数关键年份的省市排名以及新型城镇化质量提升和消费结构优化升级两者耦合协调指数关键年份的省市排名进行比较，各年份同比排名略有差异，但整体趋势相同，基本耦合协调指数相对较高且排名靠前的省市集中在东部地区，而耦合协调指数相对较低且排名靠后的省市集中在中部、西部地区，东北部地区呈直线下滑的趋势。

（3）在热点分析中可以看出，我国的冷点地区主要集中在西部地区，且有从西北地区向西南地区集中的趋势，热点地区主要集中在东部地区，尤其是东南沿海地区是热点地区的集聚地。从省域来看，1993 年和 2017 年相比，耦合协调度上升较为明显的是山东、四川和重庆，耦合协调度下滑较为明显的则是东北三省。在热点分析的基础上进一步做四大区域的分析，东部地区三者耦合协调发展程度是最高的，且东部的上升速度明显快于中西部和东北部地区，区域之间的差异越来越大。东北地区耦合协调指数总平均值排名第二，但促进三者耦合协调发展的动力不足，提升的速度明显不如中部地区，2018 年甚至有被西部地区赶超的迹象。中部地区在 1980 年至 1992 年，耦合协调发展程度和西部地区基本持平，与东部和东北地区都有很大的差距，1993 年至 2018 年呈直线上升趋势，三者耦合协调程度明显加强，甚至赶超东北地区。西部地区耦合协调度发展的时序趋势和其他区域相同，都呈逐年上升趋势，但西部地区相对落后，耦合协调度相较其他区域一直处于末位。

（4）1980 年至 2018 年，各省耦合协调度的标准差始终稳定在 0.05 左右，变异系数则自 1980 年的将近 0.45 不断减小至 2018 年的低于 0.15。这表明，各省之间的绝对差异相对稳定，但各省间的相对差异在不断缩小，各省新型城镇化质量提升、消费结构优化升级与经济发展方式转变之间的耦合协调发展度正在趋于同步。

（5）不同的城市功能所代表的是不同城市的发展方式，不同的发展方式自然会对不同城市的新型城镇化质量提升、消费结构优化升级和经济发展方式转变耦合协调度产生重大的影响。就上述的研究来看，排除其他因素的影响，在 1998—2018 年这段时间里，省会城市、沿海港口城市和工业主导型城市有着比资源型城市和文旅资源主导型城市更好的耦合协调度。这事实上暗含了一个信息，在这 20 年中，政治政策、交通与对外开放、工业的发展这 3 个驱动因素对于一个城市的综合发展的作用是相当显著的，而自然资源与文旅资源禀赋这两个驱动因素的作用则相对较弱。就资源禀赋而言，现代城市已经逐渐走出了过度依靠自然资源的发展方式，同时，尚未步入文旅产业对城市发展有着强拉动的阶段。这也寓示着，转变经济发展方式对于城市的发展有着根本性的影响。排除其他因素的影响，城市规模越大，往往伴随着更高的新型城镇化质量提升、消费结构优化升级和经济发展方式转变耦合协调度。但是，"苏州现象"的启示在于，城市规模对于耦合协调度的影响正在日渐式微，越来越多驱动因素正在加入城市的发展中来。值得一提的是，产业结构、城镇化质量、消费结构、科技创新、对外开放等诸多驱动因素将会成为推动城市发展的关键动力。这也寓示着，城市发展要把更多的重心从规模的扩大转移到质量的提升上来。

第6章 新型城镇化、消费结构优化升级 与转变经济发展方式耦合协调 发展的驱动机制分析

6.1 我国城镇化质量提升和消费结构优化升级耦合协调发展的影响因素分析

影响城镇化质量提升和消费结构优化升级耦合协调发展的因素有很多，其中既有促进因素，也有阻碍因素。本章将从宏观、中观和微观三个角度出发，对影响因素进行归类分析。

6.1.1 宏观影响因素

6.1.1.1 制度因素

1. 户籍制度

我国城镇化进程中出现了在一个城市内部户籍人口和非户籍人口并存的"新二元结构"①，这种结构的出现与户籍制度的影响密切相关。户籍不仅是居民身份的象征以及社会的认同，它还具有附带的福利价值，例如教育、医

---

① 陈斌开，陆铭，钟宁桦. 户籍制约下的居民消费 [J]. 经济研究，2010，45 (S1)：62-71.

疗、养老、就业和信贷等资源。获得一个城市的户籍意味着获得了这些资源，相反则会由于对未来消费预期的不确定性而增加了预防性储蓄，制约了消费支出和消费结构的优化升级。2019 年，我国推出了放宽户籍限制的相关政策，对于一定人口数量以下的城市全面取消落户的限制，并对超大、特大城市，完善了其积分落户等相关户籍政策。

户籍制度的适当放宽对居民消费结构的优化升级，以及城镇化发展都有重要影响。第一，有助于社会公平性的提升，缩小城乡和区域间的差异，进而缩小收入和消费的差异；第二，有助于推进公共服务均等化，使常住人口享有同等的住房、教育、就业、医疗、保险等基本公共服务，消除常住人口的消费顾虑；第三，部分大城市面向高端人才的户籍制度政策倾斜和人才引进措施，有助于通过提升城镇居民人口素质，来提高城镇化质量，进而提高城市创新研发能力和居民收入水平，促进消费结构优化升级。

2. 土地制度

土地制度是农村的基本制度，对农民生活起到了最低生活保障的作用。然而，这种保障虽然增加了农民的安全感，但也增加了农民的惰性，令农民更加满足于现状。但近年来土地制度也在不断改革。土地制度改革，增加了土地产权。由于产权可分离和可交易的特点，使农民具有支配土地的权力，激励了农民生产和投资的积极性，提高了农民收入，促进其消费增长，农民就可以通过土地流转得到进城资金，为城镇化提供了制度动力和物质基础。土地制度与户籍制度改革相结合，可以逐渐割断农民与土地的"脐带"关系，引导农村居民到城市落户，有助于推动城镇化发展和农民工市民化。

3. 社会保障制度

社会保障制度是影响城乡居民消费的主要因素之一，一方面，社会保障制度的完善可以减少消费者未来生活的不确定性，稳定其对未来消费的预期，从而减少预防性储蓄，提高消费水平，对消费结构的优化升级具有促进作用，例如有研究表明，在居民参加医疗保险后，在非医疗方面的消费支出就有明显增加。① 另一方面，有研究显示养老保险金的缴纳会抑制消费，对消费造成

---

① 臧文斌，刘国恩，徐菲，等. 中国城镇居民基本医疗保险对家庭消费的影响 [J]. 经济研究，2012（7）：75-85.

一定的冲击。同时产生退休效应,令居民增加预防性储蓄,阻碍消费结构的优化升级。社会保障制度影响着城市的综合发展水平。健全的社会保证制度能够提升城镇化质量,吸引更多人才和农民工向城市聚集,使进入城市的新移民能够留在城市,保障其在城市享受医疗、教育、养老等公共服务,激发其就地城镇化的意愿。[①]

6.1.1.2　经济发展和科技创新因素

1. 经济发展

生产决定消费,城市经济发展水平直接影响消费水平,城市经济发展程度越高,越容易吸引人口的聚集,而人口的结构又决定了消费结构,因此经济发展对于城镇化质量提升和消费结构优化升级协调发展至关重要,是城镇化发展和居民消费的动力。2019 年我国 GDP 接近 100 万亿元,同比增长6.1%,位居世界第二,人均 GDP 首次突破 1 万美元,且全国有 17 个城市GDP 超过万亿元。这意味着我国经济体量更大,人均可支配收入更多,居民生活水平不断改善,消费需求层次不断提高。不仅包括单纯的经济增长,还要通过经济的发展推动城乡区域差距的缩小和农业现代化,使农村居民收入提高,促进其消费提升,并激发其进入城市生活的愿望,从而促进城镇化发展。

2. 科技创新

科技创新属于综合能力,是衡量区域经济是否拥有核心竞争力的重要标志。[②] 科技创新水平较高的城市能够吸引科技创新人才的集聚从而促进城镇化质量的提升以及消费结构的优化升级。例如,城市的互联网普及率、网民规模等网络发展指标可以反映出一个城市的科技水平,这为城镇化和网络消费提供了基础条件。而互联网等科技的不断发展令人与人、企业与企业之间的

[①]　张瑞欣. 制度环境、外商直接投资对我国城镇化进程的影响研究 [D]. 北京:北京建筑大学,2020.

[②]　朱辉. 我国省域科技创新水平的空间分布评价 [J]. 东南大学学报（哲学社会科版）,2015,17（S2）:63-64+80.

联系更为紧密，效率更高，有效激发了居民消费的积极性和主动性，并在消费结构优化升级和消费模式上不断创新。中国的 5G 业务、互联网水平、人工智能等科技的发展都存在明显提高的态势，因此网络和科技消费还有较大空间。而城镇化带来的城市居民人口是高科技消费的主要用户，这部分人群的不断增多以及居民需求的不断增加将有助于推动科技的不断进步和经济发展。当科技达到更高的水平，经济发展达到更高的程度之时，居民消费结构也会相应地实现优化升级，城镇化质量也得到了提升。

6.1.1.3 政府引导因素

1. 政府引导消费环境改善

第一，政府的城市治理能力，影响着城市的发展和进步，有助于城市问题的有效处理。政府采用现代化、精细化的城市治理方式，利用先进科技，比如大数据、区块链、人工智能等，辅助传统的治理手段，综合运用于城市的治理中，打造智慧型城市，提升城镇化质量，优化消费软环境，促进居民消费结构优化升级。第二，随着人民生活水平的提高，其消费层次和需求也相应提高，对于消费环境的标准要求更高。因此政府需要不断倾听消费者声音，重视消费者诉求，加大消费维权力度，打造放心适宜的消费环境，这既是践行新型城镇化"以人为本"的发展理念，也是推动城市和经济高质量发展的重要内容。

2. 政府引导投融资项目开发

投资既可以拉动供给，也可以推动需求。通过政府引导投融资项目的开发，引入了顶层设计理念，加大力度推进投融资制度的改革，激发了市场的活力，特别是对于推动传统产业和以科技创新引领的现代化产业相融合，开发数字消费、共享经济等新消费模式，开拓了新的消费增长点，以满足居民新增的消费需求。此外，随着城市基础设施建设的快速发展，政府的资金压力逐渐增大。为了缓解政府的资金压力，各地政府积极引导 PPP 投融资模式在城市基础设施建设领域的应用。由于引入了社会资本，加快了基础设施的开发建设过程，使其尽快投入运营，以提高居民生活的便利度、安全度和幸福指数，从而提高城镇化质量。

6.1.2　中观影响因素

6.1.2.1　有效供给因素

已有的关于城镇化质量提升和消费结构优化升级协调发展的影响因素中，消费有效供给一直是重要的因素，其包含了产业结构、消费供给的数量和消费供给的质量等各方面。

1. 产业结构

产业结构通常体现为第一产业、第二产业和第三产业的占比情况，其决定着再生产的比例关系、生产要素的利用效率、国际产业分工中的地位和竞争力。[①] 在国际经济形势复杂严峻，外部不稳定、不确定因素增多和风险较大的时期，我国更需要依托庞大的国内居民消费市场并深入挖掘巨大的消费潜力，因此需要加快实现我国产业结构的优化升级，形成以国内大循环为主体、国内国际双循环相互促进的发展新格局。

第一，通过第三产业的发展，带动其他相关产业的发展，促进产业结构优化。城市或城市群通过第三产业的发展可以带动其他相关产业，例如旅游业的发展，可带动餐饮、住宿、交通、娱乐、商业等产业，优化了三次产业结构。一方面，产业结构的优化推动了经济增长，令居民收入得到提升，进而促进消费结构的优化升级。另一方面，产业结构的优化，比如"互联网+"产业的发展，为传统产业提供了新的动力，产生了大量的就业机会，吸引了大量农村剩余劳动力，推动了城镇化进程。

第二，通过第三产业的发展促进了城镇的开放程度。开放程度主要体现在以下几个方面：首先，城镇规模的开放。产业的发展需要占用更多的土地，并通过公共交通基础设施建设，将产业园区和主城区、机场、高铁站进行高效联通，促进了城镇化水平和城镇发展质量的提高。其次，城镇人口的开放。

---

① 干春晖，余典范，余红心. 市场调节、结构失衡与产业结构升级 [J]. 当代经济科学，2020，42（01）：98−107.

第三产业的发展令城镇与外界的联通更加活跃，人员流动性更强，令城镇的消费文化影响力辐射到城镇周边和农村地区，将城镇的消费模式带到周边小城镇和农村地区，促进了城乡居民的消费结构在享受型消费方面进一步优化升级。最后，城镇消费文化的开放。几十年前我国居民还是通过收音机和文字形式得到文化娱乐的满足，后来过渡到通过视觉例如电视、电影等满足感官的刺激，而随着人们收入的提高和科技不断发展、社会不断进步，人们不再满足于单纯的视听享受，而是追求沉浸式的体验型消费感受，企业通过对消费空间氛围的营造，令消费者有一种身临其境的体验。

2. 消费品的数量和质量

随着我国居民消费结构的优化升级，中高端产业虽然发展迅速，但是高质量的产品和服务供给却相对不足，发展并不充分，无法满足居民日益增长的消费需求。

第一，长期的结构失衡影响了城市中高端产业的发展。由于消费需求促进了产业结构的转变和升级，产业的发展要满足已有需求和创造新的需求，但结构失衡制约着产业结构的优化升级，相应地造成了居民中高端的消费购买力外流。因此，消费品质量的提升有利于促进中高端产业的发展，进而引导消费回流，促进城市居民消费结构优化升级。

第二，消费品质量提升有助于城市消费环境优化。为了保证消费品质量，企业方面需要从生产层面改进用料、工艺、纯度等，从而提高消费品的质量。服务业从业人员需要提高服务水准，提供更高质量的服务。城市质量管理部门，需要健全质量管理体系，加强对产品质量的监管，维护消费者权益。通过社会多方努力，提升消费品和服务的质量，可以营造诚信、安全的消费环境，从而促进城市消费环境的改善，提升城镇化质量，以及消费结构优化升级。

6.1.2.2 社会文化生态因素

1. 文化因素

城市文化是城市发展的灵魂，是城市形象的名片，是构成一个城市的影响力、凝聚力和辐射力的核心，城市定位、功能分区，以及空间布局都离不开城市文化。城市文化需要拥有独特的内涵、传承和识别性，并通过传播来提升影响力。此外，城市吸引人才的能力，很大程度上也依靠城市文化，通过文化传播提高本地居民的凝聚力，并获得新移民的认同感，新移民认同了城市文化才能更快地融入城市生活中并参与城市生产建设。而如果一个城市缺乏文化建设，长期给人以"排外""不包容"的印象，这个城市则难以长久留住人才。

消费文化已经成为城市发展的话题之一，因为消费既是经济现象，也是文化现象。消费文化通常有三层含义：表面的物质文化，即商品和服务的文化；观念层面的消费思想、消费理念、价值观等；制度层面的消费环境、消费方式以及消费相关的制度规范。[①] 消费文化既包含以节俭、理性为主要特征的传统消费文化，也包含炫耀性消费、奢侈性消费、时尚性消费、符号消费、超前消费和享受型消费等。一个城市可以有一种主要的消费文化，也可以是多种消费文化并存的状态，例如我国部分城市就出现了低欲望消费和消费主义并存的消费文化。

城市是传播消费文化的空间载体，人口是推动消费文化的力量，中产阶级被认为是消费文化的代言人。城镇化的过程也是城市文化向周边城镇辐射的过程，加强文化建设是城镇化进程的重要推动力。充分认识到文化对于提升城市核心竞争力的意义能推动城镇化高质量发展，引导消费文化发展，推动居民的消费结构优化升级。随着经济发展和生活水平的提高，消费内容更多元化，人们对审美和文化价值的要求更高，对个性化和符号化消费的意识更强，体验式消费更受欢迎，流行和时尚商品的更新速度更快，全球化品牌的本地化更显著。因此文化特别是城市的消费文化是城镇化质量提升与消费结构优化升级协调发展的重要影响因素之一。

2. 社会影响因素

当居民收入达到一定水平后，居民的消费偏好、消费环境的变化以及社

---

① 杨魁，董雅丽. 消费文化：从现代到后现代 [M]. 北京：中国社会科学出版社，2003：23-24.

会阶层的分化等都会对居民消费结构和城镇化质量产生较大影响。一方面，不同收入阶层的消费行为、观念等都不同，收入较低阶层的消费一般处于生存型消费阶段，中产阶级的消费很可能处于发展型和享受型阶段，高收入阶层则可能已经消费升级，并处于炫耀性消费或回归到一种简单而朴素的消费阶段。人处于社会之中，较易受到他人消费行为的影响，一些消费观念例如奢侈消费、消费主义等也会随着大众传播的途径快速进入各个阶层中并起到示范作用，影响着居民的消费结构变化。另一方面，由于城镇化的进程就是培养合理的社会阶层结构的过程，社会因素也会对城镇化质量有很大的影响。例如阶级分化和贫富差距的加大会引发一系列的社会矛盾甚至威胁到社会公共安全。高收入阶层的消费行为对低收入阶层产生的影响，也会令低收入阶层感到社会不公平、政策不友好，从而影响城镇化质量的提升。

3. 自然生态环境影响因素

自然生态环境的作用是为城市生产与消费提供空间、供给社会生产和消费所需要的资源，并处理生产和消费的废弃物。[①] 因此，城市自然生态环境治理能力不仅影响着居民的消费结构优化升级速度，也反映了一个城市的文明程度和城镇化发展质量。生态环境不佳，导致空气质量下降，影响农作物的生长品质，进而影响消费品质量和居民的身体健康，也不利于打造城市宜居环境。若生态环境治理妥当、居民环保意识提高、企业不断引领绿色消费，则有助于促进居民消费结构的优化升级，有利于城市居民的身心健康，推动城市和经济的可持续发展，提高城镇化质量，吸引更多的人口聚集。

6.1.2.3 公共投入因素

1. 公共财政支出

影响居民消费的两大因素是，居民消费的顾虑以及居民的收入[②]。解决这两部分问题，可以有效促进消费率的提升和消费结构的优化升级，而公共财

---

① 司金銮. 论生态环境与消费结构的协同发展 [J]. 生态经济, 1997 (5)：16-19.
② 吴铮, 李广泳. 公共支出、城镇化与居民消费：1978—2010：基于 SVAR 模型的经验研究 [J]. 开发研究, 2012 (4)：92-96.

政支出可以做到消除或减轻居民消费的后顾之忧，因此公共支出的合理运用至关重要。第一，公共财政支出的合理运用有助于消除居民的消费顾虑，管理居民的消费预期，使居民的消费观念发生转变。第二，公共财政支出的合理运用，特别是对于低线城市和落后地区的公共财政支出，可以缩小城乡和区域的差距，提升福利均等化水平，宏观层面有助于全面建成小康社会、提升城镇化质量，以及深入落实科学发展观；微观层面有助于促进就业平等，保障居民消费的公平。第三，新冠疫情暴发后，我国不少城市暴露出在公共卫生事业方面的不足，特别是基础设施的不完善，其中主要包括医院、医疗设备、医护资源等。只有加大这部分的公共财政投入，才能补齐新冠肺炎疫情暴露出的短板弱项，避免医疗资源的挤兑现象，改善城市环境，提升城镇化质量。

2. 公共服务和公共设施

公共服务是社会再分配的重要方式，是实现社会公平的重要手段，从公平性角度来讲，基本公共服务水平的提高对低收入者消费水平的促进作用更明显，更有利于维护社会的公平和稳定。同时，通过增加基本公共服务支出来改善民生从而刺激居民消费，意味着居民实际总收入的增加，这也是走共同富裕道路的需要。因为公共服务的教育是每个家庭都会享受到的权利，具有很强的确定性，教育方面福利的增加相当于未来的收入增加，对消费具有拉动作用；社会保障的公共服务使人们在退出劳动领域后还有更稳定的收入来源，所以人们会倾向于更多消费；而医疗卫生福利使居民在生命周期里的大额不确定支出减少，也增加了财富的稳定性。所以，大力发展公共服务，增加公共产品的数量是提高国民消费需求，增强幸福感和获得感的社会福利保障。

而随着新基建的发展，特别是在民生领域，如教育、医疗、养老、社保等，有助于推动产业升级，优化城市消费环境，提高居民生活水平，助力城镇化和经济的高质量发展。在互联网时代，面对需求多元化、消费结构优化升级快速化的消费者，打造居民消费场景是产品或服务与消费者快速建立关系的途径，而城镇各种基础设施的服务配套功能成为消费场景的重要支撑，主要包括科技服务、金融服务、文化教育服务、医疗卫生服务、城市管理服务等。

6.1.2.4 城市的空间布局和功能定位因素

1. 城市的空间布局

老旧小区升级改造是城市更新的重要内容，促进经济增长和内需的扩大，对于提高居民生活质量、提升城市品质具有重要影响。[①] 第一，老旧小区的改造，最根本的是使居民生活条件更好，出行更加安全便利，只有当人居环境提升后，居民才有追求更美好生活的愿望，才能激发居民消费结构升级的动力。第二，老旧小区的改造，在面对公共大型卫生事件时，有助于完善社区基层的治理，特别是引入了智能化、现代化的管理体系，有助于提升管理效率，更好地为社区居民服务，引导社区居民绿色消费等文明健康的消费观念，对生态环境保护也产生了一定影响。第三，老旧小区的改造，有助于营造和谐社区环境，促进社会稳定。社区居民通过数字化平台增加交流、互动、物品交换等，促进社区文化的建立。打造和谐文明小区，不仅有助于提升城镇化质量，也有助于提升居民生活的幸福指数，吸引各种服务业的加入，提供多样化的消费供给，满足不同家庭的不同消费需求。

2. 城市的功能定位

大城市的人口爆发式增长带来了许多问题，例如房价和物价过高、居民生活密度大而质量差、停车难等城市病问题，城市规划部门为了提高城镇化质量会对城市布局进行更新，甚至对城市重新定位，包括采取拆迁、改造、投资等手段，对城市各方面资源（教育、医疗、商业、办公等）重新进行布局，代替之前衰败的老城区，进而打造更具有活力的新城区，通过吸引新兴商业业态和品牌，更为合理地对商业区进行规划设计，从而促进消费水平的提高。因此城市的重新布局和功能重新定位是城镇化质量提升与消费结构优化升级协调发展的重要影响因素之一。

---

① 王振坡，刘璐，严佳. 我国城镇老旧小区提升改造的路径与对策研究 [J]. 城市发展研究，2020，27 (7)：26-32

6.1.2.5　市场主导因素

1. 市场发展水平

（1）城市市场发展水平

大城市的市场发展水平通常较高，通过辐射效应带动周边地区的发展，并由于就业机会更多，吸收了更多人口加速向大城市聚集。我国市场发展程度不断提高，特别是消费市场的发展潜力巨大，消费市场快速发展为城镇化和居民消费结构优化升级奠定了基础。

（2）城乡市场一体化发展

增强城乡市场的有效链接和市场的流通，使农产品快速流通到城市，提高农民收入，并吸引城市居民到农村消费和投资，助力乡村振兴，催生乡村新的发展，有助于增加农民的流动性，调动农民的积极性，加快城镇化进程。另外，截至 2018 年底，我国共有 403 个特色小镇，这些特色小镇具备不同的功能，比如生活功能、生产功能和生态功能等，专注于不同领域不同产业的发展，以特色小城镇的发展带动周边地区和农村的发展，可以激发农村的活力，提高农业生产力，促进农村居民进入小城镇寻求就业机会，以增加收入，从而提高消费能力。

（3）区域市场一体化发展

大型城市群的市场一体化发展，有助于缩小地区差异，发挥自身的优势，相互补充，相互分享在科技、贸易、经济等方面的资源，共同提升城市群的竞争力，吸引更多人才聚集，提升城镇化质量，同时吸引更多产业聚集，有助于打造产业链一体化，高效地开发多样化的产品和服务，既能满足居民不断提升的消费需求，也能为农民工提供更多的就业机会。

2. 市场发育程度

市场发育是指市场从最初形成，到逐步发展，最后成熟完善的过程。市场成熟度可以反映市场的发育程度，当市场已经到达成熟阶段时，市场功能应比较完善，市场机制应相对灵活，市场的发展水平较高。而通常的市场是具有生命周期的，即可以分为兴起、成长、成熟、衰退 4 个阶段，市场发育到成熟阶段时，意味着市场已经趋于饱和，如果不积极打造新的消费增长点，很容易被新兴起的市场所淘汰而面临衰退。因此市场的发育要尽量满足居民新的消费需求，不断洞察新的消费观念，来调整市场结构，丰富市场的多样化供给，促进人口的流动，加快城镇化进程。

3. 市场开放程度

在经济全球化背景下，对外开放及对外贸易对一国经济增长和持续发展具有持续的促进作用。第一，市场开放有助于吸引外资。第二，大城市率先提升市场开放度，例如北京打造国家服务业扩大开放综合示范区，有助于带动京津冀城市群的服务贸易产业发展，构建高水平、一体化的市场开放平台，提升城市群的竞争力，优化城市群的产业结构，缩小地区差距和居民的收入差距，从而缩小消费上的差距。第三，市场开放程度的提高有助于提升营商环境，吸引更多企业进入，提供更多就业机会，加强人才集聚的优势，为经济和城镇化高质量发展打下坚实的人才基础。

6.1.3 微观影响因素

6.1.3.1 收入因素

1. 居民可支配收入

城镇化的发展不仅增加居民获得收入的途径，收入也有所提高，对于农民工而言，在城镇从事第二、第三产业通常比在农村从事农业的收入高，而城镇居民会随着教育程度不断提升，而转向更高薪酬的行业，比如互联网等新兴技术产业。城镇居民整体的可支配收入提高，激励着农村居民加快城镇化脚步，同时，城乡居民收入提升后，消费也会相应提升。居民收入的增减，会影响居民的消费需求，使消费结构被不断调整。2013—2019 年，伴随着城镇化进程，居民人均可支配收入不断提高，从 2013 年的 18310.76 元增长到 2019 年的 30732.85 元，涨幅高达 68%。

2. 收入分配结构

改革开放以来，我国高度重视收入分配的问题，通过收入分配制度改革，使居民收入结构向合理化发展，为消费结构升级奠定了基础。合理的收入结构能够调动劳动者的积极性和创造力，推动城市科技创新，促进城市经济发展，加快城镇化进程，令更多人口脱贫，缩小城乡差距，提高人民生活水平；反之，不合理的收入分配制度和收入结构将直接影响国民经济的运行效率，加大城市内部的贫富差距，出现阶级分化现象，扩大城乡区域差异，进而影响整体消费水平和消费结构的优化升级，也有可能出现逆城镇化现象。

6.1.3.2　人口因素

人口因素包括老龄化、低生育率、人口素质、人口城镇化等多方面的内容，是全世界都在探讨的重要课题。分析人口结构的变化，有助于把握消费结构的优化升级和城镇化质量提升的方向，对促进经济持续健康快速发展、实现产业结构优化升级具有重要的意义。随着我国城镇化水平的提高，我国居民消费层次也正从实物型消费向服务型消费转变。人口是经济发展的核心，是商品的、服务的需求方，对经济发展有着巨大影响。

1. 人口结构

第一，人口结构影响了消费结构优化升级调整的方向。随着城镇化进程的不断加快，人口老龄化和人口的低生育率是许多发达国家大城市都面临的问题，例如全球老龄化较严重的日本、意大利和德国。我国也逐渐步入老龄化社会，虽然放开了"二孩""三孩"政策，但多年来出生率依然没有明显提高。不同的消费人群其消费需求、消费能力、消费习惯、消费偏好和消费观念都会存在较大不同，例如老年人的消费观念相对保守，倾向于高储蓄的习惯，随着老龄化的发展，娱乐、教育等方面的消费支出会逐渐减少，而生存型、医疗保健类消费和银发消费类支出会有所增加；成年人的消费范围比较广泛，但通常都会对赡养老人和子女教育进行预防性储蓄，也会因大城市竞争激烈而将更多收入用于子女的教育支出中。因此，人口结构的变化对消费结构优化升级的方向调整存在一定影响。第二，人口结构也对城市发展质量提出了更高的要求，例如满足老年人和少儿的公共设施投入、养老保险金的支出等。老龄化程度的提高意味着城市老年人口比重增加，影响了城市的创新和活力，延长了城市人口的就业年龄，影响了居民的生活质量和城市整体发展，进而影响了城镇化的质量。

2. 人口素质

人口素质也会直接影响消费结构和城镇化质量。一方面，由于消费结构的变化会受到居民消费习惯的影响，而随着城镇化的发展，居民整体受教育程度明显提高，对新鲜事物的接受能力和对世界的认知水平、眼界等均有所提高，这在一定程度上改变了居民的消费观念和消费习惯，进而影响消费结构的优化升级。另一方面，随着居民消费观念和习惯的改变，对于消费的需求也更加多样化，例如城市居民由于追求更高的生活品质和全球化的商品，对于海淘、线上购物的需求增加，城市上班族为了追求更好的学习和工作环境，对于高品质的咖啡厅或者更个性化的休闲消费场所的需求增加，而这些均与城市公共设施、市场发育程度、城市物流水平和城市的市场开放程度有关。因此人口素质不但能影响消费结构的优化升级，也可以影响城镇化质量的提升。

6.2 我国城镇化质量提升与消费结构优化升级协调发展的驱动机制理论及实证分析

6.2.1 驱动机制理论分析

本章第一节分析了我国城镇化质量提升和消费结构优化升级协调发展的十大影响因素，为进一步探究形成二者协调发展的驱动机制，说明各影响因素作用于城镇化和消费结构的方式与途径，以及促进二者协调发展的行为过程，本节在前文理论框架与相关研究的基础上，构建了如下影响因素和动力机制图，并概括出影响程度最大的五大驱动机制，如图6-1所示。分析驱动机制，能有效厘清促进二者协调发展和阻碍二者协调发展的因素，以及各因素之间是如何相互配合和协调并产生作用的。当然，发展是动态的，其产生和发展并不是孤立的过程，各种机理并不是截然对立的，某些影响因素会随着时间的推移和社会进步而改变。

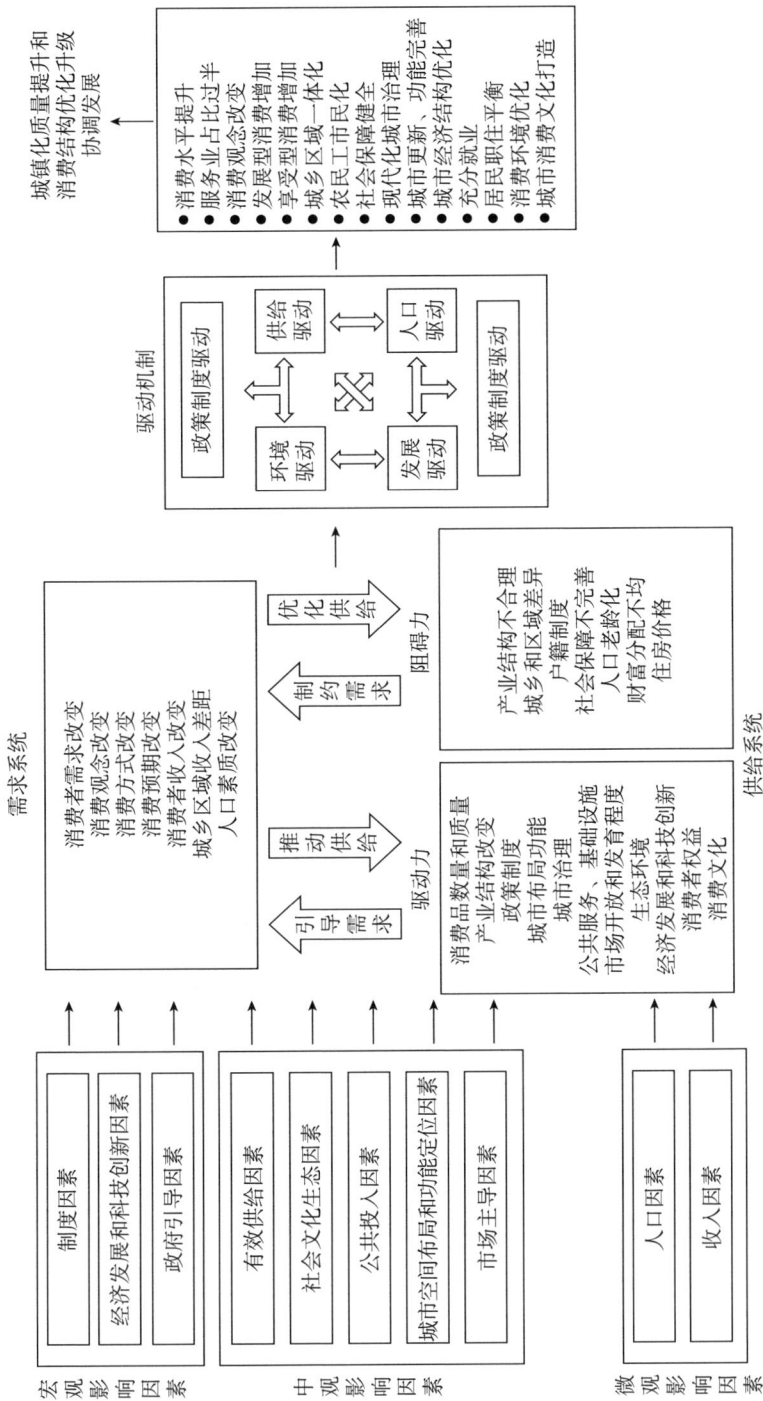

图6-1　我国城镇化质量提升和消费结构优化升级协调发展影响因素和驱动机制

资料来源：作者整理。

我国城镇化质量提升和消费结构优化升级协调发展影响因素和驱动机制，是从供给系统和需求系统分别产生作用的。影响因素作用于供给系统后，一部分化为驱动力，比如消费品质量的提升、产业结构的优化、城市功能更完善、消费者权益得到保护等，激发消费结构优化升级；同时也会产生一部分阻碍力，比如人口老龄化、城乡差异的扩大、房价过高等，阻碍消费结构优化升级。相应地，影响因素作用于供给系统后，引发消费者需求层次的改变、消费观念和方式的更新、消费者收入的改变等，都会推动供给系统中的城市公共设施与服务的完善，城市消费环境的改善，产业结构的升级，加快制度改革和体制健全等。两大系统通过影响因素形成相互作用，相互影响，协调发展。通过二者的协调发展，城镇化过程中出现的包括农民工市民化、城乡区域差异、福利分配不均等问题得以有效解决或优化，进而促进了城镇化质量提升和消费结构优化升级的协调发展。在这一过程中，影响因素共同发挥作用，并分别从5个角度发力，这5个角度分别是环境、供给、发展、人口、政策制度，由此形成了五大驱动因子。这五大驱动因子之间也同样相互促进和相互影响，其中，户籍制度的改革，推动了人口城镇化和农民工市民化的进程；土地制度改革，使农民拥有了支配土地的权力，从而提高了收入；投融资制度改革，提高了城市公共设施建设的供给效率，改善了城市环境；社会保障制度改革，消除了居民消费的顾虑；环保制度改革，优化了生态环境，提高了城市宜居水平。相应地，居民收入的增加也会激发产业发展和产业结构的优化；人口数量影响着城市密度，进而影响城市生活环境；人口素质的提高促进了城市创新和研发能力，提高了城市竞争力。由此可见，五大驱动因子在相互作用中不断演化并发挥各自的作用，实现我国城镇化质量提升和消费结构优化升级协调发展。

6.2.2 评价指标体系与驱动因子选取

6.2.2.1 评价指标体系及权重

城镇化质量与消费结构优化升级协调发展的驱动机制，需要从多维度、多层次构建全方位的综合指标体系来综合测量研究。遵循科学性、相关性、可比性、可量化等原则，考虑数据的连贯性和可获得性，用相对较长的时间跨度，在驱动机制的基础上，构建了我国城镇化质量提升和消费结构优化升级协调发展的驱动机制的评价指标体系，如表6-1所示。其中包括供给驱动、人口驱动、环境驱动、发展驱动和政策制度驱动5个一级指标；包括消费供给结构、消费人口结构、自然生态环境、经济发展水平、户籍制度等21个二级指标；以及社会消费品零售总额、第二产业和第三产业增加值、城乡人均可支配收入、人口年龄结构、生活垃圾无害化处理率、人均GDP、城镇化率、对外开放度、人均固定资产投资总额等59个三级指标。

表6-1 我国城镇化质量与消费结构优化升级协调发展驱动机制指标体系及权重

一级指标	权重（%）	二级指标	权重（%）	三级指标	权重（%）	正负效应
供给驱动	25.00%	消费供给数量	7.50	社会消费品零售总额	5.25	+
				第一产业从业占比	0.75	−
				第二产业从业占比	0.75	−
				第三产业从业占比	0.75	+
		消费供给结构	10.00	各地国家高新技术企业数量	2.67	+
				第二产业增加值	1.67	−
				第三产业增加值	1.67	+
				服务业从业人员数量	4.00	+
		消费供给质量	7.50	各省份投诉量	1.36	−
				产品质量优等品率	2.73	+
				产品质量合格率	3.41	+
人口驱动	15.00%	消费能力	5.00	居民消费水平	2.00	+
				城乡居民人民币储蓄存款年底余额	1.20	−
				城乡人均可支配收入	1.80	+
		消费人口结构	3.50	人口年龄结构	2.19	+
				人口性别比	1.31	+

续表

一级指标	权重（%）	二级指标	权重（%）	三级指标	权重（%）	正负效应
		消费人口数量	4.00	年末常住人口	1.33	+
				人口自然增长率	0.89	+
				城市人口密度	1.78	+
		消费人口素质	2.50	十万人以上拥有大专文凭数	1.25	+
				人均受教育年限	1.25	+
环境驱动	20.00%	公共设施	7.00	社区服务机构覆盖率	1.49	+
				邮政营业网点	1.34	+
				银行网点数	1.34	+
				公共交通车辆运营数	1.49	+
				疾病预防控制中心数量	1.34	+
		自然生态环境	6.00	突发环境事件次数	1.14	−
				生活垃圾无害化处理率	1.43	+
				公园个数	1.71	+
				城市绿地面积	1.71	+
		社会环境	4.00	经济适用房面积	0.86	+
				城市公共服务设施投资占GDP比重	1.71	+
				城乡居民收入差距	1.43	−
		文化环境	3.00	人均拥有公共图书馆藏书量	1.25	+
				博物馆机构数	0.75	+
				文化文物机构数	1.00	+
发展驱动	20.00%	经济发展水平	6.00	人均GDP	2.45	+
				泰尔指数	1.36	−
				第二产业增加值/GDP比重	2.18	+
		科技创新水平	5.00	规模以上工业企业R&D经费	2.14	+
				地方财政科学技术支出	2.14	+
				互联网普及率	0.71	+
		物流发展水平	1.50	货物周转量，包括铁路公路水运	1.50	+
		城镇化水平	3.00	城镇化率	3.00	+

一级 指标	权重 （%）	二级指标	权重 （%）	三级指标	权重 （%）	正负 效应
		市场发育和开放程度	4.50	非国有企业占企业总数比重	1.29	+
				对外开放度（进出口总额）	1.29	+
				商贸流通业固定资产投资	1.07	+
				消费信贷占总贷款的比重	0.86	+
政策制度驱动	20.00%	户籍制度	5.00	住本乡、镇、街道，户口在本乡、镇、街道人口数	1.48	−
				家庭户户数	1.67	+
				家庭户人口数	1.85	+
		就业和社会保障制度	5.00	地方财政社会保障和就业支出占财政支出比重	1.67	+
				养老保险基金支出	1.00	+
				失业保险基金支出	1.00	+
				城镇基本医疗保险基金支出（万元）	1.00	+
				城镇单位就业人员数	0.33	+
		环保政策制度	2.50	地方财政环保支出占财政支出的比重	1.56	+
				单位地区生产总值能耗（等价值）（吨标准煤/万元）	0.94	−
		土地流转制度	4.00	土地流转亩数	4.00	+
		投融资制度	3.50	用于三项基本公共服务（包括教育、医疗卫生和计划生育、社会保障和就业）的公共预算支出占财政总支出的比重	1.35	+
				人均固定资产投资总额	1.08	+
				社会融资规模	1.08	+

资料来源：作者整理。

6.2.2.2　驱动因子选取

1. 供给驱动

消费是扩大内需和拉动经济的主要手段，而供给决定了市场上产品和服务的数量、质量和结构，因此本书认为供给驱动是五大影响因素驱动机制指标中最重要的一级指标，只有持续推进供给侧改革，才能有效扩大内需，推动经济高质量发展。

第一，关于消费供给数量，本书选取了社会消费品零售总额（亿元）来衡量。该指标是指除了网络销售渠道，企业（单位）通过交易售给个人、社会集团，非生产和非经营用途的实物商品金额，以及提供餐饮服务所取得的收入。本书所选择的是1980—2018年的全国省份数据，且主要选取实物型消费的数据，主要是由于网络消费的统计难以从20世纪80年代开始计算（互联网于20世纪90年代中期在中国起步发展，而网购却是以2003年淘宝的创立为转折点开始计算，因此数据不具有连贯性）。另外，第一、第二、第三产业从业人员占比代表该省（市）的产业结构。

第二，当人们生活水平提高之后，对于高档品的需求也相应增加，而新的有效供给却不足，结构性矛盾突出，产品和服务的质量无法满足消费者需求，结构不够多样化，导致大量消费外流，既不利于城市消费水平的提升和消费结构的优化升级，也不利于城镇化质量提升。因此本书认为消费供给结构是城市消费供给中最重要的因素，选取3个指标，通过第二产业和第三产业的比重反映了一个城市的产业结构，而产业结构决定了城市消费供给结构的多样性。全国各地的高新技术企业数量代表了该城市科技产品的研发能力，也可以反映该城市产业结构的优化程度。而服务业从业人员数量则反映了该城市吸引外来打工者的能力和第三产业的发展程度。

第三，当人们生活水平提高之后，对消费品的品质和质量要求也相应提高，人们不再一味追求价格的低廉，反而更愿意支付更高的费用用于品质更高的商品和服务上，品牌意识更强，甚至对某些品牌的"忠实度"较高。因此，消费供给质量的提升十分重要，衡量指标主要选取了各省份投诉量、产品质量优等品率和产品质量合格率，体现出了数据的层次感，即从合格到优等的递进。

2. 人口驱动

人口既是城镇化的主体，也是消费的主体，因此人口是影响城镇化质量和消费结构优化升级的另一个重要指标，本书选取了消费能力、消费人口结构、消费人口数量和消费人口素质，全面综合地反映人口指标对于城镇化质量提升和消费结构优化升级协调发展的影响。

第一，消费能力选取了居民消费水平、城乡居民人民币储蓄存款年底余额和城乡人均可支配收入来表示。由于我国城乡差距依然存在，城市和农村居民的收入差距决定了其消费能力的差距，且农村居民由于传统保守的消费观念，更倾向于储蓄和生存型消费，较少用于发展型和享受型消费。但随着我国农村经济不断的发展，加上城市的示范效应，农村居民的消费观念也在不断改变，收入不断提高，城乡差距持续缩小，从而城乡一体化程度提高，这些都直接影响了城镇化质量提升和消费结构优化升级的协调发展，因此本书认为消费能力是消费人口中最重要的二级指标。

第二，消费人口结构的划分最重要的为年龄和性别的因素，主要包括老龄化率、生育率、性别比等常见的人口结构指标。通过消费人口结构能够大概反映出一个城市的社会和经济发展状况。比如，一个城市老龄化和低生育率情况比较严重，一方面会影响劳动年龄人口数量，从而影响整个城市的创新技术发展，进而影响消费供给；另一方面则会加重城市的养老负担，令城市的医疗和养老支出比例增高，挤占了其他方面的财政支出，不利于城镇化质量提升和整个社会的消费结构优化升级。另外，性别比体现了男性和女性的人口比例，理想化为二者人数相等或相近。性别比指标一方面影响了婚育平衡，对生育率也有一定影响，比如女性人口数量减少，则意味着该城市人口再生产能力的降低，而人口既是城镇化又是消费的主体，因此对二者协调发展具有某种影响。另一方面，性别比的平衡还影响了城市的社会稳定，进而影响城镇化质量的提升和城市的消费环境。

第三，消费人口数量也是人口因素中的重要指标之一，本书选取了人口自然增长率、年末常住人口和城市人口密度（即每平方公里常住人口数占单位建成面积吸纳的城镇人口数量的比例）来综合反映全国各省市的消费人口数量。首先，人口的增长是城市发展和消费结构优化升级的基础，人口自然增长率反映了人口发展速度，用出生率和死亡率来体现，可以预测人口增长趋势。其次,年末常住人口是指全年经常在家或在家居住 6 个月以上,也包括在城市居住的流动人口,不仅可以反映出一个城市的发展基础,及其开放度、活跃度和成熟度,也能够反映出一个城市的消费需求。最后,城市人口密度指标反映出一个城市对于公共设施、消费环境的要求,若一个城市人口密度较大,则意味着该城市需要更密集的公共设施,交通配套等,为居民生活提供便利,相应地消费场所也应更加密集。

第四,经济和科技竞争本质上是人才的竞争,全面提升人口素质不仅有助于经济高质量发展,也能够促进城镇化质量提升和消费结构优化升级的协调发展。消费人口素质主要包括健康、教育、精神文明 3 个方面,出于数据的可得性考虑,本书通过教育指标,即 10 万人以上拥有大专文凭数和人均受教育年限两个指标来体现全国各省市的人口素质水平。10 万人以上拥有大专文凭数可以体现出接受过高等教育的人口数量,反映出该省市的人口教育水平。人均受教育年限是指某一特定年龄段人群接受学历教育的年限总和的平均数,可以反映出该省市基本教育的普及程度。

3. 环境驱动

城市的消费环境包括"硬环境"和"软环境",既包括"看得见的环境",例如城市的公共设施和服务、空气质量等自然生态环境,也包括"看不见的环境",例如文化环境。良好的城市消费环境有助于激发市场的活力和创造力,吸引高素质人才,不仅有助于城市文明程度的提升,也有利于保障消费者权益,促进消费结构的优化升级。

城市的消费环境包括文化、社会、生态、公共设施、消费者权益保护等很多方面(例如消费场所安全性、执法监管力度、消费者投诉处理量、侵权违法的整治)。本书考虑到数据的可获得性,只选取了公共设施、自然生态环境、社会环境和文化环境 4 个指标。

第一,公共设施对于一个城市的消费环境而言是最重要的指标,我国在新型城镇化道路上,依然有不少短板,公共设施就是其中之一。随着城镇化进程,公共设施发展至关重要,因为对于许多大城市来说,庞大的人口规模需要完善的公共设施来支撑,公共设施与居民日常生活密切相关,决定了居民生活是否便利、高效和安全。本书选取的公共设施指标中，银行网点数、邮政营业网点以及公共交通车辆运营数就体现出公共设施的便利和高效一面，而社区服务机构覆盖率和疾病预防控制中心数量就很好地反映出公共设施和服务在保护居民安全和健康方面所做的努力。城市的消费环境离不开这些最基本的公共设施，只有将公共设施不断完善，才能够促进城镇化质量提升和消费结构优化升级的协调发展。

第二，自然生态环境也是城市消费环境的重要组成部分，属于有形的环境。本书选取了突发环境事件次数、生活垃圾无害化处理率、公园个数和城市绿地面积作为影响城镇化质量提升和消费结构优化升级协调发展的驱动因素指标。首先，当居民物质生活丰富之后会追求精神的满足，对美好生态环境的消费需求随之增加。而随着城镇化进程不断加快，城市生态环境遇到威胁，在快速城镇化的过程中，过度关注土地城镇化而忽略了生态环境的保护，比如森林植被等被不同程度地破坏，造成了供需双方的不平衡。生活垃圾无害化处理率反映了城市无害化治理的水平和可持续发展的能力，生活垃圾无害化处理率的提升有助于提升城市形象，建设低碳城镇，改善人居环境，为消费者提供最基本的良好生存环境。其次，突发环境事件次数是指由于污染、自然灾害、生产安全事故等造成的危机，危及公众身体健康和财产安全、破坏生态环境，造成重大社会影响的事件。而突发环境事件次数可以反映出一个城市在应急响应、综合治理、生态环保管理等方面的能力，是衡量城镇化质量的指标之一。此外，一个城市的突发事件次数在很大程度上会影响其形象，进而影响城镇化的发展，若一个城市突发事件次数过多会抑制迁入人口增长，从而阻碍消费结构优化升级。最后，公园数量和绿地面积反映了一个城市的绿化率，这也是生态环境的一部分。居民在追求精神消费的过程中通常都格外看重一个城市的绿化等生态自然环境，比如是否配有森林公园、慢跑公园等，是否为居民体育消费和休闲消费提供了高质量的场所。

第三，社会环境覆盖面较广，由于数据的可得性，本书选取了经济适用房面积、城市公共服务设施投资占 GDP 比重和城乡居民收入差距 3 个指标，分别从民生根本问题、城市建设布局以及城乡差距的角度来体现社会环境。

首先,住房问题是民生的重要问题,保障性住房的建设也是社会保障制度完善的一种体现。经济适用房具有经济性、实用性和保障性,是针对中低收入家庭所建设的保障性住房。经济适用房面积体现了该省市在社会保障方面所做的努力和成果,是城镇化质量提升的体现,只有保障了居民最基本的居住问题,才能释放居民的消费潜力,令居民可以追求除了生存型以外的消费。其次,城市公共服务设施是一个城市社会发展的根本保障,包括交通、能源、信息工程建设等。城市公共服务设施投资占 GDP 比重反映出该城市在公共服务方面的投入和布局,比如大型购物中心以及周边的餐饮覆盖率和可达的交通等配套设施,大型文化娱乐中心、体育场馆等。城市公共服务设施投资比例提高,有助于城市的经济、社会和文化的发展,居民生活更便利,生活质量更高,更有助于消费结构优化升级和城镇化质量的提升。最后,随着城镇化不断发展,城市和农村的差距越来越大,城市中阶层分化也越来越明显,阶层跨越将更加困难,因此城乡居民收入差距指标综合反映了城镇化发展的健康程度,城乡居民收入差距的缩小有助于城乡一体化发展、社会和谐稳定、居民安居乐业,进而对更好的生活有所追求,产生更多的消费需求。

第四,文化环境既包括物质文化,也包括精神文化。而当居民物质丰富后,对于精神文化环境的要求更高,因此本书选取了与精神文化相关的可量化指标,包括人均拥有公共图书馆藏书量、博物馆机构数,以及文化文物机构数来体现文化环境。提升一个城市的文化环境有助于城市知名度的塑造、增强其核心竞争力。比如一个城市具有悠久的历史、浓厚的艺术氛围,或独特的魅力和气质,便会吸引世界各地的人聚集于此,人口的增加不仅有助于城镇化进程的加速也有助于经济的发展,进而推动城市全面发展。本书选取的人均拥有公共图书馆藏书量、博物馆机构数量,以及文化文物机构数 3 个指标能很好地反映了一个城市精神文化发展程度,对历史的保护意识,对居民精神文化素质的要求。只有当居民追求精神文明时,才会对消费内容有了更高层次的选择,甚至面临消费观念的转变。

4. 发展驱动

城镇化质量提升和消费结构优化升级协调发展离不开城市发展水平的影

响。城市发展水平主要取决于城市经济发展水平、科技创新水平、物流发展水平、城镇化水平、市场发育和开放程度等各方面。

第一，经济发展水平是城市发展水平中最重要的一部分。首先，常用于反映经济发展水平的指标为人均 GDP。一方面，人均 GDP 更容易与国际对标，体现出中国现阶段各城市在国际上的发展水平。另一方面，人均 GDP 也更真实地反映出一个城市居民的生活水平，比如部分城市由于某个特定行业 GDP 增长较快，但居民生活水平却不高。其次，本书还选择了第二产业增加值占 GDP 比重来衡量城市的工业化水平，通过该指标可以基本判断该省市处于工业化的哪一特定阶段，有助于参考国外发达国家工业化和城镇化发展模式来进行调整，有效地避免或减轻该阶段常见的社会经济问题。在工业化进程中，主要表现为工业生产量的快速增长，新兴部门大量出现，高新技术广泛应用，劳动生产率大幅提高，城镇化水平和国民消费层次全面提升。最后，本书选择了泰尔指数，用于衡量个人之间或者地区间收入差距，随着经济发展，出现了区域间发展不均衡，实现区域协调发展是城市经济综合发展的关键，只有区域间协调发展，妥善处理不协调发展的问题，才能够实现共同富裕，促进城镇化质量提升的同时，实现全面建设小康社会的目标。

第二，科技创新水平是城市发展水平中十分重要的影响指标。本书选取了规模以上工业企业 R&D 经费、地方财政科学技术支出以及互联网普及率三个指标。首先，规模以上工业企业 R&D 经费和地方财政科学技术支出代表了一个城市在科技研发方面的投入与支持力度。一方面，高新企业的聚集提供了更多科技岗位，能够吸引高新技术人才和创新人才，促进了城镇化质量的提升。高素质人才的聚集又可以对原居住民的生活和消费观念与习惯产生一定的影响，促进城市居民的消费结构优化升级。另一方面，由于高新技术企业的发展，更多高科技产品在城市率先发布或上市，能够提升城市的综合竞争力和城市的知名度，从而吸引更多的高素质人才聚集于此。另外，作为科技发展的基础，互联网普及率指标也在考虑范围之内。

第三，市场发育程度和市场开放程度也是城市发展水平的重要构成部分。城市的对外开放程度能够反映出该城市与世界的联通以及国际化的程度。而非国有企业占企业总数比重则反映出该城市企业类型的多样化，市场的包容性。只有城市足够开放和包容，才能推动经济的高质量发展，吸引更多的高素质人才，从而促进城镇化质量提升和消费结构优化升级。另外，本书还选取了商贸流通业固定资产投资额和消费信贷占总贷款的比重两个指标来衡量一个城市的市场发育程度。

第四，物流发展水平和城镇化水平也是本书考虑的驱动因子，其中物流发展水平用货物周转量表示，而城镇化水平就选择了常用的城镇化率。加强物流体系建设，提高物流配送可达性和配送效率，能够让消费者更及时消费，特别是对于低线城市的消费者的作用更显著，可促进消费水平的提升。城镇化水平程度越高，越能吸引更多的人口聚集，促进城市消费水平的提升，促进产业发展，进而令居民收入增加，推动消费结构优化升级。

5. 政策制度驱动

根据我国城镇化质量提升占消费结构优化耦合发展的历程，两者都受到了相关政策制度的影响，也与我国经济发展方式转变密切相关。因此政策制度驱动是影响城镇化质量和消费结构优化升级的一个重要指标，本书选取了户籍制度、就业和社会保障制度、环保政策制度、土地流转制度和投融资制度，全面综合地反映政策制度驱动对于城镇化质量提升和消费结构优化升级协调发展的影响。

第一，户籍制度是城镇化最大的体制障碍，造成了城乡的分割，农民工得不到城镇户口便无法享受城镇居民包括医疗、教育、就业等多方面的福利待遇，使其更倾向于将城镇打工的收入寄回农村并储蓄，导致消费需求和欲望较低，从而影响城镇化质量的提升和消费结构优化升级协调发展。各地政府已开始逐步推行户籍制度的改革和创新，包括一系列体现户籍制度影响的指标，分别是住本乡、镇、街道，户口在本乡、镇、街道人口数，家庭户户数和家庭户人口数。这 3 个指标从不同的角度反映出该省市户籍制度创新和改革力度，农民市民化程度等。例如部分中小城市已全面取消落户政策，超大城市也积极推行和简化积分落户等政策，逐步放宽落户条件等，都会通过这 3 个指标来体现。

第二，就业和社会保障制度是国家通过立法制定的社会保险、救助、补贴等一系列制度的总称，保障了居民生存和生活的基本需要，主要包括养老、失业、生育、疾病、伤残、遭遇灾害等的保障，促进城市和谐发展，维护社会公平，提升城镇化质量。当居民基本生活得到保障之后，其消费意愿和需求将随之增加，消费结构将不再满足于生存型的消费，而是更多地追求发展型和享受型的消费。本书选取了地方财政社会保障和就业支出占财政支出比重、养老保险基金支出、失业保险基金支出、城镇基本医疗保险基金支出以及城镇单位就业人员数五大指标，分别从就业、养老、失业、医疗等方面相对全面地反映了政府在保障民生方面的投入。由于就业是收入最主要来源之一，居民有了足够的收入就可以用于消费和追求更高的生活品质，同时社会保障能够减轻居民消费时的后顾之忧和对未来不确定性的焦虑等，因此地方财政社会保障和就业支出占财政支出比重最为重要，不但能够使居民的消费结构优化升级，还能够体现出一个城市对于社保体系的完善和城镇化的质量。

第三，环保政策制度是政策制度驱动中的一个驱动因子，对生态环境的保护影响了一个城市的高质量发展。本书选取了地方财政环保支出占财政支出的比重和单位地区生产总值能耗两个指标来体现环保政策的执行力度和影响。地方政府对于环保的投入，例如循环产业园的建立、垃圾分类的实施和管理、绿化园林工程的建设等，一方面有助于提升城市森林覆盖率、增加市民户外绿色活动空间，从而促进居民在体育健身等方面的消费；另一方面有助于提升居民的生活质量，满足居民文化休闲方面的消费需求。另外，单位地区生产总值能耗可以衡量一个地区的能耗水平，能耗下降则表示节能环保制度有效。

第四，土地流转制度也是比较重要的驱动之一，本书选取了土地流转亩数衡量土地流转制度效果。土地流转制度既可以使农民在土地流转过程中获得土地收益，也能令农民摆脱对于土地和农业的依赖，进城务工，促进了城镇化进程，也令农民有更多收入用于生存之外的消费。

第五，新型城镇化过程中，资金的保障是重要一环，建设透明规范的城市建设投融资制度，例如推广PPP模式等，既有助于城市基础设施和公共服务品质的改善，提升城市形象，也有利于在政府财政紧缩时依然有来自社会的资金，用于城市建设，为城市的可持续发展提供资金保障，有助于城镇化质量的提升。时任国务院总理李克强在 2017 年的国务院常务会议上指出，"投资的最终目的取决于总需求、取决于最终消费、取决于对就业的促进。在这方面，这些年民间投资和外资等都发挥了巨大作用"。本书选取了用于 3 项基本公共服务（包括教育、医疗卫生和计划生育、社会保障和就业）的公共预算支出占财政总支出的比重、人均固定资产投资总额以及社会融资规模三个指标来衡量投融资政策制度的具体效果。

6.2.3　计量模型搭建

由前文的理论推导可见，我国城镇化质量提升与消费结构优化升级协调发展的过程中会受到多重因素的影响，即有效供给、制度、经济发展和科技创新、人口、收入、社会文化生态、公共投入、城市的布局和功能定位、市场以及政府这十大主要影响因素，其中 5 个影响最大的因素被定为驱动因子，即供给驱动、人口驱动、环境驱动、发展驱动和政策制度驱动。为了检验各驱动因子对二者协调度的具体影响程度和正负效应，构建了以下面板数据模型。

6.2.3.1　面板数据模型理论

1. 面板数据

面板数据是固定的调查对象在等间隔时点连续观测得到的数据，也是同时融合时间和个体双重维度的数据结构。[①] 面板数据通常表示为：y_{it}，$i = 1$，2，3，…，N，$t = 1$，2，3，…，T。其中 i 代表数据中的个体，N 代表个体数。t 代表数据中的时点，T 代表时间序列的长度。面板数据建立模型的好处主要体现在观测数值的增多，使结果更精准。

[①] 张红星，贾彦东. Panel Data 模型设定的新思路：固定效应与随机效应的统一 [J]. 数量经济技术经济研究，2006（6）：148-154.

2. 面板数据模型介绍

面板数据模型通常分为固定效应模型、随机效应模型和混合效应模型。本书在建立面板数据模型之前，需要针对具体使用哪种模型进行检验。

（1）固定效应模型

固定效应模型，也称固定效应回归模型。在面板数据中，如果不同的截面或不同的时间序列，模型的截距不同，则可以采用在模型中添加虚拟变量的方法估计回归参数，此种模型为固定效应模型。固定效应模型中的随机变量，随个体变化但不随时间变化。固定效应模型分为个体固定效应模型、时点固定效应模型和个体时点双固定效应模型。本文所采用的是个体固定效应模型，即对于不同的时间序列（个体）只有截距项不同的模型。

（2）随机效应模型

在固定效应模型中采用虚拟变量的原因是被解释变量的信息不够完整或无法观测，因此也可以通过对误差项的分解来描述这种信息的缺失，此种模型被称为随机效应模型又称为误差分量模型。随机效应模型分为个体随机效应模型、时点随机效应模型和个体时点双随机效应模型。混合效应模型是既包含固定效应，也包含随机效应的模型。

（2）混合效应模型

混合估计模型就是各个截面估计方程的截距和斜率项都一样，也就是说回归方程估计结果在截距项和斜率项上是一样的。混合效应模型和个体固定效应模型唯一的区别在于：在个体固定效应模型中的随机变量，在混合效应模型中是一个常量。

3. 关于 F 检验和 Hausman 检验

对于一组面板数据，应该建立固定效应模型、随机效应模型或混合效应模型的检验。常用的方法有 F 检验和 Hausman 检验。F 检验是用于判别模型中是否存在固定效应，以检验是建立混合效应模型还是固定效应模型。Hausman 检验用于检验是建立随机效应模型还是固定效应模型。两种检验方法本书均有所采用。

6.2.3.2 构建面板数据模型

本书以中国大陆 31 个省市自治区 1980—2018 年的数据为例，结合面板数据的特点，采用面板数据模型进行城镇化质量提升与消费结构优化升级耦合协调发展的驱动因子分析。所有数据如未做单独说明则全部来源于国家统计局、中经网统计数据库和《中国统计年鉴》。对于个别可能缺失的数据则采用均值进行插值处理。根据前文对驱动因子的选取结果，构建了如下的面板数据模型，并运用 Stata 软件，对相关驱动因子进行实证检验：

$$C_{it} = \beta_0 + \beta_1 Supp_{it} + \beta_2 Pop_{it} + \beta_3 En_{it} + \beta_4 Dev_{it} + \beta_5 Pol_{it} + \varepsilon_{it} \qquad (6.1)$$

其中，C 为城镇化质量与消费结构优化升级的耦合协调度，利用 MATLAB 结合两者的效用函数测算得出，具体的计算公式为：

$$C_{it} = \sqrt{\sqrt{\frac{Urbanization_{it} \times Consumption_{it}}{(Urbanization_{it} + Consumption_{it})} \times \frac{Urbanization_{it} + Consumption_{it}}{2}}}$$

$$(6.2)$$

其中，$Urbanization$ 和 $Consumption$ 分别为城镇化质量与消费结构优化升级的效用函数。

其中，C 为城镇化质量与消费结构优化升级的耦合协调度（根据表 6−1 驱动机制指标体系测算得出），作为被解释变量；$Supp$ 为供给驱动；Pop 为人口驱动；En 为环境驱动；Dev 为发展驱动；Pol 为政策制度驱动，为解释变量。β_0 为常数项，$\beta_1 \sim \beta_5$ 为相关变量的回归系数；ε_{it} 为随机干扰；$i = 1$，2，3，……，31；$t = 1$，2，3，……，39。

6.2.4 实证检验和实证结果分析

6.2.4.1 面板数据单位根检验

1. LLC 和 IPS 检验方法

在面板数据分析中，对数据的平稳性进行检验是在模型估计之前不可缺少的步骤之一，只有平稳的序列，才能进行计量分析，否则会出现伪回归现象。较常用的面板数据单位根检验方法包括 LLC、IPS、MW、ADF-Fisher 和 PP-Fisher 方法，本书采用了 LLC 和 IPS 两种方法对各变量进行单位根检验。

LLC 和 IPS 的区别在于：LLC 一开始就假设序列相关，IPS 则考虑了序列相关和序列无关两种情况。LLC 假设所有个体在原假设和备选假设都存在同质性，而 IPS 只要求原假设个体的同质性，允许备选假设下部分个体不同。IPS 在同质性要求上的放宽，更符合经济数据的特点，即承认整体平稳和部分个体不平稳的现象。具体计算方面，LLC 采用所有个体的合并数据，而 IPS 采用的是所有单个的个体数据①。因此，本书先采用 LLC 检验，如有不平稳，则采用更为宽松的 IPS 检验。

2. 面板数据单位根检验结果

从表6-2长面板单位根检验结果可看出，C 协调度、$Supp$ 供给驱动、Pop 人口驱动通过检验，面板数据是平稳的，拒绝了面板数据存在单位根的零假设；En 环境驱动、Dev 发展驱动、Pol 政策制度驱动未通过检验，面板数据不平稳。因此，需要对 En 环境驱动、Dev 发展驱动、Pol 政策制度驱动，求一阶滞后。将3个平稳序列与3个滞后项一起进行两大检验，如表6-3所示。

表6-2　LLC 检验结果

	LLC
C	0
$Supp$	0
Pop	0
En	0.9862
Dev	0.9955
Pol	1

---

① 谷安平，史代敏. 面板数据单位根检验 LLC 方法与 IPS 方法比较研究 [J]. 数理统计与管理，2010，29（5）：812-818.

由表6-3检验结果可见，所有变量全部都通过了 *LLC* 检验和 *IPS* 检验。其中，*En* 环境驱动、*Dev* 发展驱动、*Pol* 政策制度驱动均为一阶单整的；*C* 协调度、*Supp* 供给驱动、*Pop* 人口驱动这3个变量的面板数据是平稳的，拒绝了面板数据存在单位根的零假设。

表6-3　LLC 和 IPS 检验结果

	LLC	IPS
C	0	0
Supp	0	0
Pop	0	0
d. En	0	0
d. Dev	0	0
d. Pol	0	0

6.2.4.2　面板数据模型估计

由于 LLC 和 IPS 检验没有考虑到模型设定和数据生成机制之间的关系，在原假设和备择假设中没有考虑是否存在个体效应或时间效应的截距和趋势项，而这是固定效应模型和随机效应模型都需要考虑的，因此需要对不易观测的个体效应、时间效应按顺序依次进行检验，判断最优的模型。

1. 检验个体效应

由于个体效应的存在，部分驱动因子的影响是不随时间的推移有显著变化的，因此需要检验个体效应，判断是使用混合效应模型或是固定效应模型来进行实证分析，个体效应检验结果如图6-2所示。检验结果表明，拒绝原假设，固定效应模型优于混合效应模型。

2. 检验时间效应

由于时间效应的存在，部分驱动因子的影响随时间的推移有显著变化，因此需要使用 OLS 混合模型，检验时间效应，判断是使用混合效应模型或是随机效应模型来进行实证分析，时间效应检验结果如图6-3所示。检验结果表明，拒绝原假设，随机效应非常显著，优于混合效应模型。

```
. xtreg oh gj rk D_hj D_sp D_zc,fe

Fixed-effects (within) regression              Number of obs      =       1,178
Group variable: province                       Number of groups   =          31

R-sq:                                          Obs per group:
     within  = 0.0069                                        min =          38
     between = 0.0876                                        avg =        38.0
     overall = 0.0015                                        max =          38

                                               F(5,1142)          =        1.59
corr(u_i, Xb)  = -0.0797                        Prob > F           =      0.1600

          oh |      Coef.   Std. Err.      t    P>|t|     [95% Conf. Interval]
-------------+----------------------------------------------------------------
          gj | -.0142323     .02158    -0.66   0.510    -.0565733    .0281087
          rk | -.0040319    .026766    -0.15   0.880     -.056548    .0484842
        D_hj | -.1190583   .1524958    -0.78   0.435    -.4182616     .180145
        D_sp |  .0041444   .1224198     0.03   0.973    -.2360486    .2443373
        D_zc |  .0488927   .0558063     0.88   0.381    -.0606017    .1583872
       _cons |  .2371082   .0083742    28.31   0.000     .2206776    .2535387
-------------+----------------------------------------------------------------
     sigma_u | .10020159
     sigma_e | .04288491
         rho | .84518543   (fraction of variance due to u_i)
------------------------------------------------------------------------------
F test that all u_i=0: F(30, 1142) = 148.74                Prob > F = 0.0000
```

图 6-2　个体效应检验（F 检验）结果

```
. qui xtreg oh gj rk D_hj D_sp D_zc,re

. xttest0

Breusch and Pagan Lagrangian multiplier test for random effects

        oh[province,t] = Xb + u[province] + e[province,t]

        Estimated results:
                         |       Var      sd = sqrt(Var)
                ---------+-----------------------------
                      oh |   .0114651       .1070751
                       e |   .0018391       .0428849
                       u |   .0067691       .0822743

        Test:   Var(u) = 0
                              chibar2(01) =  11059.43
                          Prob > chibar2 =     0.0000
```

图 6-3　时间效应检验结果

3. Hausman 检验

通过检验个体效应和时间效应，可知使用随机效应模型和固定效应模型均优于混合效应模型，因此需要通过 Hausman 检验来确定最终是使用随机效应模型或固定效应模型进行实证分析，Hausman 检验结果如图 6-4 所示。检验结果表明，拒绝原假设，采用固定效应模型为宜。

```
              ── Coefficients ──
                  (b)           (B)           (b-B)       sqrt(diag(V_b-V_B))
                   re            fe         Difference           S.E.

        gj    -.0142323     -.023411        .0091786           .0014652
        rk    -.0040319      .0126034      -.0166354           .0032162
      D_hj    -.1190583     -.1552903       .036232            .
      D_sp     .0041444     -.0025449       .0066893           .
      D_zc     .0488927      .05215        -.0032572           .

                    b = consistent under Ho and Ha; obtained from xtreg
                    B = inconsistent under Ha, efficient under Ho; obtained from xtreg

    Test:  Ho:  difference in coefficients not systematic

                    chi2(5) = (b-B)'[(V_b-V_B)^(-1)](b-B)
                            =       24.83
                    Prob>chi2 =      0.0002
                    (V_b-V_B is not positive definite)
```

图 6-4　Hausman 检验结果

通过以上 3 种检验，确定对于 1980—2018 年中国大陆 31 个省市自治区城镇化质量提升与消费结构优化升级协调发展，应采用建立固定效应模型进行驱动因子实证分析。

6.2.4.3　实证结果分析

从图 6-5 固定效应模型检验结果可以看出，固定效应非常显著，且各驱动因子影响程度依次是：d. 环境驱动>d. 政策制度驱动>供给驱动>d. 发展驱动>人口驱动。

```
      oh       Coef.     Std. Err.      t      P>|t|     [95% Conf. Interval]

      gj    -.0142323     .02158      -0.66    0.510    -.0565733    .0281087
      rk    -.0040319     .026766     -0.15    0.880    -.056548     .0484842
    D_hj    -.1190583     .1524958    -0.78    0.435    -.4182616    .180145
    D_sp     .0041444     .1224198     0.03    0.973    -.2360486    .2443373
    D_zc     .0488927     .0558063     0.88    0.381    -.0606017    .1583872
    _cons    .2371082     .0083742    28.31    0.000     .2206776    .2535387

  sigma_u    .10020159
  sigma_e    .04288491
     rho     .84518543    (fraction of variance due to u_i)

F test that all u_i=0: F(30, 1142) = 148.74                Prob > F = 0.0000
```

图 6-5　固定效应模型检验结果

第6章　新型城镇化、消费结构优化升级与转变经济发展方式耦合协调发展的驱动机制分析

1. 发展驱动、政策制度驱动表现为正向的促进效应

第一，发展驱动的正向促进效应：发展驱动的系数为0.0041444，表明发展驱动对于我国城镇化质量提升和消费结构优化升级协调发展具有显著的正向促进作用。发展驱动包括经济发展水平、科技创新水平、物流发展水平、城镇化水平、市场发育和开放程度，城市综合发展水平高的地区，往往可以吸引更多的企业聚集，特别是新兴科技企业，从而提供更多的就业机会，吸引人口尤其是高素质人才不断地聚集，居民的收入普遍较高，消费能力和消费水平较高，消费结构更为合理。

第二，政策制度驱动的正向促进效应：政策制度驱动的系数为0.0488927，表明政策制度驱动对于我国城镇化质量提升和消费结构优化升级协调发展具有显著的正向促进作用。政策制度驱动包括户籍制度、就业与社会保障制度、环保政策制度、土地流转制度和投融资制度。政策制度完善的地区，往往对农民工和城镇原有居民的保障更加充分，释放一部分消费潜力，另外农民工通过土地流转也会增加收入，促进消费。户籍制度作为唯一的阻碍因素，随着我国逐渐放宽和放开户籍政策，其影响也逐渐减弱，被其他有利于我国城镇化质量提升和消费结构优化升级协调发展的政策制度所抵消，整体上政策制度呈正向的促进作用。

2. 供给驱动、人口驱动、环境驱动表现为负向效应

第一，环境驱动的负向效应：环境驱动的系数为-0.1190583，表明环境驱动对于我国城镇化质量提升和消费结构优化升级协调发展具有显著的负向作用，且其影响程度为五大驱动因子中最显著的，主要是由于环境驱动包括公共设施、自然生态环境、社会环境和文化环境，这些综合形成的城市消费环境，是城镇化质量提升和消费结构优化升级协调发展的基础。环境驱动表现为显著的负效应，主要是与指标的选取和权重的设置有关。社会环境中的城乡居民收入差距指标体现了城乡发展的不均衡程度，自然生态环境中的突发环境事件次数指标也对城镇化和消费结构优化升级产生巨大的影响，例如新冠疫情的暴发，一方面阻碍了城市之间的流动性，从而阻碍了城镇化进程和城镇化质量的提升，拉大了城市与城市之间的差距；另一方面居民更加倾

向于预防性储蓄，减少消费，而企业特别是实体经济，受到疫情的影响损失惨重，选择倒闭或减员等方式，都阻碍了消费的提升。

第二，供给驱动的负向效应：供给驱动的系数为 -0.0142323，表明供给驱动对于我国城镇化质量提升和消费结构优化升级协调发展具有显著的负向作用。供给驱动包括消费供给数量、消费供给结构和消费供给质量，而供给驱动整体呈现出负向效应主要是与指标的选取和权重的设置有关，其中最主要的影响因素为产业结构。当前我国许多城市依然存在产业结构不合理的现象，2019 年国家发改委发布的《2019 年新型城镇化建设重点任务》中首次提到"收缩型城市"，其中第三产业占比低、产业结构不合理是重要特征之一。而且数据表明，中国 26.71% 的地级及以上行政单元、37.16% 的县市（区）发生不同程度的收缩。[①] 本书选择的是全国 31 个省市自治区 1980—2018 年的数据，因此关于供给的影响因素也代表了我国自改革开放以来产业结构、供给数量和供给质量的发展过程，而直到今天我国依然面临产业结构调整的问题，主要包括创新能力的不足，地区间发展的不平衡，企业成本高阻碍研发投入等问题需要解决，因此供给因素在此呈现出负向效应。

第三，人口驱动的负向效应：人口驱动的系数为 -0.0040319，表明人口驱动对于我国城镇化质量提升和消费结构优化升级协调发展具有显著的负向作用，但没有其他驱动因子显著。人口影响因素包含消费能力、人口结构、人口素质和人口数量。其中人口结构包含人口年龄结构，2019 年底我国 65 周岁及以上人口已达约 1.76 亿，占总人口的 12.6%，即将进入联合国标准的"老龄社会"（即 65 周岁及以上人口占总人口的 14%），老龄化成为阻碍二者耦合协调发展的因素，既不利于城市创新能力的提升，使城市养老支出增加，挤占了其他的支出，也不利于消费结构的优化升级。消费能力指标内包含了城乡居民人民币储蓄存款年底余额，我国居民储蓄率相对较高，且呈现持续上升的态势，一方面体现居民收入的增加，另一方面也表明居民储蓄率相对较高，抑制了消费能力的释放。综合来看，这些因素阻碍了城镇化质量提升

---

① 中国区域经济 50 人论坛成员、上海财经大学长三角与长江经济带发展研究院执行院长张学良的研究团队在对 2865 个县市（区）中涉及到行政区划变动的样本进行分析后发现这一数据。

和消费结构优化升级的协调发展，因此检验结果呈现出负向效应。虽然人口因素相对于其他影响因素来说不太显著，但人口作为城镇化和消费的支撑，对二者耦合发展必然具有影响，只是这种影响需要更长时间和更多数据的支撑。

6.2.4.4 进一步检验：异方差检验和序列相关性检验

1. 异方差检验

异方差性和序列相关性都是数据变量所具有的性质。引起异方差的原因，主要是模型的设定偏误（遗漏变量的影响）和截面数据中总体各单位的差异。异方差主要对参数估计有效性具有影响。通常异方差会引起真实方差的低估，从而夸大参数估计的显著性，因此需要通过异方差检验，确定不存在异方差性。根据图 6-6 得出结论：异方差检验证明，不存在异方差性。

oh	Coef.	Std. Err.	t	P>|t|	[95% Conf. Interval]	
gj	-.0142323	.02158	-0.66	0.510	-.0565733	.0281087
rk	-.0040319	.026766	-0.15	0.880	-.056548	.0484842
D_hj	-.1190583	.1524958	-0.78	0.435	-.4182616	.180145
D_sp	.0041444	.1224198	0.03	0.973	-.2360486	.2443373
D_zc	.0488927	.0558063	0.88	0.381	-.0606017	.1583872
_cons	.2371082	.0083742	28.31	0.000	.2206776	.2535387
sigma_u	.10020159					
sigma_e	.04288491					
rho	.84518543	(fraction of variance due to u_i)				

F test that all u_i=0: F(30, 1142) = 148.74　　　　　　　　　　Prob > F = 0.0000

图 6-6　异方差检验

2. 序列相关性检验

序列相关性，又称"自相关性"，是指总体回归模型的随机误差项之间存在相关关系。序列相关性与异方差性一样，主要对参数估计有效性产生影响，令变量的显著性检验失去意义，造成模型预测失效，因此需要通过序列相关性检验，确定不存在序列相关性。根据图 6-7 得出结论：异方差检验证明，不存在序列相关性。

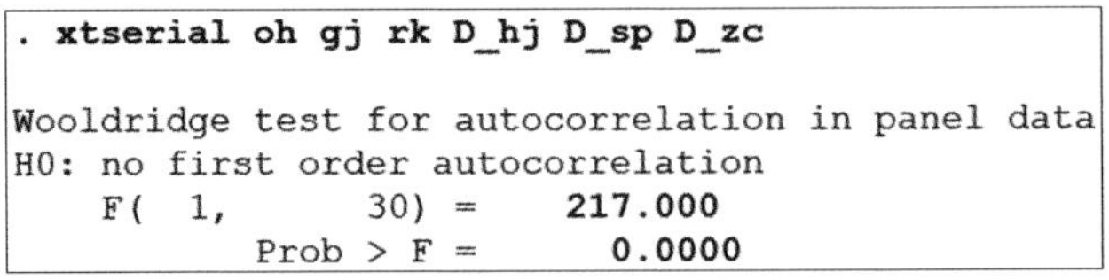

```
. xtserial oh gj rk D_hj D_sp D_zc

Wooldridge test for autocorrelation in panel data
H0: no first order autocorrelation
    F( 1,      30) =    217.000
          Prob > F =      0.0000
```

图 6-7　序列相关性检验

6.3　本章小结

本章在理论分析的基础之上，确定了中国省域新型城镇化质量提升、消费结构优化和转变经济发展方式耦合协调发展的五大驱动因子分别为供给驱动、人口驱动、环境驱动、发展驱动和政策制度驱动，并基于计量回归模型对新型城镇化质量提升、消费结构优化和转变经济发展方式耦合协调发展的驱动机制进行了实证检验，并重点探讨了不同地区以及不同时期下，各驱动因子的表现差异，得出以下结论。

第一，总体来看，各驱动因子对耦合协调度的影响程度由高到低依次为环境驱动、政策制度驱动、供给驱动、发展驱动、人口驱动。其中，发展驱动和政策制度驱动是中国省域新型城镇化质量提升、消费结构优化和转变经济发展方式耦合协调发展的正向驱动因子，而供给驱动、人口驱动和环境驱动是中国省域新型城镇化质量提升、消费结构优化和转变经济发展方式耦合协调发展的负向驱动因子。值得注意的是，供给驱动、人口驱动和环境驱动的负向驱动性的原因是多方面的，主要归因于城乡居民收入差距、产业结构、人口年龄结构等关键指标的影响，这也成为未来优化新型城镇化质量提升、消费结构优化和转变经济发展方式耦合协调度的主要关注点与着力点。

第二，从省域角度来看，观察使用灰色 BP 神经网络进行情景预测的结果，上海、广东、江苏、北京和浙江仍将保持全国领先的优势，而青海、黑龙江、宁夏和西藏仍将处于全国末尾，落后于绝大多数省级行政区。各省市的新型城镇化质量提升、消费结构优化和转变经济发展方式耦合协调度整体上仍以上升趋势为主，其中甘肃、陕西、内蒙古、新疆的年均增速相对较快，而黑龙江、上海、辽宁和北京的年均增速相对较慢。2018 年，全国绝大多数省级行政区的新型城镇化质量提升、消费结构优化和转变经济发展方式耦合协调属于过渡阶段的濒临失调等级。预计到了 2030 年，全国绝大多数省级行政区的新型城镇化质量提升、消费结构优化和转变经济发展方式耦合协调属于协调上升阶段的中级协调等级和初级协调等级。从四大区域角度来看，东部地区仍旧保持着领先的优势，中部地区次之，西部和东北地区新型城镇化质量提升、消费结构优化和转变经济发展方式耦合协调度仍最低。但西部地区的年均增速最快，中部地区的年均增速次之，东部和东北地区的年均增速最慢。中部与西部地区的新型城镇化质量提升、消费结构优化和转变经济发展方式耦合协调发展水平差距在持续缩小，但东部和东北地区两极分化现象也愈发明显。

第7章　我国城镇化质量提升与消费结构优化耦合发展的历程及存在问题、产生原因

7.1　我国城镇化质量提升与消费结构优化耦合发展的历程

7.1.1　城镇化发展过程中的消费结构变迁

从发展不同阶段可以看出，我国的城镇化发展对消费结构是具有一定影响的。在城镇化发展的不同阶段，居民的消费结构出现了不同变化，如表7-1所示，按照前文对改革开放以来城镇化的阶段划分，总结城镇化不同阶段中，居民消费结构特点的变化。

表7-1　城镇化发展过程中消费结构的变化

	1978—1984 年	1985—1991 年	1992—2001 年	2002—2016 年	2017 年至今
城镇化阶段	恢复发展初期阶段	恢复发展中期阶段	扩张阶段	协调发展阶段	高质量发展阶段
居民消费结构特点	以生活必需品消费为主，生存型消费为主导的消费结构	耐用品消费逐渐增加，对产品质量的关注提升	发展型和享受型消费快速增加	发展型和享受型消费需求继续增加	高档耐用品消费活跃、享受型服务消费需求旺盛

资料来源；作者整理。

196

1978—1984 年，我国城镇化处于恢复发展的初期阶段。该阶段处于改革开放初期，经济体制刚刚由计划经济转向市场经济，农村经济体制改革令乡镇企业快速发展，小城镇不断建立，加之沿海经济特区的设立，使城镇化有了一定发展，城镇化率从 1978 年的 17.92% 提升到 1984 年的 23.01%，我国居民的消费结构也表现出相应的特点，即以生活必需品消费为主，生存型消费为主导的消费结构，且居民消费以量的提升为主，较少关注质的改善。

1985—1991 年，我国城镇化稳步发展，处于恢复发展的中期阶段。该阶段随着乡镇企业的不断发展，城市改革的推动，以及继续推进沿海地区城市的开放，城镇化又有了进一步发展，城镇化率从 1985 年的 23.71% 提升到 1991 年的 26.94%，对我国经济发展产生明显促进作用，居民收入随之提高。当居民收入增加后，逐渐开始对健康和质量有了要求，如在食品方面，增加了肉蛋奶的消费。整体与上一个阶段相比，食品和衣着消费占比下降，而交通通信、居住、医疗保健和教育文化娱乐的比重均有较大提升。

1992—2001 年，市场化改革的大力推动，包括第二、第三产业的发展，使我国城镇化得到了快速发展，农村大量剩余劳动力进入城市。在此阶段，经济也同样快速发展，居民收入得到了更大幅度的提升，而不断增加的就业机会和城市的高收入待遇，吸引了越来越多的农村居民进入城市打工、生活，并规划在城市定居发展。这一阶段，居民基本的生活必需品消费支出比例下降，而教育文化等发展型和享受型的消费支出有所增加，主要是因为居民的消费观念不断变化，更加注重人力资本的投资，尤其是与自身发展相关的支出。

2002—2016 年，为我国城镇化的协调发展阶段。2003 年党的十六届三中全会提出了科学发展观，自此我国城镇化也走向了统筹城乡和区域协调发展的道路。城镇化不再以增加城市人口比例和扩大城镇规模为主，而是协调发展产业结构、居住环境和社会保障，追求人口、环境、社会、文化等多方面的可持续发展。在此阶段，城乡居民的消费结构均表现为生存型消费下降，发展型和享受型消费上升，该阶段后期，服务业增加值占 GDP 比重首次过半，体现出居民消费结构的优化升级，居民的消费需求倾向于个性化和便利度。

2017 年至今，为我国城镇化的高质量发展时期。在不断探索高质量城镇化的过程中，科技不断发展，催生了个性化、定制化和多样化的消费者需求，居民的消费结构逐渐发生变化，由以基本生活需求为主转向更多元化、多样化的消费，消费者对高端耐用品和服务型消费的需求不断提升，未来人工智能、大数据、区块链、物联网等前沿科技发展，结合传统行业或催生新兴产业，用于满足居民不断提升的消费需求，例如，在城镇化进程中，电子商务在推动居民消费发展方面起到了重要作用。互联网普及和物流网络的建设，为居民提供了更加便利的购物方式，促进了消费的增长和消费结构的优化。

7.1.2 我国城镇化、消费结构与经济发展方式转变的协调发展性

7.1.2.1 三者协调发展趋势

改革开放之前，我国处于计划经济时代。这一阶段我国采用的是严格控制城镇化发展的政策，而一味地发展重工业，城乡居民收入水平较低，居民消费以解决温饱型支出为主，食品、衣着和居住等生存型消费支出，也都是以满足基本生理需求为标准，较少追求健康、品质、美观等其他需求。

改革开放后，我国在经济发展方式转变、城镇化发展质量、消费结构优化升级三个方面不断探索，并取得了一定的成果。考虑到数据的可得性，选取了 1980 年至 2018 年我国 31 省市（自治区）的数据（并以 1980 年数据为基期），利用德尔菲法、AHP 法和熵权法，构建了中国 1980—2018 年城镇化、消费结构和经济发展方式转变的发展历程趋势图，如图 7-1 所示。

从图 7-1 中可以明显的看出 3 条曲线大致呈现上升的趋势。虽然不同年份的增长率略有不同，期间也有轻微向下的波动，但是整体来看是从失调趋向于协调发展。经济发展方式的转变带动了城镇化发展和消费结构的优化升级；城镇化和消费结构之间，相互促进、相互影响、协调发展，又促进了经济发展方式的转变。

1992 年，我国经济发展方式发生了比较明显的变化，这与邓小平南方讲话和党的十四大召开，并提出建立社会主义市场经济体制有关，经济发展方式转变的速度加快，从而带动城镇化和消费结构优化升级的快速发展。

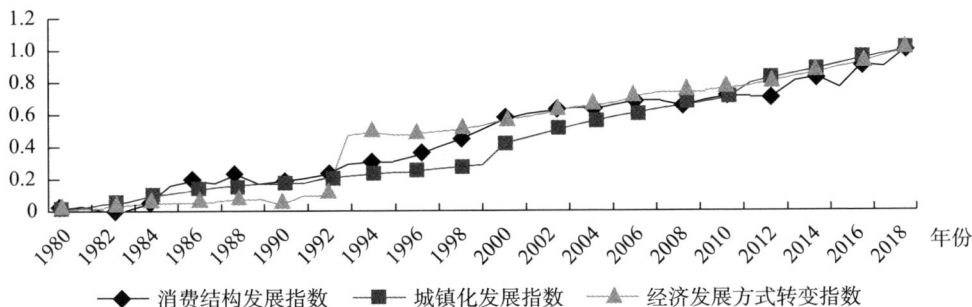

图 7-1　中国 1980—2018 年城镇化、消费结构和经济发展方式转变的发展趋势
资料来源：历年《中国统计年鉴》、国家统计局网站。

1984—2010 年，我国消费结构优化升级指数始终领先于城镇化率，这一阶段中，经济发展方式转变指数波动较大。1984 年之前和 2010 年之后两个阶段，城镇化发展处于领先地位，这两个阶段，经济发展方式转变指数处于城镇化率和消费结构优化升级指数之间。

7.1.2.2　三者协调发展阶段划分

结合城镇化、消费结构，以及经济发展方式转变各自的发展历程，可以将三者的协调发展分为以下 5 个阶段。

1. 中度失调阶段（1978—1984 年）

1978—1984 年，伴随改革开放和一系列的农村改革政策的出台，城镇化率逐渐提高，但城镇化还处于以土地城镇化为主的发展初期。由于经济发展是粗放型发展，以提升经济效益为主要目标，因此虽然随着市场开放程度的增加，商品种类逐渐多样化，但居民整体收入提升不明显，消费能力依然较弱，且消费观念依然为保守节俭型，消费结构依然以基本的生存型消费为主。整体上，城镇化发展和经济水平提高对消费结构优化升级的促进作用不明显，居民消费结构优化升级相对于城镇化发展和转变经济发展方式来说，具有时间的滞后性,三者处于中度失调阶段。

2. 轻度失调阶段 (1985—1991 年)

1985—1991 年,中国经济发展方式依然是"粗放型"的发展阶段,但城镇化已经处于恢复发展的中期阶段。随着大量小城镇不断发展,城镇地区经济体制改革,对我国经济发展产生了促进作用,居民收入开始逐渐增长,消费结构出现了一定程度的优化升级,表现为恩格尔系数相比前一阶段,出现了较大比例的下降,医疗保健、交通通信以及教育文化娱乐消费支出,较前一阶段明显增加。但由于该阶段出现了严重的通货膨胀,物价不稳定,导致各项消费支出上下波动明显。整体上城镇化发展促进了经济水平提高和消费结构优化升级,但由于经济发展方式并没有转变,三者的协调性依然是失调的,且较上一个阶段失调性有所减弱,因此三者处于轻度失调阶段。

3. 勉强协调阶段 (1992—2007 年)

1992—2007 年,中国经济发展方式基本处于从"粗放型"向"集约型"转变的阶段,再到逐渐深化改革、协调城乡和区域发展、优化产业结构、经济快速增长。经济快速增长伴随着人口大规模流动,城镇化从扩张阶段过渡到协调发展阶段,由此可见经济增长促进了城镇化的发展。经济和城镇化的发展,带来了大量的就业机会,使我国居民收入不断提高,消费结构不断优化升级,国民生活出现了巨大的变化,从温饱过渡到小康。随着居民发展型和享受型消费支出比例的不断提高,产业结构优化升级和科技进步速度加快,从而推动了经济和城镇化发展。

但 2002 年,党的十六大报告明确了,我国所达到的小康是不全面的、低水平的以及发展很不平衡的小康,体现出消费结构优化升级和经济发展之间的矛盾。另外,经济发展方式转变对消费结构优化升级的影响较为明显,对于城镇化的促进作用不足,这主要是由于我国生产力还有待提高;城乡二元经济结构和阻碍城镇化进程的户籍制度等政策依然存在;地区差距依然较大;老龄化已经开始;城镇化进程中的城市病、半城镇化病、农村病等导致生态环境恶化、交通拥堵、资源分布不均、贫富差距逐渐扩大;社会保障制度不够完善等。因此在这一阶段,城镇化、消费结构以及经济发展方式虽然已经出现协调发展的趋势，但协调发展程度较低，处于从失调向协调过渡的阶段。

4. 初级协调阶段（2008—2016 年）

2008—2016 年，是中国"加快经济发展方式转变"的阶段。中国要加快形成新的经济发展方式，就要深化改革，推进经济结构战略性调整，走中国特色新型城镇化道路。在随后的几年内，我国不断探索具有中国特色的城镇化道路，更加注重以人为本的城镇化建设。新型城镇化有规划地实现城乡和区域统筹发展，并协调发展产业结构、居民消费和生活环境、社会保障、户籍和土地等制度改革、生态环境治理等，促进"新四化"的协调发展，催生多样化的消费需求，逐渐形成以服务型为主的消费结构。此时为新型城镇化的规划和初步推进阶段，虽然与经济发展方式转变以及居民消费结构有重要相互促进和影响的关系，但由于房价高涨等原因，居民消费结构受到一定程度的制约，且城乡和区域的差异较大，因此综合来看，三者协调性处于初级协调阶段。

5. 中级协调阶段（2017 年至今）

自 2017 年起，中国经济开始转向高质量发展阶段，城镇化发展也已经步入深度推进新型城镇化阶段，2017 年发改委全面部署推进新型城镇化的重点任务，并强调新型城镇化开始向纵深推进，综合效应会加快显现。全国恩格尔系数于 2017 年首次降到 30% 以下，以联合国标准来看，中国已经在向富足阶段迈进，而且全国恩格尔系数依然不断下降，2019 年达到 28.2%。2016年，中央提出"房住不炒"，随后各地陆续发布了严厉的住房限购政策，抑制了房价的高速上涨，以释放居民的消费能力。2017 年党的十九大明确指出，我国已处于全面建成小康社会的决胜阶段，2019 年国务院政府工作报告提出，对标全面建成小康社会任务，扎实推进脱贫攻坚和乡村振兴。高质量的经济发展方式以及新型城镇化的深入推进，极大程度上促进了消费结构的优化升级，消费结构的优化升级也促进了经济和城镇化的高质量发展，三者协调程度上升，但由于城乡和区域的差异依然较大，部分问题依然没有得到彻底解决，住房消费支出依然存在挤占其他消费支出的现象，限购政策虽然抑制了房价的快速上涨，但由于居民收入的增加具有一定的滞后性，释放消费能力的效果还没有完全显现，因此，该阶段属于这三者之间的中级协调发展阶段。

7.2 我国城镇化质量提升与消费结构优化耦合发展中出现的问题

7.2.1 城镇化水平、发展质量与消费率水平、城乡和区域的消费结构差异明显

区域发展不平衡、城乡发展不平衡是导致我国城镇化拉动消费效果不明显的直接原因。我国不同区域间的城镇化水平、发展质量，以及城乡间的消费结构和消费水平存在明显的差异性，这使得城镇化质量和消费结构优化的耦合关系存在着巨大的差异性。而这种巨大的差异性影响着我国城镇化对消费的拉动作用，从而在一定程度上制约经济的转型升级。

7.2.1.1 城镇化水平、发展质量的差异性

一是中国的城镇化发展程度不高，实现乡村振兴还有很大的发展空间。如前所述，一个国家的城市化水平与这个国家的工业化、现代化的发展直接相关，而城市化的发展又直接影响消费结构的优化，故城市化发展程度越高，其城市化质量与消费结构的耦合关系越密切，越能起到相互促进的作用。截至 2022 年底，我国的城镇化率为 65.22%，与发达国家一般都有 80% 以上的城镇化率还有相当大的差距，离英国、美国有 90% 以上的城镇化率差别更大。这种差距表明我们的市场化水平在人均 GDP、城镇居民人均可支配收入、城市财政收入能力、非农产业产值比重、人均财政教育支出等方面还大大低于发达国家水平，其消费能力也必然较低，消费结构也存在人的发展质量消费与实际需要还有一些不平衡的问题。

二是我国存在城市发展多层次梯级水平。改革开放 40 多年以来，我国从经济文化比较落后的发展中国家一跃成为世界第二大经济体，城市化发展也取得了跨越式的进步，部分城市的现代化水平已高于世界发达国家的城市现

代化水平，但是这并不能够代表整个中国城市化建设的全貌。不同于世界上的发达国家几乎每一个城市其城镇化水平、城镇化质量、消费率水平和消费结构都大体均衡，中国城市化建设最大的问题还是城市发展之间的巨大不平衡和差异性，据 2020 年第一财经城市商业魅力排行榜公布的数据显示，全国337 个地级以上城市共分成五个等级，其中一线城市 19 个、二线城市 30 个、三线城市 70 个、四线城市 90 个、五线城市 128 个。越是线数靠前其城镇化质量和消费结构耦合程度越高，反之就越低。不仅如此，我国还有 1396 个县级城镇和 4 万多个乡镇，不论是从城镇化质量和消费率水平，还是二者的耦合关系都无法同城市化水平高的地方比。此外，城镇化的发展，除了区域间的差异，也有区域内的差异，例如东部地区京津冀城市群，2022 年北京城镇化率达到 87.6%，而河北只有 61.65%。

三是同一类型发展城市差异性也比较大，其耦合发展的空间很大。在我国即使是同一类型的城市，其城市化水平和消费结构的关系也不一样，也存在巨大的差距和不平衡。从二线城市宁波与兰州比较来看，其城镇化水平与消费结构就有很大的不同。据国民经济和社会发展统计公报数据显示，2019年宁波完成财政总收入为 2784.9 亿元，城镇居民人均可支配收入为 64886 元，农村居民人均可支配收入为 36632 元，城镇居民恩格尔系数为 27.3%、农村居民为 30.7%，参照国际标准，宁波市居民开始步入富足水平。兰州市大口径财政收入为 679.51 亿元；全市城镇居民人均可支配收入为 38095 元、农村居民人均可支配收入为 13605 元；全市城镇居民恩格尔系数为 30.0%、农村居民恩格尔系数为 31.7%，由此可见东西部城市之间存在比较大的差别。因而在我国，即使是同类型水平的城镇，由于地理环境、历史发展水平、发展思路、生活方式和消费习惯不一样，等等，城市发展水平也很不平衡。

7.2.1.2　消费水平及消费结构的城乡差异

当前，城乡整体消费水平差异依然存在，消费结构呈现不同变化。城镇居民的人均消费支出从 2010 年的 13821 元增长到 2022 年的 30391 元，总体增长了 125%。其中，人均医疗保健支出涨幅最大，从 2010 年的 895 元增长到

2022 年的 2481 元，涨幅高达 177%；其次是人均居住支出，涨幅达 171%；人均交通通信支出涨幅达 122%，人均其他用品及服务支出涨幅达 114%，人均文教娱乐消费支出涨幅达 107%，人均食品烟酒消费支出涨幅达 103%，而人均衣着类消费支出涨幅仅 39%。整体来看，2010 年城镇居民的食品烟酒消费支出占比为 32%，总体生存型消费占比约 61%，而发展型和享受型消费占比在 39% 左右，是生存型、发展型和享受型并存的消费结构。而 2022 年，城镇居民的食品烟酒消费支出占比下降到 29%，总体生存型消费占比为 60% 左右，发展型和享受型消费占比在 40% 左右，生存型消费占比下降不多的原因主要是人均居住支出上涨了 5%。与之相对应，农村居民的人均消费支出从 2010 年的 4945 元增长到 2022 年的 16632 元，总体增长了 236%。其中医疗保健类消费支出增幅最大，高达 358%；人均交通通信支出增幅次之，为 338%，人均食品烟酒消费支出增幅为 192%，人均衣着类消费支出增幅为 211%，人均居住支出增幅为 236%，人均教育文化娱乐消费支出增幅为 215%，人均其他用品及服务支出增幅为 265%，人均生活用品及服务支出增幅为 243%，整体来看，2010 年农村居民的食品烟酒消费支出占比为 38%，总体生存型消费占比约 64%，而发展型和享受型消费占比在 36% 左右，是生存型、发展型和享受型并存的消费结构。而 2022 年，农村居民的食品烟酒消费支出占比下降到 32%，总体生存型消费占比为 59% 左右，发展型和享受型消费占比在 41% 左右。由此可见，过去十年内，农村居民的消费结构逐渐优化升级，享受型和消费型消费支出增加更快。

通过城乡对比也可以看出，农村居民的消费结构优化升级更加明显。虽然农村居民的消费结构得到了优化，但消费水平却与城镇差距较大，主要问题在于：第一，城乡一体化的土地市场尚未形成，农村资源变资本的渠道还没有完全打通。第二，城乡社会保障制度尚未完全并轨，城乡基本公共服务均等化还有待完善，农村居民长期具有"养儿防老"的保守消费观念，从而尽可能增加储蓄、减少消费。第三，农村公共设施和交通相对落后，导致农业现代化发展受阻，农村的产业结构难以优化，农村居民的收入难以提高，多样化的商品和服务难以快速并以低成本进入农村，从而阻碍了农村居民的消费支出和消费结构优化升级。第四，农村的医疗保健、文教娱乐设施相对简陋，阻碍了农村居民发展型和享受型消费的支出。

7.2.1.3　城镇化对消费的带动不明显

整体而言，我国城镇化拉动消费增长的作用并不明显，无论是消费率还是城镇居民消费倾向，都呈现出了下滑的趋势。我国的城镇化率从新中国成立初期的 17.4% 稳步上升直到 2011 年终于突破了 50% 的大关，2022 年达到了 65.22%，但是我国的消费率却从初期的 71.07% 不断下降，2021 年我国最终消费率仅为 54.5%。其中城市居民的消费倾向（城镇居民平均消费占可支配收入的比重）更是从 1978 年的 90.61% 下滑到 2022 年的 61.7%，农村居民消费倾向（农村居民平均消费占纯收入的比重）从 1978 年的 90.87% 下降至 2022 年的 82.61%。

我国城镇化进程不断加快，但是居民消费率却呈现下降趋势，可见城镇化对于消费的促进作用并不明显。我国最终消费率从 2001 年的 63.9% 开始出现显著的下降趋势[①]，2001 年中国加入 WTO，出口量急剧上升，此时国内的最终消费率处于下降状态；而同期的城镇化率则一直处于上升状态，表明在我国经济总量大幅上升的过程中，国家通过推行各种政策一直加强城镇化建设。全国的消费率呈现下滑趋势，在 2008 年的金融危机时处于低谷状态，为 50%[②]。此后，国家通过"四万亿"计划，尤其是加大新型城镇化建设，实行扩大内需战略，激发国内的消费潜力，消费率在数据上才开始缓慢上升。

7.2.1.4　我国以城镇化率拉动消费结构升级存在区域差距

我国以城镇化率拉动消费结构升级存在东、中、西部的区域差距。我国东部地区的城镇居民消费支出最高，主要由于东部地区一直是我国最发达的区域，商品经济发达，居民收入较高，且对未来收入也比较乐观，消费需求更加旺盛，消费层次较高，且东部地区整体城镇化水平较高，通过示范效应

[①]　数据来源：《中国统计年鉴》。
[②]　数据来源：《中国统计年鉴》。

促进了农村地区居民的消费。中西部城镇、三四五线地区，由于经济发展水平较低，产业结构相对单一，缺乏吸引人才和资金的竞争优势，以及市场规模较小，城镇化的发展动力不足，产业支撑力度不强，就业机会较少，经济社会发展动力不充分。从而这些区域的居民由于收入较低，消费能力增长的滞后性强、转化率低，就业机会较少，基础设施和公共服务发展缓慢。此外，由于人口向超大城市过度聚集，中小城市受到大城市虹吸效应的影响较大，有可能陷入低水平发展的困境。

我国以城镇化率拉动消费结构升级存在城乡的区域差距。中国的城市工业化经历了快速发展阶段，许多沿海城市与中部城市形成了自己的生产基地，城市生产总值大幅提高。而相比之下，受到一系列包括土地制度、农村金融、农产品流通和农业科技等方面的制约，农业工业化、农业现代化的进程相对较慢，农民的生产方式和生活条件仍然面临一定的困难。城市工业化和农业工业化之间的差距导致了城乡发展的不平衡，城市的经济发展和生活水平普遍较高，而农村地区的发展相对滞后，农民收入水平相对较低，这进一步加剧了城乡差距，城乡居民消费水平的差异、城乡消费结构的不同延缓了我国的消费结构升级，阻碍了我国创新型产品的上市与更新。

7.2.2 城市病、半城镇化病与农村病并存，阻碍消费结构升级

改革开放以来，我国经济社会在不断地发展，原来相互隔绝的城乡二元结构被打破，开启了城镇化发展的进程。然而，随着城镇化进程的加快，也出现了一些新问题，即"城市病""半城镇化病""农村病"。首先，人口向大城市集中，从而引起人口急剧膨胀、环境持续恶化、交通拥堵严重、房价上涨过快、创业就业困难、城市盲目外延、土地资源紧缺、公共服务资源稀缺、居民生活快乐感与幸福感降低等一系列"城市病"。城市发展不堪重负，引发市民身心疾病，大量的财富在各种管理内耗中浪费，导致发展质量和水平降低。其次，以农民工为主体的农业转移人口进入城市以后，还不能完全融入城市生活，不能获得城市居民的身份应该获得的权利和待遇，处于"非农"

"非城"的"半城镇化"状态。由于他们身处城市却没有城市户籍，在就业、医疗、教育等方面处于"两不靠"的尴尬境地，从而带来社会治安、经济发展、社会公平、家庭解体等一系列社会问题。而"农村病"在不同发展阶段有不同表现，最初是因为在工业化、市场化、城市化发展过程中对农业人口的吸引，致使大批农民工进入大中城市，出现了大量的"空心村"现象，大量农民工的"候鸟式"转移，相当多的农村只剩下老人、小孩、妇女，农村土地粗放式经营和撂荒现象严重，农村生产生活失去活力。因此，进入21世纪以后，"农村病"表现为农村经济发展相对缓慢、农村基础设施和公共服务设施供给短缺、广大农村缺乏活力、农村土地存在撂荒现象、环境污染严重、精神文化生活缺乏，有的地方陈规陋习严重，甚至还存在黑恶势力控制基层政权的情况。总之，"农村病"的典型症状是农业经营规模小、农业劳动生产率较低、农民收入偏低、公共设施短缺、"空心化""老弱化"现象严重，一些农民处于相对贫困和部分群体处于绝对贫困的状况，有的地方生态环境恶化。党的十八大以来，我们党实施乡村振兴战略和扶贫攻坚战略，一些农村的面貌发生了很大的改变，处于绝对贫困的农民也得到了很大力度的帮扶，使他们脱贫，但"农村病"的情况还没有得到根治。

"城市病""半城镇化病"和"农村病"的并存在一定改革开放时期是不可避免，但我们不能忽视这3种病对消费结构升级带来的负面影响。一是三种病的并存，使相当一部分群体的收入偏低，致使消费动力不足，难以支持消费结构升级。这3种病的并存有一个共同的问题，就是有相当一部分群体收入处于低水平，低收入水平在城市仅仅能够解决基本生活问题，不可能成为消费结构优化的推动者。二是由于一些政策缺乏普惠性，一些群体的消费需求得不到满足，影响消费结构升级。农民工进城以后，由于户口问题没有解决，不能同等享受很多城市居民的福利，他们在子女教育、医疗、文化生活、购房等方面受到限制或者需要支付更多的费用，也影响了其对消费结构优化的贡献。三是由于3种病并存使相当一部分家庭难以维系健全的家庭生活，阻碍消费结构升级。在3种病并存的时候，部分农民工难以维持完整健全的家庭生活，他们不得不多地分居，各自过各自的生活，不能像完整的家庭那样有周末休闲度假、有孩子专长训练、有家庭聚会消费，等等。四是由于"农村病"的存在使得外出打工得到较高收入的农民也无法按照需求进行消费，导致消费结构不能升级，甚至产生畸形消费现象。由于"农村病"的存在使农村的许多消费需求无法满足，例如，影院、专业训练学校、休闲娱乐、特色餐饮，等等。一些农民工即使赚到了比较多的钱也无法满足消费需求。

7.2.3 城镇化建设缺乏科学布局，一些城市缺乏生机和活力，消费处于低迷状态

我国多线城市的划分说明城市吸引力的级差，由于这种级差还比较突出，导致一线城市虽然数量稀少但人员流动吸引力比较大，而其他线特别是四线城市及县以下乡镇人口流失严重。关键的原因是我国城镇化建设缺乏科学布局，即我国的城镇化建设没有从空间布局、产业布局、公共设施布局和人才布局等四个方面通盘考虑，并统筹兼顾，全面均衡，从而使人口流动不至于出现单线向上流动的问题。

从空间布局来说，科学布局要求城市之间、城镇之间、乡村之间的地理分布能够做到既能够充分发挥大中小城市在所辖地区的龙头作用和影响作用，又能科学合理地发挥集镇和行政村的集聚作用，达到城、镇、村相互联动，功能互补，实现城乡一体化发展，在城市群的空间内能够满足和实现人的生活和发展的几乎所有需求。但当前，存在着空间布局不科学的问题，大中小城市和镇村之间没有形成错落有致，需求平衡的空间布局。一些大城市和特大城市吸引了大量的人口和资源，而其他地区的城镇发展相对滞后。这种不平衡导致了人口大量涌入大城市，加剧了大城市的空间布局问题，同时也造成了资源的浪费和地区发展的不平衡。

从产业布局来说，产业是城镇化发展的真正动力源。没有产业支撑的城镇只能算作原始的自然村落和集镇，无法推动城镇的升级、发展。但现在的问题是相当多的城镇发展存在产业布局不科学的问题。其一，产业集聚不明显：一些城镇在产业发展中缺乏明确的定位和特色，产业集聚效应较弱。相

反，它们可能存在大量重复、低附加值的产业，导致资源浪费和竞争激烈。这种模糊的产业定位使得这些城镇在经济发展中缺乏竞争力，无法形成独特的优势和特色。其二，传统产业占比过高：一些城镇在发展过程中过度依赖传统的重工业和资源型产业，因而缺乏高技术、高附加值的现代产业。这种产业结构的不合理导致了经济的脆弱性和可持续性的问题。同时，传统产业的发展也可能带来环境污染和资源枯竭等问题，与可持续发展的目标不符。其三，缺乏创新驱动：一些城镇在产业布局中缺乏对创新的重视，缺乏高科技产业和创新型企业的支持和培育。这使得这些城镇在全球化竞争中难以脱颖而出，无法真正实现可持续发展和经济转型。而通过科学规划和布局产业，可以促进经济发展、创造就业机会、实现区域协调发展，并推动城市向高质量发展的目标迈进。

从公共设施布局来说，这些年城镇化的建设使公共设施的发展有了很大的进步，但是仍然存在公共设施布局不科学的问题。其一，不均衡的公共设施配置：存在供需失衡的情况。一方面，一些发达地区的城镇拥有充足的公共设施，包括教育、医疗、文化娱乐等方面的设施，而其他地区的城镇则相对欠缺；另一方面，即使在同一城镇内，公共设施的分布也可能不均衡，导致部分区域或社区的居民难以享受到公共服务的平等权益。其二，缺乏规划和整合：在城镇化建设中，需要综合考虑人口规模、居住区域、经济发展等因素，合理规划公共设施的布局。然而，一些城镇在建设过程中缺乏全局性的规划，导致公共设施的布局不够科学和高效。其三，服务水平不均衡：一方面，一些城镇的公共设施服务水平较低，无法满足居民的基本需求；另一方面，一些城镇的公共设施服务水平较高，但可能存在资源浪费和冗余的问题。这种服务水平的不均衡既造成了资源的浪费，又影响了城镇居民享受权益。这种不均衡的现象使一些中小城市居民对优质公共资源消费的需求受到抑制。

城镇化发展的基本经验告诉我们，人才布局对城市化的发展影响巨大。实践证明，发展得最快的城市往往就是人才集聚的区域。越是对各层次人才有吸引力的地方，例如，能够吸引创新性人才、产业领军人才、高端经营管理人才的地方，往往是最有生机和活力的城市，这些地方的消费也最活跃。凡是人才缺乏的地方也大都人气不足，产业发展不充分，消费也拉动不起来。

7.2.4　公共服务支出、水平满足不了居民的医疗卫生教育等公共消费需求

2022 年我国人均 GDP 达到 1.27 万美元，进入世界上中等收入行列，与世界银行规定的高收入标准更加接近。人均 GDP 的大幅度提高，意味着国家的经济实力增强和居民收入的提高，这就使国家公共服务的能力也得到了极大提高。特别是进入新时代以后，公共服务产品不论是从类型来说，还是从服务的质量来说都有极大的提高。以陕西省为例，除基础设施建设、公共安全、生态环境治理等方面的公共产品之外，以人员和家庭为补助对象的公共服务就多达八大类 23 项，这说明公共服务的水平和质量在不断提升，充分显示了社会主义制度的优越性。

尽管我国公共服务水平和质量有了极大的提升，但作为以人民为中心的社会主义国家来说，还没有使公共服务达到满足人民对美好生活需要的要求。还存在整体水平不高和提供的服务不平衡的问题。一是从总体上来说，我国的公共服务和公共产品与发达国家，甚至与一些发展中国家还有一定的差距，公共服务针对不同类型的群体提供的多元化服务不够，仍然停留在满足大众化需求的阶段，同时在提供公共服务时体现人性化的细致周到的服务还不够，特别是对弱势群体的服务设计还不够周密，还有很多不方便、没有充分体现人文关怀的地方，从而阻碍了一部分人的消费需求，例如，医疗卫生教育在有些国家是实行全部免费的，这种公共服务使国民省下来一大笔开支，从而有更多的钱用于提高生活质量的消费，而我们国家还不能完全做到，人民还必须用较多的收入来补充医疗卫生教育服务的不足。二是公共服务存在区域差异的问题，我国人口众多，且分布不均衡，人口集中在一些大城市和发达地区。这导致了一些地区的公共服务压力较大，资源分配不均，影响了居民的生活水平。尤其是医疗卫生和教育资源在城乡之间、地区之间存在较大差

距，农村地区和欠发达地区的居民往往面临医疗卫生和教育资源不足的问题。三是存在公共服务的短板。居民对于医疗、卫生、教育、养老等公共消费的需求不断增加，然而公共服务水平不能满足居民日益增加的公共消费需求，公共服务均等化问题有待解决。庞大的老年人口无论是选择居家养老或是社会养老，都是城市养老健康的公共服务消费问题，而这一板块是我国公共服务的短板之一。我国养老公共服务发展水平不足的一个重要方面在于缺乏社区养老的发展，更多依靠的是居家养老和养老院等传统方式，难以满足多样化的养老需求和提升城镇化质量的要求。四是对于低收入群体而言，基本公共服务的欠缺，是他们致贫返贫的主要原因。低收入群体本来收入就不高，而医疗卫生教育又是除基本生存之外，人生中开支时间最长、最大的支出，特别是当家庭成员出现疑难重病、意外伤害和不治之症时，就需要把全部积蓄花光来治病救人，在这样的情况下，家庭往往会陷入困难的处境。

7.2.5　城市商业发展、商业消费设施，无法满足消费升级的需求

随着城市化的发展和城镇化建设速度的加快，越来越多的人向城市集聚，居住人口的集中，出现了集聚的消费效应，特别是随着城市的扩大，居民收入的提高产生了消费升级的欲望。一是文化消费的欲望越来越强烈。在推进城镇化的过程中，许多从农村和乡镇向中心城市聚集的新城市居民，在满足了物质生活需求之后，最大的消费意愿，就是希望享受大型城市能够及时享受到的文化需求，中小城镇的居民对文化消费的需求越来越追求与大型城市一样的及时性，不断追求丰富多样的文化产品和体验。二是对消费的便利性提出了更高的要求。首先，居民期望有更多的购物选择，包括线上电商渠道和线下购买渠道；其次，居民对支付的便利性也提出了更高的要求，人们习惯使用手机支付购物、支付账单和转账，他们期望享受到便捷、安全、高效的支付体验；最后，居民对消费服务的便利性也有很高的要求。他们期望能够获得个性化的服务，根据自己的需求和偏好得到定制化的推荐。无论是在线购物还是线下消费，他们都希望得到高质量的售后服务和投诉解决机制。

三是对商品价格的敏感性不断增强。由于收入水平的不断提高，消费者的购买力也在增强，因此他们更加关注商品的价格变化，希望能够以合理的价格购买到质量更好的产品。电子商务平台的兴起为消费者提供了更多的购物选择和价格比较的机会，消费者可以通过多个平台进行价格对比，寻找最具性价比的产品，提升对价格的敏感性，这种消费心态的变化对城市商业发展提出了很大的挑战。

中国城市面临着有效供给不足的问题，无法满足居民消费结构升级的需求，导致了消费外溢现象的出现。随着经济的发展和居民生活水平的提高，消费者对于高品质、个性化和多样化的消费品和服务的需求日益增加，但城市的供给没有跟上需求的增长速度。首先，尽管中国的零售业和服务业正在快速增长，但与消费需求相比，城市零售业和服务业的发展仍然存在差距。传统的商业模式和供应链体系难以适应快速变化的消费结构升级需求，导致在高品质、个性化和多样化产品方面供给不足。其次，城市治理带来了消费便利的新问题。随着城市治理的规范化，许多城市都对改革开放初期全民经商条件下出现的，底楼开窗破墙、地摊经济、游商经济、集市经济、早市经济等进行了治理。对违章建筑、违规经营进行了大力的整治，市容市貌发生了很大的变化，人们在感受到城市的清洁整齐之余，发现过去消费的便利性和价格的低廉性不见了。同时，房价的上涨拉动消费价格上涨，居民消费的压力加大。随着经济的发展，城市人口的激增，一些城市的房价持续上涨。房价的提高，使商业设施的租金相应提高，从而使商品的物价提高，循环最终都由消费者买单，造成消费负担的加重。消费者在收入没有同步提高的情况下，不得不通过降低消费欲望来应对物价上涨，从而导致消费结构无法优化。最后，城市规划和管理的问题也限制了供给的有效性。城市规划不够灵活，无法及时适应消费结构升级的变化。过于注重住房和办公空间的建设，而忽视了零售业、文化娱乐和服务业的发展，导致供给不足的问题。同时，城市管理方面的限制和烦琐程序也给新兴行业和创新型企业带来了阻碍，影响了供给的增加。

7.2.6 社会分层带来的消费分层问题日益突出

阶层是指阶级中的不同层次。在同一阶级内部，由于经济地位不同，收入高低不同而分为若干不同的阶层。社会分层并不是人为划分的，而是自然形成的，每个阶层都有普遍的自我认同感。社会分层是经济社会发展的一个自然过程，也是经济社会发展的必然阶段。自从改革开放以来，我国逐步确立了以公有制为主体多种所有制经济共同发展，以按劳分配为主体多种分配方式并存的制度，于是出现了多种经济成分，社会分层也随之出现。2002 年党的十六大报告第一次提出社会变革中新出现的六大社会阶层，即民营科技企业的创业人员和技术人员、受聘于外资企业的管理技术人员、个体户、私营企业主、中介组织的从业人员、自由职业人员。① 2015 年中共中央印发了最新的《中国共产党统一战线工作条例（试行）》，将"新的社会阶层人士"第一次明确列为党在新时期统一战线工作的范围和对象，至此，"新的社会阶层"成为一个正式的政治专有名词。社会分层在国家治理体系中成为分析转型、社会分化的重要概念，良好的社会分层有利于社会流动和社会发展，实现财富的再分配，并减少社会的矛盾与冲突怨气，而不良的社会分层会使在制度中不能受惠的阶层的不满积压，造成社会动荡不安。因而，社会分层应保持合理的流动性，通过生产力的不断进步最终实现社会分层的简化。② 消费是影响社会分层流动的一个重要因素，无分层消费有利于社会阶层向上流动，促进社会分层的重组和裂变，产生更加有利于社会发展的新的阶层，例如，农民阶层可以通过裂变产生农业企业主、农业工人、农业文化旅游管理者和经营者、农业经营者、农产品物流管理者、城市居民，等等。如果阶层消费固化将使社会分层固化，社会就会停滞不前。

而目前在社会分层与消费的关系上，比较突出的问题是出现了消费分层的问题。所谓消费分层的问题就是各个阶层按照阶层的经济地位和经济水平

---

① 中国共产党第十六次全国代表大会文件汇编［M］. 北京：人民出版社，2002：14-15.

② 李路路. 改革开放 40 年中国社会阶层结构的变迁［J］. 武汉大学学报（哲学社会科学版），2019（1）：169-172.

维护保持阶层特性的消费水准，出现消费阶梯现象。首先，城乡消费分层是一个显著的现象。一线城市和部分发达地区的消费者拥有更高的收入和更广泛的选择，他们能够购买更多高档次的商品和享受更多高端服务。相比之下，农村地区和一些相对欠发达的城市则面临收入较低和消费选择有限的挑战，导致他们的消费水平相对较低。这种城乡消费分层可能导致农村地区的消费者在享受现代化生活方式方面落后于城市居民。其次，贫富消费差距也是一个突出的问题。随着经济发展，中国的富裕阶层快速增长，他们拥有更高的收入和消费能力，能够购买奢侈品和高端服务。然而，底层群体的收入增长相对较慢，他们面临着负担不起高昂消费的问题，只能购买低价商品或者降低消费水平。最后，年龄和教育水平也对消费分层产生影响。年轻一代和受过良好教育的人群更加开放和注重品质，他们更倾向于购买高端产品和引领时尚潮流，推动了消费升级的趋势。与此相反，年长一代和受教育程度较低的人可能更注重价格和基本需求，他们的消费水平相对较低。这些消费分层问题可能导致一些潜在的问题。首先，经济发展的不平衡可能造成地区发展的不平衡，导致资源分配不公平和地区间的差距扩大。其次，贫富消费差距可能加剧社会不平等，引发社会矛盾和不满情绪。最后，低消费水平可能制约内需增长和经济转型升级，对可持续发展带来挑战。

7.2.7　农民工市民化进程缓慢，影响其消费能力和意愿

中国人口城镇化进程包括"转移"和"市民化"两个过程，其中"转移"的过程是指农村居民物理上向城镇转移；而"市民化"的过程则指农民转移到城镇后，在户籍、职业、生活方式、消费习惯、身份认同、子女教育、医疗养老和心理等方面融入城镇的过程。[①] 其中真正市民化最关键的，也是最能直接体现的一环就是市民化消费，而中国农村人口市民化的速度远远滞后于人口转移的速度，农民工市民化进程缓慢影响其消费能力、消费意愿，限制了消费的增长和城乡一体化进程，影响"以人为本"的新型城镇化进程和

---

① 孔艳芳. 房价、消费能力与人口城镇化缺口研究［J］. 中国人口科学，2015（5）：33-44+126-127.

经济发展方式的转变。

其一，农民工自身素质提升缓慢，影响其消费能力。随着科技不断发展，城市产业结构也在不断调整，人工智能取代了一部分传统人工的岗位，也带来了一批新的就业机会，但更多的新就业机会需要高素质人才，而农民工的受教育程度普遍较低，难以满足城市现代化岗位的就业需求，因此大多从事的依然是与体力相关的工作，例如建筑工人，居民家中的保姆、钟点工等。由于薪资低、工作时间长、稳定性差等，导致农民工没有闲暇时间和足够的收入用于自我素质的提升，从而难以应对城市的产业转型升级带来的变化，对于需要高学历、高素质的工作岗位短时间难以胜任，因而收入难以大幅度提升，但同时面对不断提高的物价，农民工在城市生活的成本增加，影响了其消费能力。

其二，农民工的心理转变缓慢，影响其消费意愿。农民工虽然进入城市生活和务工，但是由于文化差异、地域差异和生活习惯差异等，这一群体很难与城市主流文化相融合。就心理层面而言，农民工对于一个城市的归属感、被城市的认同感、在城市生活的安全感、工作的成就感等的提升，其定居的意愿就会增强，也更加愿意与城市文化相融合，受到城市消费文化的影响，从而更加敢于消费，愿意消费。但现实中，许多大城市对于农民工的包容性和接纳程度不高，在就业等方面遭到歧视等，都会阻碍农民工心理上的转变，影响其定居和消费的意愿，也不利于城市形象的建设，且城市规模越大，归属感越弱，对城市生活的适应难度越大。

其三，受制度限制和影响，农民工市民化缓慢，影响其消费意愿。首先，农民工长期以来受到户籍制度的影响，在城市生活和工作却得不到城市的身份认可，缺乏对于城市的归属感和对未来的安全感，而由户籍障碍引致的例如随迁子女本地升学难、费用高、无法参加本地高考等问题，导致农民工倾向于增加储蓄，减少不必要的消费。其次，土地流转制度不够完善导致农民工没有从土地上获得经济效益，从而缺乏进城生活的原始积累，导致不得不接受城市的高物价、高房价的压力，挤占了其他的消费支出。最后，城市社会保障制度对于农民工在医疗、养老、子女教育等方面的保障不够完善，

2022 年农民工人口总量达到 2.95 亿人，而"五险一金"的参保率却不足
20%，主要与农民工月收入低、流动性大的特征有关，许多跨省的农民工难
以达到社保缴纳相应的年限，因此农民工依然倾向于以减少当期消费和增加
储蓄来抵御未来的风险。

7.2.8 城市经济发展中的环境污染带来了城乡居民的消费安全与健康问题

经济发展和环境保护之间的矛盾，无论是发达国家的昨天，还是发展中
国家的今天，都是那么相似。经济发展必然消耗能源、矿产资源和水资源，
必然会带来能源和资源的减少；经济发展不可避免地需排放废弃物质，造成
土地、水和空气的污染，破坏生态环境，这些也给居民的消费安全和健康带
来威胁。

改革开放以来，我国经济取得了飞速发展，各省市 GDP 不断上升，综合
经济实力和城市建设都取得了历史性跨越，居民收入大幅增长，人民生活水
平大幅度提高。但是，这样的发展是以环境和资源为代价换来的。随着我国
城镇化率的快速增长，大气、水、噪音、垃圾污染等环境问题越来越严峻：
各类生产活动大量在城市集聚，其中不乏高污染、高耗能、高排放企业相对
集中的城市，雾霾、灰霾等大气污染问题不断出现；尤其是一些城市管理者
存在先发展后环保的错误思想，城市建设中重投资开发、轻生态保护，忽视
生态成本而片面追求经济增长速度，环境污染问题越来越成为城市经济发展
的顽疾。此外，过去的几十年，城市人口规模不断增加，人口密度不断提升，
但受经济发展水平低、管理和技术落后的限制，不得不靠生态系统超负荷运
转、过度消耗资源来支撑日益增长的需求，自然生态子系统的承载能力不断
下降；再加上民众的环境保护意识、环境法制观念不强，以城市为中心的环
境污染向农村蔓延，生态破坏的范围在扩大，生态环境恶化的趋势程度在加
剧，已经到了不治不行、刻不容缓的地步。

城市经济发展中产生的环境污染，造成了很大的居民健康损失。我国心
脏病、慢性呼吸道疾病、肺部感染、肺癌等慢性病患病率、死亡率显著增长。

据国家癌症中心发布的统计数据显示，全国每年新发癌症约为 380 万例，其中，肺癌已成为最高发的癌症。越来越多的流行病学研究表明，大气污染可增加慢性病的患病率和死亡率。如臭氧污染会刺激肺部、加剧哮喘；甲醛使得住户健康受到损害，长时间吸入会引发患癌风险。中国是全球空气污染疾病负担最重、死亡人数最多的 10 个国家之一。因此，随着人们的经济收入水平不断提升，对空气净化器等能带来健康安全的消费需求也相应增长。我国"十三五"规划纲要就指出"引导消费朝着智能、绿色、健康、安全方向转变，以扩大服务消费为重点带动消费结构升级"。而这一对消费方向的描述，正是基于当前城乡居民对绿色健康安全的消费渴望。普通民众越来越多地关注生态环境，对于那些忽视甚至无视破坏资源和生态环境的经济活动和行为的企业或政府相关部门，强烈表达不满。为此，生产领域必将发生彻底革命，生产商开发新的绿色产品，必须改变传统生产模式，实现清洁生产，健康安全的绿色消费需求必将促进绿色产业的迅速崛起。

7.3　问题产生的原因

在认识了我国城镇化建设过程与消费结构优化存在的问题之后，我们还需要对产生这些问题的原因进行分析。需要指出的是，造成城镇化质量与消费结构优化不能协调发展的原因是多方面的，也是综合性的，既有经济、政治、文化的原因，还有历史、地域风俗习惯和个人素质的原因；既有客观的原因，也有主观的原因，本书主要从经济和体制关系来分析。

7.3.1　新旧二元体制下的制度因素阻碍二者的耦合发展

新旧二元体制是指过去在计划经济状态下长期存在的城乡分割的二元体制和在新型城镇化建设过程中出现的新型城乡关系的体制。在当前城镇化建设过程中，既存在过去城乡分割旧体制的痕迹，又存在新型城乡关系体制不完善的问题；既存在两种体制相互排斥的现实，还存在改革目标和改革条件不匹配的情况。因此，在这个阶段，就城镇化建设和消费结构优化的关系来说，改革使二者耦合关系越来越协调的作用未凸显。

目前，新旧二元体制下制度因素阻碍二者的耦合发展的问题主要表现在以下方面：一是行政管辖权的二元制分割阻碍二者的耦合发展。目前新旧城乡关系的制度都存在一个行政管辖权的问题，即农村归乡镇行政机关管、城市归区市政府管。行政管辖权的城乡分割，造成了互不统属的管理权限，这就带来自由流动过程中的困难。外地人到城市，按规定缴纳税收，但享受不了地方财政提供的区域公共服务。这就使得城镇化的发展与消费结构的优化没有成为耦合关系，甚至是背离关系。二是身份固化的二元制结构阻碍二者的耦合发展。新旧二元体制在过渡过程中还有一个问题没有解决，那就是身份变化的问题。中国的户籍制度将人口划分为农业户口和非农业户口，这导致了城乡居民之间的差异待遇和权益不平等。城镇化进程受到户籍制度的限制，农村居民在城市就业、居住和享受公共服务等方面面临诸多障碍，这种二元户籍制度限制了农民工和其他农村居民流入城市，并阻碍了城市消费市场的发展。三是新旧二元体制下形成的素质差异阻碍二者的耦合发展。由于城乡分割的二元体制长期存在而出现城乡差别的巨大鸿沟，是在短期内无法弥合的。这种差别不仅仅体现在收入水平、生活质量、生活条件、生活环境等方面，更重要的是存在着人的素质的差异。由于长期居住在农村，受到各种条件的限制，导致见识视野和文化程度等存在差异。这种素质上的差别，即使在进城以后也是一下难以提高的，他们往往在城市人面前显得比较自卑，缺乏做城市人的底气和信心，特别是不愿意在自身素质提高上花费精力，于是有的人进城之后除了打工获取一点谋生的收入，就是百无聊赖，用打牌赌博虚度年华，有的甚至走上违法犯罪道路，成为城市的不安定因素。一些人思想文化素质不高，缺乏上进心，也成为阻碍消费结构优化的一个重要因素。四是二元体制改革过渡时间太长影响二者的耦合发展。从城乡二元结构体制到城乡一体化的改革过程需要解决一系列问题，不可能一蹴而就。党的十七大报告正式提出"形成城乡经济社会发展一体化新格局"[①]，全国城乡一体化

---

① 中国共产党第十七次全国代表大会文件汇编 ［M］. 北京：人民出版社，2007：23.

的改革探索早就进行，城乡一体化改革时间拉得太长不能很快地实现城乡发展要素的有机融合，不能达到利用城乡一体化建设的契机推进经济迅速发展，就会使原有的城乡对立要素与转轨换型过程中的对立要素相互交织和叠加，使矛盾更加尖锐复杂，例如，改革过程中出现的大量留守儿童、妇女、老人以及空心村、三不管村等问题。这些问题的存在严重影响了经济社会发展，还带来了社会的不稳定。

7.3.2 居民收入结构不平等不合理，贫富差距持续拉大，阻碍二者的耦合发展

改革开放以来，我国人民群众的收入水平普遍都得到了提高，为提高消费水平，优化消费结构起了重要的作用。然而，随着经济社会发展，我们发现消费动力并没有随着国民收入水平的整体提高而越来越强劲，城镇化建设的不断推进，没有达到预期的消费结构优化，其中一个非常重要的原因就是目前存在居民收入结构不平等、不合理的问题。居民收入结构的不平等、不合理可以从基尼系数上反映，国际上通常把 0.4 作为收入分配贫富差距的"警戒线"，认为 0.4～0.6 为"差距偏大"。[①] 1978 年前，中国的基尼系数为 0.16，这是我国长期实行计划经济体制，搞"一大二公"的绝对平均主义造成的，这样的高度平均实际上阻碍了社会发展。党的十一届三中全会对这种传统的经济制度进行了改革，建立了符合社会主义初级阶段的经济制度，推动了经济社会的快速发展，国民的人均收入水平不断提高。但是，在这个过程中出现了一个收入差距在拉大的问题，出现了贫富悬殊的情况。统计数据显示，1981 年我国的基尼系数是 0.288，2008 年到了 0.491 的最高值，这几年经过努力调整，到 2022 年可以查到的数据仍然在 0.47 的高值。中国收入分配的不平等、不合理突出表现在初次分配中劳动者报酬过低。虽然在第二次分配和第三次分配中国家越来越注重社会公平，但由于第一次分配产生的悬殊太大，实在是难以缩小差距。

---

① 张展，李涛. 论我国贫富差距的两个基本原因及对策 [J]. 中国集体经济，2020 (4)：67.

转变经济发展方式下的城镇化质量提升与消费结构优化耦合研究

其一，中国的经济发展在不同地区和行业之间存在差异。沿海地区和一些发达城市的经济发展较快，而内陆地区和农村地区的经济发展相对滞后。这导致了地区之间的发展差距和贫富差距的拉大，同时也加剧了城乡收入差距，农村地区的农民和农民工的收入水平普遍较低，难以与城市居民享受相同的收入待遇。其二，公有制经济吸纳劳动力的能力和经济效益不是越来越强，而是相对削弱，使集体经济里的人数和收入水平较高的人数不多。虽然我们提出要坚持以公有制为主体，但这些年公有制经济的发展还任重道远，但非公有制经济得到了突飞猛进的发展，对我国经济发展作出了突出贡献，但是，在非公有制经济体工作的普通劳动者收入水平普遍不高。一些大型企业和高收入行业存在着收入分配不均的问题。高管和高技能人才的收入往往远远超过普通员工，导致企业内部的收入差距加大。同时，一些企业在市场竞争中获得巨大利润，但这些利润并未充分回馈给广大员工和社会，这样会导致贫富差距扩大，即第一次国民收入分配劳动收入占的比重过低。其三，在生产要素中非劳动的生产要素占收入的比重都比劳动要高。按照马克思主义的理论，劳动创造财富，劳动是生产过程的第一要素。但是，目前在我国的生产要素中，例如，自然资源（包括土地）、资本、劳动、信息、技术、企业家才能等，唯有劳动要素的收入比例最低，而其他非劳动要素占收入的比重过高。如资本收益对个人收入的贡献逐渐增加，而劳动收入的比重相对下降。这主要是因为资本市场的发展和财富集中现象的加剧，使得少数人能够通过投资、资本运作等方式获得巨额回报，而底层劳动者的收入增长相对较慢。资本收益的集中化导致财富差距拉大。其四，劳动阶层在社会保障制度里面也得不到应有的扶持和帮助。劳动阶层不仅第一次分配收入比较低，而且国家的社会保障制度对他们的倾斜还不够充分。特别是在教育、医疗、养老、住房这四大民生问题上，享受的保障制度还不充分。收入不平等导致社会上的消费能力差异大，富裕阶层拥有更高的收入和财富，能够享受高品质的商品和服务，推动消费升级，而底层群体由于收入较低，消费能力受限，难以参与到消费升级的过程中。

7.3.3 消费结构优化升级与城市产业结构调整相脱节

居民消费增长的前提是生产，没有生产就没有消费，居民消费需求的满足只有通过有效供给才能实现。随着经济的持续增长，居民收入水平的不断提高，居民消费习惯、消费模式、消费内容都在不断发生变化，对消费质量、消费环境等提出更高要求。紧紧围绕居民消费结构优化，以制度创新、技术创新和产品创新满足并创造消费需求，推动产业结构优化升级，激发经济增长内生动力，符合加快经济发展方式转变，推动高质量发展的要求。近些年，我国城市经济发展水平和发展规模都有很大提升，但是产业发展中的结构性矛盾日益凸显，导致居民消费需求满足的结构性不足，阻碍消费结构的优化升级。

7.3.3.1 城市生活服务业的有效供给不足

近些年，我国城市三次产业结构比重不断优化，包括服务业在内的第三产业比重不断提高、行业结构不断优化。但是随着城乡居民消费水平的不断提高，消费需求发生了很多变化，生活服务需求更高端化多元化，而相关的生活性服务行业发展层次和发展质量仍远远不够满足居民的消费需求。批发零售、仓储邮政、交通运输、住宿餐饮业等传统服务业比重不断下降，占比已不足 30%，但新兴服务业的发展，仍不能很好地满足消费新需求。比如我国老龄化日趋严峻，但老年人用品种类与老龄化严重的发达国家相比差距较大，例如日本有 40000 多种，我国只有 2000 多种，尤其是老年文化用品、老年日用品的种类不足，且同质化严重，老年用品专营商店也很缺乏；另外，老年人药品保健品市场的问题频出，养老服务供给总量不足，且高端有余、中端不足的供给结构也无法满足庞大的刚需[①]，高档智能化生活用品生产使其供求之间矛盾十分突出，养老健康产业亟待积极发展。同时，服务业社会化、

---

① 有效供给不足乱象频出 谁来满足亿万"银发族"美好生活期待. [2019-04-16]，中国网文化频道 http://dy.163.com/article/ECSBL0KD05346961.html.

产业化、现代化程度低影响了居民消费质量的进一步提高。总的来看，我国经济发展中的结构性矛盾就是供给跟不上需求的变化，无论是制造业、服务业，甚至农业，都跟不上居民消费需求的变化。

7.3.3.2 消费市场的供需错配

近年来，我国十分重视消费需求的增长，重视消费市场的健康发展，但是，由于消费需求变化、消费结构升级的加快，产业结构优化调整的滞后，使得有效供给不足、供需出现错位的矛盾仍然突出。目前，消费品供给虽然日益品种丰富、琳琅满目，但大众化、趋同性，使得我国高中低不同收入的消费者不能很好地在市场上寻求到与其需求相匹配的商品或服务，无法彻底释放购买力。主要表现为，其一，高端产品供应不足，尤其满足中高收入人群更高层次需求的商品或服务品种品质均较缺乏，附加值高、技术含量高的商品供应不足。一些由购买力支撑的消费需求，在国内市场供给方式落后或者得不到有效供给、大量潜在消费需求无法得到满足的情况下，就出现了严重的消费外溢现象。这充分反映了产业结构与高端消费结构脱节，国内高端品牌，尤其是奢侈品领域国产品牌的严重缺失。其二，低端产品供应过剩，过去几十年来中国的制造业发展迅速，导致了大量的低成本产品进入市场，但消费者对这些产品的需求并不强烈，且由于存在市场竞争的压力和盲目扩张，一些企业过度生产，并且没有根据消费者的需求及时调整产品结构和升级产品质量，仍然停留在低端产品领域，导致低端产品供应过剩。

7.3.3.3 消费结构优化与产业结构调整的相互脱节问题产生原因

在消费需求逐步转型升级的情况下，产生消费结构优化与产业结构调整的相互脱节问题，一是传统发展模式导致的结构性矛盾，在过去的发展过程中，中国经济主要依靠低成本劳动力和资源密集型产业的发展。这种发展模式导致了资源过度集中在传统产业和出口导向型产业中，而忽视了服务业和高附加值产业的发展。因此，消费结构偏向于基本生活需求和低端产品，而产业结构则没有充分满足高品质、高附加值产品和服务的需求。二是产业结构调整升级的主动性、灵敏性不够，不能主动拉动消费结构的优化。一般来说，消费需求拉动产业结构升级，反过来，如果产业围绕着消费推进供给侧改革，主动培育新动能、发展新经济、开拓新业态、提供新服务，生产新产品、创新新的消费方式，满足消费者的新需要，也能够做到实现消费结构优化。然而，我国目前还存在积极主动培育新产业，拉动新消费不够的问题。三是消费转型升级的趋势还没有起到强有力的引领产业升级的作用。市场消费需求是进行社会生产活动的基本前提，它是深刻影响产业结构调整升级的重要因素。只有社会生产积极掌握和探索消费的具体变动趋势，及时调整现有的产品结构、产业结构，做好供需关系衔接工作，对接潜在市场消费新需求，形成和扩大新的生产供给行为，才能有效改善提高投资活动和创新活动的整体效率、优化现有的产业结构、提升产业竞争力和附加值，促使产业结构升级，维持经济稳定、高效增长。然而，一些传统产业仍然依赖于传统的生产方式和产品，未能及时调整和满足消费者的新需求。同时，在消费升级的过程中，技术创新和创新能力是推动产业升级的重要驱动力。然而，一些传统产业在技术创新和研发能力上存在欠缺，无法跟上消费需求的变化和新兴产业的发展，这都导致了消费转型升级的趋势无法充分发挥引领作用。

7.3.4　人口结构变动、就业结构变化对二者耦合发展的影响

　　在城镇化发展的过程中人口结构和就业结构都在发生重大的变化，这种变化对城镇化质量的提升和消费结构优化的耦合发展具有重大的影响。一是人口流动对二者耦合发展的影响。在城镇化发展过程中，人口流动是最基本的现象。人口流动表现为三种基本流向：第一种流向是农村人口向城市流动，这种流动是城市化发展的结果。第二种是由于城市发展的原因，从小城市向大城市流动、从大城市向中心城市和特大型城市流动。这种流动是城市居民追求生活质量的结果。第三种是从活力不足的城市向充满活力的城市流动，

这种流动是寻找更好发展机会的结果，例如，改革开放以后，一些过去靠自然资源成长起来的城市进入资源枯竭期，城市发展缺乏动力，造成人口锐减。这三种人口流动的情况都会对二者耦合发展产生巨大的影响。人口净流出城市会出现城市化发展而消费能力下降和消费结构老化的情况，而人口净流入城市则能够推动消费结构的不断优化。二是人口老龄化对二者耦合发展的影响。随着生活质量的不断提高和人均预期寿命的延长，我国提前进入了老龄化社会。从国际通用的老龄化标准来看，如果一个国家或地区 60 岁以上的老年人口，占到了该国家或地区人口总数的 10%，或者是 65 岁以上的老年人口占到了该国家或地区人口总数的 7%，就意味着这个国家或地区的人口整体处在老龄化的阶段。2015 年我国 60 岁以上的老年人口就已经超过了 2.22 亿人，60 岁以上老年人口所占总人口的比重达到了 16.15%，到 2022 年，老年人口为 2.64 亿人，60 岁以上的老年人口所占总人口的比重达到 18.7%。人口的老龄化造成消费欲望、消费能力的下降，就意味着推动消费结构优化的动力不足，难以实现二者耦合发展。三是人口出生率对二者耦合发展的影响。改革开放初期，由于我国经济发展水平较低，满足人民基本生活需要的粮食、肉食、日用品紧缺，同时人口就业压力大，社会不安定因素比较多，因而实行了人口控制政策。中国巨大的人口基数形成了世界罕有的消费市场，几十年来成为推动经济社会发展的重要动力源。因而产生了人口老龄化现象，故我国开始实行放开二胎生育的政策，但当前我国人口生产的动力明显不足，人口的持续减少将严重影响消费能力的增强和消费结构的优化。四是城市吸纳人口能力对二者耦合发展的影响。城市吸纳人口能力的增强通常意味着更多的就业机会，城市提供了更多的产业和服务领域，吸引了大量的劳动力前往城市就业，在优化生产的同时，就业机会的增加对居民来说意味着增加了收入来源。因此，只有创造更多的发展机会，提供更多的就业岗位，让更多的人进入城市，才能促进生产和消费的良性循环。

从就业结构变化来说，一是第一产业就业减少对二者耦合发展的影响。随着机械化、集约化的发展，农业生产不再是劳动密集型产业，大量的劳动人口过剩，从而向第二、第三产业转移。农业人口的减少，城市人口的增加，形成了城镇化质量的提升和消费结构优化的耦合关系，越来越推动经济社会的健康发展。二是高素质人才就业增加对二者耦合发展的影响。就业结构的变化最重要的是劳动人口素质的变化对二者耦合发展的影响。就业劳动力素质越高，就越有利于产业转型升级，提高劳动者收入水平，促进二者耦合发展。相反，劳动力素质不高则无法适应产业升级换代的需要，经济社会发展水平就会停滞，劳动者的收入水平就会下降，从而影响二者耦合发展。三是劳动力供求关系对二者耦合发展的影响。劳动力的供求关系对二者耦合发展的影响也非常大。劳动力供大于求，形成"就业难"的问题，国家需要用更多的钱，来维护社会稳定，从而影响消费结构的优化和城镇化的健康发展。如果就业人口短缺，出现"用工荒"，生产能力不足，难以维持经济持续健康发展，同样会影响二者耦合发展。因此，建立科学有效的劳动力蓄水池非常重要。四是新产业、新业态、新模式发展对二者耦合发展的影响。经济社会发展不断创新对二者耦合发展关系重大，只有经济发展不断出现新产业、新业态、新模式，开拓经济发展新空间，才会使城镇化发展更加健康，消费结构也不断优化。例如，2020年，新冠肺炎疫情的暴发，在危机中出现互联网医疗医保首诊制和预约分诊制，开展互联网医疗的医保结算、支付标准、药品网售、分级诊疗、远程会诊、多点执业、家庭医生、线上生态圈接诊等新医疗方法，在线辅导等线上线下融合的新学习模式，同时还出现了线上直播销售等新业态和数字经济、平台经济和智能经济等新产业，为消费结构优化孕育了新机。

7.3.5　消费主义盛行与低欲望社会同时并存，影响二者的耦合发展

我国现在仍然处在社会主义初级阶段，不平衡、不充分的发展是经济社会的基本常态。就消费而言也是这样，我国不仅出现了发达资本主义国家存在的消费主义文化，同时还存在低欲望社会现象，这两种极端现象的同时存在，对城镇化质量提升和消费结构优化的耦合发展关系带来了严重的影响。

消费主义的出现不是偶然的。改革开放 40 多年来，我国经济社会发展取得了举世瞩目的成就，人们有了更多的可支配收入，这使得消费者能够追求更多的物质享受和满足个人需求，且受到社会观念的变化以及媒体和广告的影响，极大地刺激了人们潜藏已久的消费欲望。在西方发达国家早已经存在的"消费主义"观念逐渐在一部分人的思想中形成，并深刻影响着大众消费，这种消费主义文化中的不良消费文化和意识形态具有符号性、欺骗性和功利导向性的特点①，严重影响二者耦合发展。一是消费主义追求商品的符号性，使人们跌入消费陷阱。消费主义不去追求商品的使用价值，而是用虚假的广告宣传引导消费者向他们构设的消费陷阱去盲目消费，以所谓品牌效应引诱人们满足于商品的符号。这种追求符号，不切实际的消费，必然使生产和消费的关系发生背离，使商品生产不是为了需要而生产，而是为了某种符号而生产，最终会使生产脱离消费。二是消费主义的欺骗性，致使人们超前消费，制造虚假消费繁荣。消费主义盲目追求消费的自由和物欲的释放，脱离消费的实际条件的局限性而盲目消费。互联网时代信用支付工具的创新性发展，使得人们可以十分便捷地使用信用卡、借呗、支付宝、微信、花呗、分期付款等支付工具，使消费变得更加自由、方便和惬意，而且为消费者提供了透支、分期、借款等服务，鼓励他们超前消费，激发了全民超前消费的新浪潮。这种信用消费其实是资本设置的陷阱，使人们在超前消费欲望的刺激下不得自拔，越陷越深。这种消费的虚假繁荣必然造成信用泡沫，最终导致信用危机，使经济发展衰退，从而不利于二者的耦合发展。三是功利主义的消费使消费结构偏向于炫富、奢靡，形成消费的误导。消费主义不是为了需要而消费，而是为了虚荣而消费，因此，他们的消费追求的是外观的豪华、奢靡，并不追求消费内容的实效。消费主义者把大量的精力投入放到包装、外壳、装潢、包装材质上，造成巨大的社会浪费，而生活质量并没有因此得到提升，这样的畸形消费不可能实现消费结构优化的目的。

与此同时，目前存在的低欲望社会现象，也非常值得警惕。在物欲横流

---

① 朱春花. 消费主义文化对学校德育工作的冲击与应对 [J]. 中学政治教学参考，2018（24）：70-71.

的背景下，一些人出于勤俭节约，返璞归真的考虑，主张过减低生活欲望，维持简单的生活标准。低欲望社会片面追求返祖的原生态生活，人为地降低消费需求，引导人们回到节衣缩食的艰苦年代。这一个极端同样也影响二者的耦合发展。一是低欲望社会主张消费回归原始，既违背了人类社会发展的规律，也阻碍了消费的发展。人类社会发展是一个从原始状态到共产主义状态的长期过程，这个过程需要在物质生活和精神生活方面不断与时俱进，为实现共产主义的理想而做各种准备。而消费是同人的全面发展紧密联系的，人的全面发展需要从各个方面不断满足人的需要，而不是人为地降低人的需要，甚至以牺牲人的全面发展为代价。低欲望社会现象中消费者对购买新产品和服务的需求相对较低，从而影响了市场的需求和销售。二是低欲望社会思想的泛滥，会使人们回避社会矛盾，不思进取，懒惰主义盛行。低欲望社会的思想不是鼓励人们通过诚实的劳动，创造可观的收入来满足人的全面发展的消费需要，而是用压抑消费欲望，减低消费标准来减少消费。这实际上是躲避社会矛盾，害怕艰苦奋斗，不敢努力作为的表现。这种思想必然使懒人主义、懒惰主义、无所作为的思想泛滥，缺乏生产、消费的动力，不利于经济社会的发展。

7.3.6　城乡融合仍存在系列问题，阻碍城乡消费结构同步优化升级

7.3.6.1　城乡经济发展的不均衡带来城乡居民消费的绝对差距问题

城乡二元经济结构的客观存在是我国区域经济发展不均衡的突出表现。随着我国城镇化进程不断加快，城乡经济发展的相对差距有所缩小，城乡居民消费的相对差距也呈现出稳定的缩小趋向。但从绝对值来看，城乡经济发展不均衡带来的居民消费差距问题仍然很突出。

首先，城乡经济发展的不均衡有着历史的客观性。新中国成立后，确立了优先发展城市和重工业的战略方针，以滞后的农村经济支撑了城市经济的

快速发展，形成了城乡二元经济结构特征。从农业本身看，现阶段农村家庭承包经营土地的规模相对较小，在规模收入递减规律的作用下，单凭农业本身的发展，难以使农村居民收入水平大幅度提高。

其次，城乡经济发展存在的差别导致收入分配差距，收入是影响消费结构差异的一个重要因素，较低的收入水平使广大农村人口的消费潜力得不到有效的释放，难以实现社会的融合。由于劳动力素质不一样，也由于产业结构不一样，还由于现代工业发展不够，在城乡融合过程中，农村劳动力就业不畅，他们大多数进不了工业制造、公务员队伍和高端服务行业，因此，他们的收入水平一般都比较低。在城乡融合中这一部分群体是消费欲望最强烈的，可是他们又没有足够的能力实现欲望，从而长期处在消费的低水平区间，不能成为消费结构优化的推动者。从城乡收入的绝对差额来看，我国城乡居民的收入差距总体呈现加速扩大趋势，1978 年我国城乡居民的收入差距为 200 元，到 2013 年已达到 18000 元、城乡居民收入比达 3.3：1。[①] 近些年，农村居民收入增长速度快于城镇居民，2022 年，我国城镇居民人均可支配收入为 49283 元，农村居民人均可支配收入为 20133 元，城乡收入比为 2.45：1，较上一年有所下降，且多年以来呈现缩小的趋势，反映出党的十七大以来，党和政府充分发挥了再分配的调节作用，加大改善民生方面的投入。由于农村居民收入的增速快于城镇居民，因此，城乡居民收入差距不断缩小。从全球的角度来看，美、英等西方发达国家的城乡收入差距一般是在 1.5～1.6，可见，我国城乡居民的收入差距依然较大。由于收入直接影响消费支出，收入的差距直接导致消费的差距。

最后，我国城乡经济发展的不均衡必然带来城乡消费能力的二元差异性。从消费水平来看，由于城乡经济发展的不均衡，城市居民的平均消费水平明显高于农村居民。城市居民收入较高、就业机会多样化，拥有更多的消费选择和能力，而农村居民的收入相对较低，消费水平较为有限。从消费结构上来看，城乡居民在消费生活质量方面存在较大差距。农村居民相比城镇居民

---

① 逢锦聚. 经济发展新常态中的主要矛盾和供给侧结构性改革 ［J］. 政治经济学评论，2016 (2).

吃、穿、住、用的消费比重更高，基本特征仍是以生存型消费为主，而交通和通信、医疗保健、文教娱乐消费比重比城镇居民低。同时在数字化时代，城乡之间的数字消费差距也日益显现。城市居民更多地利用互联网和电子商务进行购物、支付和娱乐等活动，享受数字科技带来的便利和选择。农村居民受限于网络覆盖和数字技术的普及程度，在数字消费方面的参与度相对较低。

7.3.6.2　城乡之间不同的消费需要没有形成双向互动的流畅局面，使各自对优质消费的需求得不到有效的满足

在城乡融合的过程中，城市居民和农村居民可以说是阵容鲜明的两大群体，各自都有特殊的消费需求。其一，由于城乡经济发展不平衡，优质消费品和服务在农村地区的供给相对不足。一些高端品牌和高品质产品主要集中在城市市场，而农村市场上的产品选择相对有限，无法满足农村居民对优质消费的需求。其二，城乡之间的流通渠道和物流网络不够发达，导致优质消费品难以顺利进入农村市场。物流成本较高、物流服务质量不稳定等问题限制了优质消费品在农村地区的分销和销售。其三，消费观念和文化存在差异，城市居民久居城市向往饱览农村的田园风光，喜欢体验农业生产生活，追求新鲜的地方美食，享受宁静休闲的时光。而农村居民则向往城市的繁华和喧嚣，希望享受优质的医疗教育服务，能够欣赏高档的文化娱乐项目，渴望得到优质的公共设施服务。然而，这两部分群体在相互融合过程中都不能做到相互满足。乡村建设中存在的生态问题、基础设施落后的问题、商业服务意识落后和服务水平低下等问题，使一些城市居民在农村找不到乐趣，而城市公共服务设施和服务项目对农村居民的种种限制，制约了农村居民的消费升级。

7.3.6.3　部分县域经济第三产业的不发达，制约了城乡融合的融合度

城乡融合的目的是实现城乡发展主体平等，最终成为无差别的共同体。

在社会分工仍然存在的情况下，城乡融合的重点是在第三产业的高度融合，包括服务业、文化创意产业、旅游业等在内的第三产业在城乡融合中扮演着重要角色，因为农业和工业的社会分工在短期内还不可能实现一体化，而唯有第三产业即服务领域是没有差别障碍的。现在农村的金融服务、教育服务、医疗服务、文化服务等和城市相比处于较低水平。一些县域经济主要依赖于传统的第一产业和第二产业，而第三产业的发展相对滞后，一些县域缺乏多样化的服务机构和服务产品；一些县域经济的消费需求相对较低，无法有效支撑第三产业的发展。而且，我国许多城市的第三产业与发达国家相比也有很大的差距，例如优质的教育资源，医疗资源短缺，文化产业占 GDP 比重偏低，金融服务提供的产品比较单一，社会服务还有很多空白点，等等。县域经济第三产业结构层次低，现代服务业发展明显不足、缺少带头的产业化龙头企业，不仅使城乡居民的收入水平难以提高，同时消费水平和结构也不可能优化。

7.3.7 城市面临转型，对消费能力、消费环境的影响

7.3.7.1 老城区的衰败，传统商业企业落寞、传统商业空间亟待转型改造

对城市中某一衰败的区域进行治理、重建、改变功能属性的过程称为城市更新，城市更新不仅反映了居民对于追求美好生活的潜在需求，也是进入存量时代后城市发展的新增长点。

第一，衰败的老城区老龄化问题严重，消费能力较低。在城镇化建设过程中，一些老城区的问题特别突出。老城区一般处于城市中心，交通、生活都比较方便，人口十分密集，但居住条件较为恶劣。随着城镇化的发展，在老城区还出现了城中村、棚户区等，老城区房屋密集且房屋品质较差、道路狭窄、绿化稀少。一方面，城市人口的高度密集不利于旧城和古建筑的保护，古城风貌被破坏或受到威胁；另一方面，老城区房屋老旧且居住品质不高，例如没有电梯和停车位等配置，物业服务较差等，周边缺乏现代化的购物消

费场所，文化休闲娱乐设施配套不足，也缺乏绿化和舒适的公共空间，生活和消费质量不高，难以吸引年轻人居住，而居住在老城区的主要是老年人，造成老城区的老龄化问题严重，老年人的消费需求不高，消费观念保守且更加倾向于储蓄，影响了老城区的活力和发展，加快了老城区的衰败。同时，老城区的改造十分困难，原因是居民基本都是原住民，要价非常高，搬迁成本大，房地产开发利润率非常低，受市场运作和政府力量的局限，部分城市建设基本采取绕过老城区，建设新城区的方式。这样就出现了新老城区的发展差距和不均衡，造成了新旧城区居民的矛盾。老城区发展停滞不前也降低了城市发展活力，成为消费的洼地，影响整个城市消费结构的优化。

第二，由于缺乏现代化的基础设施，难以满足城市发展需求和居民消费需求，传统商业企业逐渐落寞，传统商业空间亟待转型改造。随着现代化的发展和城镇化不断推进，传统商业企业和商业空间存在外观老旧、设施陈旧、商品品类单一、公共服务配套不完善等问题，一方面与现代居民对消费环境和消费多样化的需求不相符；另一方面也难以满足政府对于城市整体消费环境的改善，以及城市功能空间优化的标准。比如，随着城市科技的不断发展，受到互联网书店效率高、价格低的巨大冲击，传统书店的商业模式受到威胁，面临不得不转型的问题。

第三，由于城镇化的推进和房地产产业的发展，地价和房租不断增加，对传统商业例如购物中心和餐饮业来说，面临成本不断增加而利润逐渐减少的问题，加上传统商业企业经营模式相对固化，导致差异性和创新性不足，商业空间形式千篇一律，难以满足居民不断升级的消费需求，而消费者的减少令传统商业压力更大，用于维持经营的成本挤占了创新和改造的投入，也打击了传统商业创新的动力，因而加快了传统商业空间衰败的速度。

7.3.7.2　收缩型城市的出现对消费结构优化的影响

收缩型城市也是发展中的一个问题。2019 年 3 月，国家发改委印发《2019 年新型城镇化建设重点任务》，第一次提到了"收缩型城市"的问题。

国际上专业的研究机构——收缩城市国际研究网络将城市收缩定义为：人口规模在 1 万以上的人口密集城市区域，面临人口流失超过 2 年，并经历结构性经济危机的现象。在中国，虽然对"收缩型城市"没有明确统一的定义，但相关研究中，"人口流失"都是最重要的指标。[①] 根据相关文献总结得出，"收缩型城市"的类型主要有产业衰退型、资源枯竭型、城市位置偏远且缺少资源型、受大城市的虹吸效应影响型等。造成"收缩型城市"的原因主要包括低生育率、制度变迁、产业结构单一、公共服务设施等消费环境不完善等。我国最为常见的收缩型城市就是资源枯竭所导致的。截至 2022 年，中国已经有 262 个资源型城市，由于对某种资源过分依赖且资源不可再生，出现了一系列问题，包括资源开采强度过大、资源的利用率低、产业结构单一、经济发展落后、基础设施不完善、人口大量流失、生态环境破坏、居民生活质量差、转型难度巨大以及可持续发展等。"收缩型城市"之所以会产生，最根本的原因是城市人口的流失。城市人口流失的基本原因主要是产业结构不合理，就业困难；社会公共服务水平比较低，追求更高质量的生活；自然环境比较恶劣，不利于生存，迁移到宜居之地；处于边境偏远地区，向中心城市靠拢，等等。收缩型城市的出现对消费水平提高和消费结构优化影响极大。人口的急剧减少使消费群体萎缩；使商业网点过剩，产生巨大的浪费；造成第三产业就业人口下降；使居民收入水平降低，消费能力下降，等等。总之，城市人口减少，使城市缺乏生机活力，严重影响城镇化建设质量提升和消费结构优化的耦合发展。没有人口的支撑，消费规模难以扩大、消费水平难以提高，更谈不上消费结构的优化升级。

在收缩型城市中，有一类城市必须专门提出，这就是资源枯竭型城市，指城市兴建是因为当地有丰富的自然资源，例如，大庆因石油而建、石嘴山因煤炭而建、攀枝花因钒钛矿石而建等。由于经济快速发展，储备的自然资源开发殆尽，过去赖以生存的资源逐渐枯竭，导致一些城市收缩，GDP 逐年下滑，人口逐年减少。资源枯竭型城市是收缩型城市中问题最突出，改革发

---

① 叶云岭，吴传清. 中国收缩型城市的识别与治理研究［J］. 学习与实践，2020（5）：32-34.

展难度最大的一类。资源枯竭型城市产业单一、产业工人劳动技能单一、城市依自然资源储存地而建地质状况危险、生态破坏严重，一旦资源开发萎缩，其生存发展的能力就大大削弱，没有生产就没有消费，更谈不上消费结构优化。这一类城市的存在严重影响城镇化质量提升和消费结构优化的耦合发展。例如一些煤矿资源城市，在煤矿开采过程中，工人就居住在矿区附近，安全问题频发，生活条件艰苦；而当资源开采枯竭后，大量工人面临失业问题，居民的生活质量较低。第一，工人对未来的失业问题已经有了心理预期，因此收入以预防性储蓄为主，消费也基本停留在生存型消费。第二，当地居民由于生态环境遭到破坏，污染严重，加上矿区常见的地面沉陷问题，严重威胁着居民的日常生活，居民需要更换生存地就需要更多的收入来支持，因此当地居民为了追求更安全舒适的生活环境不得已增加储蓄、减少消费，只有积累到一定的财富才可以尽快迁出沉陷和相对危险与落后的地区，这也导致了人口的流失，影响了消费。第三，由于产业结构单一，通常煤矿城市缺少第三产业的支撑，当地年轻人就业难，机会少，又有养老的负担，需要照顾老人而无法外出打工，只有通过经营小生意或者微薄且不稳定的收入和老人的退休金来生活，这样的收入不稳定性阻碍了居民的消费，大多数居民依然停留在生存型消费层面上。

7.3.8　不同区域间的基础设施建设和公共服务发展不均衡，影响消费公平

我国不同区域间的基础设施建设水平不同，公共服务发展不均衡，大城市资源、机会和投入较多，中小城市和农村资源、机会和投入较少。地区之间发展的不均衡，导致居民收入的不均等，从而居民消费产生差距，引发社会不平等问题。

7.3.8.1　区域基础设施建设水平不同，影响消费公平

公共基础设施建设包括城市公共交通设施、供水供电系统设施、信息系统、公共教育设施、公共卫生设施等，区域间的公共基础设施建设水平不同，

短期影响地区居民的生产力水平和消费的成本，长期影响地区居民的人力资本的积累。地区基础设施建设的不均衡程度越高，居民的消费差距越大。例如东部地区的公共交通车辆运营数远远高于中部、西部和东北部地区，证明东部交通设施发达，通达度高，容易吸引企业的聚集，从而产业发展较快，促进了本地企业和本地整体经济的发展。随着经济不断发展，对于高素质人才需求增加，从而能够吸引欠发达地区的人才不断聚集，也提高了区域的消费水平。中部和西部地区的公共交通车辆运营数接近，东北部地区最少，较少的公共交通基础设施提高了生产和消费的成本，为居民生活带来极大的不便，影响了消费的效率和质量，直接或间接导致了人口流失，进而阻碍了消费水平的提升。长期来看，区域间基础设施建设水平不同，影响了区域的经济发展，人口数量和城镇化进程，也阻碍了消费的公平发展。

7.3.8.2　区域公共服务发展不均衡，影响消费公平

地区消费差距扩大的原因中，政府公共福利投入的不平等是重要原因之一，我国不同区域间的公共服务发展不均衡，主要体现在以下3个方面，第一，城乡发展不均衡。由于农村在基本公共服务包括教育、医疗、养老等方面的投入较少，发展落后，城乡公共服务水平发展差距较大，农村居民则更倾向于增加储蓄来预防未来的消费支出。第二，中部和东部地区发展比西部和东北部地区先进，各方面资源相对集中，产业发达，人才聚集程度高，影响了西部和东北部地区的消费水平。例如东北部地区在教育、医疗以及社会保障方面的政府财政支出都远低于其他3个区域，加大了东北部居民未来的消费支出预期，因此更加倾向于预防性储蓄，减少消费。东部是政府公共福利投入最高的区域，且增速逐渐加快，加重了区域发展不均衡现象。而区域间经济发展程度不同、地方政府的财力以及社保压力也不同，这种区域间的负担不公平，不仅会持续扩大区域差距，也会影响消费公平。第三，同一个城市不同区域的公共服务水平也存在差异，例如北京的海淀区和西城区的教育资源相对其他区域更丰富，多年来公共教育资源被市场化，形成"天价学区房"现象，挤占了居民的其他消费支出。

第8章　国内外城镇化质量提升和消费结构优化升级耦合协调发展的实践与启示

8.1　消费结构在城市化发展进程中如何演变的国际比较①

8.1.1　城市化影响消费结构的路径分析比较

城市化影响消费结构的路径可以分为两种方式：一是城市化的发展与经济水平的发展存在正向关系（戚艺梅，2017），在城市化进程中，经济发展水平不断提高，进而对居民消费产生影响。不同国家所采用的经济增长模式不同，因此城市化对消费结构的影响也不同；二是在城市化发展进程中，通过对居民的分配机制的调节影响消费结构。不同国家的分配机制不同（特别是最终分配中的消费率不同），因此城市化对消费结构的影响也不相同。

从图 8-1 可以看出，美国和日本的消费需求对经济贡献度较高。1990—2007 年，美国和日本的城市化发展已经相当完备，城乡一体化程度较高，而我们国家城镇化刚刚步入加速发展期，消费对经济贡献度也较低。美日两国在日益完善的城市化发展背景下，消费对 GDP 的贡献一直较高。美国消费需求对 GDP 的贡献率一直在 60% 以上，属于典型的消费主导型国家；日本的消

---

① 仝召娣. 我国消费结构在城镇化发展进程中的演变及其影响因素分析 [D]. 北京：对外经济贸易大学，2019：27-37.

费需求和投资需求对 GDP 的贡献率之和在 80%左右，属于内需拉动型；我国投资需求对 GDP 的贡献率相对较高，属于投资导向型。对比美国和日本消费对 GDP 的贡献度，我国仍有较大差距，因此在城镇化进程中，虽然经济发展水平不断提高，但对消费的促进作用相对较弱。近年来，在新型城镇化的持续推进下，尤其是城镇化发展从注重速度向侧重质量提升转变后，我国消费需求对 GDP 的贡献率逐渐占据主导地位，且总体呈现上升趋势。

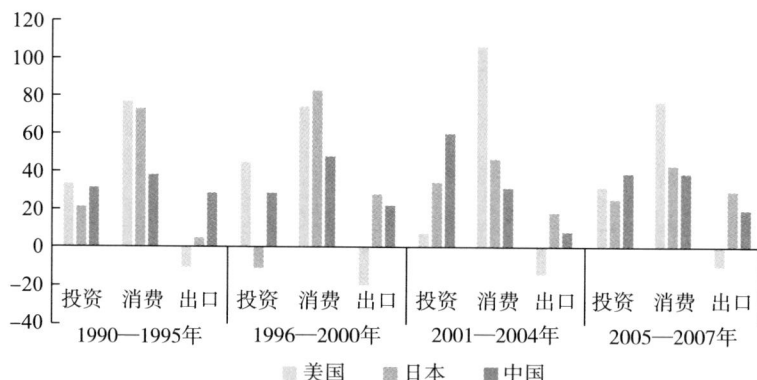

图 8-1 美国、日本、中国的三大需求对 GDP 贡献率比较（%）

资料来源：The World Bank.

分配机制主要可以分为 3 个阶段：初次分配、再分配和最终分配。美国的分配制度属于资本主义自由式，个人所得税税率由联邦税率和州税组成，并实行按收入等级划分边际税率的累进税制度。日本属于互惠式的再分配制度，政府给予某些社会群体政策优惠，受益群体提供给政府政策支持，同时日本注重初次分配的公平，一般行业平均工资水平与本行业最高工资水平差距不超过 10 倍。而我国当前的分配制度存在较多问题，劳动者报酬和居民收入占 GDP 比重偏低，城乡之间、不同区域和不同行业之间居民的收入分配差距较大，这些问题都影响了城镇化对消费结构优化作用的发挥。

8.1.2 与世界主要国家的纵向比较

8.1.2.1 美国消费结构在城市化进程中的变化趋势

1850—1920 年，是美国城市化发展历程的起步阶段。美国的城市化始于

1850 年，当时城市人口比例约为 10%。由于城市化对消费的影响存在时滞性，所以这一阶段虽然城市化水平有所发展，但由于居民收入还相对较低，导致消费水平低下。

1920—1945 年，是美国城市化发展历程的第二阶段，美国作为战争的受益国，在此阶段，美元在世界货币中的地位急剧上升，使美国经济迅速发展，城市化率上升为 58.5%，郊区化趋势开始显现，城市化由中心城市向周边扩散；20 世纪 40 年代至 70 年代，是美国城市化发展历程的第三阶段，居民对于汽车、住房等大型消费品的支出增长迅速，城市化率达到 73.6%，单个城市的聚集核心力量逐渐达到顶峰。在经历了第二、第三阶段的城市化发展后，美国在 20 世纪 20 年代至 60 年代的消费处于大众消费阶段，居民收入水平虽然还是相对较低，但财富增长速度较快。汽车的普及和耐用消费品革命，特别是经历了"柯立芝繁荣"和战后经济的恢复和发展，消费水平逐渐提高。

1970 年至今，是美国城市化的第四个阶段。在此阶段，美国平均城镇化率为 82%，部分地区城镇化率已达 100%。城乡一体化程度较高，城市分散化明显。在日益完善的城市化发展背景下，美国在 20 世纪 70 年代至 80 年代，进入了品牌化消费时期。该阶段人均 GDP 为 9000～20000 美元，美国经济已经从滞胀时期走出来，经济发展迅速。该时期居民收入水平较高，认知能力也开始提高。在这一阶段，衣着讲究，修饰入时的"雅皮士"风貌兴起，消费由大众化向品牌化、品质化转变。自 20 世纪 90 年代以来，美国进入理性消费阶段。该阶段人均 GDP 超过 20000 美元，居民收入水平较高，但财富增长速度逐渐放缓。消费者在该阶段回归理性，注重性价比，千禧一代成为主要的消费群体（见表 8-1）。

表 8-1　美国消费结构与城市化变迁

	20 世纪 20—60 年代	20 世纪 70—80 年代	20 世纪 90 年代至今
消费阶段	大众消费阶段	品牌化消费阶段	理性消费阶段
城市化率（%）	50～70	>70	80 左右，部分地区接近 100
人均 GDP（美元）	800～5000	9000～20000	20000 美元以上

续表

	20 世纪 20—60 年代	20 世纪 70—80 年代	20 世纪 90 年代至今
收入增速	高	高	放缓
重大事件	耐用消费品革命	"雅皮士"风貌兴起	千禧一代注重性价比
经济发展原因	战后经济发展	走出滞涨时期	千禧一代成为主要消费群体

资料来源：公开资料整理。

8.1.2.2 日本消费结构在城市化进程中的变化趋势

1868—1930 年，是日本城市化的初始阶段。在 1920 年至 1930 年的 10 年间，城市人口达到 1544 万，占全国总人口的 24%，大多数人口仍然生活在农村地区。1931 年至 1945 年是日本城市化的停滞阶段。受战争影响，大量城市居民搬到农村躲避战争祸端。在此背景下，日本在 1912—1945 年，消费处于"西洋化"消费时期。该阶段人均 GDP 较低，居民的收入水平也较低。

1946—1975 年是日本城市化的加速发展阶段。在此背景下，日本进入大众化消费时期。1968 年，日本一跃成为世界第二大经济体，城市化进入加速期。同时，从空间分布的角度来看，日本人口大多集中在东京、大阪和名古屋三大城市。该阶段城镇化率快速上升，从 1945 年的 27.8% 增长到 1975 年的 75.9%。该阶段人均 GDP 为 500~5000 美元，消费者收入水平有所提高，财富增长速度加快。该阶段日本处于战后复兴时期，开始进行大量生产和消费，私家车和家电迅速普及，并且消费偏好倾向美式。

1976 年至今，日本的城市化进入了稳定发展阶段。在此期间，依托高科技产业的发展，日本的城市化进程有了质的改善，部分地区城镇化率接近 100%。在此背景下，1975—2004 年，日本消费进入个性化、品牌化消费阶段。该阶段人均 GDP 为 5000~35000 美元，居民收入水平较高，财富增长速度也较快。"新人类"一代更加追求个性化、高端化、品牌化消费，消费偏好欧式，贫富差距也不断加大；2005 年至今，日本消费步入理性化消费阶段，该阶段的人均 GDP 为 35000 美元以上，居民收入达到较高水平，但财富增长速度趋于缓慢，居民消费逐渐回归理性，不再刻意追求品牌，特别是受到雷曼事件和两次大地震的影响，日本居民收入也有所下降，消费更趋向于简约化（见表8-2）。

表8-2　日本消费结构与城市化变迁

	1912—1945 年	1945—1974 年	1975—2004 年	2005 年至今
消费阶段	西洋化	大众消费阶段	品牌化消费阶段	理性消费阶段
城市化率	30%左右	城镇化率快速上升至70%以上	75%左右	部分地区接近100%
人均GDP	——	500~5000 美元	5000~35000 美元	35000 美元以上
收入增速	——	高	放缓	
重大事件	东京、大阪等大城市中产阶级诞生	战败复兴	泡沫经济、小泉改革	雷曼事件、大地震
消费者认知能力	——	低	低，但开始提升	高

资料来源：公开资料整理。

8.1.2.3　与我国的对比分析

从世界主要国家和我国的消费结构和城市化变迁来看，居民消费结构遵循共同的变化趋势，大致可分为大众消费阶段、品牌化消费阶段和理性消费阶段，不同的人均 GDP 水平和城镇化率将对应不同的消费阶段。

人均 GDP 在 5000 美元以下时期对应大众消费阶段，主要以家电等耐用消费品为主；人均 GDP 在 5000~20000 美元的时期对应品牌化消费阶段，消费群体比较看重产品品牌，多为面子消费；人均 GDP 超过 20000 美元的时期对应理性消费阶段，消费者回归理性，更加注重品质和个性化。应该指出的是，美国和日本正处于理性消费阶段，人均 GDP 分别达到 20000 美元和 35000 美元以上。但由于我国物价水平较低，所以人均 GDP 不用达到 20000 美元就会进入理性消费时期。根据世界银行的计算方法，2017 年美国购买力平价的人均 GDP 为 59531 国际元，而我国的人均 GDP 为 16804 国际元。美国购买力平价的人均 GDP 是我国的 3.54 倍，而实际人均 GDP 则是我国的 6.74 倍。接近购买力平价倍数的两倍。可以大致假设中国的人均 GDP 的 1 万美元，相当于美国 2 万美元的购买力。也就是说，当中国的人均 GDP 达到 1 万美元时，可能会进入理性消费阶段。

表 8-3 显示了美国和日本不同消费阶段对应的城市化率，从图表中可看出，城镇化率在 50%~70%水平，居民消费整体处于大众消费阶段；城镇化率在 75%左右水平，居民消费整体处于品牌化消费阶段；城镇化率在 80%以上水平，居民消费整体进入理性消费阶段。我国现阶段城镇化水平为 58%左右，正处于大众消费阶段，以城镇化率年均增速 1%估计，到 2030 年左右，我国城市化率将超过 70%，消费结构将有较高层次提升。

表 8-3　美国、日本消费变迁与城市化率对比

单位：%

消费阶段	大众消费阶段	品牌化消费阶段	理性消费阶段
美国城市化率	50~70	>70	80 左右， 部分地区接近 100
日本城镇化率	城镇化率 快速上升至 70 以上	75 左右	部分地区接近 100

资料来源：公开资料整理。

8.1.3　与世界主要国家的横向比较

我国的消费水平相比发达国家较滞后。从消费支出水平来看，我国与美国和韩国之间存在很大差距。1970 年，美国、日本的城市化已发展到较高水平，城镇化率达 70%以上，韩国城市化率相对较低为 40.7%，而我国城镇化率仅为 17.38%。日本的人均消费支出与美国差距较小，大致是美国同期人均消费支出的 79%~90%。而我国和韩国的人均消费支出与美国相比，差距较大。1970—2000 年，与同期美国相比，我国人均消费支出微乎其微；而韩国的人均消费支出则不断增加，到 2016 年，韩国人均消费支出占到美国同期人均消费支出的 33.6%，并且自 1970 年以来都未低于 10%。相比而言，2016 年我国人均消费支出仅为美国同期人均消费支出的 6.9%，不仅与美国相差甚远，与韩国相比也存在较大差距。

在消费结构的对比方面，我国当前的消费结构与 20 世纪 30 年代的美国、20 世纪 50 年代的日本和 20 世纪 80 年代的韩国较为相似。美国 20 世纪 30 年代和日本 20 世纪 50 年代都进入城市化的加速发展时期，消费处于大众消费阶段，和我国当前经济大环境较为相似。

随着城市化率的提高，各个国家必需品消费支出占总支出的比重都持续下降，到达某一时期保持相对稳定，而非必需品的消费数量（以每千名居民拥有的机动车数为代表）持续上升。特别是韩国，城市化率上升明显，从 1950 年的 21.4% 迅速上升至 1990 年的 73.8%，随后保持平稳上升的趋势。随着城市化率达到 70%，食品支出占总支出的比重也逐渐下降至 15% 的水平，随后保持相对稳定。美国不管是在城市化率方面还是在消费结构方面，都处于国际领先地位。

从食品支出占总消费支出的比重来看，我国当前的消费结构处于美国 20 世纪 30 年代和日本 20 世纪 70 年代的水平；从每千名居民拥有的机车数量来看，我国当前的消费水平相当于美国 20 世纪 20 年代、日本 20 世纪 70 年代和韩国 20 世纪 90 年代的水平。在之后的 30 年间，世界主要国家的消费结构发生了重要变化。美日韩的食品支出占总消费的比重迅速下降，从近 30% 的水平降至 15% 左右；而每千名居民拥有的汽车数量增长了 2~3 倍。

我国现阶段消费结构与日本 1970 年的消费结构较为接近。1970 年，日本的食品烟酒、衣着和医疗保健消费分别占总消费量的 30.8%、7.9% 和 7.8%，与我国 2016 年的 30.1%、7.0% 和 7.6% 非常接近。两国在教育、文化娱乐和住房支出方面也有很多相似之处。随着日本城市化进程，其医疗保健支出、教育文娱支出、运输通信支出以及住房等支出都呈现上升趋势，其中前三项占比从 20 世纪 70 年代的 7% 左右上升至 2000 年的 13% 左右，住房水电支出从 20 世纪 70 年代的 16% 左右上升至 2000 年的近 25%。相比之下，必需品的消费支出在 30 年间呈现出明显的下降趋势，食品烟酒和衣着从 20 世纪 70 年代的 30% 左右下降至 2000 年的近 16%，下降幅度最为明显；家具等家庭用品的消费支出占比也有一定幅度的下降。由此可以预测我国未来消费结构的变化，未来 30 年，随着我国城镇化进程，必需品消费支出占比将明显下降。目前我国食品消费支出占比约为 28%，到 2050 年可能会降至 14%。

8.2　典型国家城镇化质量提升与消费结构优化耦合发展的比较[①]

8.2.1　发达国家城镇化质量提升和消费结构优化耦合发展的比较

8.2.1.1　英国城镇化质量提升与消费结构优化耦合发展分析

纵观其发展历史，英国在进行了长达几个世纪的农业革命、商业革命后，终于在 18 世纪上半叶开始了城市化的步伐。在此之前的革命经历，不但为工业革命打下了坚实的基础，也为城市化的开展做好了资金储备。英国最早完成城市化进程，运用城市化中一系列举措有效地实现了扩大需求，增加消费，并且效果十分显著。通过提升城市化质量增强居民消费能力，振奋居民消费信心，提升了居民的消费水平。这一方面得益于工业化革命的大力拉动，另一方面与其重视市场推动、政府引导、调动民众参与的积极性"三位一体"的城镇化推进方式有关。另外，英国也十分重视法律建设，充分发挥法律规范在城市化发展和消费增长方面的"纠偏"和"防误"作用。另外，英国也十分重视城市化过程中的生态环境保护工作，第二次世界大战后，英国打造了包括白金汉郡的米尔顿·凯恩斯、苏格兰的坎伯诺尔德等在内的近 30 座"花园城市"。城市化的迅速发展使得配套设施更为完善，居民的收入水平和消费能力相应提升，人们的需求向更高层次即追求精神放松与享受演变，所以出现了越来越多的新式消费场所，如餐厅、咖啡馆、影院、图书馆等，包括很多农村地区及郊区地带在内人们娱乐消费的比重越来越大。全国整体消费率不断攀升，这又反过来促进了城市化的持续发展。

---

① 赵彦博. 城镇化质量提升与消费结构优化耦合发展的国际比较及对我国的借鉴 ［D］. 北京：对外经济贸易大学，2017：50-53.

8.2.1.2　美国城镇化质量提升和消费结构优化耦合发展分析

欧洲移民 17 世纪初来到美国并开启了城镇化。1920 年，美国城镇人口比重第一次超过 50%，这标志着城镇化的基本完成。经过多年发展，如今已形成高度的城市化。美国在城市化过程中很少有面临巨大国际社会压力的情况，而且有充足的时间来保证城市化的推进，并逐步解决这一过程中出现的各种问题。伴随着城市化的推进，消费也逐渐兴盛起来。社会经济的巨大发展对美国居民的消费结构产生了重要影响。信贷消费作为一种超前消费方式显著改变了美国居民的消费方式。1923 年美国的汽车销量中采用分期付款方式购买的比重早已过半，这使得可以和消费者直接接触的零售业因对市场反应更为灵敏而快速发展起来。据统计，1927 年信贷消费已经占据美国居民消费的很大比重，例如 25% 的珠宝、65% 的吸尘器、75% 的洗衣机、80% 的留声机、85% 的家具等都是通过这一方式实现的。随着人口大量转移到城镇中，住房问题逐渐涌现出来，住房抵押贷款的消费方式顺利地解决了这一难题。

美国主要是依靠市场的力量来推进城市化，而少有政府的干预。但是随着美国的城市化逐渐成熟，各种城市问题逐渐增多，为了协调好城镇与消费的发展，美国政府适时调控，通过向低收入群体发放食物、提供医疗和住房救济等措施，加大对低收入群体的帮扶力度，提升其消费能力和消费水平；加强对城市环境的综合整治力度，扶持发展医疗教育事业，创造更多的就业岗位，提升收入和消费水平。此外，产业结构的动态调整对城镇化发展和消费结构的优化提供了持久动力；统筹城乡发展，保护好农场主的利益，协调好城乡发展的关系为城镇化的发展和消费市场的扩大提供了支撑；以大纽约区、五大湖区和大洛杉矶区为代表的三大都市带创造的 GDP 已占据绝对优势，通过建设和发挥大都市区的作用对城镇化和消费的发展起到了很好的带动作用；大都市的辐射作用，可以有效分散中心城市压力，扩大消费覆盖区域，更好地促进城市化和消费的发展。

8.2.1.3 日本城镇化质量提升和消费结构优化耦合发展分析

明治维新以后，日本通过大量引进外国的先进技术和机器设备开始了日本现代工业化的步伐。同时，一系列土地改革措施推动了城市的迅速崛起，工业化与城镇化二者相互促进，共同进步。第二次世界大战前后20年的时间里，大量人口向重工业城市转移，形成了京滨工业区、阪神工业区、东京工业区以及北九州工业区等日本著名的"四大工业区"。20世纪80年代末，日本形成以东京、大阪、名古屋为代表的三大都市圈，城镇化水平由1955年的56.1%上升到1975年的75.9%。城镇化的发展带动了居民收入水平大幅增加，消费层次也随之提升。居民消费结构呈现以下特点：食品支出由满足生存必需品转向关注饮食质量、饮食健康；交通通信支出占比提升的同时由公共交通转向私人交通，住房支出、医疗保健支出有所增加。消费结构的优化升级，不仅为居民生活创造了更好的物质精神条件，也促进了城镇化质量的提升。

8.2.2 发展中国家城镇化质量提升和消费结构优化耦合发展的比较

8.2.2.1 巴西城镇化质量提升和消费结构优化耦合发展分析

当前，巴西城镇化质量提升与消费结构优化的耦合发展处于颉颃阶段。纵观其发展历史，20世纪50—60年代，巴西的城镇化加速发展，目前巴西城镇化率已达到90%。巴西人口90%集中于大中型城市及卫星城，农业人口逐渐减少，大片农业用地因未能有效利用而闲置。大中型城市的附近和卫星城有大量的贫民窟，房屋危陋、基础设施和公共服务很差。这严重影响了城镇化进程，阻碍了城镇化质量的提升。但是，消费勃兴却在贫困地区更为明显，即使在巴西一些最穷的区域，消费开支也在驱动着经济发展。例如，在巴西北部落后地区可以深切地感受到人民购买能力的提升。马拉尼昂州在巴西居民人均收入地区排名倒数第二，但是其"2007年的商品零售额实现了14.3%

的增长率，远超 9.6% 的全国平均水平①"。现阶段，巴西消费需求的高涨，国际市场价格不断攀升的大豆作物、铁矿石等大宗商品及公共服务项目支出力度增强，成为其国家经济发展的主要动力。

8.2.2.2 印度城镇化质量提升和消费结构优化耦合发展分析

当前，印度城镇化质量提升与消费结构优化的耦合发展处于低水平耦合阶段。纵观其发展历史，印度独立后，加快了经济发展和工业化的进程，城镇化水平有所提高。城镇化率由 1901 年的 10.8% 上升到 2011 年的 31.3%。印度的农村人口众多，农业在经济总量中占有较高比重。因为受气候的影响，农业增长波动也较大，农业增长的不稳定也直接导致宏观经济的波动。而与农业形成鲜明对比的服务业占经济总量的比重不断提升，2005—2006 年达到54%，服务业在经济发展中占有越来越重要的地位。印度城市基础设施建设的欠缺阻碍了城镇化进程。经过多年建设发展，城镇数量和规模虽然不断扩大，但是基础设施建设滞后，很多城镇贫民窟密布，生活环境恶劣，这些城镇没有对农村居民形成很强的吸引力。而且，城镇间的公路、铁路等交通设施欠缺，不能有力地推动农村劳动力向城镇流动，也在一定程度上影响城镇化发展和城镇化质量提升。2004—2005 年，印度个人消费占 GDP 的比重为 61%，政府消费占 GDP 的比重为 11%，两者合计高达 72%，但是固定资本形成占 GDP 的比重却仅为 24%。显然，消费在印度经济中具有举足轻重的地位。②

8.2.3 国外城市化拉动消费增长的经验教训借鉴③

8.2.3.1 发达国家城市化拉动消费经验总结

通过对英美日三国城市化进程与消费增长的描述与对比，我们可以明显

---

① 殷赅. 巴西：消费勃兴擦亮"金砖"[N]. 第一财经日报，2008-07-17.
② 赵彦博. 城镇化质量提升与消费结构优化耦合发展的国际比较及对我国的借鉴 [D]. 北京：对外经济贸易大学，2017：50-53.
③ 李茜. 城市化拉动消费增长的国际比较及对我国的借鉴 [D]. 北京：对外经济贸易大学，2014：37-39.

地看出发达国家城市化拉动消费的共同特点，他们十分重视农业部门对国民经济的作用，强调工农、城乡的均衡发展，并且始终尊重居民的消费意愿，察觉居民消费观念的变化，及时解决城市化进程中出现的各种问题，实现了通过城市化带动消费、通过城市的内涵发展保持消费的目的。

第一，以人为本，尊重居民的消费习惯。尤其是英美国家，居民崇尚自由，随着城市化的推进，经济高速膨胀、收入大幅提升的时候，他们注重自我消费，相同的社会意识流使得他们的消费理念快速转变，享受型消费深得人心。与此同时，国家能够迅速得到反馈，在城市规划上做出调整，认可居民的消费习惯，并创新居民消费方式。日本的城市化建设也积极吸收国外的成功经验，研究出适合自己的都市圈，既不影响中心城市的国际影响力，又促进了周边中小城镇的发展，给周边居民增添了消费动力，提升了城市整体消费水平。而且，英美日三国在城市化成熟期都有意将一些公司的总部和行政中心设置在小城镇，既缓解了中心城市的发展，又给中小城市带来了增长动力。日本政府虽然对居民消费干预较多，但是贴切实际的以人为本的城市原则调动了城乡居民的积极性，人们乐于为城市的改进做出自己的贡献，享受融入城市的兴奋，初期的低工资也让国家经济迅速积累，实现了之后的经济腾飞。此外，日本政府在引导居民消费方面做足了文章，由低到高，逐渐引导居民消费观念升级，适时推出居民可接受的新的消费方式，让居民及时享受到城市化带来的消费福利。

第二，政府调控适时，力度适当。英国和美国在城市化拉动消费进程中，尤其是城市化初期与快速发展期，基本没有任何干预，而是放手让市场来决定资源的配置，决定产业的升级，让市场的发展来引领居民消费结构的转变，让社会共同价值观来实现居民消费行为的传递。在城市化成熟期，只有当城市出现市场无法解决的问题时，政府才出手进行调控，无论是财政手段，还是货币手段，或者两者结合，政府都是在做出充分的调研与测算之后，抓住问题的核心，及时做出反应，并制定了一定的法律政策确保城市化的顺利推进，确保消费者利益得到保护，给消费者营造出一个安全放心的消费环境。

第三，城乡均衡发展，农业地位坚不可摧。英美日三国的城市化，基本都是在农业发展到一定阶段，农业技术先进、生产效率高的基础上来推进的。随着工业化的推进，同步进行城市化，并在城市化进程中，丝毫不忽略农业的重要地位，充分将农业变成工业的后盾力量，让农民的生活水平及收入水平有保障，农民消费不会拖整体消费的后腿。而且，发达国家特别重视农村基础设施的建设，从交通、通信、网络等各个方面保证农村居民的生活质量，确保农村居民信息获取，城乡消费观念一致、消费结构一致，城乡融合度非常高。

第四，区域协调发展，产业特色集聚。发达国家在城市化拉动消费的进程中，充分利用城市化的"产业集聚"效应，让城市化与城市内部的产业结构步调一致，不刻意地进行城市开发与规划，而是根据区域地理特点、气候条件及居民的生活习惯，协调产业的集聚与升级，形成各具特色的区域发展路径。对于特别的区域情况实施特殊方法，比如美国西部城市化与消费，确保在整个城市化拉动消费的进程中，没有城市落后。同时，在区域城市化进程加快阶段，注重服务业对农村剩余劳动力的吸收以及消费对服务业的促进作用，形成消费、城市化、产业升级、区域协调发展的良好态势。

8.2.3.2　发展中国家城市化拉动消费的教训

宏观政府层面，包括新旧二元结构下制度政策的负面效应、不合理的收入分配格局，土地财政，有待优化调整的产业结构等问题，在国家大背景下还没有形成促进二者耦合发展的坚实基础；中观城镇化层面，包括城镇化模式选择、公共产品和服务资源配置情况，以及目前房价攀升、交通拥堵、生态环境恶化、资源利用不合理等城市病等，加大了现代人的生存压力，制约了社会的可持续发展，成为阻碍二者耦合发展的障碍；微观居民层面，包括消费的集聚效应和辐射效应，消费预期、城市贫困、人口结构老龄化等，影响了人们的现实工作和生活。这些因素严重阻碍了二者的耦合发展，成为制约二者耦合发展的主要因素。其中产业结构不合理、第三产业发展水平偏低成为制约城镇化质量提升与消费结构优化耦合发展的关键因素。城镇化没有产业支撑，就丧失了生命力，而产业结构的优化需要消费结构优化的引导，否则城市的发展将迷失方向或走向畸形繁荣，降低城镇化质量。我国服务业起步较晚，基础比较薄弱，以服务业为主的第三产业虽然经过近些年的发展，取得了很大进步，但是服务业的整体水平偏低，结构不合理、竞争力较弱、重数量轻质量、尖端科学技术和国际知名品牌欠缺等问题有待逐步解决。①

第一，要谨慎进行产业选择，合理分布产业结构，切勿盲目发展。发展中国家产业结构的布局与分配远远没有发达国家那么乐观，第一、第二、第三产业分布的变化远远落后于城市化的速度，进而对消费的增长起不到应有的作用，甚至起反作用。纵观发展中国家的城市化与消费，它们的共同点之一就是第二产业的比重过大，第三产业的发展要么不足，要么过高，但结果都是对刺激消费没有乐观的效果。在工农业发展方面，农业基本都处于初级加工的阶段，农业生产方法传统，效率低下，并没能足够积累促进工业的发展；工业的发展或急或慢，但是对农业的影响很小，并没有出现工农相互协调促进的局面。

另外，就是发展中国家大城市的集聚效应非常显著，但忽视了城市质量，影响了居民的消费行为。在发展中国家，都会有倾向地发展几个大型城市，但是在发展过程中，城市却相对盲目，并不是根据城市居民的需求或是城市的地理位置、气候特点选择发展方式，而是迎合国际需求，牺牲城市质量。这种情况下，城市选择的支柱产业或者重点产业可能并不适合城市本身，或者以更高的社会成本为代价，造成污染严重、产业分布畸形等问题。再加上一般发展中国家都会优先选择制造业，生产链的布置成本高，机器技术升级成本高，所以一旦选择了某一产业，其退出或改进的成本都相对较高，陷入两难的境地。

第二，要谨慎制定政策路径，因地适宜地制定发展方向，注重循序渐进。发展中国家在促进大城市的发展中，并没有制定明确的限制政策以及长远的发展政策，而是一心想在世界上凭空打造出相应的"工厂"或"基地"，造成人口的急剧膨胀，城市的基础设施跟不上人口的增长速度，城市贫困率飙

---

① 赵彦博. 城市化拉动消费增长的国际比较及对我国的借鉴 [D]. 北京：对外经济贸易大学，2017：54.

升，打砸抢烧等抗议活动不断，居民的生活受到严重影响。通过上面的分析，我们也能够看出发展中国家政府在城市问题频现的时候并没有及时行动，而是任由发展，或是心有余而力不足，也没有充分地借鉴成功经验，探索适合自己国情的方法。这种政府的无作为或者无效率严重影响了居民的消费信心，居民的消费结构也难以升级，很难再来促进城市的发展。

发展中国家推动中小城市发展的规划并不明确，建立城市带的速度也不乐观，城乡居民的消费行为毫无变化。依据中小城市的比较优势，有倾向地吸引相关产业进驻发展，并充分利用外界环境的变化来调整自己的优势，在这一过程中，城乡居民消费观念转化、消费结构升级、消费方式更新，这是发达国家成功的经验，但是在发展中国家相关政策实施中，效果并不明显或者发展速度缓慢。出于经济的压力，发展中国家很难培养某一新兴产业，并耐心地等待这一产业发展壮大，因而需要发展中国家极其注意，只有循序渐进的发展模式才是长久之计。

第三，要合理对待低收入人群，授之以渔，注重长远发展。发展中国家的人口数量普遍比较多，因此要求覆盖面广、福利高的社会福利保障显得太过不切实际。在这种情况下，一味地以补贴或是最低保障的方式对待低收入人群对城市发展并没有太大作用，对城市消费率的提高也无影响。通过分析巴西与印度的城市化与消费，我们发现政府对待低收入人群正是这个态度，于是城市的贫困率普遍较高，贫民窟频现，报复性事件时有发生，进一步加剧了城乡矛盾、社会矛盾，对消费率的提升、经济的发展一点好处也没有。①

8.3　国外城镇化质量提升和消费结构优化升级协调发展的影响因素案例分析

随着城镇化率不断提高，越来越多的人、资源集聚在城市，各类型城市高质量发展是城镇化质量提升的重要方向，包括高质量的城市建设、城市管

① 李茜. 城市化拉动消费增长的国际比较及对我国的借鉴 [D]. 北京：对外经济贸易大学，2014：38-39.

理、城市治理、公共服务、人居环境等都能体现新型城镇化高质量发展。因此，本节选取了国内外不同城市，从不同视角来分析各因素是如何影响城镇化质量提升和消费结构优化升级协调发展的。

8.3.1 英国伦敦城市群旅游产业发展的影响

旅游产业的大力发展最早出现在西方国家的城市，例如澳大利亚黄金海岸、美国夏威夷、英国伦敦等。进入后工业时代的英国伦敦城市群，经济发展迅速，旅游业是最重要的经济部门之一。不同于其他欧洲国家以自然风光为主，英国伦敦城市群依托的是城市资源为主的文化旅游产业，例如博物馆文化、英国王室文化、歌剧院和艺术厅文化、乡村小镇文化等。伦敦城市群旅游业的发展对于城市消费环境的促进作用主要体现在以下几个方面。

8.3.1.1 城市基础设施建设和自然生态环境的利用与保护

伦敦工业化起步较早，工业发展以城市的空气质量和人们的身体健康为代价，一度被称为"雾都"，甚至导致了 1952 年的伦敦烟雾事件。而随着在后工业时代城市转变经济发展方式，人们生活水平的提高和旅游产业的兴起，伦敦的空气质量成为阻碍城镇化质量提升的影响因素之一，为此政府加大力度治理空气污染，提高本地居民生活质量的同时，也为吸引游客和旅游业发展奠定了基础。因此，伦敦旅游产业的发展促进了城镇基础设施建设和服务体系的完善，包括交通的便利程度、公共设施的数量和覆盖率、空气质量等。另外，以城市为资源的旅游业发展离不开对城市的保护，例如英国政府将对古城彻斯特的保护列为城市发展重要目标之一，避免古城由于商业和旅游业的发展而遭到破坏，促进城市消费环境的可持续发展，从而提升城市发展质量。

8.3.1.2 城市文化环境的打造有利于城市旅游消费供给的多样化

为了发展文化旅游产业，伦敦兴建了 200 余座博物馆，形成了博物馆文化，令伦敦享有了"博物馆之都"的美誉。名人故居和蜡像馆也是英国重要的旅游资源，例如伦敦的杜莎夫人蜡像馆、福尔摩斯博物馆、莎士比亚故居，等等，这些人文旅游项目对于伦敦城市群已有的自然风光来说，是一种补充和丰富。通过打造文化旅游，伦敦城市群不但塑造了自身的城市文化名片和形象，也为游客提供了除自然风光之外的人文之旅的享受，提升了游客的旅游消费层次，令越来越多的旅游者不再满足于"景点打卡"式的旅游方式，而是难忘的、有特色的沉浸式体验型旅游消费经历，在精神文化层面上对于伦敦城市群有了更加深刻的了解，这对于旅游消费来说是一种消费品质层面的升级。

此外，伦敦城市群包含了众多中小城镇，小城镇和乡村旅游产业的开发加强了城乡之间的互动和协调发展，也同样提升了旅游消费产品的多样性。20世纪60年代，英国经济发达，城镇化率水平较高，并且随着家用汽车的普及，乡村旅游就已开始兴起。由于工业化和快速城镇化带来的大城市病等问题，使城市居民生活质量下降，许多伦敦城市居民对回归乡村并享受大自然的欲望增强，从而拓展了乡村旅游的目标市场，一系列例如动物喂养、果蔬采摘、捕鱼等英国乡村田园风光和风土人情体验式旅游项目兴起。丰富了旅游文化消费内容，加强了城乡之间的连接。

8.3.1.3 提高城市经济发展水平、带动相关产业发展、促进消费结构优化

乡村旅游不但带动了城乡融合和城乡的协调发展，也能够促进小镇乡村经济发展水平的提高和小镇居民收入的增加。例如与旅游产业相关的餐饮、住宿类产业的发展迅速，出现了B&B小旅馆（提供住宿和早餐的民宿），因价格相对低廉、预定和出行相对便捷等优势，深受游客的欢迎。旅游产业带动了相关产业的发展，为小镇和乡村的经济发展提供了动力，当地居民享受到相关产业发展带来的经济利益，也随着就业机会的增加解决了就业问题，收入得到提高，本地居民的消费结构也随之变化，不再仅仅满足于生存型消费，而是开始学习经营餐厅、酒店、承办赛事等，增加了教育培训类的消费。而对于游客来说，住宿和餐饮消费供给的不断增加能够延长旅游逗留时间，

从而促进消费的增加。而随着旅游收入的不断增加，经营者收入和财富进一步积累，他们会将更多的消费投入如何更有创意、更有利于城市消费环境可持续发展、对游客更有意义的服务项目开发。直到今天，伦敦城市群内的小镇依然吸引着世界各地的游客，例如以女王行宫和伊顿公学为代表的温莎小镇、韦布里奇小镇、精英人才聚集的七橡树小镇、十二世纪的贝肯斯菲尔德小镇、承办体育赛事的泰晤士河畔亨利小镇、以赛马场闻名的阿斯科特小镇等。

由以上的分析可见，伦敦城市群旅游产业的发展，一方面，令城市消费环境得以改善，使文化古迹特别是古城，得到保护，城市实现了可持续发展，并推动了城市基础设施的完善，催生了城市文化旅游的消费；另一方面，促进了城市经济水平的提升，特别是通过辐射效应，带动了农村地区的经济发展以及农村居民收入的提高，构建了以旅游业发展促进伦敦城市群城镇化质量提升和消费结构优化升级协调发展的机制（见图8-2）。

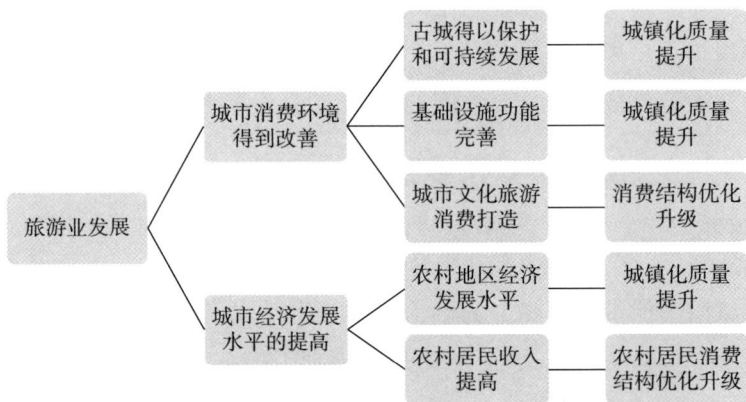

图8-2　旅游业发展促进伦敦城市群城镇化质量提升和消费结构优化升级协调发展机制

资料来源：作者整理。

8.3.2　日本东京轨道交通空间利用对消费的影响

日本是亚洲乃至世界消费最为发达的国家之一，东京作为亚洲具有代表性的高密度城市，是日本的政治、经济、文化中心，也是世界的金融中心之

第 8 章　国内外城镇化质量提升和消费结构优化升级耦合协调发展的实践与启示

一。东京是世界上轨道交通最为发达的城市之一，也是亚洲第一个开通地铁的城市，第一条线路于 1927 年开通。20 世纪 20 年代以来，日本东京的铁路公司就创新地将轨道交通设施和消费购物空间结合起来，构成了城市空间开发利用模式。

轨道交通空间利用，促进了人口流动和消费水平提升。东京是全世界公认的最发达的城市之一，轨道交通的发达吸引着人口向大城市聚集，人口的聚集一方面推动了城镇化进程；另一方面也提升了消费人口的数量。

东京站是重要交通枢纽，也是十分重要的商业中心，包括了著名的东京八重洲地下街和其他十几条地下商业街，包含各种充满特色、个性化的商店，形成了一站式购物中心。来到东京站的旅客可以在不出站的情况下进行消费，或者快速分散到城市中心和商业消费地区。轨道交通和商业消费空间在功能上相互补充，相互融合，轨道交通是消费的人流基础，消费空间因轨道交通带来的人流而产生。只有加快人的流动性，增加人口数量，才能够增加消费人口数量，从而促进消费。

第一，以东京站为例。相比许多城市选择在边缘地带修建高铁站，位于城市中心的东京站具有值得借鉴的意义。其每个商业街都有不同的商业主题或侧重点，例如动漫主题、美食和特产主题、生活方式主题等，丰富了到达和出发以及换乘旅客的消费环境，注重消费结构优化升级时期人们对于个性化、多样化、体验式的消费需求，也提高了消费的效率。

第二，以位于秋叶原的万世桥车站为例。该车站一度废弃，后成为博物馆，直到 2010 年，改造项目令该车站成为时尚潮流的小型社区，包含了商业街、咖啡店、酒吧等娱乐消费中心，将历史和现代有机结合，也充分体现了城市的智慧型规划，促进了城镇整体消费环境的提升和运营效率。东京的车站商业高度发达，城市规划甚至诞生了"站城一体化"的理念，地下商业街也由于设施完善，成为"车站地下城"。

由以上的分析可见，一方面，轨道交通的开发令城乡之间得以连接，加大了人口的流动性，为城市输送更多劳动力，加快了城镇化进程的同时，令消费人口数量增加，进而提升了城市消费水平；另一方面，通过在铁路站点设立商业消费场所，例如地下商业街、购物中心、商店、餐厅等，将轨道交通和消费空间相结合，增加了消费人口数量以及消费环境的便利性。轨道交通和商业消费空间在功能上实现了互补，图 8-3 为轨道交通空间利用对城镇化质量提升和消费结构优化升级协调发展的作用机制。

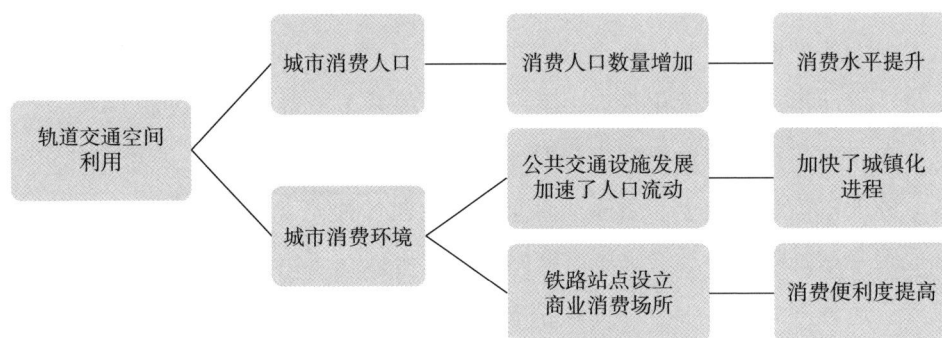

图 8-3　轨道交通空间利用对城镇化质量提升和消费结构优化升级协调发展的作用机制

资料来源：作者整理。

8.3.3　迪拜从生产型城市向消费型城市的转型升级

迪拜是中东地区的经济、金融、贸易、旅游、物流中心。20 世纪 90 年代之前，迪拜还只是依靠港口的沙漠城市。早期依靠石油发展，为迪拜的现代化和城镇化进程奠定了经济基础。而石油并非可持续发展的资源，随着石油储备的下降和石油资源危机，政府开始意识到多元化发展的重要性。

在意识到资源枯竭的危机后，迪拜政府意识到，如果继续仅依靠石油业，经济很难维持可持续发展，失业问题会逐渐严重，进一步阻碍其他产业的发展。因此，迪拜政府在石油业还处于快速发展时期便开始筹划经济转型，通过寻找替代产业推动经济发展，自 20 世纪 90 年代起，政府开始规划发展旅游业、会展业、高端服务业等第三产业，进而推动城市从生产型向消费型转变。与此同时，石油收入对 GDP 的贡献率越来越低，迪拜成为一个以服务和消费为主的经济体，实现了从生产型城市向消费型城市的转变。

旅游业是迪拜经济转型的主导产业，迪拜将奇迹建筑和城市消费空间相结合，通过打造奇迹建筑城市，助力旅游业的发展。具有代表性的奇迹建筑如帆船酒店、哈利法塔、棕榈岛（人工填海建造的岛屿）、海底酒店等，将高端且有城市地标性质的建筑和优质的服务相结合，提供了多元化的消费方式，促进了消费结构的优化，也打造了城市的品牌。

棕榈岛，是一座人工填海的岛屿，设有上百家豪华酒店、私人豪宅别墅区、大型购物消费中心、高级餐厅和主题公园等，甚至将迪拜的海岸线延长了20倍，并建设了轻轨等公共交通设施为上岛提供便利。棕榈岛"造城"的城市发展方式，不但提供了大量服务业就业机会，而且吸引了世界各地的游客前来观光和消费，以及富豪、投资者前来定居或投资。迪拜另一个奇迹建筑，即直到现在依然是世界第一高楼的哈利法塔。哈利法塔高828米，成为迪拜的地标性建筑，其内部的大型购物中心、酒店、餐饮和娱乐设施等使其成为另一个综合消费场所。除了广为人知的阿拉伯塔酒店（又称帆船酒店）、迪拜购物中心、海底酒店、海底餐厅等，迪拜的奇迹建筑也在不断创新。2020年投入运营的迪拜达·芬奇旋转塔（迪拜旋转摩天大楼）结合了办公、豪宅、顶级酒店等，其楼体每一层都可以360度旋转，是世界首个动态塔，住户甚至可以将座驾通过电梯停放在家中，如此设计令达·芬奇旋转塔再次成为奇迹建筑，改变了人们的生活方式和消费习惯，引导消费向更高端、更智慧的方向发展。

迪拜所打造的一个又一个"世界最高""世界第一""世界最奢华""世界最惊奇"的建筑，将整个城市变成了一个奇迹建筑和消费结合的城市，将创意发挥到极致，令城市和空间本身也成为消费品，并出现了针对符号价值的消费，例如在七星级酒店的餐厅用餐和度假等，逐渐形成了一个奢侈消费文化的城市。

迪拜之所以能够成功从生产型城市向消费型城市转变，主要有以下几点原因：第一，来自迪拜政府的支持。迪拜政府鼓励经济向开放、自由、市场化的方向发展，支持私有企业发展，为私有企业提供便捷的服务以及优惠的税收减免政策，营造出极为开放的城市商业环境，有利于企业的发展和产品的研发，促进了消费市场供给的多样化，满足不同阶层消费者的不同需求。

政府还实施了相对优惠的税收政策和开放的国际人才引入政策，比如开放签证等措施。第二，来自替代产业的发展。迪拜通过发展第三产业，由生产型城市向消费型城市转变的过程中，促进了城市经济发展，增加了就业机会，企业通过高收入和高福利待遇，吸引了劳动者的聚集。第三，文化的打造。通过打造高端消费文化，迪拜吸引了世界各地的高收入游客，推进了迪拜在中高端产业的发展，特别是高端服务业的发展，促进城市经济多元化，一方面摆脱对于石油产业的依赖；另一方面促进了城市消费结构优化升级。

由以上的分析可见，迪拜从生产型城市向消费型城市转型，一方面，通过第三产业的发展，打造中高端消费文化，促进中高端产业发展，扩大产品供给的多样化，促进消费结构优化升级；另一方面，通过经济发展，增强经济的活跃度，吸引国际人才的聚集，提升城镇化质量。图 8-4 构建了生产型城市向消费型城市的转变对城镇化质量提升和消费结构优化升级协调发展的作用机制。

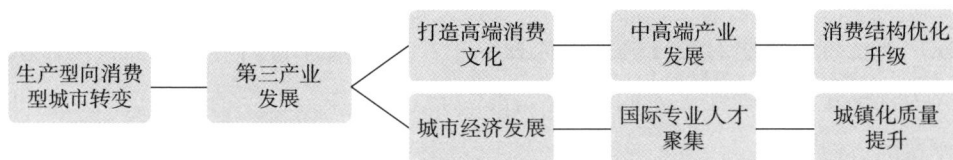

图 8-4　生产型向消费型城市转变对城镇化质量提升和消费结构优化升级协调发展的作用机制

资料来源：作者整理。

8.3.4　美国纽约 SOHO 街区的创意城市和消费文化发展

位于美国纽约的 SOHO 街区，在 19 世纪曾经是制造业工厂与工业仓库，直到 20 世纪中期，美国社会逐渐进入后工业时代，旧工厂大量倒闭，导致工厂厂房空置，经济也十分萧条。随后，最早的一波艺术家，选择入住该街区，推动了纽约创意城市发展和消费文化的打造。

二十世纪五六十年代，SOHO 街区低廉的租金，吸引创意阶层选择在此工作和生活，他们将厂房改造成了艺术工作室进行艺术创作。其中最具代表性的便是 LOFT 形式的工作室，即将住所临街的房间改成商店直接出售作品并获得收入，将创作和生活融为一体。随着 SOHO 街区逐渐成为艺术创作和展览的聚集地，其他地区的创意阶层纷纷迁入，他们不仅推动了人口城镇化，也推动了人口素质的提升。一方面，创意阶层本身就是艺术家群体，他们具有较高的艺术追求和造诣，从事艺术创作工作，为街区和城市营造了艺术文化氛围；另一方面，当 SOHO 街区形成了浓厚的艺术氛围后，又吸引了城市的中产阶级群体，他们通常拥有高学历和更高的文化审美水准，追求时尚生活风格和都市生活方式。这两部分人群的聚集大大提高了城市人口素质，推动了城镇化的高质量发展。

另外，SOHO 街区的创意产业发展还带动了当地租金的快速上涨，并提升了整个街区甚至城市的文化水平，形成了创意消费文化，为街区和城市贴上了创意的标签，而这样的生活环境和消费多样性正好满足了中产阶级的发展型和享受型消费需求。SOHO 艺术街区的热度还吸引了全世界的游客前来游览和消费，聚集的人气逐渐推动 SOHO 街区成为纽约消费最高的地区之一，拉动了当地经济发展，吸引了奢侈品牌店、家具家居店、设计师店、咖啡店、画廊、艺术精品店、高档酒店和餐厅等商业的入驻，提供了就业机会，促进了整个城市居民消费结构和消费品质的优化与升级。然而，正是由于 SOHO 街区的艺术魅力和发展潜力，导致其租金不断升高，许多无法承担高租金压力的艺术家被迫迁出了该地区。于是 20 世纪 50 年代，纽约市政府出台了"非艺术家不能进驻"的规定，用政策压制了租金上涨，并于 20 世纪 70 年代，将苏荷列为历史文化保护区。

由于全球化和后工业时代造成了制造业迁出、工人失业、经济萧条，城市人口流失，城市空心化，遗留下了大量闲置的旧厂房和旧城区。随着创业产业的兴起、创意环境的形成和创意阶层的聚集，吸引了投资者的目光，将这样的区域改造升级，并结合商业的入驻，变成了城市创意商业消费文化中心，带动了地区经济发展，为城市提供了艺术消费空间，提升了城镇化的质量和城市整体形象，为居民消费结构多样化做出了贡献。

由以上的分析可见，美国纽约 SOHO 街区创意城市和消费文化发展，是通过创意阶层和中产阶级的聚集，以及商业的入驻实现的。高素质人才的聚集，提升了城市的人口素质，进而提升了城镇化质量。商业的入驻促进了经济发展，满足了人们的精神消费需求，促进消费结构优化升级。图 8-5 构建了创意城市和消费文化发展对城镇化质量提升和消费结构优化升级协调发展的作用机制。

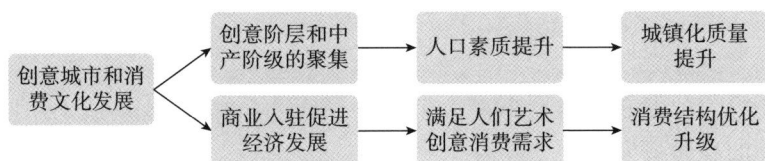

图 8-5　创意城市和消费文化发展对城镇化质量提升和消费结构优化升级协调发展的作用机制

资料来源：作者整理。

8.3.5　新加坡花园城市的建设

新加坡在城市规划和建设方面一直是世界公认的成功案例，其国土面积仅有 718 平方公里，人口密度大，却在住房、交通、生态环境保护领域都取得了一定的成就，形成了"花园城市"，创造了宜居的环境，较早地完成了城镇化进程，吸引了大量世界各地的移民到新加坡定居，形成了包括华裔、马来裔、印度裔和其他种族的多民族移民国家，也形成了多样化的消费习惯和消费结构。在经济方面，2019 年新加坡的人均 GDP 超过了 6.5 万美元，互联网的普及率也居世界前列，为其他产业的发展奠定了基础。

新加坡自 20 世纪 60 年代独立于马来西亚之后，人口不断膨胀，但居民生活质量不高，生活环境较差，城市自然生态退化，城市住房问题严重，并随之引发一系列社会问题和公共卫生隐患。但通过全社会各方面的努力，新加坡在 40 年后实现了花园城市建设，并持续不断地加强绿化，令生态环境与人居环境有机融合。新加坡花园城市建设，不仅局限在对城市景观的绿化，也在于对居住环境、消费环境、日常出行、职住平衡等方面的改进，令城市更加宜居。究其成功的原因，主要在于以下几点。

第一，来自政府对规划理念的坚持。20世纪60年代中期，新加坡就将建设"花园城市"作为基本国策之一，成立了由总理密切监察的"花园城市行动委员会"，负责制定和执行相关方案，并且保证了工作的科学性、持续性和严格性，这项基本国策一直延续至今①。虽然新加坡城市规划每5~10年进行一次修订，但建设"花园城市"的理念却始终如一，为城镇化高质量发展和居民的消费结构优化升级打下了坚实基础。

第二，高效的土地利用率。新加坡人口多，土地却十分有限，因此以高层、高密度为主的住宅方式提高了土地利用率，将住宅普遍发展成"高层"，而空出底商进行商业运营，则公共空间可以为居民提供更多的绿地与休闲娱乐消费场所，促进了居民的消费。此外，每一个新镇都有工业区、住宅区、商业区、休闲娱乐区、教育医疗、交通换乘站等设施，本着方便居民生活与工作的原则，提高了职住平衡的水平，缓解了高峰期交通堵塞，避免"睡城"出现，提高了城镇化质量。

第三，"居者有其屋"政策的落地。为了解决住房问题，政府主导开发和建设组屋，将土地资源严格控制在政府手中，国有土地约占总土地的80%，同时也严格控制土地的价格。政府通过组屋公屋住房改善等政策实现了居者有其屋，为贫困阶层提供经济适用性住房，为购房阶层提供良好的贷款条件、住房公积金政策，以及住房补贴政策，来减轻居民在住房方面的支出压力，令低收入者有能力购房的同时不降低生活水平，减轻其住房消费支出的压力，释放一部分消费潜力。通过住房计划，政府将老旧的棚户区进行了清理，改善了居民的生活质量和生活环境。在组屋的开发方面，政府选择了从城市边缘地区开始，将居民有效疏散，逐步完善公共服务设施的建设，配置文化场

---

① 谢新松. 新加坡建设"花园城市"的经验及启示 [J]. 东南亚南亚研究, 2009 (1)：52-55.

所、餐饮以及医疗等设施，满足居民日常生活需求，缓解了大城市的人口聚集，并通过有效的城镇规划实现了 15 分钟生活圈的目标，在城镇社区设计上考虑到了特殊人群的需求，促进了整体城镇化质量的提升。

第四，对生态环境的保护。为了加强绿化，新加坡政府提出了"人均八平方米绿地"的指标，并建立了多个自然保护区，在城市中心城区密集建设小型公园，使城市坐落在热带森林的景观中。城市公园的打造，一方面，净化了空气，提升了城市的美观度，从而提升了城镇化质量；另一方面，城市公园与商业消费空间的结合，优化了消费环境，提升了消费体验感受，从而增强人们消费的欲望，促进消费层次的提升。

由以上的分析可见，新加坡花园城市的建设，是源自对规划理念的坚持，对土地的高效利用，住房政策的落地，以及对生态环境的保护。坚持规划理念是发展的基础，对土地的高效利用不仅有助于优化城市空间布局，提供更多的消费空间，促进消费，也有助于提高职住平衡的水平，提升城镇化质量。而住房政策的实施，则是从根本保障了居民基本生活消费需求，解决居民住房方面的后顾之忧，促进居民消费结构优化升级。图 8-6 构建了新加坡花园城市建设对城镇化质量提升和消费结构优化升级协调发展的作用机制。

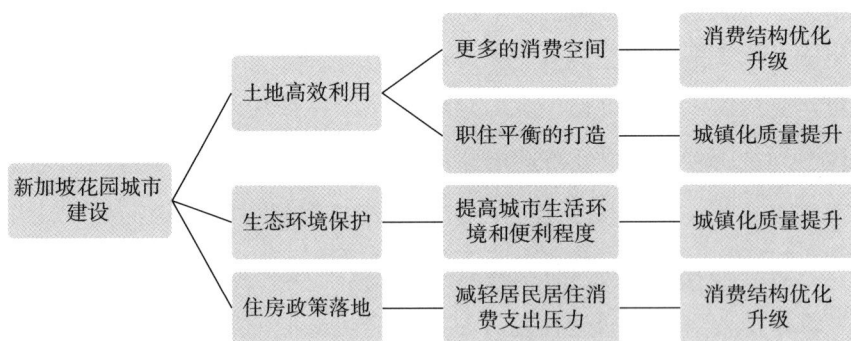

图 8-6　新加坡花园城市建设对城镇化质量提升和消费结构优化升级协调发展的作用机制
资料来源：作者整理。

8.3.6　国内外耦合发展影响因素案例分析对我国的启示和借鉴意义

8.3.6.1　产业调整优化推动城镇化质量和消费结构优化协调发展

1. 区域和城乡需要形成有效的产业分工

第一，城市群区域内有效的产业分工，能够让城市群内各城市最大限度地发挥生产力，充分发挥各自优势，有效避免自身的"短板"，相互配合、取长补短，助力城市群的综合发展，提升城市群的竞争力。城市群内的城市根据自身的特色、地理条件、自然资源、人文环境等寻找各自的定位，承担不同的职能，通过统筹协调和规划来实施具体发展任务，可以有助于各自城市对专业人才的吸引，而不至于陷入大城市的虹吸效应导致人口流失，另外，还有助于合理分配人力资本，促进就业和居民收入的增加，进而促进消费。在城市发展过程中，出现阶段性发展停滞或下滑的时候，可以由城市群内的其他城市提供协助，共同渡过难关。

第二，城乡之间的相互配合和有效产业分工，能够缩小城乡差距，有助于城乡融合。城镇居民消费需求增加，促进了城镇产业的发展，加大了城乡的差距，若产业可以辐射到农村，将农村地区融入产业的发展，与城镇有效分工，则有助于缩小城乡差距，提升农村居民的收入，推动城镇化发展。

2. 产业调整优化，促进相关产业的发展

产业调整优化有助于促进相关产业的发展，促进城市产业结构的合理化。比如推动第三产业的发展，例如旅游业的发展，可以带动一系列景区周边包括餐饮、娱乐、住宿等行业的发展，鼓励会展业的发展可以带动酒店、旅游、商业、房地产等行业的发展。更多的就业机会被创造出来，吸引人才的聚集，也可以体现一个城市的经济实力和发展水平，提高国际知名度，不仅提升了城镇化质量和城镇综合竞争力，同时也提升了居民的生活质量和居住环境，满足了人们对于美好生活的向往，使居民对于消费有了更高层次的追求，进而促进了居民的消费结构优化升级。

8.3.6.2 充分利用城市地上地下空间，扩大消费空间、打造消费场景

1. 充分利用城市地上地下空间，扩大消费空间

国内外大城市在城镇化过程中，人口不断增加、社会不断发展，但土地总面积有限，土地资源紧缺，因此充分规划和利用每一处空间至关重要。在大城市土地开发趋于饱和、房价过高的情况下，对于存量空间的改造利用，例如城市地下空间，以及地上垂直空间，不仅有助于继续扩大消费空间，也有助于改善城市污染状况、缓解城市交通压力。

我国轨道交通仍在快速建设发展当中，不少城市采用了将城市地下空间，特别是轨道交通空间，与商业消费空间相融合，引入餐饮、零售、运动、休闲、娱乐等消费业态，以扩大消费空间，提高地下空间的利用率，并利用轨道交通客流量来促进消费。同时，加强地上空间的利用率，垂直分布各种业态功能，包括商务办公、住宅等，大幅度提升空间的垂直利用率，既将土地的价值最大化利用，也便利了居民消费。

2. 加强交通枢纽和商业设施资源整合，打造消费场景

对于利用轨道交通进行商业开发，打造消费场景，需要合理优化主要换乘站点的商业布局，并营造良好的步行换乘环境。东京的实践经验证明，合理利用轨道交通的空间和商业消费空间进行资源整合，有助于改善居民生活质量，提升居民幸福指数，吸引人口的聚集，促进消费并提高消费效率。北京人口密度大、人均资源稀缺，地铁线路仍在不断规划和开发，庞大的地下空间，如果可以配合建设商业消费场所，积极打造消费场景，将有助于拉动消费，提升居民消费环境，有助于促进城镇化质量和消费结构优化升级协调发展。

8.3.6.3 加快生产型向消费型城市的转变

我国自改革开放以来，随着技术不断进步、科技不断发展，生产力得到了巨大发展。然而在发展过程中，也有不少城市出现了产业结构单一、产业

结构性矛盾突出和资源枯竭等问题，例如同样依靠汽车产业发展的城市吉林和长春、依靠石油产业的黑龙江大庆和甘肃玉门，以及依靠煤炭产业的山西大同和内蒙古鄂尔多斯，这些城市经济发展面临衰退，转型迫在眉睫。

通过对于国内外因资源枯竭或产业结构不合理导致的收缩型城市的顺利转型的案例分析，得到的启示如下：第一，要合理利用自身的资源，避免资源浪费和过度开采；第二，尽快寻找并大力发展替代产业，确保经济的可持续发展；第三，提升新产业的比重，增强应对外部变化和危机的能力，加大政府的支持力度，通过一系列税收等优惠政策，以及高于平均水平的薪酬待遇吸引企业和高端人才的聚集；第四，加大对环境的治理力度，提升收缩型城市的宜居生活环境。

8.3.6.4　消费文化对城市文化的重塑

2000 年以来，我国大城市的中心城区逐渐出现了以艺术和文化创意为核心的地区，大量工厂外迁，传统的工业园区被改造成艺术园区，例如北京著名的 798 艺术园区。艺术家的聚集也吸引了商业的聚集，咖啡厅、餐饮等商业纷至沓来。随着 798 影响力的扩大，过度商业化与租金的上升，使艺术家被迫迁出该地区。纽约 SOHO 街区的经验表明，政府政策十分重要，只有通过给予房租优惠、限制商业的进驻或者调整商业的比例等措施来加以管理，才能保护文化艺术的真正样貌，避免文化创意因资本逐利而消失。

通过对于国内外创意文化消费和休闲文化消费的案例分析，得到进一步启示如下：第一，城市传统文化可以通过旧城改造的形式，赋予衰落的旧城区新的文化价值，提升该地区甚至整个城市的形象，对传统文化进行重塑，为传统文化赋予现代的功能，使城市文化得以延续和保留；第二，除了创意文化、休闲文化，城市还需要专注为不同阶层、不同年龄层、不同社会背景等各种群体打造不同的消费场景，例如动漫产业的发展，就是迎合了动漫爱好者的文化创意产业，为城市增加了消费供给的多样性，面向新一代的消费主力军，打造新的消费市场，有助于寻找城市新的消费增长点，促进城镇化质量的提升和居民的消费结构优化升级。

8.3.6.5 生态城市建设，打造绿色消费空间

我国在新型城镇化的道路上，也遇到了各种问题和阻碍，我们应该借鉴国外城市在城市建设、社会保障、生态环境保护等方面的成功经验，包括加快构建城市规划理念和健全城市管理体系，为城市发展奠定基础，并且坚定不移地贯彻执行；发展绿色建筑，注重生态环境的保护，并对绿色建筑进行专业评级和有效的激励计划①，打造宜居的生活环境，提升城镇化质量和绿色消费环境；合理规划城市空间布局，优化城市消费空间；不断完善社会保障体系，例如住房、交通、医疗等，减少居民的预防性储蓄，促进消费水平的提升。

---

① 文志. 新加坡推广"绿色建筑"经验借鉴 [J]. 中华建设, 2018 (12)：32-33.

第9章 促进城镇化质量提升与消费结构优化耦合发展的对策建议

9.1 城镇化质量提升与消费结构优化耦合发展的路径选择

随着新型城镇化的不断发展，消费型城市建设日益成为人们对美好生活追求的需要，城镇化质量提升的过程中，促进人们消费结构优化成为重要目标，而消费结构优化目标的实现又进一步促进城镇化质量提升。二者的耦合发展既符合我国当前扩大内需战略实施的要求，也是构建我国"双循环"发展格局的内在动力。为此，我们要坚持以人为本、政府和市场准确定位、公平与效率兼顾、"五位一体"（生态经济社会文化综合效益）、"四化"同步发展等原则，从观念意识、正式制度和消费活动三要素等维度，选择符合中国城镇化发展实际的路径和方向。

9.1.1 观念意识层面的路径选择

观念意识是行动的先导力量，往往构成一切实践活动的隐性力量，其作用之广泛性、长期性和深层性凸显其独特的重要性和必要性。要实现城镇化质量提升与消费结构优化的耦合发展，首先要在观念意识层面实现相互融合相互协调，即二者在发展理念、价值取向、文化引领等方面能达成共识，并以此凝聚成耦合发展的共同精神力量,指引着诸多具体行动的长远方向。尤其在推进新型城镇化发展和坚定实施扩大内需战略的背景下,城镇化质量提升和消费结构优化的耦合发展更需要在观念意识上达成一致,形成共同的发展理念、价值追求和文化引领,如应共同遵循的以人为本理念、绿色低碳理念等。

从观念意识层面促进城镇化质量提升和消费结构优化耦合发展,其路径选择主要有以下3个方面。

第一,坚持"五大"发展理念。习近平新时代中国特色社会主义经济思想的核心就是创新、协调、绿色、开放、共享"五大"发展理念,这也是指导我国新型城镇化和消费结构优化耦合发展的共同原则和努力方向。我们需以创新发展理念破解"地""钱""房"等城镇化难题,以改革创新理念依托城镇化质量提升实施扩大内需战略,建立扩大消费需求的长效机制。需以协调发展理念促进城市功能提升与产业发展的深度融合,以协调发展理念推进城乡居民消费一体化发展。需以绿色发展理念建设改善城市生态环境,为城市居民创造美好的消费生活环境,满足人们的生态需要。需以开放发展理念拓展城市发展空间,建设具有国际视野的消费型城市,以更加开阔的视野推进区域经济一体化。需以共享发展理念提升"城市温度",让市民感受到城市公共消费福利,共享城市生活环境。

第二,坚持以人为核心的基本价值取向。作为中国特色的社会主义国家,我国在经济社会逐步现代化的进程中,需要在基本的价值取向引领下,深刻把握城市现代化发展的基本规律,明确新型城镇化的本质所在。新型城镇化的本质特征是人的城镇化,以人为本,重视民生发展是中国特色新型城镇化的基本价值追求。消费结构优化的根本目的是满足人们日益增长的美好生活需求,而满足人的需求是新型城镇化的出发点和落脚点,提升城镇化质量则是推进消费结构优化的重要手段。由此,实现城镇化质量提升和消费结构优化便有了共同的价值追求,即满足人们的需求,包括衣食住行、安居乐业等。可见,坚持以人为核心的基本价值取向,是真正实现人的城镇化,并通过新型城镇化不断创新需求、满足需求,推进消费结构优化与城镇化耦合发展的根本准则。

第三，坚持文化传承和创新的精神主线。党的十八大以来，以习近平同志为核心的党中央，对如何传承发展中华优秀传统文化给予了高度关注。中华优秀传统文化是我国民族现代化的软实力，是实现"两个一百年"奋斗目标和中华民族伟大复兴中国梦的根本性力量。城镇化质量提升要求在新型城镇化的发展中，必须把文化传承与创新贯穿其始终，不断提升城市居民的文化素养，将优秀的中华传统文化融入城市发展的方方面面，用人文理念引领城镇建设，不断丰富城市发展的文化内涵。而消费结构优化的一个重要评价标准就是文化服务类消费的比重不断上升，要求大力发展文化消费，提升居民消费的文化素质，走出消费主义的物质陷阱。可见，实现城镇化质量提升和消费结构优化的耦合发展，必须坚持文化传承和创新的精神主线，用优秀的中国传统文化，引领新型城镇化发展，提升城市发展的文化品位，丰富居民消费的精神内涵。

9.1.2　正式制度层面的路径选择

按照经济学家诺思的观点，正式制度包括政治规则、经济规则和契约。本书中的正式制度是指人们在社会实践中为了规范和约束某些具体行为而有意识地创造的一系列具体制度、政策法规、体制机制等。当前我国城镇化质量提升与消费结构优化的耦合发展，仍然存在很多制度上的障碍与阻力，如户籍管理、劳动就业等一系列带有计划经济体制痕迹的制度安排，对城乡消费一体化仍然形成制约。要实现城镇化质量提升与消费结构优化的耦合发展，必然要进行相应的制度创新，逐步化解新型城镇化和城乡消费一体化中的制度困境，大力建设消费型城市，不断激发城镇化创造内需的活力和动力，使城市真正成为人们安居乐业的家园，让人们能够在城市立足、落脚，能够真正安心于城市里，能够安全、健康和舒适地生活。

从正式制度层面促进城镇化质量提升和消费结构优化的耦合发展，其路径选择的重点主要有以下 3 个方面。

第一，建立和完善相关制度体系。城镇化质量提升和消费结构优化耦合发展的实质就在于建设现代化的消费型城市，让城市成为人们宜居宜业的家园。这就要求我们加快建设中国特色消费型城市的各项制度，大力提升共建共享的消费制度环境，完善协调联动的城乡消费格局。《2020 年新型城镇化建设和城乡融合发展重点任务》指出，就户籍制度、农地入市、城市建设的投融资渠道、都市圈建设、公共服务等关键性的制度改革提出更加明确的要求和目标，这也是当前我国建设消费型城市急需破解的制度难题。例如，大力推动大城市的户籍制度改革，改革农村土地流转制度，推动集体经营性建设用地直接进入市场，完善与新型城镇化建设相匹配的投融资制度，推进中心城市及城市圈协同发展的就业制度，加快扩大公共服务覆盖面与跨区域统筹的社会保障制度，等等。

第二，建立和完善相关政策法规。与制度相比，政策法规更能体现国家政权机关、政党组织和其他社会政治集团的阶级、阶层的利益与意志，它是制度的具体实现和微观执行，体现具体的工作目标、工作任务和工作方式。实现城镇化质量提升和消费结构优化的耦合发展，需在一系列制度的宏观约束下，聚焦城乡统筹发展、产城融合发展、建设消费型社会、完善消费环境等方面，建立和完善相关的政策法规。例如促进产业结构和消费结构协调的财税政策，建立全国开放的城乡一体化就业政策，激发消费市场活力的需求调控政策，提质城市经济的产业集聚政策，提升城市幸福感的房地产调控政策，促进城乡统筹发展的环境和资源政策，缩小城乡差距的消费扶贫政策，完善生态环境保护的法规体系，保障农民工合法利益的劳动法规，等等。

第三，创新和畅通相关体制机制。提升制度和政策法规的微观执行效率，增强其实际操作性的关键在于相关体制机制是否畅通高效。促进城镇化质量提升和消费结构优化的耦合发展，不仅需要建立和完善城镇化发展、消费结构优化各领域的体制机制，同时，更要不断创新和畅通关乎二者耦合发展的体制机制，从而在减少微观执行阻力和提高执行质量上起到关键作用。这些体制机制包括建立促进城市、城市群间协调发展的顶层设计和沟通机制，建立城市群区域合作组织领导机制，建立引导城市群科学发展的绩效考评机制、动态调整和高效反馈机制，深化消费型城市发展的财税体制和投融资体制改革，强化区域生态环境保护治理协同机制，建立城市公共服务和社会治理协调机制，加快构建形成以消费结构升级引领城市经济创新发展的新型动力机制，等等。

9.1.3　消费活动三要素层面的路径选择

随着我国新型城镇化战略的深入实施，生产型城市和消费型城市功能逐步融合，为城镇化质量提升与消费结构优化升级的耦合发展提供了基本前提。其根本原因也在于新型城镇化能不断创造消费需求，从消费需求延伸开来的消费活动三要素（消费主体、消费客体、消费环境）皆可内化于城镇化质量提升的实践中。我们可着力于不同消费主体的消费意愿和消费能力的增强，消费客体领域的多元化市场拓展和供给侧结构性改革，消费环境包括软环境和硬环境的改善，从消费者的需求满足、消费市场的产品或服务创新、消费基础设施改善3个角度，探寻城镇化质量提升与消费结构优化升级的耦合发展路径。

第一，推进以人的需求为导向的城镇化。城镇化的原动力是人的需求，人的需求满足也是城镇化的最终目标，人最重要最根本的需求则是消费需求。城镇化质量提升和消费结构优化的耦合发展，更应该高度重视城市居民消费需求的高质量满足，因为消费需求结构决定着城市产业结构，产业结构又决定着城市空间结构即城镇发展模式。以人的需求为导向的新型城镇化可创造新的投资需求，通过引发消费升级创造消费需求，推动产业结构升级，实现产城融合。消费需求满足与收入水平密切相关，就业带来收入，带来安居，以人的需求为导向必然延伸至以就业为导向的城镇化，要通过劳动力资源开发促进就业和创业，科学客观地把握消费与收入同步的节奏，最终实现促进社会融合、打造城市生活共同体的目标。

第二，建设高质量的消费型城市。当前随着我国扩大内需战略的深入实施，消费已经成为推动经济增长的"主引擎"和保持经济平稳运行的"压舱石"，城市转型发展新的拐点也已经到来，消费型城市的发展趋势日益明朗，建设高质量的消费型城市的重要性日益凸显。2018年《中共中央、国务院关于完善促进消费体制机制进一步激发居民消费潜力的若干意见》，提出将在国内建设若干个国际消费中心城市，这就表明国际消费型城市建设已上升为国家战略。要实现城镇化质量提升与消费结构优化的耦合发展，其中一条重要路径就是加快建设中国特色消费型城市，要推动城市发展从生产导向转向生活导向，以城市消费升级引领供给创新、以供给创新推进经济结构优化，实现消费升级与产业升级的良性互动，重塑城市战略优势。

第三，加强城市传统和新型基础设施体系的统筹建设。著名社会学学者王宁教授曾指出："在当代社会，居民作为消费者，不但重视对具体的物品和服务的消费，而且越来越把地方作为一个整体性产品来消费；这种把地方作为一个整体性消费品来进行选择的消费偏好和价值观念，就是地方偏好，（即地方消费主义）。"① 而城市就是这样一种消费品，城市不但拥有更多的消费舒适物，而且具有更大的宽容度和多元性（社会舒适物），更有利于吸引创业人才，城市经济更具活力。为此，要推进城镇化质量提升与消费结构优化的耦合发展，需加强城市基础设施体系建设，包括传统基建的六大系统，即能源系统、水利资源及排水系统、交通运输系统、邮电通信系统、环境绿化系统、防灾和战备系统等，以及新基建的三大类，即深度应用互联网、大数据、人工智能等技术的信息基础设施，融合基础设施和创新基础设施。这样，才能让城市真正成为高质量的公共"消费品"，成为人们安居乐业的理想家园。

第四，加大公共服务消费投入的政府支出、引入社会资本，满足人民公共消费需求。新冠疫情暴发以来，我国各地消费受到巨大冲击，除了居民消费，还需要积极发掘公共消费提升的潜力，因此需要加大公共服务消费投入的政府支出、引入社会资本，满足人民公共消费需求。为保证公共服务消费投入能充分适应新常态的新要求，避免投资在方向上出现结构性缺陷，引发内生性问题。需要做到以下几个方面。

首先，加大公共服务消费投入的政府支出：一方面，政府对于公共服务消费投入的财政支出应顺应居民消费结构转型的趋势，增加的公共消费的财

---

① 王宁. 把城市看作一个"消费品"［N］. 大众日报，2015-02-15.

政支出应主要用于医疗、社保、交通、教育、养老、托育、科研、文旅体育、社区综合服务等公共服务领域，满足居民对公共消费不断升级的需求。另一方面，加大对科技公共服务平台的投入，为企业研发创新、技术孵化和转化等提供有力支持，加大对新业态、新模式的投入，推动科技创新，催生新的消费需求和发展动能。而且，政府的公共消费支出须体现合理性，优先考虑城镇低收入和困难群体、受疫情冲击较大的区域以及落后贫困地区，降低外部性冲击并保证生活消费的公平性。

其次，鼓励公共服务消费投入引入社会资本，开拓多样化的城市公共服务融资渠道，满足人民公共消费需求。一方面，政府应充分发挥公共财政投入的引导和调节作用，采用税收减免、贷款补贴等多种优惠政策，以及委托经营、服务外包等多种经营方式，充分调动各类社会资本参与到公共服务消费的投资、建设、维护和运营中。另一方面，扶持非公有制的公共服务机构的发展，并形成权责分明、制约有效的市场运行机制，推动公共服务的专业化运营，提高公共产品及服务的供给质量和供给的多样化，满足居民的公共服务消费需求。而且，要增强社会资本进入公共服务项目的积极性，即确保企业通过参与公共服务消费领域的建设，获得一定程度的收益，形成一种市场民间的内生动力，发挥社会资本在城市转型升级中的作用。

9.2　消费结构优化目标下的城镇化质量提升对策建议

未来，我国总体上将处于城镇化快速发展的中后期，城镇化发展将呈现出"五期"叠加特征，新型城镇化空间布局将呈现"四化"互动趋势，即空间布局形态多元化、空间布局结构协同化、空间布局动力升级化、空间布局约束刚性化。[①] 以消费结构优化为目标的新型城镇化质量提升，需在不断调整优化新型城镇化空间布局的过程中，不断创新城市发展形态，优化大中小城市的经济结构，激发各级城市的消费活力，不断扩大内需，拓宽消费市场空间。

---

① 高国力，刘保奎. 调整优化新型城镇化空间布局［N］. 经济日报，2019-12-05.

9.2.1 调整优化新型城镇化空间布局，激发各级城市消费活力

1. 推进大中小城市协调发展，加快形成消费网络化布局

消费是微观层面最能直接反映城市发展水平和活力的要素之一，不同城市的空间规划、交通基础设施建设直接决定着城市消费空间的大小，不同城市的产业结构、人口结构影响着城市消费者规模，这些最终都将影响城市的消费活力。从消费的区域协调发展来看，首先就要以新型城镇化为抓手，构建科学的城市群发展体系，推进大中小城市、小城镇的融合发展，合理布局市场供给充分、形式多样化、高品质的私人消费服务、社会公共服务，大力激发各级城市的消费活力。

《2019 年新型城镇化建设重点任务》提出，"要推动大中小城市协调发展，超大特大城市要防止无序蔓延，推动产业和人口向一小时交通圈地区扩散；大城市要提高精细化管理水平，发挥规模效应和辐射带动作用；中小城市发展要分类施策，尤其是都市圈内和潜力型中小城市要提高产业支撑能力、公共服务品质，促进人口就地就近城镇化"。[①] 这就要求新型城镇化质量提升必须兼顾区域经济发展、社会文明进步、生态环境保护等多维度目标，以高质量发展为总要求，以城市群为载体，构建大中小城市网络化体系。要在不同层次城市（镇）之间促进商贸物流、产业融合、生态环境、基础设施等互联互通、协同创新、联防联治，增强城市群的要素集聚效应，最终实现大中小城市和小城镇的协同发展，加快形成消费网络化布局。

2. 持续推动都市圈的发展，打造有特色的区域消费中心

2020 年 3 月 13 日，国家发改委等 23 个部门联合印发《关于促进消费扩容提质加快形成强大国内市场的实施意见》，在提出"结合区域发展布局打造消费中心"时，强调"持续推动都市圈建设，不断提升都市圈内公共服务共建共享和基础设施互联互通水平，加快推进成熟商圈上档升级，形成若干区

---

① 2019 年新型城镇化建设重点任务明确 [N]. 人民日报, 2019-04-09.

域消费中心"①。可见，推动都市圈建设，既可通过高速公路、轨道交通将核心城市的中心城区与郊区，以及周边其他中小城市紧密联系起来，又可通过构建城市现代化商贸体系，扩大其消费市场影响力，为区域内市民提供消费服务，同时，还可吸引区域外的消费者，最终形成有特色的区域消费中心。

推动都市圈建设打造有特色的区域消费中心，首先，要构建适应都市圈发展的综合性交通体系。从交通方式的多样性、交通换乘的"无缝"对接、交通结构的网络化、公共交通主体化等方面，聚焦交通融资、断头路打通、中心城市交通体系建设、交通节点的换乘等问题，不断完善区域间交通基础设施体系，提高都市圈物流、人流、信息流等的流通效率。其次，要优化都市圈内商业网点布局。坚持"求同""求异"出特色的原则，在满足居民基本消费需求的基础上，针对不同地域不同文化习俗等，出台财税优惠政策鼓励大型商贸企业进入中小城市，通过连锁经营的形式开展商业活动，并加强适合当地居民需求的品牌商品推广活动，畅通区域间电商物流节点，建设一批综合物流中心等。

3. 加强区域开放合作，优化消费的区域空间结构

面对当前存在的消费区域结构失衡、流通产业结构失衡，以及城市内部零售业空间结构失衡等问题，应依据居民所在的城市群、中心城市、城镇和乡村区域板块的消费潜力进行精准定位，优化市场供给分布，形成核心商圈、次级商圈和外围商圈的特色差异和错位竞争模式，优化消费的区域空间结构。区域大型商圈尤其是核心商圈要打造成为区域供给能力最强、产品品类最丰富、服务质量最高的商业中心。城市大型商圈在满足城乡居民日常工作和生活所需的产品和服务供给规模外，还应不断提升商品和服务供给的质量，时刻保持对新型消费业态的敏感度和适应度，既要保持自我更新，也要时刻保持和国际国内消费供给的接轨。鼓励商超在核心商圈开设国际首发店、概念店、体验店，积极引入国际一线奢侈品店或国际连锁品牌，形成满足区域内居民多样化需求的消费环境。另外，还应充分发挥中心城市的集聚和辐射作

---

① 袁琳，安宁. 促进消费扩容提质　加快形成强大国内市场［N］. 人民网，2020-03-16.

用，优化消费性服务业的空间结构布局，推动城市间流通业、商贸业的合作共赢；推动实体零售业的高质量发展。

建立区域合作新机制，发挥中心城市和城市群在区域消费协调发展中的作用，要做好以下工作。第一，政府简政放权，充分发挥市场机制的作用，建立统一开放的区域市场，减少和清除要素流动面临的阻力和壁垒，使生产要素能够有序自由流动。第二，加强中心城市、城市群和周边城市之间的工作协调，建立长效沟通机制，促进区域间的合理分工，实现资源在更大市场中的优化配置。第三，建立区域之间利益共享、区域互助、成本分担的发展机制，充分发挥城市群中心城市对周边城市的辐射带动作用，通过"梯度转移"的形式将中心城市经济发展的有效举措、多样化的产品和服务、消费理念等扩散到周边区域，实现城市群的消费协调发展，加快实现区域一体化进程。

4. 推动中小城市和小城镇转型发展，把握消费市场下沉趋势

有关数据显示，2019 年，我国县域及农村地区的线上新用户数和消费量增长最快，体现了县域经济的快速发展，以及由电商带来的消费市场下沉趋势，例如许多中小城市和小城镇的居民尤其是年轻人对高品质商品和服务的需求日益增长。与此相适应的是，中小城市和小城镇也需要加快转型发展。必须立足于不同县域的实际情况，如资源禀赋、经济发展水平、人口结构等，合理引导农业人口有序转移，优化调整城镇化规模格局，建设资源节约型、空间紧凑型的高质量发展型中小城市或特色小镇。并同时结合消费市场下沉趋势，突出解决诸如城市公共服务能力不足、特色农产品上行乏力、电商扶贫不可持续等瓶颈问题。

2020 年，国家发改委曾明确新型城镇化建设和城乡融合发展重点任务之一，就是统筹新生城市培育和收缩型城市"瘦身强体"，按程序推进具备条件的非县级政府驻地特大镇设市，有序推进"县改市""县改区""市改区"。稳妥调减收缩型城市市辖区，审慎研究调整收缩型县（市）。① 这也将为充分挖

---

① 国家发改委. 2020 年新型城镇化建设和城乡融合发展重点任务 [N]. 中国经济网，2020-04-10.

掘县域消费市场潜力，激发中小城市消费活力，提供了更好的城市发展空间和城市经济支撑。

9.2.2　增强城市发展的开放性、包容性，优化消费市场供需结构

1. 提升城市开放水平，推进城市国际化和国际消费中心建设

推进城市国际化、培育和建设国际消费中心城市，是促进城市高质量发展、提升城镇化建设质量的重要途径，它既可以促进消费转型升级，打造城市经济主引擎，又能提升城市国际化水平，扩大城市国际影响力。当然，推进城市国际化、培育和建设国际消费中心城市，不仅需要城市本身具备良好的消费基础，例如消费规模大、消费需求强、消费增长快，还需要具备较高的国际化水平，例如国际商品和国际服务多，城市进口规模大，消费主体国际化。

2019 年 10 月 14 日，经国务院同意，商务部等 14 部门联合印发了《关于培育建设国际消费中心城市的指导意见》并启动试点工作。据此，我们应大力鼓励具备条件的城市积极培育和建设国际消费中心城市，并根据不同城市禀赋和消费特点，找准国际消费市场定位，打造国际市场竞争优势，真正成为专业化、特色化、区域性的国际消费中心城市，规划和打造一批具有国际影响力的"消费示范区"。重点培养在国内和国际具有较强影响力的大型城市作为国际消费商圈或商业街区的载体。加强和完善城市内部的商业布局，提升城市信息化水平，打造智慧城市和智慧商圈，尤其是将信息化技术应用于城市的交通系统及各种商业场景。例如，商场咨询台配置"机器人"，使消费者能够从听觉和视觉上获得高效准确的指引；滴滴打车 App 应用于城市，发挥杠杆经济的作用，优化消费者的出行；例如，将大数据应用于消费领域，可以根据消费者的购物记录准确分析和匹配消费者的需求偏好，进而推送更加符合消费者需求的产品和服务。同时，鼓励试点城市出台一系列相关优惠政策，例如开展境外旅客购物离境退税试点，批准进境免税店落地和建设大型免税购物中心，鼓励大型电商平台与国际知名品牌合作等方面的财税政策。

在国家和政策层面上，要高度重视国际化和城际间的综合交通枢纽建设、打通关键物流通道，加强国际化消费城市与全球各国消费中心及国内周围城市的互通互联、降低物流成本①。强化城市标志性消费载体建设，将"消费示范区"融入城市时尚文化和特色元素，打造国际旅游名城、国际文化名城、国际美食名城、国际购物名城，提升城市时尚的引领度和城市品牌的聚集度。比如，苏杭引领国际的特色元素是丝绸、西湖龙井；北京的物质文化遗产如故宫、长城、颐和园，北京的国际消费中心如国贸、三里屯、蓝色港湾等，北京的特色商业街如南锣鼓巷、798 等，北京的特色小吃如豆汁、炸酱面、烤鸭等。上海是国际时尚之都，广州具有悠久的对外贸易历史，这些城市都是成为国际消费中心的优势和潜力。我们要充分发挥特色优势，让国际消费中心成为城市国际化和对外开放的窗口和平台。同时，国际消费中心城市需要有高度的包容性，能够接受多元文化、种族、宗教，不断提升国际化城市的语言环境，规范购物中心、交通设施等的语言标识，建立多语言客服服务，在国际消费中心积极引进国际知名品牌旗舰店、体验店、连锁店，形成中国特色街区和海外文化的融合，满足国内外消费者的多种需求，提升消费体验。大型中心城市消费的国际化需要加快建设诚信体系，建立健全广覆盖、强约束的政府综合执法机构，严厉打击制假、售假行为，加强产品质量、食品安全、市场秩序的监管和治理，完善售后评价体系，为打造国际化消费平台提供安全诚信的消费市场环境。例如，运用大数据强化市场监管，打造一流的商业信用环境②。

2. 建设包容性城市，高质量推进包括农民工在内的流动人口市民化，挖掘消费新潜力

城市的包容性是反映城镇化质量提升的一个显著标志，是反映城市人文精神和文明进步的重要尺度，它集中体现了城市发展的人本理念、和谐理念、共享理念。即城市发展要满足城市各个群体生存和发展的需要，要实现社会

---

① 国务院发展研究中心. 对培育建设国际消费中心的政策建议. 中国青年网，https://www.sohu.com/a/131752336_119038.

② 同上。

财富的共同分享。随着新型城镇化质量不断提升，城乡之间要素流动更加顺畅和自由，包括进城务工人员（含农民工）及其随迁子女、大学毕业生等在内的流动人口分布也越来越广泛，分布在城市的各行各业，蕴含着巨大的消费潜力。而这些流动人口如何才能真正融入城市主流社会，产生了一系列包容性问题，成为全国性城市治理难题。建设包容性城市，也将意味着包括流动人口在内的各类城市群体将享受到更好的公共消费环境，如就业、幼托、教育、住房、社会保障、交通、治安等公共服务体系的完善，各阶层居民的消费需求得到合理满足，城市消费活力更强。

建设包容性城市，以充分挖掘流动人口的消费新潜力。第一，要从中央与地方联动层面深化户籍、财政、社保、就业等制度改革。以中央提供坚实的财政转移支付和专项经费保障的形式，推动地方政府为外来务工人员在城市发展提供均等的公共服务，解决由于中央与地方的政策博弈，使外来务工人员不能享受城市公共服务的问题。使居民在流入城市中享受到公平的公共服务，提高流入人口在城市中的社会认可度，流动人口和城市人口更加平等地交流，有利于释放新的消费潜力。例如，大学毕业生留在大学所在地就业，如果户口一直在原籍，未来工作和生活中购房、购车、子女教育、人际关系等可能从客观政策和主观意识上都会有所限制和区别对待，因此，这部分人可能会更加偏重于储蓄，为未来返乡等做其他的资金预留，但如果户籍随迁，他从精神层面会将自己或未来的子女和这个城市合二为一，进而在所在城市购置固定资产、生活消费品等的能力会增强，释放更多的消费潜力。另外，优化社会公共资源配置方式，改变过去以户籍人口、行政层级为依据的配置方法，以常住人口及其空间分布为依据，配套建设相应的公共服务设施。第二，创新城市住房、土地、规划等方面的政策设计，从土地用途、容积率等方面为保障房建设提供便利条件，解决大量低收入群体以及刚毕业的大学生等特殊人群的住房问题。建立长期稳定的制度机制，使流动人口有能力承担在城市住房、教育、医疗、交通等方面的消费支出。第三，要全方位推进收入分配制度改革，缩小城市不同行业不同单位之间的收入差距，建立农民工与城镇居民之间同工同酬的工资制度。政府还可通过经济调节手段，对大型企业、上市公司等提供良好的发展空间，使企业有能力提供更多的就业岗位和支付更高的薪资，并能够建立健全的调薪机制，使流动人口在企业就业期间，随着工作年限和能力的不断攀升收入水平也得到稳定的增长。同时，加强对低技能流动人口的就业培训，使他们能够有更加实用的技能在城市生存，使流动人口逐步将储蓄的潜力释放为消费的能力。第四，挖掘市场潜力，为流动人口提供更多的消费热点。银行和金融机构通过提供多样化、多层次的信贷业务，使流动人口能够找到适用的金融产品实现超前的消费需求，包括投资、旅游、教育、购房、购车、家庭用品或信息消费等多个方面。

3. 充分考虑社会分层化结构因素，多元化分层引导消费主体

由于社会成员拥有的资源禀赋不同，贫富差距、社会分层和社会不平等已成为我国城镇化发展中不容忽视的问题，随之而来的是不同阶层间的消费差距不断拉大，消费阶层化特征也日益明显。应针对不同群体采取不同的措施，以更有效地满足不同群体消费结构优化升级的需求，促进其消费增长。

对于城市中高收入人群的消费，应该从以下 4 个方面进行引导，第一，从消费意识和消费理念引导中高收入人群向更高层次、更高结构和更高质量转变和更新，例如开发高端个性化、定制化产品和服务，满足高收入阶层的消费需求，引导高收入群体品位的提升，推动高端服务业的发展。第二，政府积极组织一些社会公益活动、慈善捐献活动、社会爱心互帮互扶活动，大力倡导社会相关企事业单位、相关企业团体、中高收入人群积极参与，实现社会总收益效率优先、兼顾公平。通过吸引其在慈善领域的消费，促进公益慈善产业发展。第三，政府应该鼓励中高收入人群更高品位消费，拒绝奢侈、浪费、攀比的消费现象，提倡消费结构高级化。例如，支持高档餐厅的建设，鼓励高收入人群高档消费的体验，但杜绝浪费，提倡光盘行动，鼓励高水平消费而不是单纯的高消费。第四，对城市中产阶级群体，线上线下消费空间应努力提升消费者的购物体验，严控产品质量，提升品牌底蕴，并通过跨界等形式制造新的消费增长点，推动中高端产业和新兴科技产业的发展，引导和满足中高收入群体的新消费需求。另外，中高收入者对于生活品质的要求普遍较高，应尽快推动智能家居等智慧产业的发展，推动传统家居产业的转型升级。

对于农民工和低收入人群，第一，要稳定就业，只有保障低收入群体和农民工的基本收入，才能够满足生存型消费的基本需求，进而有机会追求更高层级的消费需求。具体而言，首先，对企业减税降费、加强对企业的稳岗补贴、降低社保费率和增加中小微企业贷款等方式，帮助企业有效降低成本，减轻企业负担，鼓励企业少裁员、不裁员、多吸纳就业。其次，积极发展新型业态，吸引农民工和低收入群体灵活就业。大力发展第三产业，提供更多的服务型就业机会，例如家庭服务业、快递、外卖等行业，多渠道打造就业机会。最后，加强对低收入群体和农民工的技能提升培训。通过职业技能培训，提升低收入群体和农民工的人力资本，从体力输出型向技能输出型转变，有机会从事更高收入的工作，提升消费水平，让其有能力追求更高层次的消费需求。第二，应加强城乡居民的公共服务保障，尤其是医疗、养老等社会保障的改革，减少城乡居民对未来消费支出预期的不确定性，多渠道扩宽和提高中低收入人群的消费支付能力。加大社会保障力度。只有社会保障制度完善，居民在医疗、养老、教育等方面没有后顾之忧时，才有可能将收入的一部分用于消费，而非预防性储蓄。具体而言，首先，是要完善低收入群体的社会保障制度。通过对低收入群体社保制度的完善，特别是低保线的设置，以及对于生活有困难居民建立的社会救助体系等，改善低收入群体的家庭生活状况，提升其购买能力，有助于释放消费。其次，是加大农村社保制度改革。通过加大对农村社保的改革和完善，包括完善农村新型合作医疗制度，解决农村居民的看病问题，缩小城乡在社会保障层面的差距，消除农村居民消费的后顾之忧，提升农村居民的消费水平。再次，是倡导新消费观念，改变城乡居民传统的消费观念，增强消费观念的开放性，提倡个性化和多样化的消费结构，提倡节俭的同时，也提倡居民生活水平和质量的提升。最后，是加强信用消费体系建设，完善相关政策和法律法规。积极引导中低消费者信用消费和合理的超前消费，使远期消费转变为即期消费，在消费观念上能够从无债消费接受适度负债消费，让中低消费人群提前感受消费更高质量和

转变经济发展方式下的城镇化质量提升与消费结构优化耦合研究

更高品质的产品和服务带来的生活幸福指数，逐步形成适应经济和社会发展的消费方式，从而促进中低收入人群消费结构的优化升级。第三，加快产业结构和投资结构的优化升级，进而提升市场产品供给结构，给中低消费者更多的购物选择、更加舒适的消费环境、更加配套的基础设施，增加消费者在商场的停留时间，使中低消费者不断地产生消费需求。

随着城镇化进程的不断推进，城镇数量和范围逐渐增大，这导致城镇外延乡村地区的失地农民较多，因此形成了一个介于农民和市民之间的特殊群体，应注重因地制宜、区别引导这一被城镇化的夹心阶层消费。第一，对于经济发展水平比较高的地区，要积极引导"失地农民"合理、理性地消费或投资。例如发达城市周边的农村地区，地均价值很高，在城镇化的过程中会催生出因拆迁、占地暴富的"拆迁户"。这些拆迁户自身素质相对偏低、理财意识薄弱，加之瞬间拥有的大量财物和他们自身对社会的贡献不成正比，造成豪赌、挥霍、吸毒、奢侈等消费乱象。因此政府应该从以下3个方面进行引导，做好失地补偿之后的民生工作。首先，各级地方政府积极开展投资理财培训，提高居民投资风险防范意识，提升财富管理能力，使拆迁、失地的农民找到财富增值的正确路径，使财富在正确的消费理念上发挥作用。其次，政府开设专门的机构进行违法乱纪的教育课堂，定期组织宣导和帮扶，积极倡导科学合理的消费方式和消费观念，引导拆迁、失地的农民科学规划生活。最后，发挥政府的正确思想导向的功能，通过各种途径引导失地农民树立正确的价值观，引导他们继续在平凡的工作岗位上获得生活的乐趣，进而保持与之匹配的消费水平。第二，对于经济欠发达地区的失业农民，政府应积极做好以下四方面的工作。首先，建立合理的征地补偿机制。在征地补偿的过程中，引入市场机制，寻求政府、征用土地的主体和失地农民之间的利益平衡点，切实保护失地农民的利益，使农民继续拥有消费的能力。其次，妥善安置失地农民。将划入城区的失地农民相应的社会保障一并纳入城市社保体系，享受和城市居民同等的养老保险、失业保险、社会救济等，使失地农民失地不失保障，能够合理预期和规划未来的消费。再次，社区居委会、街道办事处积极引导失地农民适应从自给自足的生活消费结构转变为商品化的消费结构。最后，政府对失地农民提供职业技术、岗位技能的培训，同时协助失地农民进行就业安置，例如房地产物业管理岗等，使失业农民实现就业和再就业，真正实现身份的市民化和消费结构的优化。

4. 优化调整城市人口结构，不断扩大消费市场需求

城市人口是决定一个城市消费市场活力的主观因素，城市人口结构直接决定着消费市场需求结构的层级和状态，决定着消费市场空间拓展的范围和方向。城市人口结构包括其人口文化结构、人口年龄结构、人口就业结构、人口性别结构以及家庭人口结构等。要实现城镇化治理提升和消费结构优化的耦合发展，从城市主体的角度来讲，就要通过一系列的人口政策、社会政策、产业政策、劳动法律法规等，不断优化调整城市人口结构，进而促进消费市场需求的不断扩大和结构优化。

优化调整城市人口结构不是简单的控制人口数量，而是要坚持"以人为本"，以科学的城市规划、相关的政策法规以及完善的公共服务体系，促进城市人口合理流动，激发更多的人口红利。一是要科学制定城市人口发展规划。无论是中小城市建设还是城市群建设，都需要结合区域经济实力、资源禀赋特征、城市发展规模等实际，编制好人口发展规划。尤其是在城市群建设中，要强化城市群之间的人口协同发展规划，从区域内人口规模和素质、人口结构和布局等方面，推进人口发展"一盘棋"建设。二是完善与人口发展相关的政策法规体系。例如制定符合经济结构调整需要的产业政策，引导相应的就业人员随着产业结构调整而流动，实现人口就业结构的优化；完善高层次、创新型人才的入职落户政策，实现对人口教育结构和人力资源结构的优化；完善人口生育政策以及相关的配套政策法规，确保"人口生态"安全，优化人口性别结构和年龄结构，等等。三是强化就业、公共服务、人才开发的联动引导。充分发挥就业政策引导在人口结构调整上的作用，以产业结构优化升级带动人口结构调整；充分发挥公共服务引导在人口结构调整上的作用，优化重点行业或产业、重点区域或领域的基本公共服务资源布局，促进人口合理有序流动；充分发挥人才开发在人口结构调整上的作用，以一大批高素质专业人才、高技能人才和海外高层次人才充实就业队伍，提升城市经济竞争力。

另外，我国城市人口结构调整变动中，不得不正视的一个问题是人口老龄化不断加剧，而且我国庞大的老龄群体已逐步改变了"节衣缩食"的消费观念，对生活有了更高质量的要求，蕴含着巨大的消费潜力，政府应积极引导银发消费、满足老年人口日益增长的消费需求，以适应经济高质量发展的内在要求。第一，政府应加强对银发消费市场的监管力度，健全银发市场的准入和监管政策，定期对相关行业的产品和服务进行质量检查。目前我国银发消费市场的规范化程度有待提高，市场细分不足、市场制度混乱，存在"欺、瞒、骗"等坑老的现象，例如，以免费送鸡蛋或牛奶为名，吸引大批老年人到店听课，要求购买会员后可享受免费旅游及多种产品的优惠活动，并宣传其产品有超乎寻常的功效，使一部分老年人被哄骗消费，政府应从政策层面建立相关制度，为老年人营造安全、诚信的市场消费环境。第二，政府应从土地、租金、人才等多方面提供优惠政策，有效培育和大力支持适合老年人的相关产业，丰富老龄人群消费的品类，使老龄人群在精神和物质上获得享受，以优化消费结构。现阶段我国的老龄人群里，尤其是"60后"的中老年人，他们的消费热点也不仅仅局限在日常生活的柴米油盐，而是会依据自己的爱好选择不同的消费方式来丰富自己的生活，从而涉及更多的消费领域，比如游泳、旅游、健身、书法、摄影、教育、美妆、家居，再比如互联网及电商消费：美颜相机、抖音、全民 K 歌、朋友圈、拼多多等。他们更加愿意为品质和科技买单，对家居生活的功能也更加细化。因此国家应大力发展相关产业，引导银发消费的发展。第三，完善社会基本医疗保险制度和大病医疗保险制度，大力支持商业保险、补充医疗保险等行业的快速发展，为老年人提供优惠的就医政策、优良的医疗服务。让老年人能够有钱看病、看得起病，保持良好的身体和精神状态。同时，着力建设和养老相关的服务体系，例如社区居家养老服务、养老院等，实现城乡养老体系的覆盖，使老年人能够建立老有所养的信心，更好地释放其消费潜力。

随着新型城镇化质量的不断提升和现代消费观念的逐步深入，还应重视我国家庭结构新变化下的家庭消费结构变迁，直系家庭和联合家庭逐步减少，核心家庭、丁克家庭、单身青年、空巢家庭等的比例不断攀升，呈现出家庭结构的核心化、小型化。以核心家庭和丁克家族为例进行消费路径分析。第一，核心家庭主要表现为一对父母和子女组成的家庭。首先，从策略上构建产品与核心家庭成员的精神桥梁。例如，现代核心家庭的父母更加注重和孩子平等、自由地沟通，因此可以从"全员营销""忆童年"等可以实现家庭亲子互动的方式进行营销，使家庭消费内容更加丰富。其次，国家和社会通过对女性价值观的引导，使之从"以家庭为中心"的家庭主妇观念中脱离出来，不断追求"自身价值"的实现，进而产生更高质量、更具品质的消费需求。例如，在"父母共育"的家庭条件下，作为家庭消费主力的女性，不仅有满足家庭的消费需求，比如住房、车、生活用品、子女教育、子女特长培训等，还有满足自身发展的消费需求，比如成人继续教育、专业技能培训、社交、美容护肤、运动健身等多个方面。最后，国家鼓励多种形式的育儿托管、智能教学，缓解核心家庭父母工作的压力。例如，核心家庭的父母将一部分收入用于孩子的教育消费，同时拥有更多的时间关注和了解现代新的消费形式、消费产品，获取更多的消费资讯，从而实现家庭消费结构的合理化和高级化。第二，丁克家族的消费具有追求时尚、品质、高档的特点。应充分挖掘丁克家族的消费热点，提供多样化的产品供给。比如有情调的餐饮、娱乐、时尚的服装、汽车、家具、电子产品等，满足丁克家族多样化的消费需求。另外，要建立系统的保险保障。丁克家族在养老保障方面相对薄弱，因此应提前做好养老的储备，做好社保额度的平衡，在保险消费上适当增加消费比例。例如，以健康险为主的产品，包含了住院医疗和重大疾病医疗，大幅度地减少了就医成本。

9.2.3　促进城乡融合发展，激发消费发展潜力

随着经济发展方式逐步从外向型向内需型转变，我国制定国家相关经济制度要将扩大内需、消费扩容提质作为经济发展的重心，加强城乡市场一体化，推进城乡市场协调发展，形成双向流动性更强的内需市场、完善城乡融

合消费网络，是实现扩大内需、构建经济内循环的重要途径。为城乡居民提供更加广阔的空间。

1. 以"四化同步"推进城乡融合发展，夯实城乡消费协调发展的经济基础

城镇化质量提升和消费结构优化耦合发展的一个根本要求是推进城乡消费差距的不断缩小，实现城乡消费协调发展。而城乡消费协调发展的基础就在于城乡经济的融合发展。以"四化同步"即新型工业化、信息化、城镇化、农业现代化同步发展为途径，可以逐步缩小城乡经济差距，形成工农互促、城乡互补、共同繁荣的新型城乡格局，为城乡居民消费协调发展奠定坚实的经济基础。

当前，我国需从信息技术的深度运用，农村第一、二、三产业的深度融合，城乡产业协同发展平台的提质升级，城乡统筹规划制度的深化改革等措施入手，打破城市先进工业、现代服务业与农村传统农业的失衡局面。同时，加大对农业农村的财政支持力度，培育乡村文化旅游等新产业、新业态，加强城乡生态环境的联合治理，建立生态产品价值实现机制；将城市现代高科技运用于传统农业，提高农业生产效率，将乡村的农产品加工链条延伸至城市的工业发展，提升农产品市场竞争力，用移动互联网、智能技术等丰富和发展农业新业态，构建现代农业产业体系，将乡村振兴战略与城市消费扶贫有机结合起来，实现城乡互助合作共赢。

2. 推动城乡商贸流通一体化，完善城乡消费融合的网络体系

城市和农村两大消费市场是我国市场经济发展的重要板块，促进城乡消费融合发展的关键在于城乡商贸流通的一体化。完善的城乡商贸流通一体化发展体系，更有利于创新城乡之间的流通方式，使电子商务、连锁经营和物流配送等下沉到农村，有利于城乡消费市场的良性竞争和优势互补，更好地满足城乡居民的消费需求，有利于降低城市和农村间的商品流通成本，构建更加便捷的城乡消费融合网络。

当前，我国在新型城镇化中建设城乡融合消费网络，其主要着力点有：一是鼓励大型商贸企业进县城。县城是我国农村居民购买商品和消费服务的主要场所，各省市政府要出台相应的优惠政策，大力支持大城市的大型商贸企业进县城，鼓励其结合县城的消费市场规模，合理进行商业网点布局，并在一定区域内设立大型配送中心、配送站、连锁超市和乡镇级配送点。二是加快发展农村电子商务。加强商贸流通企业的信息化建设，鼓励其以实体店为依托，大力发展网购及配送业务，建立城乡商品流通的网络销售平台，优化农村商贸流通体系，使工业品下乡和农产品进城更加便捷和顺畅。三是建立城乡一体化的商贸管理体制。改革当前的城乡二元商贸管理体制，建立市场基础配套设施建设与商品流通基础配套设施的联动机制，优化城乡物流配送车辆的通行管理制度，等等。四是加速农村供给模式的转型升级，将城市销售渠道下沉到农村区域。打破城乡之间供给不统一、信息不同步造成的农村市场供给混乱问题，将品质更优、质量更有保障的产品供给到农村，推动农村居民消费结构不断优化升级，满足乡村居民日益增长的物质文化需求。例如，开展品牌店铺升级和连锁店建设试点，发挥连锁经营的规模优势。

3. 推进城乡公共服务一体化，补齐城乡居民消费融合发展的短板

多年以来，在城乡二元经济结构的影响下，农村和城市的公共服务水平和公共设施建设的差距较大，成为制约城乡消费融合发展的明显短板。加快推动城市公共服务和基础设施建设向农村延伸，构建一体化、均等化、标准化的公共服务和基础设施体系，是实现城镇化质量提升和消费结构优化耦合发展的基础条件。2019 年，中共中央、国务院发布了《关于建立健全城乡融合发展体制机制和政策体系的意见》，其核心要求是在乡村振兴和新型城镇化推进过程中，坚持"农业农村优先发展"原则，坚决破除影响城乡融合发展的体制机制弊端，逐步推进公共服务和公共设施城乡均等化，重塑新型城乡关系，走城乡融合发展之路，加快推进乡村振兴和农业农村现代化。[1]

如何从公共服务的角度，补齐城乡居民消费融合发展的短板，关键有以下两个方面：一是建立健全标准统一的城乡基本公共服务共享的体制机制。

---

[1]　中共中央，国务院. 关于建立健全城乡融合发展体制机制和政策体系的意见［N］. 新华社，2019-05-05.

包括深化城乡教育资源均衡配置的体制改革，农村基层医疗卫生服务标准化建设和管理，完善城乡公共文化设施的财政投入机制，建立一体化的城乡规划机制，统筹城乡社会保障制度和社会救助体系，创新城乡统筹发展的社会治理模式，等等。二是不断扩大消费性公共财政支出范围。消费性公共财政支出主要是指国家财政收入中用于满足国家行政、国防、社会福利等社会公共消费需要的支出，与生产性财政支出不同的是，它不承担或很少承担经济建设的投资。当前，在我国疫情防控常态化背景下，为深入实施扩大内需战略，更需要扩大消费性公共财政支出范围，尤其是要扩大对农业转移人口的医疗、社保、教育、保障性住房等方面的财政支出，全面提升城市公共消费水平，带动和激发个人消费活力。

4. 加强城乡基础设施一体化，是缩小城乡居民消费差异的基础

尽管中国在统筹城乡发展一体化方面取得了明显成果，但城乡基础设施发展不均衡的现象依然存在。想要真正实现城乡协调发展，还需从以下几个方面推进。

第一，推动城乡传统基础设施建设，改善消费硬件环境。为缩小城乡和区域的消费差异，需要加大低线城市和小城镇的基础设施建设，改善消费环境，拉动新的消费增长引擎，开拓消费增长潜力区域，缩小城乡和区域的消费差距。首先，发展交通运输等基础设施，统筹建设城乡道路交通网络，打破原有城市公交与乡村道路客运的二元分割局面，实现区域内、区域间和城乡不同交通方式的无缝对接，破除铁路、公路、航空与水路运输之间转运的障碍，提升交通一体化水平，有利于将制造商渠道和市场销售渠道进一步下沉，将一二线城市的多样化实物类产品渗透到三四线地区和小城镇。其次，发展网络通信等基础设施建设，提高城乡居民的互联网覆盖率，打造城乡居民沟通交流的信息平台，有效实现信息共享，将一二线居民新的消费观念快速传播到低线城市，实现城乡居民消费的受益公平和结构优化升级。例如，农村居民能够通过互联网获取城市发布的最新购物资讯或广告推广，进而产生消费需求，可以借助城乡一体化的运输系统和发达物流系统进行物资的购买。当前，天猫、京东、小红书、抖音直播等，有效带动了我国电子商务的城乡一体化的快速发展。除此之外,城乡一体化的基础设施布局还包括防汛物资、供水供电、新基建、电视广播、城市购物商圈的分布,学校、医院以及工业废水和生活垃圾的处理等,使城乡之间共同营造整洁卫生的城市环境,实现城乡居民就近入学、就近就医、就近逛街购物的社会环境,实现城乡消费者受益公平。再次,发展物流体系,加强城乡之间物流基础设施的建设,打通低线城市甚至偏远地区的消费渠道,改善其消费硬件环境,提高消费效率。在构建连接城乡的交通运输网络基础上,还应设置专门的城乡物资集散中心,将城市和农村之间频繁且零散的市场交易活动进行规整划一,比如,将蔬菜批发市场、商贸物流配送中心等作为城市市场和农村市场连接的纽带,减少物资在流通环节产生的成本。最后,推进城乡和区域基础设施标准化建设,全面落实国家关于基础设施建设、服务和管理等规定,以国家规定的标准为基本标准,梳理和对比城乡区域各自标准,运用标准化的技术和规范,实现基础设施项目达标提质的目标,改善消费的硬件环境。

第二,加强"新基建"的发展。在万物互联时代,未来智慧型城市的发展离不开新型基础设施建设。加强"新基建"项目的发展,可赋能传统基础设施建设,使整个城市运行更智能、绿色、创新和高效,优化了城市消费的硬件环境。首先,利用 5G、大数据、人工智能等信息技术发展交通新基建,建设城乡、区域的交通服务体系,赋能现有交通基础设施,建设智能化、信息化和现代化的综合交通运输体系,加快制造商和市场销售向下沉市场的发展,应对线上流量红利的消失,助力"线下+线上"营销模式,降低获客成本,优化消费硬件环境。其次,城市"互联网+"新基建项目的规划应具有前瞻性,避免无法满足未来消费和发展需求,例如带宽大小、即时性、便利性、高品质、服务器的承载力等。再次,新基建项目应因城施策。城乡和区域信息化基础不同,产业结构不同,应用和消费需求也各不相同,因此,各地应根据实际居民生活和消费的需求构建相应的新型基础设施。最后,加强城乡和区域数据共享的利用程度,提高不同网络平台数据的互联互通,形成开放性网络数据环境,根据消费需求痛点进行定制化产品研发,针对用户画像进行精准营销。

第三，对环境卫生设施提级扩能，既关系到人民的生活质量和身体健康，也关系到居住环境和消费生态环境的改善。首先，加大对农村和落后地区的环境卫生设施建设的投入力度，建立环境卫生综合整治工作经费保障机制和环境卫生设施长效管理机制，确保环境卫生设施运行的规范化和常态化，提高基本公共服务设施均等化水平，缓解由于环境卫生设施短缺带来的城乡和区域发展矛盾，促进消费生态环境的公平发展。其次，持续对城镇环境卫生设施提级扩能，包括建设循环经济园、改造污水处理厂等，改善消费生态环境，提升城镇化质量。最后，通过教育强化居民的健康消费理念和环境卫生知识。应充分利用各途径的媒体，宣传健康的消费理念和环境卫生知识，促使居民形成良好的健康消费习惯和对城市环保的意识，增加其对环境卫生服务的需求，进一步促进环境卫生设施提级扩能。

第四，因地制宜，完善城乡基础设施一体化的投资结构。农村地区人口密度相对较小，尤其是东北地区、西部地区具有地广人稀的特点，乡村地区的相对分散性使得基础设施的投资成本、运营成本和维护成本相对较高，因此，应建立健全城乡基础设施的投资和管理机制，在政府发挥主导作用的前提下，按照"谁投资、谁建设、谁受益、谁管理"的原则，积极引入多渠道和多元化的投资，例如国家电网、电信运营商、以农民为主体的个人或社会团体，同时，探索新的投资模式，比如农村金融、公司合伙经营模式（PPP），或者采用政府购买服务的方式引入市场竞争力更强、专业化程度更高的第三方企业承担国家基本公共服务运营的管护工作。通过政府投资、市场支撑的模式实现城乡基础设施一体化的宏伟目标，是实现城乡融合的关键步骤，为城乡消费者长期、均衡、公平受益提供了保障。

5. 加快城乡文化一体化发展，推进城乡居民消费方式融合

思路决定出路，观念决定行动。城乡消费融合发展的一个重要途径是城乡居民消费方式的融合，其中就包括消费观念、消费伦理、消费习惯等意识层面的交融。尤其是在新型城镇化建设过程中，城市居民消费方式将逐渐对农村居民产生辐射带动作用，更多的进城务工农民将适应城市的消费生活，从而逐渐改变自身的消费倾向和消费偏好。消费方式的本质是一种消费文化，

因此，加快城乡文化一体化发展，必将推进城乡消费文化的融合，最终实现城乡消费方式的融合。

城乡文化一体化发展的根本目标在于实现城乡居民文化权利平等、文化资源共享、文化政策协调、文化发展互动。[①] 首先，要坚持城乡文化资源共享。科学规划和建设农村公共文化服务设施网络，加大对农村公共文化基础设施的投资力度，扩大基本公共文化服务的覆盖面，推动文化资源向农村合理流动，做到文化资源共享。其次，充分发挥城市消费文化的辐射带动作用。鼓励大型商贸企业进县城，以高品质的消费品和消费服务促进城乡居民消费方式的融合。政府部门要广泛开展消费文化宣传活动，以丰富多彩的文化节目，逐渐改变居民传统落后的消费观念和消费习惯。最后，要运用现代信息技术创新消费技术。大力加强城乡信息基础设施建设，创新消费技术手段，利用互联网、大数据、人工智能、区块链等现代信息技术，大力发展网络消费、线上消费、智能消费和绿色消费等新兴消费方式，打破城乡消费的时空限制，促进城乡居民消费观念、消费习惯乃至消费方式的融合。

9.2.4 提升城市治理能力和服务水平，优化消费社会环境

新冠疫情暴露出了许多与城市治理和服务建设的问题，值得反思，对于提高城镇化质量而言，除了消费硬件环境，优化消费软件环境也同样重要。

1. 着力解决"城市病"问题，改善社会公共消费福利

如果说城市是一种公共消费品，那么"城市病"的出现就大大降低了这种公共消费品的品质。当前，随着城市化进程的不断加快，许多城市资源和环境的承载能力远不能满足城市规模的扩张需求，各种"城市病"开始出现，例如供水供电供气紧张、生活垃圾围城、交通拥堵、治安恶化、基础设施和公共服务不足，等等，这些都大大降低了居民公共消费福利水平，削弱了城市对于农村人口的生活吸引力。可见，要实现城镇化质量提升和消费结构优化的耦合发展，必须从改善城市公共消费福利的角度，着力于解决"城市

[①] 徐学庆. 我国实现城乡文化一体化发展的必然性、可行性与路径选择 [J]. 信阳师范学院学报（哲学社会科学版），2020（1）.

病"，对症下药，综合施治。

综合治理"城市病"，提升公共消费福利，一是要科学规划城市功能布局。在城市规划中，要高度重视城市功能布局的战略性，规划目标要有前瞻性、长远性；规划依据要从城市居民综合需求出发，突出城市的特色和功能定位，注重生产、生活、生态三者的超前优化布局；规划管理上要有计划、有步骤，有创新，不搞一刀切，不折腾。二是逐步实施城市治理与服务的具体行动。例如实施黑臭水体治理工程、生活垃圾无害化处理工程、交通绿色畅行工程、生态停车场建设工程、城市地下管网改造工程等，不断完善城市基础设施体系。同时，在基本公共服务质量提升、老旧小区提质升级、棚户区改造、流动人口管理、市民文明素养提升、公共安全保障等方面，合理制定相应行动计划，逐步提升城市服务水平。三是坚决守住发展与生态两条底线。新型城镇化要按照"都市功能发展区"的定位，坚持守住"发展速度不能慢、环境质量不能降"的两条底线，大力发展城市新兴业态，提速城市经济，夯实消费发展的经济基础；坚持守住生态保护底线，强化生态保护意识，加大生态污染治理力度，为居民提供空气好、水质高的宜居生态环境。

2. 提升智慧城市治理能力，助力打造消费新场景新体验

随着互联网、大数据、人工智能等现代信息技术的飞速发展，当前城市精细治理能力越来越智能化，智慧城市的建设已构成城市治理的重要内容。智慧城市是通过物联网把实体城市与数字城市连在一起，是数字城市的智能化和进化[1]。智慧城市建设中的公共服务智能化、社会治理智能化、市场管理智能化等，也必将带来居民在公共消费服务上的新场景新体验。

从城镇化质量提升和消费结构优化的耦合发展来看，通过提升智慧城市治理能力打造消费新场景新体验，其重点主要有：一是大力生产云消费类服务产品。利用大数据、云计算将云终端与消费终端衔接起来，大力发展智慧医疗、智慧养老、智慧办公、智慧教育、智慧交通、智慧娱乐等重点领域场景应用，并延伸发展相应的云服务。二是加强智慧社区建设。智慧社区建设

---

[1] 王家耀. 大数据时代的智慧城市 [J]. 测绘科学，2014，39（5）.

是智慧城市建设的原始起点，其基本要求是实现社区服务便捷化、社区管理精细化、社区基础设施智能化、社区环境生态化。要在社区环境监控、社区治安管理、社区供电供水供气、社区养老医疗、社区超市等服务上，不断提升数字化、智能化水平。三是广泛打造非接触式消费场景应用。随着疫情防控的常态化发展，在人口密集的城市里，人们对"非接触式"的需求越来越强烈。在消费领域，大力打造一系列"非接触式"场景十分必要，例如智能售货机、智能快递柜、智慧微菜场、智能取餐柜、智能回收站、无人货架、无人超市等，这些都是智慧城市建设在消费服务上的重点。

3. 合理规划解决职住平衡，满足城市居民的住房交通消费需求

职住不平衡在于城市用地结构、公共设施分布与交通系统的失衡，合理规划解决职住平衡问题，应从人们的日常出行规律入手，具体建议如下：第一，调整城市发展政策，改造城市布局，合理控制人口密度。将单中心城市逐渐发展成多中心城市，通过精细化的土地开发政策，合理降低城市核心区域的人口密度。第二，不断完善住房保障和供应体系、大力发展综合交通枢纽体系，吸引人才聚集，引导居民消费。通过完善住房体系，包括建立完善的住房保障体系和商品住房调控体系，保障人民的住房需求；通过发展公共交通体系，增加公共交通线路，实现居住区与重点功能区轨道交通一次换乘便可到达，提高新城区居民的通达性，并鼓励企业提供通勤班车，综合且合理地解决职住平衡问题。第三，构建居民日常生活单元，打造15分钟生活圈。重构城市公共服务设施布局体系、缩小长距离跨区出行比重、提高城市空间出行效率。对于城市新开发区，建议打造15分钟生活圈，即出门15分钟能到达的范围内，能够配齐居民生活所需的基本服务功能与公共活动空间，包括医院、学校、购物中心、便利店、公园等，形成安全、友好、舒适的人居环境，提高居民生活的幸福感和安全感。

4. 建立与健全市场监管体系，营造安全放心的消费环境

党的十九届四中全会审议通过的《中共中央关于坚持和完善中国特色社会主义制度、推进国家治理体系和治理能力现代化若干重大问题的决定》强调，要"严格市场监管、质量监管、安全监管，加强违法惩戒"。有学者认为，政府治理、市场治理和社会治理是现代国家治理体系中三个最重要的次级体系①，而市场监管属于市场治理体系，同样也是城市治理的重要组成部分。建立和健全市场监管体系，与城乡居民的健康安全消费密切相关，是居民消费结构优化的重要保障。

建立和健全适应社会主义市场经济体制的市场监管体系，为城乡居民消费营造健康、安全、放心的市场环境。第一，要完善市场监管的法规制度体系。科学规范、运行高效的法规制度体系是市场监管的基础工程，要坚持"立改废释"并举，高度重视市场监管各环节的法治化，加强市场监管立法，构建中国特色社会主义市场监管法律体系。第二，全方位构建市场风险防控体系。加强对消费安全风险的预警，从源头上提升市场治理能力。聚焦食品安全、药品生产等重点领域，严把每一道关口，严守每一道防线。以企业为重点，实施产品生产全链条安全风险防控，从源头上保障产品和服务质量。第三，要不断创新市场监管体制机制。强化综合监管和综合执法，完善沟通协商、工作协同、监管联动机制，推进分段监管向统一监管转变。运用物联网、大数据、区块链等现代信息技术，创新市场安全风险预警预测预判方式，推进传统监管向智慧监管转变。第四，营造诚信氛围、完善消费领域信用体系。首先，完善对消费领域的信息采集工作。通过全国信息网络平台，将行政许可、行政处罚、产品抽检结果、从业人员备案等信息向社会公开，提升信息的公开透明和对等性。引导企业主动发布信用承诺或产品和服务质量等专项承诺，加强企业和行业的诚信和自律。例如，正在试行的《医药代表备案管理办法（试行）》，规范了医药代表从业行为，改善医疗服务消费环境，对于违法违纪行为予以公示等，增强了居民对于医疗保健行业消费的信心。其次，完善守信激励和失信惩戒机制。建立"红黑名单"并通过公开平台予以公示，在关系百姓生命财产安全的食品、药品等领域，加大对销售假冒伪劣产品的打击力度，营造安全放心的消费环境。第五，从消费供给侧提质升级，应着力提升消费品供给质量，包括产品质量和服务质量，以及消费者维

---

① 俞可平. 推进国家治理体系和治理能力现代化［J］. 前线，2014（4）.

权渠道畅通，保障居民消费安全，实现高质量发展。首先，提升产品质量。产品质量的提升有助于满足居民消费结构的优化升级需求中对于品质、档次、健康的追求。充分发挥市场机制与企业主体作用，构建新型消费品标准体系。特别是完善绿色产品标准体系、农产品质量安全体系、食品安全体系，保障居民基本生存型消费的安全问题。其次，提升服务质量。服务质量的提升有助于满足居民消费结构优化升级需求对于品位、体验、感受的追求。推动服务业标准制定修订，带动行业提升标准水平。打造现代化服务业，并从旅游、养老、餐饮等重点服务业领域中，甄选出服务标杆企业，推动建设相关行业服务标准，打造中国的服务业产业的评价体系。

5. 提升城市治理体系和城市治理能力的现代化水平，构建高质量消费环境

推进城市治理体系现代化，第一，优化城市治理的自治体系。要给基层一线赋能，充分激发城市治理体系的创新活力。在后疫情时代，日常防控和消费环境的治理应常态化、长效化，因此要充分发动群众，动员社区工作者、基层党员、志愿者、社工等多方力量，加强疫情联防联控工作和"地摊经济"等城市消费环境基层治理工作。第二，建设现代化城市消费维权治理体系。通过进一步提高维权的便利度，包括完善互联网维权平台的功能，打造畅通的投诉渠道，并对消费投诉举报的数据分析并加以改善；拓展消费维权渠道，探索数字化消费维权项目，提高群众在消费中的话语权，营造重视消费者权益保护的良好氛围。第三，借鉴国际上成功城市治理体系的理念，包括健康城市、旅游消费城市、友好城市、韧性城市等治理体系和治理理念，并应用于我国的现代化城市治理体系建设中。

推动城市治理能力现代化的提升，包括治理能力的精细化、包容性和智能性等提升。第一，城市治理要精细化。精细化治理首先要面向所有居民，杜绝把户籍居民放在首位，而把农民工排斥在外，特别是在制定城市治理方案的时候，将非户籍人口排除在外，不利于提升农民工的福利水平和消费水平。第二，城市治理能力要具有包容性。城市要对新兴的产业和企业具有包容性，并对于由新经济模式出现导致的新治理问题具有包容性，给创新企业和新兴产业提供足够友好的发展空间，促进新兴产业发展和新产品研发，满足消费新的需求，适应创新型城市发展的要求，构建高质量消费环境，吸引更多的企业聚集。第三，城市治理要具有智能化、智慧化能力。运用大数据等前沿技术推动城市治理能力的现代化。例如，通过加强出入公共消费场所"健康宝"的扫码管理，构建安全放心的消费环境。

9.3 城镇化质量提升目标下的消费结构优化

当前，我国正发生着一场新型消费革命，互联网、物联网、区块链、云计算、大数据、人工智能等现代信息技术催生了这场消费革命，尤其是新冠肺炎疫情的暴发和蔓延，使得这场消费革命来得更快更广。随着新型城镇化进程的不断深入，这场首先在城市引发的消费革命将逐步延伸至农村，继而带来全方位全领域的消费革命，消费发展的网络化、智能化、低碳化、个性化、国际化特征日益凸显。如何发挥这场消费革命背景下消费结构优化的引领和倒逼作用，推进城镇化质量提升，显得十分重要。

9.3.1 深耕消费属性功能，找准城镇化质量提升的方向

9.3.1.1 回归消费的自然属性，加强消费生活型城市建设

消费的自然属性是指作为自然人的消费者利用一定的物品或劳务满足某种具体的物质或精神需要的特性。自然人与经济人是相对应的，是纯粹的生物个体，是生命的客观存在。它表现出来的消费需求是自然生理上的欲望或需要，例如基本的生存需要，表现在消费行为上则主要是人们生活中的吃、穿、住、用、行等具体消费活动[①]。自然属性是消费的天性所在，即通过消费品获得满足和享受，它集中体现了人与自然的关系，反映了消费品及其服务的一种自然生理秩序。

在新型城镇化建设中，回归消费的自然属性就要求城市发展要坚持以

---

① 刘敏. 论和谐消费 [J]. 宁夏党校学报，2005（1）.

人为本，尊重人们的基本消费生活需求，以满足人们的美好生活需求为第一目标。这就必然要求城市发展：从工业逻辑回归人本逻辑，从生产导向转向生活导向，从"产—城—人"发展转向"人—城—产"发展①。建设消费生活型城市的重点在于大力发展生活性服务业，创新生活性服务手段，实现城市综合实力与人民生活品质的同步提升和相互促进。为此，各级城市要根据其城市人口规模、经济实力、消费特色等，明确城市生活性服务业发展的具体目标，建立与城市等级相适应的生活性服务业发展体制，完善相配套的公共服务体系，构建便捷、高效、优质、完备的生活服务体系。大力培育和发展商贸、旅游、文化、餐饮、养老等消费市场，推进生活性服务业提质升级；积极运用互联网、大数据、人工智能、区块链等信息技术，加强"互联网+生活服务业"创新试验区建设，打造生活服务新模式；突出城市个性与特色，高标准打造城市生活名片，如美食之都、媒体艺术之都、文化旅游名城等，使城市居民在美好生活上的幸福感、获得感得到显著提升。

9.3.1.2　重视消费的经济属性，增强城市发展的内在动力

消费的经济属性是指作为经济人的消费者通过利益交换获取某种商品或劳务以满足物质和精神需求的特性。经济人是具有一定经济理性，追求个人经济效用最大化的经济个体。作为经济人的消费者，表现出来的消费需求则是在一定的收入预算约束条件下的市场有效需求，即有货币购买力的需求②。消费的经济属性是市场经济发展的必然结果，也是商品属性的唯一体现。它体现了人与人之间的经济关系，反映了消费品及其服务的一种经济秩序，凸显了消费对经济发展的动力作用。

在新型城镇化建设中，重视消费的经济属性就要充分发挥消费对城市经济的驱动作用，完善消费与生产的相互作用机制，优化消费市场供需结构，以城市消费升级促进城市经济内涵式增长。为此，要大力提升消费供给品质。

---

① 成都新一轮城市总规：让城市发展回归人本逻辑［N］. 中新网四川，2018-03-01.
② 刘敏. 论和谐消费［J］. 宁夏党校学报，2005（1）.

培育发展消费新业态新模式，促进传统消费服务行业转型升级，大力发展健康消费、绿色消费、信息消费，千方百计扩大新兴消费市场需求。大力打造城市商圈经济。合理规划布局城市重点商圈，建设高品位、高品质步行商业街和商贸小镇，加快城市社区便利化商业设施集约发展，引进和培育一些连锁化、品牌化便利店。加快流通业的创新发展。提质升级传统商品交易市场，建立城乡高效物流配送体系，培育一批有实力的数字商务企业，以及适应现代供应链需求的综合服务企业，推进线上线下消费融合发展。充分挖掘各层级城市的消费潜力。加快推进紧凑型城市和收缩型城市的转型升级，找准城市消费发展定位，培育城市新的经济增长点，重视三四线城市消费群体在消费市场中的力量，尤其是青年群体消费行为带来的市场活力。

9.3.1.3 把握消费的社会属性，推进城市可持续发展

消费的社会属性是指作为社会人的消费者在消费商品或劳务的基础上获取其社会需求满足的特性。消费者不仅仅是一个经济人，他更是一个处于广泛社会关系中的社会人。消费者的社会需求内容比较广，包括人们社会身份的确认、社会地位的肯定、社会价值的实现、社会认同感的获得等。[①] 它体现了人与社会之间的隶属关系，反映了消费品及其服务的一种社会秩序，是维持社会关系再生产以及激发消费行为的社会效应的功能属性。

在新型城镇化建设中，重视消费的社会属性就要充分发挥消费的正向社会效应，不断完善消费的社会环境，大力倡导可持续消费理念，促进城市的可持续发展。为此，要构建资源节约型消费模式。坚决抵制西方消费主义思潮，倡导国家节约精神，减少消费中的浪费，坚决落实"光盘"行动，制定一系列节能节水的消费政策与法规，提高城市生活资源的使用效率。要构建环境友好型消费模式。坚决落实垃圾分类行动计划，鼓励居民少用一次性塑料袋，倡导极简消费生活方式，减少消费活动对生态环境的破坏，缓解城市

---

① 刘敏. 论和谐消费 [J]. 宁夏党校学报，2005 (1).

"垃圾围城"之困境。要构建和谐消费方式。多方位拓宽城乡居民增收渠道，提高城乡居民社会保障水平，缩小居民消费能力差距，注重对居民消费的多元化分层引导，切实满足不同消费群体的多层次消费需求，促进城市社会分层的合理化，促进城市社会和谐发展。

9.3.1.4　注重消费的文化属性，提升城市发展的品质品位

消费的文化属性是指具有一定文化消解力的消费者从消费品的文化或符号意义上获取物质和精神满足的特性。文化消解力是人类区别于动物的根本所在，是指人类在基本的知识条件下对物品或实践活动的理解、认识并消费的能力。而动物具有的只是自然消解力，即出于本能上的生理消耗能力。在现代社会里，消费的文化属性最终将取代消费的自然属性，它是消费自然属性必要的补充，反映了消费品及其服务的一种文化秩序。①

在新型城镇化建设中，重视消费的文化属性就要充分发挥消费文化的价值引领和精神重塑的作用，不断提高城乡居民的文化素养，影响并渗透进城市建设和管理行为中，进而提升城市发展的品质和品位。为此，要完善文化消费市场供给。充分挖掘城市自身文化资源，结合人文历史、风土人情发展特色文化消费，加强文化消费多业态的联动和融合，促进旅游、演艺、文创、艺术等文化消费市场的繁荣，带动城市文化产业发展，提升城市文化品位。要重视发展体验式文化消费。加强对博物馆、规划馆、艺术馆、高档影视剧院等文化场馆的建设，在城市规划中合理布局特色文化街区、历史古镇等文化体验区，让人们的闲暇消费时光更有"文化味儿"，重塑城市精神家园。要积极打造更多夜间文化品牌。借助城市夜经济发展势头，广泛开展剧场演出、旅游演艺活动，结合城市的地域文化特色，强力推出夜间演出项目，如魅力湘西、婺源梦里老家、宋城千古情、印象云南等旅游演艺品牌，充分彰显了城市文化魅力。

---

① 刘敏. 论和谐消费［J］. 宁夏党校学报，2005（1）.

9.3.2 培育壮大消费新动能，打造城市发展新引擎

9.3.2.1 不断扩大信息消费规模，提升城市信息化水平、促进"智慧型城市"建设和相关产业发展

信息消费是指居民或政府为满足个人或公共需求而购买信息产品以及通过信息产品购买商品与服务的支出总和，表现为最终消费的支出[①]。信息消费已成为当前创新最活跃、增长最迅猛、辐射最广泛的经济领域之一，对拉动内需、促进就业和引领产业升级发挥着重要作用[②]。由现代信息技术带来的信息消费需求增长，越来越成为城市信息产业发展的主动力，成为城市现代化和国际化发展的推动力，由此衍生的智慧城市建设包括智慧交通、智慧医疗、智慧社区等成为城市信息化建设的重要内容。

如何通过信息消费需求的扩张和满足，推动城市信息产业快速发展，进而提升城市信息化水平，主要有以下五个方面：一是加大信息消费品及服务供给。加快5G商用进程，把"互联网+"技术广泛应用于消费品生产行业和服务行业，大力发展信息消费新产品、新业态和新模式，积极拓展在线医疗、在线教育、在线健身等高端智能终端，推进家庭电子产品的数字化和智能化升级，提升信息技术服务能力。二是加强公共服务基础设施的信息化和智能化水平，提升民众智慧消费能力。国家通过加大对互联网、信息通信、医疗、购物、教育、交通、旅游等基础设施的投入力度，改变居民的消费方式和消费习惯，使居民不断适应现代化的消费环境，培养智慧公民。例如，现代化的综合医院门诊流程，实现居民线上预约挂号、减少排队时间、合理有序就诊、患者病情信息可追溯、自助缴费、自助打印发票等，使居民实现医疗消费的信息化，进而有效推动城市的现代化和智能化。三是不断完善信息消费环境。加强信息消费市场监管，尤其是在线教育、在线医疗、在线直播等新

---

① 升级信息消费必须清除市场痛点［N］. 中国财经报，2018-09-04.
② 国务院. 关于进一步扩大和升级信息消费持续释放内需潜力的指导意见［N］. 新华社，2017-08-24.

兴网络服务监管，完善网络平台对商家的追诉机制，维护信息消费者权益；加强网络安全保障技术的开发与运用，注重个人信息和知识产权保护，增强信息消费的安全性。大力发展电子商务，建设"智慧物流"体系。在市场机制和政府公共政策的双重推动下，加快建立现代化物流和智慧物流的有机融合，将大数据应用于电子商务的订单分析，精准定位居民消费层次和结构，加快城乡综合物流园区的信息化建设，加快物流资源的整合和共享，在物流多场景中应用射频识别（RFID）、卫星定位（GPS）、二维码扫描等信息技术，实现物流体系的一体化、智能化、标准化和信息化，提升居民信息消费的满意程度，实现"智慧型城市"建设。四是推进信息消费试点示范城市建设。在全国范围内鼓励申报综合型信息消费示范城市或特色型信息消费示范城市，稳步推进信息消费的载体建设，发挥其示范效应和引领作用，打造区域性信息消费创新应用高地，规范信息消费示范城市建设工作①。加大对信息消费示范城市建设的财税支持力度，鼓励有条件的城市建设智慧社区、智慧街区、智慧商圈等，鼓励企业建设一批线上线下融合的新型消费体验馆。五是积极深化居民"文化共享"消费，构建公共信息网络平台。积极推进网络文化发展和教育文化体系的建设，开展多种形式的共享应用平台系统，例如数字化课件、虚拟图书馆、远程教育、继续教育等，多渠道推进居民信息化的教育教学消费，给构建"智慧型城市"和"智慧街区"提供原动力。

9.3.2.2　大力发展健康养老消费，建设温暖幸福型城市

1999 年，我国开始进入老龄化社会，随着老年人口的不断增长，我国正逐步进入深度高龄化社会，健康养老消费需求日益增长。一项研究表明，中国老龄产业产值将在 2050 年突破 100 万亿元，届时将占 GDP 三分之一以上。② 在健康中国战略实施过程中，健康养老新业态、新模式开始出现并不断扩大外延，康养消费群体日益增多。大力发展城市健康养老消费，不仅能推

---

① 工业和信息化部. 关于印发信息消费示范城市建设管理办法（试行）的通知. 工信部官方网站，2019-03-18.

② 党俊武. 超老龄社会的来临：长寿新时代人类的伟大前景［M］. 北京：华龄出版社，2018.

进大健康产业的迅速发展，更能体现城市建设的人文关怀，增强城市居民的幸福感、安全感。

如何在新型城镇化建设中，大力发展康养产业，高效满足居民的康养消费需求，要抓好以下三点：一是进一步完善健康养老政策环境。全面放开养老服务市场，进一步降低门槛，行政审批程序得到简化；鼓励社会力量参与公办养老服务机构改革，养老补贴由"补砖头""补床头"向"补人头"转变。① 通过宽松的政策环境，促进康养消费市场的高速扩容，提升行业竞争力。二是构建多层次健康养老服务体系。加强对健康养老机构的资源整合和协调联动，构建包括治疗、康复、照护在内的完整的健康服务体系，建立以居家养老为基础、依托社区养老服务中心、民办和公办养老机构充分发展、医药和康养相结合的多层次养老服务体系。三是有力推动居家型健康消费。体育类企业要大力发展"互联网+体育"，推动电子商务平台提供体育消费服务，发展线上培训、直播健身等新业态新模式，培育体育消费者线上消费习惯。消费者要树立居家型健康消费意识。健康消费不一定去健身房、保健医院，在家一样可以锻炼、养生和保健，电视、网络、报纸等各类媒体的健康消费知识都是居家学习的丰富资源。

9.3.2.3　构建绿色消费生活方式，建设绿色宜居生态城市

绿色消费生活方式是指消费者在生活中崇尚简约自然、追求健康环保，消费未被污染或有助于公众健康的绿色产品，并注重消费过程中的环境保护和资源能源节约，是一种可持续消费方式。构建绿色消费生活方式，可通过居民的绿色消费需求倒逼相关产品和产业的绿色化发展，进而使绿色消费反哺绿色城市，推进城市生态化发展。在新型城镇化进程中，应探索如何将居民绿色消费生活方式融于城市生态化发展实践中。推进城市经济、社会和生态协调的良性动态循环，挖掘城市发展的消费潜力、倡导绿色消费理念、构建绿色消费体系，积极引导低碳、节约消费，寻求经济资源和社会资源更加

---

① 中共中央国务院. 关于完善促进消费体制机制进一步激发居民消费潜力的若干意见 [N]. 新华社，2018-09-20.

合理的分配路径，以提升城镇居民生活质量。

第一，统筹规划城市空间开发格局。将生态文明理念融入城镇化质量提升，从国家的全局着眼规划各省市的空间格局，结合各省市自身优势和劣势，制定与资源环境承载能力相适应的城镇化规划，充分发挥土地的自然属性，合理有序开发，逐步形成城市居住用地、公共设施用地、商业用地等区位优势凸显、能准确定位的城市格局。

第二，建立经济、社会和生态协调发展的考评机制，将环境、资源、生态等指标列入城镇化建设和经济发展水平评价指标中，并加大生态文明的考核权重，强化各省市领导干部对可持续发展理念的重视程度，培育民众的生态文明意识，比如，以公共基础设施为载体，增加生态文明和可持续发展理念的传播渠道和途径，如公益宣传广告。建立资源集约、功能完善、环境友好、城乡一体、区域协调发展的新型城镇化。

第三，大力推进节约型政府建设，发挥政府在绿色消费中的导向作用与示范作用。合理规划产业布局和城市布局，加强绿色环保产业的扶植力度，倡导绿色、低碳和循环的方式，以绿色消费理念为导向，不断扩大绿色消费市场。政府制定鼓励绿色消费的政策和制度，比如绿色消费积分制度、新能源消费补贴政策、绿色消费认证制度等；推广高效节能电机、新能源汽车、LED 节能灯泡等节能产品，鼓励选购节水龙头、节水马桶、节水洗衣机等节水产品；加强绿色农产品示范基地建设，在大超市、商场开设绿色农产品销售专区，拓宽绿色农产品销售渠道。

第四，要倡导绿色低碳的生产生活方式，加强对绿色消费理念的宣传和教育，广泛开展绿色消费公民行动，以城市为载体引导居民树立健康、环保、适度、合理的消费理念和消费方式，反对浪费性消费。借助各种城市电子媒体、纸质媒体、社区宣传板报等，加强绿色消费价值观的宣传教育；构建全民绿色消费教育体系，从娃娃抓起，从小培养孩子们爱护环境、爱护地球的绿色消费观念和习惯。广泛开展绿色消费公民行动，比如，鼓励倡导步行、使用自行车和公共交通等绿色出行，合理控制室内空调温度，推广绿色家居，减少电器设备待机能耗，节约用水用电，开展垃圾分类、旧衣"零抛弃"活动，少用一次性产品，重提菜篮子、多用环保购物袋，有序发展共享单车、共享汽车，大力发展二手消费品市场等。提升消费生态环境质量。强化居民消费知识学习，引导中高收入者的高品质消费追求，促进绿色健康消费的主流消费方式，通过示范效应引导社会其他阶层的消费行为。

9.3.3 把握消费转型升级新趋势，优化城市经济结构和空间布局

9.3.3.1 把握消费结构服务化趋势，融合发展城市现代服务业

消费结构优化升级的一个基本评价标准就是服务消费比重不断提高，当前我国居民消费转型升级的明显趋势也契合了这样一种评价标准，即居民消费的重点从过去的物质消费向服务消费转变，医疗、教育、文化、旅游、养老等方面的服务消费需求日益扩大。由此，也带来了服务业的快速发展，使我国经济发展进入了服务业主导阶段。在新型城镇化建设中，更需要大力发展城市现代服务业，以适应现代城市居民不断升级的服务消费需求，推进城镇化质量提升和消费结构优化升级的耦合发展。

第一，要大力发展高技术高文化型的现代服务业。主要包括4种类型，一是基础性服务行业，如电子通信服务、网络信息服务等；二是生产性服务行业，如金融、物流、会计咨询、电子商务、农机服务等与生产密切相关的专业服务；三是居民生活消费服务，如教育、医疗、交通、餐饮、文化娱乐、旅游、家政等生活性服务行业；四是基本公共服务行业，如城市管理、政府政务、基础教育、公共卫生、公共环境等。其中，生活性服务业是国民经济的基础性产业，必须以提高居民生活水平、满足居民日益增长的生活性服务消费需要为目标，以满足市民"宜居性、便利性、安全性、多样性、公正性"需求为导向，以补齐便民设施短板为重点，切实抓好生活性服务业品质提升民生工程，关键有以下几方面。

首先，发展社区商业综合体，促进城市生活性服务业发展。将餐饮、商

场、电影院、乐跑公园等引入社区，可以"一站式"满足附近居民的消费需求，使距离市区较远的居民不必前往市中心就能够实现消费结构优化升级，打造社区形象，促进城市文化品牌提升，吸引国内外知名餐饮、服饰等企业进入，提升社区居民的生活便利性、宜居性、消费多样性，同时促进城市生活性服务业发展。

其次，发展数字化生活性服务产业，促进传统生活性服务业转型。后疫情时代，应大力发展以互联网医疗、线上零售、线上教育、线上娱乐、远程办公等为代表的无接触数字化生活性服务产业，提振消费的同时促进传统产业的转型和高质量发展。

最后，发展多样化养老模式，促进银发消费产业的发展。建立一系列针对社区养老、旅居养老、组合式养老等创新的老年服务模式，聚焦老年消费市场，拓宽了养老领域消费服务的内涵，通过"线上+线下"相结合的模式，向老年人提供满足基本生存需求的衣食住行方面的服务，以及健康服务、体检服务、旅游居住类服务等发展和享受型的消费服务，促进银发消费产业的发展。

第二，大力推进以现代服务业为主导的产城一体化建设。深入实施产城一体化战略，以旅游综合区、特色小镇、金融服务、文创产业和电子商务等为重点，推进现代服务业的城市集群化发展，实现城市生产、生活、金融、贸易、科技、生态、文化等多元功能的融合，以及服务业与城市空间要素的优化配置。大力推进城市现代服务业聚集区建设。通过现代服务业的融合发展，延伸城市产业链，拓宽城市产业的发展空间；促进城市空间要素集约化，不断提升现代服务业的资源整合效应，增强中心城市或城区的集聚效应。

第三，加快消费品制造业和现代服务业的融合发展。服务消费的扩容提质能够从需求端倒逼城市产业结构的优化升级，促进消费品制造业和现代服务业融合发展，实现创新性城市的发展。具体对策建议：一是以发展新业态、打造新模式、鼓励先行示范区的发展等方式，促进消费品制造业和现代服务业的融合发展，催生新产品，满足新的消费需求。二是充分利用数字经济、科技创新的发展，推动消费品制造业和现代服务业融合发展，大力发展工业互联网产业，比如跨越服务业与制造业两大领域的车联网产业等，相互渗透、跨界融合，推动城市产业结构的升级。三是通过改革完善市场机制，提升消费品制造业和现代服务业的市场开放度，加强国际合作，引入国际先进技术，加快两个产业的融合速度。四是建立和完善相关政策制度，为两大产业高效融合提供良好的发展环境。政府应重视市场机制的作用和规律，制定相关政策和制度，加大力度消除阻碍两大产业发展的制度规则、简化规范性操作流程，放宽市场准入原则，深入改革相关资质认证管理体系。建立消费网络平台数据资源共享机制，增加企业之间的信任指数和提高行业之间的合作效率。五是深化金融机制改革，加强两大产业融合的金融支持。两大产业，尤其是工业制造业，具有周期长、见效慢的特点，因此金融行业应积极开发适用的金融产品，比如中长期融资、并购贷款、上市融资及其金融债券等形式的业务，为消费品制造业和现代服务业两大产业的融合发展提供金融保障，建立金融供应链的服务和支持。

9.3.3.2 把握消费内容品牌化趋势，大力发展城市"首店经济"

消费结构优化升级的本质特征是消费品质的提升，而品牌往往是高品质消费品和服务的集中体现。随着人们消费水平的不断提高，追求消费内容的品牌化正逐步成为一种消费新趋势。国家发改委等 23 个部门发布的《关于促进消费扩容提质加快形成强大国内市场的实施意见》指出：在消费品领域积极推行高端品质认证。促进品牌消费、品质消费。加强自主品牌建设，深入实施增品种、提品质、创品牌的"三品"战略。[①] 如何在新型城镇化建设中适应消费内容品牌化的趋势要求，深入实施"三品"战略，大力发展城市"首店经济"则是一个重要选择。

"首店经济"作为商业领域的一种新型商业模式，已日益成为挖掘消费市场潜力、增强消费市场活力的重要手段，是城市品牌价值与区域资源实现最佳耦合的一种经济形态。它指的是在零售、餐饮等实体商业中，一个重要的

---

① 国家发展改革委. 关于促进消费扩容提质加快形成强大国内市场的实施意见 [N]. 国家发展改革委网站，2020-03-14.

新品牌首次进驻某一城市或区域，并由此形成一定的轰动或带动效应。^① 大力发展首店经济，首先，要不断优化城市营商环境。商务部门要加强与相关部门的协调合作，对品牌首店入驻城市以及顺利开业所涉及的规划审批、消防、经营许可、城管、跨境通关等行政审批，建立"绿色通道"，提高行政审批效率。鼓励各级城市出台加快发展城市首店的政策举措，尤其在一些国际大品牌商品的引进上，可给予一定的优惠政策支持。其次，不断创新首店经济模式。积极推进品牌首店融入本土市场，结合本土地域特色，植入地域文化元素，创新消费体验场景，实现品牌的差异化发展，扩大首店在一定区域内的品牌影响力。例如，在新零售业态上发展会员制仓储连锁超市，在餐饮行业上增加文化体验场景等。最后，可大力打造老店的"首店"模式。"首店"不一定是国际品牌或品牌新店，有些传统老店也可以通过创新经营业态和消费场景模式，实现涅槃重生。例如通过个性消费、创意消费等消费模式创新，将一些传统老店打造成概念店、体验店、定制店、旗舰店等。

9.3.3.3　把握消费需求现代化趋势，提升城市现代化水平

未来消费发展将进入一个需求个性化、多元化、层次化的新阶段，人们的消费需求内容更加差异化、创意化、品牌化，例如传统的"衣食住行"消费需求升级为"衣食住行玩乐购"，传统的模仿型、排浪式、总量化消费转变为定制化、分层化、小众化消费，这些都反映了消费需求的现代化发展趋势。在新型城镇化建设中，顺应消费需求的现代化趋势，构建现代化生活方式，也是城市现代化发展的内在动力之一。

高效满足现代化消费需求，提升城市现代化水平，可以从以下几方面着手：一是加强现代消费技术的创新和应用。要满足现代化消费需求，在消费技术和手段上更加需要充分利用互联网、物联网、大数据、云服务和人工智能等现代信息技术，例如通过移动互联网下单购买满足定制化个性化消费需

---

① 沈从乐. 三四线城市的"首店经济"长什么样？[N]. 新一线城市研究所，2019-10-16.

求，运用物联网和云服务技术满足云办公、云电视、云翻译等云消费服务需求。二是大力发展体验式消费新业态。体验式消费的核心是强调消费者在购买过程中的亲身体验与参与，在互动过程中感受产品的实际效果。例如电子试衣间、VR 展示等智能技术在新零售商业中的应用，就促进了消费者购物体验的智能化和场景化。体验式消费将激发实体店销售的活力，成为实体店和电商竞争中的最大优势。三是正确引导时尚消费。时尚消费是大众消费中最具活力、最能体现社会情感的消费形式，成为消费结构优化升级的一个显著特征。在城市文明建设中，全社会要树立正确的时尚消费理念，丰富时尚消费的文化内涵；在城市商业综合体建设中，要集合影院潮流、美食体验、健康养生等时尚商业元素，大力打造能真正体现现代化生活方式和时尚潮流的购物中心。

9.3.3.4 把握消费时间延长化趋势，有序发展"夜间经济"和"地摊经济"

随着人们消费需求和消费结构的升级，其消费活动对消费场景的需求已不仅仅只满足于空间的延展，更趋向于从白天向夜晚的时间延伸。夜间经济成为城市最具魅力的一种经济形式，如"深夜食堂""酒吧一条街""景区夜游""博物馆奇妙夜"等，成为城市经济新的增长点，越来越多的城市重视夜间经济发展，纷纷出台政策鼓励和支持。当前，在新冠肺炎疫情的影响下，为缓解社会就业问题，中央鼓励发展地摊经济，地摊经济激活了小街小巷的消费活力，使城市与游客的距离被"烟火气"无限拉近。

如何培育夜间经济，有序发展地摊经济。其一，提高城市管理能力，划定地摊经营区域，发布摆摊导引地图。城市管理部门可以选择具备地摊外摆条件、有统一运营管理的特色街区、商业体外广场和开放式公园等，试点放宽商业外摆管制，合理设置外摆区域，设定禁占区域。明确设置外摆种类、规范设置外摆设施、科学设置外摆时段等。其二，城管部门应制定地摊管理制度，明确"三不三要"。"三不"包括不乱占道、不影响交通秩序、不破坏市容环境。"三要"包括要规范经营、要做好垃圾分类、要注重安全。其三，加强政府监管保障，确保地摊食品安全和社会安全。开展部门联动，凡是涉及食品出摊经营，人员都需要办理健康证，并在属地进行登记。城市管理部门要与相关的食品安全、质监、交通、公安等部门加强联动，开展不定期现场巡查。其四，积极引导舆论，倡导文明经营和消费。强化地摊经济"放开而不放任"的举措意图，通过权威媒体带动自媒体，对地摊经营的方式方法进行正面引导，倡导文明经营和消费。其五，综合考虑夜间消费集中区域的需要，安排合理的占道停车规划、优化夜间临时停车管理；提升城市运营能力，适当提高公共交通覆盖率、延长运营时间等具体措施，为消费者夜间消费提供更加便利化的交通服务。

9.3.4　根治居民消费痛点堵点，增强城市发展韧性

9.3.4.1　引导汽车消费转型升级，提高城市交通效率

汽车给城乡居民生活带来了巨大改变，使人们出行更方便，生活更舒适、消费更高效。当前，我国汽车消费需求的不断扩大，拉动了汽车工业以及相关汽车服务行业的飞速发展，成为我国重要的支柱产业。但是，汽车消费的日益增长，也加剧了城市交通拥堵、环境污染等问题，严重影响到城市发展质量。在新型城镇化建设中，如何处理汽车消费与城市发展之间的矛盾，让汽车消费在节能、环保、高效的"框架"中适度增长，成为汽车消费转型升级的关键所在。

要推进汽车消费转型升级，减少汽车消费给城镇化质量提升带来的负面效应，提高城市交通效率，需做到以下几个方面：一是树立正确的汽车消费观念。要坚决摒弃汽车消费主义，消除汽车消费异化现象，让汽车回归代步工具的本质属性；坚持低碳出行的环保理念，多使用小排量或新能源汽车，多拼车，多用共享汽车。二是完善汽车消费的相关政策。持续优化新能源汽车补贴政策，坚持扶优扶强的导向，将更多补贴用于支持综合性能先进的新能源汽车销售，鼓励发展高技术水平新能源汽车。落实新能源货车差别化通行管理政策。购买3.5吨及以下货车或者1.6升及以下排量乘用车，给予适

当补贴，带动农村汽车消费。进一步落实全面取消二手车限迁政策，加快繁荣二手车市场。[①] 三是创新城市交通管理模式。运用交通数据采集、交通信号控制系统等数据分析和控制技术，优化城市智能交通信号灯配时方案，最大限度提高绿灯利用率；采取偏移中心线、前移停车线、设立潮汐通道、增设待驶区等方法，提高繁忙路口的通行效率；在有条件的路段，可实施主干道路口禁左、次干道及支路单向通行，或采取错时上下班、限时货车通行等措施。

9.3.4.2　促进住房消费健康发展，提升城市幸福指数

住房消费既是当前城市居民消费的一个重要内容，也是决定城市居民幸福指数的一个重要指标。目前很多大城市的房价居高不下，住房消费负担沉重，严重降低了居民的幸福感，也制约了新型城镇化进程。要让城市居民真正安居乐业，住房消费的健康发展是关键。只有让人们安居乐业，城市才能真正成为幸福家园，才能实现健康可持续发展。

在城镇化质量提升的目标下，如何促进住房消费健康发展，提升城市幸福指数？首先，要坚决走出房地产市场发展误区。党中央和政府一直强调"房子是用来住的、不是用来炒的"，这就要求各级地方政府在城市房地产发展上，需走出"高房价是刚需过旺的正常表现"的认识误区，走出"房价应完全由市场调节"的认识误区，走出"依靠房地产业拉动经济增长"的认识误区，走出"房子是保值增值最佳投资品"的认识误区。[②] 其次，加强对房地产市场的宏观调控。立足我国国情，加快推进住房保障体系和供应体系建设，构建以政府为主提供住房基本保障、以市场为主满足多层次需求的住房供应体系。要完善住房价格调控政策，继续实施住房限购政策，完善土地政策和财政政策，鼓励单位自建房，鼓励地方政府建经济适用房、限价房、廉租房，减少炒房行为。最后，大力发展住房租赁市场。大力培育和发展住房

---

① 崔东树. 发改委等 10 部委鼓励汽车消费政策态度增强消费信心［N］. 搜狐新闻，2019-01-29.
② 吴思康. 坚持"房子是用来住的、不是用来炒的"［N］. 人民日报，2017-03-24.

租赁市场，可以削弱中长期购房消费对其他消费的挤出效应。转变公租房保障模式，采取食物保障和租赁货币补贴相结合，减小居民购房支出压力；鼓励企业自建房出租，为企业留住人才提供住房保障；继续推进住房公积金支付房租政策，简化审批程序；针对依法登记备案的住房租赁企业实行一定的税收优惠政策，等等。

9.3.4.3　夯实居民教育消费基础，推动城市文明进步

近年来，教育消费支出成为城市家庭消费中仅次于住房消费的支出项目，尤其是用于孩子教育的消费支出，在家庭消费中的比重日益提升，很多居民家庭不堪重负。在新型城镇化建设中，教育是需要重点关注的，让更多的进城务工人员的子女能上得起学，让更多的城市居民家庭享受到高质量的教育资源，这些都是城市文明进步的重要标志。大力促进基础教育的高质量发展，夯实居民教育消费之基础，也是城镇化质量提升和消费结构优化升级的共同内在要求。

如何夯实城市居民教育基础，提高人口素质，推动城市文明进步？首先，大力发展基础教育。加大对九年制义务教育的财政投入，鼓励有条件的城市实施十二年义务教育制度；加快推进校园标准化建设，不断改善中小学教育硬环境，提高中小学教师待遇，提高教学质量；改革小学初中招生制度，全民实行微机排位，促进城市义务教育高质量均衡发展；推动城乡义务教育一体化发展，提高农村义务教育质量。其次，高度重视幼儿教育发展。配合我国二孩人口政策，加大对公办幼儿园和普惠制幼儿园的建设力度，加强幼儿园安全、卫生、饮食方面的管理，提高幼师的经济待遇和社会待遇，促进学前教育普惠发展，缓解孩子"入学难、入学贵"等问题。最后，要完善职业教育和培训体系，深化产教融合、校企合作。加快一流大学和一流学科建设，实现高等教育内涵式发展。健全学生资助制度，使绝大多数城乡新增劳动力接受高中阶段教育、更多接受高等教育。支持和规范社会力量兴办教育。加强师德师风建设，培养高素质教师队伍，倡导全社会尊师重教。办好继续教

育，加快建设学习型社会，大力提高国民素质。①

9.3.4.4 补齐居民医疗消费短板，增强城市发展韧性

党的十九大报告将"健康中国"上升为国家战略，明确了"要为人民群众提供全方位、全周期的健康服务"的大健康观。未来可以预见，随着我国中等收入群体的不断扩大，老龄化人口的不断增加，政府医疗政策的助力，例如减免大病医疗税收，居民医疗消费需求将更加旺盛。随着城镇化进程的不断加快，越来越多的农村居民转化为城镇居民，进一步推动城市医疗消费增长。由此，城市医疗资源显得日益紧缺，尤其是在大城市里，医疗服务供给与医疗消费需求的矛盾十分突出，医疗消费成了城市消费发展的短板。

如何补齐居民医疗消费短板，增强城市发展韧性？一是要大力发展医疗卫生事业。政府要持续加大在医疗卫生事业上的财政投入，不断完善公共卫生服务体系和医疗服务体系，加强医疗卫生服务监管，提高医疗卫生服务质量。加强对基层医疗卫生机构的重点支持，尤其是基层医疗卫生人才的政策支持，提高其工资收入水平；加快推进城市医疗集团、县域医共体等医联体建设，有效落实分级诊疗制度，促进医疗资源的优化配置。二是健全基本医疗保险制度。完善基本药物制度，针对医疗消费实际需求，适当调整基本药物目录，尤其针对基层医疗卫生机构普遍出现的无药可用问题，扩大基本药物范围。深化药品流通制度改革，在某些试点省份和试点城市推行"两票制"，鼓励跨区域联合药品采购、带量采购，降低虚高的药价。加快医疗卫生服务信息化建设，健全跨省异地就医的协作机制，统筹异地住院就医结算模式。三是创新发展医疗新业态新模式。充分运用互联网技术，大力发展互联网医疗，鼓励在线诊疗、预检服务、药品配送服务等。将符合条件的"互联网+"医疗服务费纳入医保，探索推进互联网医疗医保首诊制。引入物联网系统，创新医院的人员、药品、设备耗材等管理机制，积极建设云医疗信息服

---

① 习近平. 优先发展教育事业推动城乡义务教育一体化发展［N］. 人民网，2017-10-18.

务平台，引进大数据医疗服务模式，提高医疗服务信息化水平。

9.3.5　加强消费驱动，助力城市转型和城市群发展

9.3.5.1　增强城市消费功能，推动收缩型城市的转型

收缩型城市需要加快推动产业结构转型升级，大力发展第三产业，才能从传统资源型、工业型城市向消费型、服务型城市转变。具体建议如下。

第一，促进产业融合。主要包括促进新兴产业与传统产业的融合，为传统产业发展注入新的动力；引入先进科技，加快新产品研发速度；支持产业内部甚至跨产业的企业的重组和并购，扩大产品范围，提升企业综合竞争力；加强与其他城市的交流合作，吸引其他产业的聚集或合作；提高产业园区的职住平衡，在产业园区增加生活区域，吸引人才的聚集。

第二，发展替代产业。大力发展包括旅游业、餐饮服务业、零售业、养老康养行业等第三产业，作为城市替代产业，并不断调整产业结构，促进城市经济发展，吸引人口聚集；加快完善城市公共设施建设和公共服务配套，满足产业发展需求和居民消费需求。

第三，全面执行人口开放政策，吸引人口迁入。主要包括城乡居民无障碍流动，且放开落户；为城镇居民提供全面的社会保障，吸引人口落户；建立人才绿色通道，为优秀人才提供各项优惠政策例如补贴、税收减免等福利；保障迁入居民的就业，通过提供职业和就业培训等来提高就业率，提高居民收入水平，促进消费，提升居民生活质量。

9.3.5.2　发挥消费集聚、辐射效应，提升城市最优人口密度和经济密度、助推城市群建设

通过合理规划城市消费人口，能最大化地发挥消费的"集聚效应"和"辐射效应"。每个城市都存在一个最优人口密度和最优经济密度，在最优人口和最优经济规模下，集聚效应和辐射效应可以最大限度地发挥作用。

第一，发挥消费集聚效应，需要合理规划人口规模，需要打造良好的消

费环境，从而提升城市最优人口和经济密度，首先，通过消费聚集人才，提升城市最优经济密度。消费聚集人才，人才驱动创新。人才是现代消费服务业最核心的竞争力，为不断提高人力资本水平，可以通过政府提供培训等方式来增加消费服务业复合型人才的培养力度，优化人才结构，提升人才待遇水平，吸引高素质、技术创新能力强的人才聚集，推动城市创新发展和城市最优经济密度。其次，在新城区加快打造消费环境，优化城市人口密度。随着产业调整、人口增加，城市要开发新的市民生活圈，疏解城市中心人口，因此需要对新开发的市民居住区，加快建设就医、上学、购物、交通、休闲等消费空间和配套设施，发挥消费集聚效应，令新的居住区更加宜居，提升旧城区居民搬到新城区生活的动力。

第二，发挥消费辐射带动作用，可以推动城乡和区域的协调发展，提升城市最优人口和经济密度，以消费经济圈的形成拉动城市群建设。首先，城市群要想实现繁荣发展，必须通过充分发挥中心城市功能，带动区域消费。城市群中的核心城市集聚了大量外来人口在城市就业和生活，需要通过核心城市向低线城市辐射，传递和引导消费理念和消费类型，可提升区域消费水平，促进物流和其他配套设施的加快发展，提高低线城市居民的幸福指数，并吸引核心城市或其他城市人口的迁入，优化平衡城市群最优人口密度和经济密度。以美国东北部城市群为例，纽约城市群建设以纽约为核心城市，以邻近的波士顿、费城、华盛顿为次中心城市，既有效地分散了纽约的人口压力，又带动邻近的次中心城市快速发展，为区域内各城市居民营造良好合理的消费环境。该城市群通过核心城市、次中心城市、周边区域的分层布局，将高端消费场所、中等消费场所以及折扣店等较低水平消费场所分区域规划，满足各个阶层的各类消费需求，充分挖掘各类人群的消费潜力。我国城市群发展也可借鉴其发展模式，积极发挥中心城市的辐射带动作用，在提升自身消费质量的同时，带动区域内其他地区城市的消费规模的扩大，实现不同消费水平场所的分层布局，充分发掘各地的消费潜力。另外，还可以通过相互之间的住房消费、旅游消费、购物消费等区域内消费形成辐射扩散效应，形成一套完整的特色消费产业链，成为推动消费经济圈的新载体，进而有力地拉动城市群发展。其次，城市发挥消费辐射作用，带动农村消费。加快农村交通、生态环境等基础建设，改善乡村消费环境，满足城市居民的"乡村生活方式"消费需求，充分释放城市消费对农村的辐射、拉动力量；农村大力发展康养等产业，提升养老消费服务质量，吸引城市老年人到农村养老，缓解城市的老龄化问题，激发城市活力，提升城市最优人口密度和经济密度。

9.3.5.3　探索发展新型消费业态、体验式消费，促进城市商业转型升级

发展体验式新型消费业态，促进商业转型升级，第一，发展经典的体验式消费，促进传统商业转变经营模式。把握消费者市场，主动迎合消费心理，通过调查设计符合产品和情感需求的购物场景，例如主题餐厅、快闪店、概念店等，提升消费者的购物欲望。注重商品本身的个性与气质，赋予品牌更深层次的寓意，将情感融合到产品上，从而提升消费者的情感体验，为传统商业赋予新的涵义。第二，跨界经营体验式消费，促进传统商业与现代商业融合发展。例如将书店和咖啡店结合，或在书店定期举办艺术展览等方式，既能继续发挥传统的书店功能，还提供了新型休闲文化消费空间，与互联网书店的效率高和价格低的优势区别开来，不仅为城市改善了消费环境，也提升了城市文化消费档次，满足了居民不断升级的文化和休闲类消费。

参考文献

［1］ Addessi W. Population Age Structure and Consumption Expenditure Composition：Evidence from European Countries ［J］. Economics Letters, 2018：168.

［2］ Laurits R. Christensen, Dale W. Jorgenson, Lawrence J. Lau. Transcendental Logarithmic Utility Functions ［J］. The American Economic Review, 1975, 65（3）.

［3］ Deaton, A. and J. Muellbauer, An Almost Ideal Demand System ［J］. American Economic Review, 1980, 70（3）：312-326.

［4］ DirkKrueger, Fabrizio Perri. Does Income Inequality Lead to Consumption Inequality? Evidence and Theory ［J］. The Review of Economic Studies, 2006（07）：157-179.

［5］ Duesenberry, J. Income, Saving and The Theory of Consumer Behavior ［M］. Cambridge, Massachusetts：Harvard University Press, 1949：36-45.

［6］ Gao L, Yan J, Du Y. Identifying the Turning Point of the Urban-Rural Relationship：Evidence from Macro Data ［J］. China & World Economy, 2018, 26（1）：106-126.

［7］ Guo X, Zhang Z, Zhao R, et al. Association between Coal Consumption and Urbanization In a Coal-based Region：A Multivariate Path Analysis ［J］. Environmental Science and Pollution Research, 2017：16-24.

［8］ Henderson, J. Growth of China's Medium - Size Cities ［J］. Brookings

Wharton Papers On Urban Affairs, 2005 (3): 33.

［9］ Jie H . Empirical Study on Effects of Different Types of Urbanization on Consumption Structure of Rural Residents in China ［J］. Asian Agricultural Research, 2017 (6): 30–34.

［10］ Jing L, Se C T, Jianfa S, et al. Urbanization and Rural–Urban Consumption Disparity: Evidence from China ［J］. The Singapore Economic Review, 2018: 16–26.

［11］ Laumas, Prem. S. Wealth, Income and Consumption in a Developing Economy ［J］. Journal of Macroeconomics, 2014 (14): 14–19.

［12］ Lewis W. A. Economic Development with Unlimited Supply of Labor ［J］. The Manchester School of Economic and social studies, 1954 (47): 11–13.

［13］ Lluch, C. The Extended Linear Expenditure System ［J］. European Economic Review, 1973, 4 (1): 21–32.

［14］ Lozano Gracia, Nancy, Young, et al. Housing Consumption and Urbanization ［J］. Policy Research Working Paper, 2016: 1–40.

［15］ Nowak Jan Kochkova . Olena. Income, Culture, and Household Consumption Expenditure Patterns in European Union: Convergence or Divergence ［J］. Journal of International Consumer Marketing, 2011 (23): 260–275.

［16］ Ofwona A C. An Estimation of the Consumption Function for Kenya Using Keynes' Absolute Income Hypothesis for the Period 1992—2011 ［J］. Journal of Emerging Trends in Economics & Management Sciences, 2013 (4): 103–105.

［17］ Shea J. Union Contracts and the Life Permanent –Income Hypothesis ［J］. American Economic Review, 1995 (85): 186–200.

［18］ Stone R. Linear Expenditure Systems and Demand Analysis: An Application to the Pattern of British Demand ［J］. Economic Journal, 1954, 64 (255): 511–527.

［19］ Tripathi, Sabyasachi. Estimating Urban Agglomeration Economies For

INDIA: A New Economic Geography Perspective [J]. Theoretical and Empirical Researches in Urban Management, 2014, 9 (2): 24-26.

[20] Working H. Statistical Laws of Family Expenditure [J]. Journal of the American Statistical Association, 1943, 38 (221): 43-56.

[21] Hansen J. The Impact of Interest Rates on Private Consumption in Germany [J]. Journal of Experimental Zoology, 1996, 175 (3): 369-374.

[22] Jakob B. Madsen, MichaelMcAleer. Direct Tests of the Permanent Income Hypothesis under Uncertainty, Inflationary Expectations and Liquidity Constraints [J]. Journal of Macroeconomics, 2000, 22 (2).

[23] Jakob B. Madsen, Michael McAleer. Jahangir Azizi, LiCui. Explaining China's Low Consumption The Neglected Role of Household income [J]. IMF working paper, 2007 (181): 1-38.

[24] Irina Arhipova, Liga Paura. Regional Development and Private Consumption Structure in Latvia [J]. Procedia Economics and Finance, 2015: 26.

[25] Robert O. Herrman n. Interaction Effects and the Analysis of Household Food Expenditures [J]. Journal of Farm Economics, 1967 (4): 16-17.

[26] Jorgenson D W. The development of a dual economy [J]. The Economic Journal, 1961.

[27] Fujita M. Krugman P., Venables A. The Spatial Economy [M]. Cambridge: MIT Press, 2000.

[28] Henderson J V. The urbanization process and economic growth: the so-what question [J]. Journal of Economic Growth, 2003, 8 (1): 47-71.

[29] GustavRanis and John C. H. Fei. A Theory of Economic Development [J]. American Economic Review, 1961: 533-565.

[30] Moomaw R L, Shatter A M. Urbanization and economic development: a bias toward large cities? [J]. Journal of urban economics, 1996, 40.

[31] Robert E., Lucas Jr. Life Earnings and Rural-Urban Migration [J]. Journal of Political Economy, 2004, 112: S29-S59.

[32] Davis J. C., Henderson J. V. Evidence on the political Economy of the Urbanization Process [J]. Journal of Urban Economics, 2003, 53 (1): 98-125.

[33] Edward L. Glaeser. Reinventing Boston: 1630—2003 [J]. Journal of Economic Geography, 2005 (5): 119-153.

[34] Otto Raspe, Frank Van Oort. The Knowledge Economy and Urban Economic Growth [J]. European Planning Studies, 2006, 14 (9): 21-23.

[35] Haroon Sajjad, Mohd Iqbal. Impact of urbanization on land use/land cover of Dudhgangawatershed of Kashmir Valley, India [J]. International Journal of Urban Sciences, 2012, 16 (3): 16-19.

[36] Krey V, O'Neill B C, van Ruijven B, et al. Urban and rural energy use and carbon dioxide emissions in Asia [J]. Energy Economics, 2012 (34) : 272-283.

[37] Henderson. J. V. Urban Development: Theory, Fact and illusion [M]. New York: Oxford University Press, 1988.

[38] Zeldes, Stephen P. Optimal Consumption with Stochastic Income: Deviations from Certainly Equivalence [J]. Quarterly Journal Economics, 1989, 104 (2): 275-298.

[39] Duranton G, Puga D. Micro-foundations of urban agglomeration economics [J]. Handbook of regional and urban econimics, 2004 (4): 2063-2117.

[40] Pan J. China's Environmental Governing and Econlogical Civilization [M]. China Social Sciences Press, 2016.

[41] Saroha J. Sustainable Urbanization in India: Experiencs and challenges [M]. Spatial Diversity and Dynamics in Resources and Urban Development, 2016: 81-98.

[42] Chenery, Syqruin. Patterns of Development, 1950—1970 [M]. New York: Oxford University Press, 1975: 22-23.

[43] Piyabha Kongsamut, Sergio Rebelo, Danyang Xie. Beyond Balanced Growth

〔J〕. The Review of Economic Studies，2001，68（4）.

〔44〕 Reto Foellmi，Josef Zweimüller. Structural change，Engel's consumption cycles and Kaldor's facts of economic growth〔J〕. Journal of Monetary Economics，2008，55（7）.

〔45〕 J W. Testeretal. Sustainable Energy：Choosing Among Options〔M〕. US：MIT Press，2005.

〔46〕 VanEck N J，Waltman L，Dekker R，et al. A comparison of two techniques for bibliometric mapping：Multidimensional scaling and VOS〔J〕. Journal of the American Society for Information Science and Technology，2010，61（12）：2405-2416.

〔47〕 Chen C M. Science mapping：A systematic review of the literature〔J〕. Journal of Data and Information Science，2017，2（2）：1-40.

〔48〕 William Addessi. Population age structure and consumption expenditure composition：Evidence from European countries〔J〕. Economics Letters，2018：168.

〔49〕 Rostow. The Effect of Uncertainty on Saving Decisions〔J〕. Review of Economic Studies，1990：22.

〔50〕 Paul R. Krugman. The Economics of Technology and Employment〔J〕. Theory and Empirical Evidence，1995（3）：30-36.

〔51〕 Lampard E E. History of cities in the Economically Advanced Areas〔J〕. Economic Development & Cultural Change，1955（2）：35-45.

〔52〕 Leser，C. E. V. Family Budget Data and Price-elasticities of Demand〔J〕. Review of Economic Studies，1941，9（1）：40-57.

〔53〕 Leser，C. E. V.，Forms of Engel Functions〔J〕. Econometrica，1963，31（4）：694-703.

〔54〕 Steven Barnett，Ray Brooks. China：Does Government Health and Education Spending Boost Consumption〔R〕. IMF Working Paper，2010，15（2）：10-16.

［55］ Luisito Bertinelli, Duncan Black. Urbanization and Growth ［J］. Journal of Urban Economics, 2004: 80-96.

［56］ Gita Gopinath. Limiting the Economic Fallout of the Coronavirus with Large Targeted Policies, https://blogs.imf.org/2020/03/09/limiting-the-economic-fallout-of-the-coronavirus-with-large-targeted-policies/, March 2020.

［57］ Kent P. Schwirian, John W. Prehn. An Axiomatic Theory of Urbanization ［J］. American Sociological Review, 1962, 27 (6).

［58］ John Friedmann. Four Theses in the Study of China's Urbanization ［J］. International Journal of Urban and Regional Research, 2006: 440-451.

［59］ Hermanus S. Geyer, Thomas Kontuly, A Theoretical Foundation for the Concept of Differential Urbanization ［J］. International Regional Science Review, 1993: 157-177.

［60］ Karen C. Seto, Navin Ramankutty, Hidden linkages between Urbanization and Food Systems ［J］. Science, 2016 (5): 943-945.

［61］ John M. Quigley, Urbanization, Agglomeration, and Economic Development ［J］. Urbanization and Growth, 2009.

［62］ J. Vernon Henderson, Handbook of Economic Growth ［M］. 2005.

［63］ J. Vernon Henderson & Hyoung Gun Wang, Urbanization and City Growth: The role of institutions ［J］. Regional Science and Urban Economics, 2007: 283-313.

［64］ Ieva Moore. Cultural and Creative Industries Concept-A Historical Perspective ［J］. Procedia - Social and Behavioral Sciences, 2014: 738-746.

［65］ Richard Florida. The Rise of the Creative Class ［J］. Revisited, 2014.

［66］ Francisco Vergara-Perucich. Richard Florida: The New Urban Crisis: How Our Cities Are Increasing Inequality, Deepening Segregation, And Failing the Middle Class-And What We Can Do About It ［J］. Journal of Housing and the Built Environment, 2019, 34 (02).

［67］ Komali Yenneti, Yehua Dennis Wei, Wen Chen. The Urbanization of Poverty in India Spatial—Temporal Disparities in Consumption Expenditures ［J］. Geographical Review, 2016: 1−24.

［68］ JanNijman. Mumbai's Mysterious Middle Class ［J］. International Journal of Urban and Regional Research, 2016: 758−775.

［69］ D AsherGhertner. India's Urban Revolution: Geographies of Displacement Beyond Gentrification ［J］. Environment and Planning, 2014: 1554−1571.

［70］ UmaDatta Roy Choudhury. Income, Consumption and Saving in Urban and Rural India ［J］. Uma Datta Roy Choudhury, 1968, 14 (1).

［71］ Leela. Fernandes. Restructuring the New Middle Class in Liberalizing India ［J］. Comparative Studies of South Asia, Africa and the Middle East, 2000, 20 (1).

［72］ Huong Thu Le & Alison L. Booth, Inequality in Vietnamese Urban—Rural Living Standards 1993—2006 ［J］. Review of Income and Wealth, December 2014: 862−886.

［73］ Giang Nguyen. Consumption Behavior of Migrant Households in Vietnam: Remittances, Duration of Stay, and the Household Registration System ［J］. 2018 (07).

［74］ Thi Huong Giang Nguyen. Differences in Consumption Patterns Between Urban and Rural Migrant Households in Vietnam ［J］. Population Economics, 2019: 189−210.

［75］ Doreen Jakob. Theeventification of place: Urban development and experience consumption in Berlin and New York City ［J］. European Urban and Regional Studies, 2012: 447−459.

［76］ Tanja Buch, Silke Hamann, Annekatrin Niebuhr et al. What Makes Cities Attractive? The Determinants of Urban Labour Migration in Germany ［J］. Urban Studies, 2013: 1−19.

［77］ Rainald Borck. Consumption and Social Life in Cities: Evidence from Germany Urban Studies ［C］. 2007: 2105−2121.

［78］ StefanKratke. Berlin：Towards a Global City［J］. Urban Studies，2001：1777-1799.

［79］ Russell Arthur Smith. Coastal Urbanization：Tourism Development in the Asia Pacific，Built Environment［J］. Coastal Resort Development，1992：27-40.

［80］ Yao Souchou. Consumption and Social Aspirations of the Middle Class in Singapore［J］. Southeast Asian Affairs，Utheast Asian Affairs，1992：337-354.

［81］ DrRiaz Hassan. Population Change and Urbanization in Singapore［J］. Civilizations，1969：169-188.

［82］ Tilak Abeysinghe，Keen Meng ChoyThe. Aggregate Consumption Puzzle in Singapore［J］. Journal of Asian Economics，2004：563-578.

［83］ SEUNG-KUK KIM. Changing Lifestyles and Consumption Patterns of the South Korean Middle Class and New Generations［J］. Consumption in Asia Lifestyles and Identities，2000：61-81.

［84］ Sohrab Abizadeh，Mahmood Yousefi. An Empirical Analysis of South Korea's Economic Development and Public Expenditure Growth［J］. Journal of Socio-Economics，1998：687-700.

［85］ Jin-Hyuk Chung，Dongkyu Lee. Structural Model of Automobile Demand in Korea［J］. Transportation Research Record，2002（1）：1807.

［86］ HW Arndt. The "Trickle-Down" Myth［J］. Economic Development and Cultural Change，1983：1-10.

［87］ United Nations Human Habitat. The State of the World's Cities Report 2001［M］. New York：United Nations Publications，2002：116-118.

［88］ Cowan R，Jonard N，Zimmermann J B. Bilateral Collaboration and the Emergence of Innovation Networks［J］. Management Science，2007：53.

［89］ Hagerstrand T. Innovation Diffusion as a Spatial Process［J］. Geographical Analysis，1969（3）：2.

［90］ 阿皮塔·穆克吉，迪维亚·萨蒂加，永年. 数量庞大 差异巨大 解密印

度中产阶级独特的消费特征［J］. 博鳌观察，2012（10）：134-137.

［91］李新宽. 17 世纪末至 18 世纪中叶英国消费社会的出现［J］. 世界历史，2011（5）：51.

［92］向德平. 城市社会学［M］. 武汉：武汉大学出版社，2002：139.

［93］赵昫. 英国早期城市化研究［D］. 上海：华东师范大学，2008（5）：112.

［94］蔡昉. 加快城镇化、培养新的消费群体［J］. 领导决策信息，2000（43）：17.

［95］宋大振. 20 世纪英国"大众消费时代"及与日本和西德的比较［J］. 理论界，2010（4）：116.

［96］陈意新. 广东省城镇化发展与居民消费水平的互动关系研究［J］. 当代经济，2017（28）：21-22.

［97］付波航，方齐云，宋德勇. 城镇化、人口年龄结构与居民消费——基于省际动态面板的实证研究［J］. 中国人口·资源与环境，2013，23（11）：108-114.

［98］陈信康. 新产业革命对日本消费变化的影响［J］. 外国经济与管理，1985（3）：31.

［99］经济日报经济研究中心课题组. 国外如何调控内需，刺激增长［J］. 经济月刊，1999（4）：10-15.

［100］郭东阳. 消费升级对技术创新的影响实证分析［J］. 商业经济研究，2018（19）：37-39.

［101］胡若痴. 中国新型城镇化下的消费增长动力研究［M］. 北京：经济科学出版社，2014.

［102］蒋南平，王向南，朱琛. 中国城镇化与城乡居民消费的启动——基于地级城市分城乡的数据［J］. 当代经济研究，2011（3）：62-67.

［103］孔仲岩. 新型城镇化、产业结构与消费结构互动关系研究［D］. 太原：山西财经大学，2017.

［104］李红平. 城镇化水平、消费结构与居民消费升级关系实证分析［J］.

商业经济研究，2018，750（11）：42-45.

[105] 廖进中，韩峰，唐宇凌. 湖南农村消费启动与城镇化关系的实证研究
[J]. 消费经济，2009（1）：41-44.

[106] 廖直东，宗振利. 收入不确定性、乡城移民消费行为与城镇化消费效
应——基于微观数据的审视[J]. 现代财经（天津财经大学学报），
2014（4）：27-36.

[107] 刘建国. 城乡居民消费倾向的比较与城镇化战略[J]. 上海经济研究，
2002（10）：54-60.

[108] 刘铠豪. 人口年龄结构变化影响城乡居民消费率的效应差异研究[J].
人口研究，2016，40（2）：98-113.

[109] 刘艺容. 加速城镇化进程是拉动消费增长的持久动力[J]. 消费经济，
2005，21（4）：31-35.

[110] 戚艺梅. 城镇化水平对居民消费结构的影响研究[D]. 南京：东南大
学，2017.

[111] 孙文祥，臧旭恒. 城乡居民消费结构：基于 ELES 模型和 AIDS 模型的
比较分析[J]. 山东大学学报（哲学社会科学版），2003（6）.

[112] 谭涛，张燕媛，唐若迪. 中国农村居民家庭消费结构分析：基于
QUAIDS 模型的两阶段一致估计[J]. 中国农村经济，2014（9）.

[113] 王芳，胡立君. 居民消费结构在城镇化与产业结构优化中的传导作用
[J]. 中南财经政法大学学报，2018（6）：33-43，159.

[114] 王雪琪，赵彦云，范超. 我国城镇居民消费结构变动影响因素及趋势
研究[J]. 统计研究，2016，33（2）：61-67.

[115] 吴丽丽. 我国城镇化对农村消费结构变迁的影响研究[J]. 商业经济
研究，2016（1）：141-142.

[116] 吴星，马淑，陈大志. 十八大以来农村消费结构升级的地区差异研究
[J]. 商业经济研究，2019（5）：35-38.

[117] 姚星，杜艳，周茂. 中国城镇化、配套产业发展与农村居民消费拉动
[J]. 中国人口. 资源与环境，2017，27（4）：41-48.

[118] 鱼鸿杰. 中国居民消费行为空间差异影响因素的实证研究 [D]. 上海：上海社会科学院，2014.

[119] 张红伟，吴瑾. 我国城乡居民消费结构的实证研究 [J]. 大连理工大学学报（社会科学版），2011，32（1）：19-24.

[120] 张书云，周凌瑶. 我国城镇化发展与农村居民消费关系的实证研究 [J]. 农业技术经济，2010（11）：30-37.

[121] 张颖熙. 中国城镇居民服务消费需求弹性研究：基于 QUAIDS 模型的分析 [J]. 财贸经济，2014（5）.

[122] 周笑非. 城镇化扩大消费的机制与路径研究 [J] 消费经济，2012，28（2）：32-35.

[123] 朱勤，魏涛远. 中国人口老龄化与城镇化对未来居民消费的影响分析 [J]. 人口研究，2016，40（6）：62-75.

[124] 何兴邦. 城镇化对中国经济增长质量的影响：基于省级面板数据的分析 [J]. 城市问题，2019（1）：4-13.

[125] 李铁. 推进新型城镇化的制度性变革 [N]. 解放日报，2013-04-10（011）.

[126] 胡日东，钱明辉，郑永冰. 中国城乡收入差距对城乡居民消费结构的影响：基于 LA/AIDS 拓展模型的实证分析 [J]. 财经研究，2014，40（5）：75-87.

[127] 严先溥. 基于中外居民消费率挖掘我国居民消费潜力研究 [J]. 北京财贸职业学院学报，2019，35（5）：5-9.

[128] 俞剑，方福前. 中国城乡居民消费结构升级对经济增长的影响 [J]. 中国人民大学学报，2015，29（5）：68-78.

[129] 赵耀东. 新时代的工业工程师 [M]. 台北：天下文化出版社，1998.

[130] 叶裕民. 中国城市化质量研究 [J]. 中国软科学，2001（7）：21-23.

[131] 白先春，凌亢，郭存芝. 城市发展质量的综合评价——以江苏省 13 个省辖市为例 [J]. 中国人口·资源与环境，2004（6）：91.

[132] 党兴华，赵璟. 关中地区城市化水平地域差异及影响因素分析 [J].

当代经济科学，2005（1）：99-100.

[133] 周轶.基于城镇化质量导向的新型城镇化发展路径研究 [D].成都：西南大学，2013.

[134] 李景，何建华.新型城镇化视角下武汉城市圈城镇化质量研究 [J].特区经济，2020（3）：39-43.

[135] 许进杰.广西城镇居民消费结构及其对经济发展方式影响的经济效应 [J].玉林师范学院学报，2014，35（6）：48-54.

[136] 陈冲，吴炜聪.消费结构升级与经济高质量发展：驱动机理与实证检验 [J].上海经济研究，2019（6）：59-71.

[137] 任慧玲.生育政策调整与城镇居民消费结构变迁——基于系统耦合度测算分析 [J].当代经济管理，2019，41（4）：57-65.

[138] 杜俊平，叶得明.基于VAR模型的农村居民消费结构演进与经济增长关系分析 [J].湖南农业科学，2008（5）：128-133.

[139] 张婷.消费结构升级背景下我国产业结构调整趋势 [J].商业经济研究，2019（3）：175-177.

[140] 邹一南，赵俊豪.中国经济发展方式转变指标体系的构建与测度 [J].统计与决策，2017（23）：36-39.

[141] 韩保江，邹一南，中共中央党校（国家行政学院）经济学教研部课题组.中国经济发展方式转变综合评价指数研究 [J].行政管理改革，2019（1）：35-43.

[142] 周建，杨秀祯.我国农村消费行为变迁及城乡联动机制研究 [J].经济研究，2009，44（1）：83-105.

[143] 李姣，向智勇.论小城镇发展与扩大农村消费需求 [J].消费经济，2002（3）：10-12.

[144] 胡若痴，武靖州.不同城镇化发展道路对消费影响的区别探析 [J].消费经济，2013，29（5）：14-18.

[145] 柳建平，张永丽.劳动力流动对贫困地区农村经济的影响：基于甘肃10个贫困村调查资料的分析 [J].中国农村观察，2009（3）：63-96.

[146] 万勇. 城市化驱动居民消费需求的机制与实证：基于效应分解视角的中国省级区域数据研究 [J]. 财经研究, 2012, 38 (6)：124-133.

[147] 刘厚莲. 人口城镇化、城乡收入差距与居民消费需求：基于省际面板数据的实证分析 [J]. 人口与经济, 2013 (6)：63-70.

[148] 胡若痴. 新型城镇化拉动消费增长的动力探析 [J]. 湖南社会科学, 2014 (6)：172-175.

[149] 徐晓慧. 城镇化、产业结构与消费结构 [J]. 现代商业, 2017 (2)：40-42.

[150] 王希文. 基于农村消费升级的新型城镇化发展路径研究：以安徽省为例 [J]. 滁州学院学报, 2018, 20 (6)：29-48.

[151] 范剑平. 中国城乡居民消费结构的变化趋势 [M]. 北京：人民出版社, 2001.

[152] 潘明清, 高文亮. 我国城镇化对居民消费影响效应的检验与分析 [J]. 宏观经济研究, 2014 (1)：118-125.

[153] 程开明. 城市化与经济增长的互动机制及理论模型述评 [J]. 经济评论, 2007 (4)：143-150.

[154] 库兹涅茨. 现代经济增长 [M]. 北京：北京经济学院出版社, 1989.

[155] 齐红倩, 席旭文, 高群媛. 中国城镇化发展水平测度及其经济增长效应的时变特征 [J]. 经济学家, 2015 (11)：26-34.

[156] 严先溥. 2007年消费驱动将更为强劲 [J]. 中国金融, 2007 (8)：47-48.

[157] 张东刚. 消费需求变动与近代中国经济增长 [J]. 北京大学学报（哲学社会科学版）, 2004 (3)：36-46.

[158] 尹世杰. 消费需求与经济增长 [J]. 消费经济, 2004 (5)：3-7.

[159] 尹世杰. 再论以提高消费率拉动经济增长 [J]. 社会科学, 2006 (12)：20-26.

[160] 尹世杰. 发挥消费需求的导向作用加速转变经济发展方式 [J]. 湖南商学院学报, 2011, 18 (3)：5-10.

［161］方创琳，王德利. 中国城市化发展质量的综合测度与提升路径 ［J］.
地理研究，2011（1）：1-4.

［162］方创琳. 中国新型城镇化高质量发展的规律性与重点方向 ［J］. 地理
研究，2019，38（1）：13-22.

［163］刘迎秋. 高质量发展是中国经济升级版内涵 ［N］. 中国城乡金融报，
2013-05-27（A03）.

［164］高建新. 深刻理解高质量发展内涵 实现洛阳经济高质量发展 ［N］.
洛阳日报，2018-08-17（011）.

［165］王永昌，尹江燕. 论经济高质量发展的基本内涵及趋向 ［J］. 浙江学
刊，2019（1）：91-95.

［166］黄匡时. 改革开放30年北京流动人口政策回顾与展望 ［J］. 北京规划
建设，2008（5）：14-16.

［167］徐建华. 一条新型城镇化之路：南山经验解读 ［J］. 小城镇建设，
2003（10）：24-26.

［168］陆大道，陈明星. 关于"国家新型城镇化规划（2014—2020）"编制
大背景的几点认识 ［J］. 地理学报，2015，70（2）：179-185.

［169］单卓然，黄亚平."新型城镇化"概念内涵、目标内容、规划策略及认
知误区解析 ［J］. 城市规划学刊，2013（2）：16-22.

［170］李明秋，郎学彬. 城市化质量的内涵及其评价指标体系的构建 ［J］.
中国软科学，2010（12）：182-186.

［171］魏后凯，王业强，苏红键，等. 中国城镇化质量综合评价报告 ［J］.
经济研究参考，2013（31）：3-32.

［172］苏红键. 城镇化质量评价与高质量城镇化的推进方略 ［J］. 改革：1-
12，2020-08-03.

［173］陈启杰，曹迎泽. 居民消费结构升级的理论研究 ［J］. 市场营销导刊，
2005（02）：26-29.

［174］孙志. 转变经济发展方式的财政视角：体制与政策演变及创新 ［D］.
大连：东北财经大学，2011.

［175］徐煜杰. 关于中国城镇化对经济发展作用机制的分析［J］. 现代经济信息，2018（23）：13.

［176］王国刚. 消费结构升级是新型城镇化的基本内涵［N］. 上海证券报，2014-06-17（A03）.

［177］金祥荣，赵雪娇. 中心城市的溢出效应与城市经济增长：基于中国城市群2000—2012年市级面板数据的经验研究［J］. 浙江大学学报（人文社会科学版），2016，46（5）：170-181.

［178］韩敏敏. 产业集聚、产业结构优化升级与新型城镇化发展研究［D］. 郑州：河南大学，2017.

［179］本刊讯. 以信息化推动新型城镇化建设［J］. 中国经贸导刊，2013（30）：23.

［180］杜栋，顾继光. 转变经济发展方式背景下城市经济转型评价体系的构建［J］. 区域经济评论，2013（5）：132-135.

［181］张亨溢，陈政，张引，等. 新型城镇化质量与产业经济空间耦合分析［J］. 统计与决策，2019，35（9）：86-89.

［182］叶胥. 消费城市研究：内涵、机制及测评［D］. 成都：西南财经大学，2016.

［183］陶京金. 城镇居民消费对农村居民消费的示范效应研究［D］. 西安：陕西师范大学，2013.

［184］肖金成，李博雅. 城市群对经济区的辐射带动作用［J］. 开发研究，2020（1）：38-46.

［185］段大玲. 基于城市群视角的城市集聚效应与经济增长的关系研究［D］. 兰州：兰州商学院，2013.

［186］解学梅. 协同创新效应运行机理研究：一个都市圈视角［J］. 科学学研究，2013，31（12）：1907-1920.

［187］王红，齐建国，刘建翠. 循环经济协同效应：背景、内涵及作用机理［J］. 数量经济技术经济研究，2013，30（4）：138-149.

［188］程皓. 岭南—北部湾区域一体化进程中省会中心城市"标杆协同效应"

研究［D］. 南宁：广西大学，2020.

［189］潘国清. 极化与涓滴：新型城镇化进程中农民教育实证研究［J］. 职业技术教育，2017，38（13）：50-55.

［190］蔡书凯，倪鹏飞. 极化抑或涓滴：城市规模对农业现代化的影响［J］. 经济学家，2017（7）：46-55.

［191］王婷，缪小林. 中国城镇化：演进逻辑与政策启示［J］. 西北人口，2016，37（5）：57-63.

［192］刘勇. 中国城镇化发展的历程、问题和趋势［J］. 经济与管理研究，2011（3）：20-26.

［193］王青. 加快培育国际消费中心　打造开放新引擎［N］. 中国经济时报，2017-08-16（005）.

［194］张学良，林永然. 都市圈建设：新时代区域协调发展的战略选择［J］. 改革，2019（2）：46-55.

［195］王佳宁，罗重谱. 新时代中国区域协调发展战略论纲［J］. 改革，2017（12）：52-67.

［196］杨丹辉. 消费全球化与中国消费品市场对外开放［J］. 中国软科学，2001（4）：36-40.

［197］黄海. 扩大消费品进口政策及对策的思考［J］. 中国对外贸易，2015（10）：12-13.

［198］张盛，吕永龙，苑晶晶，等. 持续城镇化对中国推进实施联合国可持续发展目标的作用［J］. 生态学报，2019，39（4）：1135-1143.

［199］吕军，洪泽宇. 新型城镇化需要注入绿色发展理念［N］. 贵州日报，2020-08-26（008）.

［200］潘璠. 加强政策引导　积极扩大内需［N］. 经济日报，2019-05-23（009）.

［201］王燕. 建立健全六项制度　缩小我国城乡收入差距［J］. 中国集体经济，2013（32）：34-36.

［202］黄宾，于淑娟. 基于城乡双向互动的物流配送网络创新研究［J］. 商

业经济研究，2018（10）：84-86.

[203] 于珊，李鹏涛. 我国城乡流通一体化与城市化的关系研究 [J]. 商业经济研究，2020（5）：26-29.

[204] 黄晓丹. 城乡商贸流通一体化发展的物流瓶颈与化解对策 [J]. 商业经济研究，2017（7）：100-102.

[205] 孟庆亮. 影响莱芜市居民增收的因素分析及对策建议 [D]. 乌鲁木齐：新疆大学，2018.

[206] 黄家声. 城乡市场互相融合的新趋势 [J]. 北方经济，1998（12）：3-5.

[207] 左连村. 当前我国居民不同收入群体的消费特征和作用 [J]. 学术研究，2002（2）：20-24.

[208] 陈凌. 挖掘居民消费潜力，扩大国内消费需求 [J]. 山东经济，2002（6）：12-14.

[209] 张杨. 人口老龄化对消费结构的影响研究 [D]. 成都：西南财经大学，2013.

[210] 朱启荣. 中国经济发展方式变化及其影响因素实证研究 [J]. 山东财政学院学报，2011（4）：71-76.

[211] 王学义，熊升银. 中国经济发展方式转变综合评价及时空演化特征研究 [J]. 地理科学，2020，40（2）：220-228.

[212] 龚嘉佳，华晨，张佳. 从有机主义到演化理论——漫谈城市规划演化观的构建 [J]. 规划师，2019，35（13）：87-92.

[213] 姚景源. 我国面临居民消费结构优化和升级转型的关键时期 [J]. 经济，2010（8）：13-14.

[214] 邹卫星. 基于经济发展阶段演进的经济发展方式转变研究 [J]. 当代经济，2017（22）：139-141.

[215] 方创琳. 改革开放40年来中国城镇化与城市群取得的重要进展与展望 [J]. 经济地理，2018，38（9）：1-9.

[216] 戚文海，林跃勤. 金融危机、经济转轨与创新经济 [J]. 经济社会体制比较，2010（6）：49-55.

［217］杜丹清. 互联网助推消费升级的动力机制研究［J］. 经济学家，2017
（3）：7-7.

［218］李方正. 消费升级视野的需求结构再平衡［J］. 重庆社会科学，2015
（9）：49-59.

［219］刘玉飞，汪伟. 城市化的消费结构升级效应：基于中国省级面板数据
的分析［J］. 城市问题，2019（7）：19-31.

［220］张启祥. 透视宏观经济下的城镇化与城市化［J］. 南京理工大学学报
（社会科学版），2013（6）：6-12.

［221］陈书静. 演化经济学的哲学透视［J］. 山西财经大学学报，2006（1）：
27-31.

［222］黄璐. 探讨经济增长与发展之间的关系［J］. 企业导报，2015（04）：
21-21.

［223］陆小方，杨大宽，张瑞，等. 我国的城镇化历程追溯及新型城镇化展
望［J］. 新经济，2014（29）：59-60.

［224］王海峰. 演化经济学视角下的产业集群演化机制研究［J］. 技术经济
与管理研究，2008（1）：100-102.

［225］贾燕军. 江苏省农村居民收入与支出的实证分析［J］. 科学与管理，
2010（3）：3-3.

［226］陈鹏. 新型城镇化的行政管理体制障碍分析［J］. 宜春学院学报，
2013（7）：63-65.

［227］严伟. 演化经济学视角下的旅游产业融合机理研究［J］. 社会科学家，
2014（10）：99-103.

［228］邵光学. 新型城镇化背景下生态文明建设探析［J］. 宁夏社会科学，
2014（5）：52-55.

［229］郭丽坤. 区域经济非均衡发展理论在我国的实践创新［J］. 徐州教育
学院学报，2008（4）：156-157.

［230］刘文波，柯华. 制度变迁、政府管理与近代中国经济发展［J］. 经济
问题，2013（8）：30-34.

[231] 王多云，张秀英. 中国低碳经济发展模式的难点与路径设计［J］. 兰州学刊，2010（10）：39-41.

[232] 刘瑞. 中国经济增长发展方式转变的客观性与艰难性——纪念中国改革开放政策实行30周年［J］. 北京行政学院学报，2008（3）：6-11.

[233] 姜爱林. 中国城镇化理论研究——回顾与述评［J］. 规划师，2002（8）：10-16.

[234] 武力. 中国城镇化道路的回顾与前瞻［J］. 江南论坛，2013（5）：4-9.

[235] 朱洪祥. 山东省城镇化发展质量测度研究［J］. 城市发展研究，2007（5）：37-44.

[236] 张立. 印度经济发展模式的经验及教训［J］. 天府新论，2009（5）：46-49.

[237] 黄琪轩. 巴西经济奇迹为何中断［J］. 国家行政学院学报，2013（1）：115-120.

[238] 张强，陈怀录. 都市圈中心城市的功能组织研究［J］. 城市问题. 2010（3）：21-27.

[239] 程晶. 论巴西圣保罗市的城市贫困现状及其原因［J］. 湖北大学学报（哲学社会科学版），2010（5）：122-124.

[240] 西圣保罗：南美洲"堵"城之首［N］. 文汇报，2012-11-13（006）.

[241] 张秀生，黄鲜华. 实施区域协调发展战略的重大意义［N］. 鄂州日报，2018-04-05（007）.

[242] 吴瑾. 新型城镇学校的教学改进研究［D］. 成都：西南大学，2018.

[243] 金月华. 中国特色新型城镇化道路研究［D］. 长春：吉林大学，2016.

[244] 朱孔来，李洪泽. 城市化与城镇化的区别和联系［J］. 时代金融，2006（5）：36.

[245] 王俊雯. 中国产业结构变动速度与经济增长的关系分析［D］. 重庆：重庆大学，2015.

[246] 郭世民. 安徽省城乡居民收入差距对经济发展影响分析［D］. 沈阳：辽宁师范大学，2014.

［247］ 黄晖. 中国区域经济非均衡发展的制度分析［D］. 长沙：湖南大学，2013.

［248］ 梁振民. 新型城镇化背景下的东北地区城镇化质量评价研究［D］. 长春：东北师范大学，2014.

［249］ 黄奇帆. 我国应如何构建完整的内需体系以及双循环新格局［N］. 新浪财经_自媒体综合，2020-07-13.

［250］ 王平. 新型城镇化驱动居民消费的效应研究［D］. 西安：陕西师范大学，2018.

［251］ 国务院发展研究中心. 对培育建设国际消费中心的政策建议［N］. 中国青年网，2017-04-13.

［252］ 厉以宁. 消费经济学［M］. 北京：人民出版社，1987.

［253］ 联合国人居研究中心. 2003年世界人口发展报告［R］. 2003.

［254］ 姜爱林. 中国城镇化理论研究回顾与述评［J］. 城市规划汇刊，2002（3）：44-49.

［255］ 张春梅，张小林，吴启焰. 发达地区城镇化质量的测度及其提升对策——以江苏省为例［J］. 经济地理，2012（7）：50-55.

［256］ 国家质量技术监督局. GB/T50280-98. 城市规划基本术语标准［S］. 北京：中国建筑工业出版社，1999.

［257］ 阿瑟·刘易斯. 经济增长理论［M］. 上海：上海人民出版社，1997.

［258］ 张国胜，陈瑛. 社会成本、分摊机制与我国农民工市民化——基于政治经济学的分析框架［J］. 经济学家，2013（1）：77-84.

［259］ 巴罗. 经济增长的决定因素：跨国经验研究［M］. 北京：中国人民大学出版社，2004.

［260］ 白先春. 我国城市化进程的计量分析与实证研究［D］. 南京：河海大学，2004.

［261］ 保罗·贝洛克. 城市化与经济发展［M］. 南昌：江西人民出版社，1991.

［262］ 鲍超. 中国城镇化与经济增长及用水变化的时空耦合关系［J］. 地理

学报，2014，69（12）：1799-1809.

[263] 伯纳德·曼德维尔. 蜜蜂的寓言，私人的恶德，公众的利益 [M]. 北京：中国社会科学出版社，2002.

[264] 蔡昉，都阳. 加快城市化进程启动城乡消费 [J]. 会计之友，1999（12）：12-13.

[265] 蔡思复. 城市化是克服市场需求不足的根本途径 [J]. 中南财经大学学报，1999（5）.

[266] 曹飞. 新型城镇化质量测度、仿真与提升 [J]. 财经科学，2014（12）：69-78.

[267] 曹烽. 基于世界水平的城市化与消费之间关系的研究 [D]. 长沙：湖南师范大学，2016.

[268] 曾光，王选华，王玲玲. 我国城镇居民消费支出结构性差异研究 [J]. 统计与决策，2013（1）：102-105.

[269] 曾令华. 我国现阶段扩大内需的根本途径——城镇化 [J]. 经济学动态，2001（3）：26-29.

[270] 曾赛丰. 中国城市化理论专题研究 [M]. 长沙：湖南人民出版社，2004：198.

[271] 曾志伟，汤放华，易纯，等. 新型城镇化新型度评价研究——以环长株潭城市群为例 [J]. 城市发展研究，2012，19（3）：125-128.

[272] 常阿平. 我国城市化质量现状的实证分析 [J]. 统计与决策，2005（6）：49-50.

[273] 陈波. 不同收入层级城镇居民消费结构及需求变化趋势：基于 AIDS 模型的研究 [J]. 社会科学研究，2013（4）.

[274] 陈彩娟. 我国居民消费结构变化趋势探析 [J]. 经济论坛，2004（11）：20-21.

[275] 陈建东，晋盛武，侯文轩，等. 我国城镇居民财产性收入的研究 [J]. 财贸经济，2009（1）：65-70.

[276] 陈明星，陆大道，张华. 中国城市化水平的综合测度及其动力因子分

析［J］. 地理学报，2009，64（4）：387-398.

［277］陈文玲. 我国消费需求发展趋势及特点［J］. 商业研究，2008（2）：
1-3.

［278］陈玉璞. 论人口对消费结构的影响［J］. 北京商学院学报，1996（5）：
60-61.

［279］陈志，薛敬华. 改革开放以来湖北省城市化与经济协调发展研究［J］.
湖北大学学报（自然科学版），2007（3）：307-311.

［280］成德宁. 城市化与经济发展：理论、模式与政策［M］. 北京：科学出
版社，2004：70-130.

［281］程广斌，龙文. 丝绸之路经济带城市可持续发展能力及其影响因素：
基于超效率 DEA——面板 Tobit 模型的实证检验［J］. 华东经济管理，
2017，31（1）：35-43.

［282］程莉，滕祥河. 人口城镇化质量、消费扩大升级与中国经济增长［J］.
财经论丛，2016（7）：11-18.

［283］崔立涛. 浙江经济发展方式转变研究［D］. 杭州：浙江工商大
学，2008.

［284］戴永安. 中国城镇化效率及其影响因素［J］. 数量经济技术经济研究，
2010（12）：103-132.

［285］单菁菁，武占云. 西部地区健康城市发展评估与分析［J］. 开发研究，
2017（1）：94-100.

［286］杜忠潮，苟战军，金萍. 基于主成分分析的关中地区城市人居环境质量
评价［J］. 宁夏大学学报（自然科学版），2009，30（3）：290-293.

［287］段瑞君，安虎森. 中国城市化和经济增长关系的计量分析［J］. 经济
问题探索，2009（3）：26-30.

［288］范海燕，李洪山. 城乡互动发展模式的探讨［J］. 中国软科学，2005，
（3）：155-159.

［289］范剑平. 居民消费结构升级　城镇先行城乡互动［J］. 中国改革，
2001（10）：48-49.

[290] 方创琳，王德利. 中国城市化发展质量的综合测度与提升路径［J］. 地理研究，2011，30（11）：1931-1946.

[291] 方福前. 关于转变经济发展方式的三个问题［J］. 经济理论与经济管理，2007（11）：12-16.

[292] 高帆. 中国城乡消费差距的拐点判定及其增长效应［J］. 统计研究，2014，31（12）：41-46.

[293] 高峰. 国外转变经济发展方式体质机制经验借鉴［J］. 世界经济与政治论坛，2008（3）：113-116.

[294] 高娟. 我国城镇化发展与城乡居民消费关系研究［D］. 上海：复旦大学，2013.

[295] 高顺成. 中国新型城镇化健康发展质量评价指标体系构建［J］. 当代经济，2014（19）：6-9.

[296] 葛立成. 产业集聚与城镇化的地域模式：以浙江省为例［J］. 中国工业经济，2004（1）：56-62.

[297] 耿晔强. 消费环境对我国农村居民消费影响的实证分析［J］. 统计研究，2012，29（11）：36-40.

[298] 工业发展研究中心课题组，侯云春，韩俊，等. 农民工市民化进程的总体态势与战略取向［J］. 改革，2011（5）：5-29.

[299] 关浩杰. 我国城镇居民消费结构中的 Markov 链研究［J］. 市场研究，2009（5）：31-34.

[300] 关雪凌，周敏. 城镇化进程中经济增长与能源消费的脱钩分析［J］. 经济问题探索，2015（4）：88-93.

[301] 官锡强. 中国新型城镇化的农业转移人口市民化：基于马斯洛需求理论视角［J］. 改革与战略，2013（12）：1-6.

[302] 郭晗，任保平. 基于 AIDS 模型的中国城乡消费偏好差异分析［J］. 中国经济问题，2012（5）.

[303] 郭亚，葛扬. 江苏省城镇居民消费结构：基于 ELES 模型和 AIDS 模型的比较分析［J］. 南京财经大学学报，2014（2）：1-10.

[304] 韩爱华，赵炜涛，何海. 贵州省城镇化质量指标体系的构建与评价 [J]. 统计与决策，2017（4）：75-77.

[305] 韩增林，刘天宝. 中国地级以上城市城市化质量特征及空间差异 [J]. 地理研究，2009，28（6）：1508-1515.

[306] 郝华勇. 基于熵值法的湖北省地级市城镇化质量实证研究 [J]. 湖北行政学院学报，2011（6）：76-80.

[307] 何海鹰，朱建平. 城市化与消费需求相互拉动的效应分析 [J]. 南昌工程学院学报，2006（1）：68-72.

[308] 何平，倪苹. 中国城镇化质量研究 [J]. 统计研究，2013，30（6）：11-18.

[309] 何文举，邓柏盛，阳志梅. 基于"两型社会"视角的城市化质量研究：以湖南为例 [J]. 财经理论与实践，2009，30（6）：118-121.

[310] 侯信盟. 安徽省农村居民消费结构与经济增长关系研究：基于 VAR 模型的实证 [J]. 河西学院学报，2019，35（5）：85-90.

[311] 胡必亮. 关于城市化与小城镇的几个问题 [J]. 唯实，2000（1）：10-14.

[312] 胡静波. 安徽省城镇化对经济发展方式转变的影响研究 [D]. 合肥：安徽财经大学，2015.

[313] 胡美娣. 我国消费结构、产业结构和经济增长关系的实证研究 [D]. 长春：吉林大学，2014.

[314] 胡愈，王雄. 湖南农民收入与消费结构的灰色关联分析及趋势预测 [J]. 消费经济，2006（6）：30-32.

[315] 黄隽，李冀恺. 中国消费升级的特征、度量与发展 [J]. 中国流通经济，2018，32（4）：94-101.

[316] 黄立新. 统筹城乡发展 实现制度一体化 [J]. 科学与管理，2004（4）：58-59.

[317] 黄泰岩. 转变经济发展方式的内涵与实现机制 [J]. 求是，2007（18）.

[318] 黄卫挺. 居民消费升级的理论与现实研究 [J]. 科学发展，2013（3）：

43-52.

[319] 黄吓珠. 福建省城乡居民消费结构与产业结构协调发展研究 [J]. 福建农林大学学报（哲学社会科学版），2014，17（2）：28-34.

[320] 黄学贤，吴志红. 建国以来我国农村的城镇化进程——兼论行政规划的发展 [J]. 东方法学，2010（4）：76-85.

[321] 贾高建. 社会整体视野中的城乡关系问题 [J]. 中共中央党校学报，2007（2）：23-27.

[322] 贾林瑞，涂建军，侯锐，等. 重庆市城镇化质量测度及其驱动因子分析 [J]. 西南师范大学学报（自然科学版），2015，40（6）：68-73.

[323] 贾小玫，焦阳. 我国农村居民消费结构变化趋势及影响因素的实证分析 [J]. 消费经济，2016，32（2）：29-34.

[324] 姜雪. 中美居民消费结构的比较与启示 [J]. 宏观经济管理，2019（7）：20-27.

[325] 姜作培，陈峰燕. 论经济发展方式转变的三大问题 [J]. 中州学刊，2008（1）.

[326] 姜作培. 制度创新是城乡统筹发展的关键 [J]. 上海农村经济，2003（8）：25-28.

[327] 金星星，叶士琳，吴小影，等. 海岛型城市人居环境质量评价：基于厦门市和平潭综合实验区的对比 [J]. 生态学报，2016，36（12）：3678-3686.

[328] 卡马耶夫. 经济增长的速度和质量 [M]. 武汉：湖北人民出版社，1983.

[329] 柯健. 后危机时代我国转变经济发展方式的根本途径 [J]. 山东理工大学学报（社会科学版），2010（3）：5-10.

[330] 科斯，阿尔钦，诺斯. 财产权利与制度变迁：产权学派与新制度学派译文集 [M]. 上海：上海三联书店、上海人民出版社，1994.

[331] 蓝庆新，刘昭洁，彭一然. 中国新型城镇化质量评价指标体系构建及评价方法：基于2003—2014年31个省市的空间差异研究 [J]. 南方

经济，2017（1）：111-126.

［332］李春琦，张杰平. 农村居民消费需求与收入构成的关系研究：基于面板数据的分析［J］. 上海经济研究，2011（12）：36-44.

［333］李福柱，赵长林. 中国经济发展方式转变动力及其作用途径［J］. 中国人口·资源与环境，2016（2）：70-74.

［334］李刚，陆贝贝. 中国城镇化质量测度与提升路径［J］. 财贸研究，2015，26（4）：29-37.

［335］李国敏，匡耀求，黄宁生，等. 基于耦合协调度的城镇化质量评价：以珠三角城市群为例［J］. 现代城市研究，2015（6）：93-100.

［336］李江一，李涵. 城乡收入差距与居民消费结构：基于相对收入理论的视角［J］. 数量经济技术经济研究，2016，33（8）：97-112.

［337］李京. 河南省新型城镇化测度及发展路径研究［J］. 现代商业，2019（14）：85-86.

［338］李克强. 认真学习深刻领会全面贯彻党的十八大精神　促进经济持续健康发展和社会全面进步［N］. 人民日报，2012-11-12.

［339］李丽莎. 我国经济发展指标体系的构建与应用研究：基于经济发展的数量与质量角度［J］. 特区经济，2011（6）：295-297.

［340］李玲玲，张耀辉. 我国经济发展方式转变测评指标体系构建及初步测评［J］. 中国工业经济，2011（4）：54-63.

［341］李淼. 浅析美国消费需求结构的变化［J］. 东方企业文化，2011（23）：67.

［342］李培祥，李诚固. 论城乡互动：解决"三农"问题的机制与对策［J］. 地理科学，2003，23（4）：408-413.

［343］李茜. 城市化拉动消费增长的国际比较及对我国的借鉴［D］北京：对外经济贸易大学，2014.

［344］李强，陈宇琳，刘精明. 中国城镇化"推进模式"研究［J］. 中国社会科学，2012（7）：82-205.

［345］李秋阳. 努力破解转变经济发展方式难题——以广东东莞市为例［J］.

学术论坛，2010（4）：117-122.

[346] 李善同，侯永志，刘云中，等. 中国经济增长潜力与经济增长前景分析 [J]. 管理世界，2005（9）：150-171.

[347] 李翔，朱玉春. 农村居民收入与消费结构的灰色关联分析 [J]. 统计研究，2013（1）.

[348] 李晓峰，王晓方，高旺盛. 基于 ELES 模型的北京市农民工消费结构实证研究 [J]. 农业经济问题，2008（4）：50-55.

[349] 李晓燕. 中原经济区新型城镇化评价研究：基于生态文明视角 [J]. 华北水利水电大学学报（社会科学版），2015，31（1）：69-73.

[350] 李志平，刘世奎. 经济发展方式转变的动力测算及实证 [J]. 统计与决策，2010（11）：7-11.

[351] 林育芳. 城镇体系、城市群：城镇化质量提升的路径选择 [J]. 北华大学学报（社会科学版），2015，16（1）：37-41.

[352] 林兆木. 我国经济高质量发展的内涵和要义 [J]. 西部大开发，2018（Z1）：111-113.

[353] 蔺雪芹，王岱，任旺兵，等. 中国城镇化对经济发展的作用机制 [J]. 地理研究，2013，32（4）：691-700.

[354] 刘博雅. 基于扩展线性支出系统模型的中国农村居民消费结构分析 [J]. 经济前沿，2009（5）：60-64.

[355] 刘传江，郑凌云. 城镇化与城乡可持续发展 [M]. 北京：科学出版社，2004：20.

[356] 刘慧，王海南. 居民消费结构升级对产业发展的影响研究 [J]. 经济问题探索，2015（2）：35-39.

[357] 刘静玉，孙方，杨新新，等. 河南省城镇化质量的区际比较及区域差异研究 [J]. 河南大学学报（自然科学版），2013，43（3）：271-278.

[358] 刘丽波，曾毅漫，孙岩，等. 区域经济高质量发展统计监测评价指标体系的构建 [J]. 中国统计，2018（12）：62-64.

［359］刘培明. 欠发达地区经济发展方式转变的重点与路径：以河源市为例 ［J］. 广东广播电视大学学报，2008（3）：52-55.

［360］刘生龙，胡鞍钢. 基础设施的外部性在中国的检验：1988—2007 ［J］. 经济研究，2010，45（3）：4-15.

［361］刘世佳. 加深对转变经济发展方式的理论认识 ［J］. 学术交流，2007（11）.

［362］刘艳军，李诚固，孙迪. 区域中心城市城市化综合水平评价研究：以 15 个副省级城市为例 ［J］. 经济地理，2006（2）：225-229.

［363］刘迎秋. 中国经济升级版的内涵和打造路径 ［J］. 理论导报，2013（6）：10-11.

［364］刘子兰，郭珺，彭伟. 人口结构对居民消费的影响：基于城乡和地区差异的实证分析 ［J］. 湖南师范大学社会科学学报，2014，43（6）：78-85.

［365］柳思维，熊曦，刘玲. 市场协调发展与城镇化质量关系的实证研究 ［J］. 湖湘论坛，2011，24（5）：79-83.

［366］卢方元，鲁敏. 中国农村居民消费结构的 Panel Data 模型分析 ［J］. 数理统计与管理，2009，28（1）：122-127.

［367］罗建玲. 我国城镇化水平与经济发展的协调性研究 ［D］. 杨凌：西北农林科技大学，2012.

［368］吕丹，叶萌，杨琼. 新型城镇化质量评价指标体系综述与重构 ［J］. 财经问题研究，2014（9）：72-78.

［369］吕健. 城市化驱动经济增长的空间计量分析：2000—2009 ［J］. 上海经济研究，2011（5）：3-15.

［370］马福云，张林江. 以高质量发展指标体系助推经济转型 ［N］. 中国经济时报，2018-07-25（005）.

［371］马凯. 科学的发展观与经济增长方式的根本转变 ［J］. 求是，2004（8）：7-11.

［372］马晓河. 城镇化是我国经济增长的新动力 ［N］. 人民日报，2011-12-07

（007）．

[373] 马艳梅，吴玉鸣，吴柏钧．长三角地区城镇化可持续发展综合评价：基于熵值法和象限图法 [J]．经济地理，2015，35（6）：47-53．

[374] 毛中根，孙武福，洪涛．中国人口年龄结构与居民消费关系的比较分析 [J]．人口研究，2013，37（3）：82-92．

[375] 蒙荫莉．金融深化、经济增长与城镇化的效应分析 [J]．数量经济技术经济研究，2003（4）：138-140．

[376] 倪红福，冀承．中国居民消费结构变迁及其趋势：基于中美投入产出表的分析 [J]．消费经济，2020，36（1）：3-12．

[377] 宁越敏．中国城市化特点、问题及治理 [J]．南京社会科学，2012（10）：19-27．

[378] 欧阳彪．城镇化的要义是转变生产方式 [N]．中国经济导报，2005，21（5）：B02．

[379] 潘红虹．消费升级的国际经验与我国消费升级路径分析 [J]．企业经济，2019，38（3）：11-22．

[380] 蒲晓晔，赵守国．我国经济发展方式转变的动力结构分析 [J]．经济问题，2010（4）：39-45．

[381] 钱纳里，塞尔昆．发展的型式：1950—1970 [M]．北京：经济科学出版社，1998．

[382] 曲溪．中国经济新常态下的消费升级 [J]．经济研究，2015（8）：32-35．

[383] 任慧玲．生育政策影响城镇居民消费研究 [D]．上海社会科学院，2019．

[384] 萨伊．政治经济学概论 [M]．北京：商务印书馆，1963．

[385] 三浦展．第四消费时代 [M]．北京：东方出版社，2014．

[386] 邵大为．消费结构与产业结构关联分析 [D]．济南：山东大学，2007．

[387] 申广斯．我国转变经济发展方式的制约因素与对策 [J]．统计与决策，2009（22）：106-108．

[388] 申秋红. 基于层次分析法的农村居民消费结构研究 [J]. 财贸研究, 2007 (5)：36-40.

[389] 沈宏超, 洪功翔. 新型城镇化质量测度指标体系及实证研究：以安徽省为例 [J]. 农业现代化研究, 2015, 36 (3)：412-418.

[390] 沈坤荣, 蒋锐. 中国城市化对经济增长影响机制的实证研究 [J]. 统计研究, 2007 (6)：9-15.

[391] 沈南生. 构建大都市区：中国城市化道路的最佳选择 [J]. 商场现代化, 2007 (33)：204.

[392] 盛广耀. 关于城市化模式的理论分析 [J]. 江淮论坛, 2012 (1)：24-30.

[393] 石奇, 尹敬东, 吕磷. 消费升级对中国产业结构的影响 [J]. 产业经济研究, 2009 (6)：7-12.

[394] 石忆邵. 中国"城市病"的测度指标体系及其实证分析 [J]. 经济地理, 2014, 34 (10)：1-6.

[395] 石颖. 新时代我国消费结构趋势判断与对策建议 [J]. 中国物价, 2019 (2)：33-36.

[396] 世界环境与发展委员会. 我们共同的未来 [M]. 长春：吉林人民出版社, 1987.

[397] 宋稞. 人口结构对我国城市房价波动的影响 [J]. 对外经贸, 2015 (9)：127-129.

[398] 宋平平, 孙皓. 城镇居民消费结构升级的动态特征与趋势分析 [J]. 商业经济研究, 2020 (7)：56-59.

[399] 宋毅. 消费结构升级与经济增长互动关系分析：以广东省为例 [J]. 改革与战略, 2018, 34 (9)：49-64.

[400] 苏志平, 李明义. 培养新的消费热点　积极促进精神消费 [J]. 消费经济, 1998 (3)：3-5.

[401] 孙皓, 胡鞍钢. 城乡居民消费结构升级的消费增长效应分析 [J]. 财政研究, 2013 (7)：56-62.

[402] 孙虹乔，朱琛. 城镇化发展对农村消费增长的动态影响 [J]. 广东商学院学报，2010，25（5）：64-69.

[403] 孙亚南. 长三角城市群综合竞争力评价及发展定位研究 [J]. 南京社会科学，2015（4）：151-156.

[404] 孙耀武. 增强消费对经济发展的基础性作用 [N]. 学习时报，2017-12-29（002）.

[405] 汤跃跃，张毓雄. 农村居民消费结构与转变经济发展方式：基于1978—2010年经验数据的实证检验 [J]. 财经科学，2011（9）：104-112.

[406] 滕永乐，孙雪萍. 我国农村居民消费结构分析：基于隐性直接相加需求系统的研究 [J]. 江西财经大学学报，2013（3）.

[407] 田永霞，刘晓娜，李红，等. 基于主客观生活质量评价的农村发展差异分析：以北京山区经济薄弱村为例 [J]. 地理科学进展，2015（2）：185-196.

[408] 迈克尔·P. 托达罗. 经济发展与第三世界 [M]. 北京：中国经济出版社，1992：115-118，129.

[409] 汪冬梅. 中国城市化问题研究 [M]. 北京：中国经济出版社，2005：15.

[410] 汪段泳，朱农. 中国城市化发展决定因素的地区差异 [J]. 中国人口·资源与环境，2007（1）：66-71.

[411] 汪利娜. 加快城市化：启动消费的现实选择 [J]. 经济学动态，2001（9）：37-40.

[412] 汪伟，艾春荣，曹晖. 税费改革对农村居民消费的影响研究 [J]. 管理世界，2013（1）：89-100.

[413] 王博宇，谢奉军，黄新建. 新型城镇化评价指标体系构建：以江西为例 [J]. 江西社会科学，2013，33（8）：72-76.

[414] 王芳，沈诗霞. 论消费结构合理化监测指标体系 [J]. 华东经济管理，2009，23（7）：60-62.

[415] 王芳. 城镇居民消费结构合理化的监测与预警分析 [J]. 统计与决策，

2010（21）：79-81.

[416] 王芳. 消费结构合理化监测指标的构建与选择 [J]. 统计与决策，2009（23）：26-27.

[417] 王飞，成春林. 城镇化对我国居民消费率的影响 [J]. 甘肃农业，2003（11）：19-20.

[418] 王家庭，唐袁. 我国城市化质量测度的实证研究 [J]. 财经问题研究，2009（12）：127-132.

[419] 王军. 完善经济发展方式转变的动力问题研究 [J]. 理论学刊，2009（9）：54-59.

[420] 王首元. 居民消费、政府消费与投资均衡关系的一个新模型：基于比例效用理论视角 [J]. 贵州财经大学学报，2013（6）：1-9.

[421] 王婷. 中国城镇化对经济增长的影响及其时空分化 [J]. 人口研究，2013，37（5）：53-67.

[422] 王维国，于洪平. 我国区域城市化水平的度量 [J]. 财经问题研究，2002（8）.

[423] 王翔. 以城市化驱动消费的现实悖论：兼论我国经济拉动方式的转型 [J]. 经济与管理研究，2010（4）：26-31.

[424] 王小鲁. 中国城镇化路径与城镇规模的经济学分析 [J]. 经济研究，2010（10）：20-32.

[425] 王孝春. 提高农民消费质量的思考 [J]. 税务与经济，2008（4）：51-54.

[426] 王旭. 20 世纪美国城市空间结构的变化及其理论意义 [J]. 南通大学学报（社会科学版），2006（4）：11.

[427] 王一鸣. 关于"转变经济发展方式"的答问 [J]. 人民论坛，2007（21）.

[428] 王一鸣. 转变经济发展方式的现实意义和实现途径 [J]. 理论视野，2008（1）：25-28.

[429] 王永祥. 城镇化进程中居民体育消费对国民经济发展的贡献研究 [J].

生产力研究，2014（10）：156-157.

[430] 王征宇，刘俊辰，蔡德发. 黑龙江省产业结构、消费结构与经济增长关联研究［J］. 哈尔滨商业大学学报（社会科学版），2018（4）：112-120.

[431] 王志刚，龚六堂，陈玉宇. 地区间生产效率与全要素生产率增长率分解（1978—2003）［J］. 中国社会科学，2006（2）：55-66.

[432] 王志燕. 山东省城镇化质量区域比较研究［J］. 山东经济，2009（6）：143-148.

[433] 王祖山，张欢欢. 我国城镇化发展质量评价体系的构建与测度［J］. 统计与决策，2015（12）：49-51.

[434] 卫鹿琳. 新型城镇化和产业结构耦合协调发展对经济增长的空间溢出效应研究［D］. 上海：上海师范大学，2019.

[435] 卫兴华，侯为民. 中国经济增长方式的选择与转换途径［J］. 经济研究，2007（7）：15-22.

[436] 温涛，田纪华，王小华. 农民收入结构对消费结构的总体影响与区域差异研究［J］. 中国软科学，2013（3）：42-52.

[437] 吴蓓蓓，陈永福，于法稳. 基于收入分层 QUAIDS 模型的广东省城镇居民家庭食品消费行为分析［J］. 中国农村观察，2012（4）：59-69，94-95.

[438] 吴风庆. 消费结构演变过程量变与质变的实证分析：以山东省农村为例［J］. 消费经济，2001（4）：36-38.

[439] 吴瑾. 居民消费结构、产业结构与经济增长［J］. 经济问题探索，2017（12）：18-22.

[440] 吴树清. 转变经济发展方式是实现国民经济又好又快的关键［J］. 前线，2008（1）.

[441] 吴远霖. 中国城乡居民医疗服务的消费行为及福利效应分析：基于 QUAIDS 模型［J］. 哈尔滨商业大学学报（社会科学版），2016（2）：79-89.

[442] 吴振明. 四川新型城镇化如何走高质量路径? [J]. 四川省情, 2019 (12): 28-30.

[443] 吴忠群. 中国经济增长中消费和投资的确定 [J]. 中国社会科学, 2002 (3): 49-62.

[444] 夏春玉, 张闯, 梁守砚. 城乡互动的双向流通系统: 互动机制与建立路径 [J]. 财贸经济, 2009 (10): 106-112.

[445] 夏翃. 中国城市化与经济发展关系研究 [D]. 北京: 首都经济贸易大学, 2008.

[446] 项本武, 张鸿武. 城市化与经济增长的长期均衡与短期动态关系: 基于省际面板数据的经验证据 [J]. 华中师范大学学报 (人文社会科学版), 2013, 52 (2): 47-54.

[447] 肖金成, 史育龙, 申兵, 等. 中国特色城镇化道路的内涵和发展途径 [J]. 发展研究, 2009 (7): 4-8.

[448] 肖立. 我国农村居民消费结构与收入关系研究 [J]. 农业技术经济, 2012 (11): 91-99.

[449] 肖元真, 王明和, 曹积家. 我国经济发展方式转变的有效途径和战略目标 [J]. 西南科技大学学报 (哲学社会科学版), 2008 (1): 1-5.

[450] 徐乐怡, 曹信生, 刘程军. 产业视角的中国城镇化质量分级与演化研究 [J]. 经济地理, 2018, 38 (12): 68-75.

[451] 徐素, 于涛, 巫强. 区域视角下中国县级市城市化质量评估体系研究: 以长三角地区为例 [J]. 国际城市规划, 2011, 26 (1): 53-58.

[452] 徐索菲. 中国城镇居民消费需求的制约因素及对策分析 [J]. 当代经济研究, 2011 (4): 76-79.

[453] 许家军. 基于灰色系统模型的广西农民消费结构分析及趋势预测 [J]. 农业经济, 2008 (11): 88-90.

[454] 许进杰. 居民能源消费行为研究述评 [J]. 创新, 2014, 8 (5): 79-84, 127.

[455] 续亚萍, 俞会新. 基于主成分分析的我国新型城镇化质量评价 [J].

工业技术经济，2015，34（7）：153-160.

[456] 薛德升，曾献君. 中国人口城镇化质量评价及省际差异分析 [J]. 地理学报，2016（2）：194-204.

[457] 薛军民，靳媚. 居民消费升级与经济高质量发展——基于中国省际面板数据的实证 [J]. 商业经济研究，2019（22）：42-46.

[458] 亚当·斯密. 国民财富的性质和原因的研究（上卷）[M]. 北京：商务印书馆，1972.

[459] 闫海龙，胡青江. 关于推进新疆丝绸之路经济带"核心区"建设的思考与建议 [J]. 经济研究参考，2014（61）：54-60.

[460] 严奉宪，胡译丹. 新常态下农村居民消费结构的变化与优化 [J]. 统计与决策，2018，34（6）：98-101.

[461] 严先溥. 消费对经济的拉动力进一步增强 [J]. 中国国情国力，2016（4）：24-26.

[462] 晏艳阳，沈楠，马洪帅. 基于 ELES 模型的我国城镇居民消费结构研究 [J]. 湖湘论坛，2011，24（2）：86-91.

[463] 杨浩昌. 中国城镇化对经济增长的影响及其区域差异：基于省级面板数据的分析 [J]. 城市问题，2016（1）：58-91.

[464] 杨辉，李翠霞. 通过提高农村社会保障水平促进农民消费结构升级 [J]. 经济纵横，2014（2）：73-77.

[465] 杨连星，张杰. 城镇化质量指标体系的评价研究 [J]. 现代管理科学，2015（5）：78-96.

[466] 杨璐璐. 中部六省城镇化质量空间格局演变及驱动因素：基于地级及以上城市的分析 [J]. 经济地理，2015，35（1）：68-75.

[467] 杨秋宝. 转变经济发展方式的艰巨性和难点 [J]. 理论视野，2011（6）.

[468] 杨三省. 推动高质量发展的内涵和路径 [N]. 陕西日报，2018-05-23（11）.

[469] 杨圣明，李学曾. 有关消费结构的几个问题 [J]. 中国社会科学，

1984（5）：57-72.

［470］杨胜刚，朱红.中部塌陷、金融弱化与中部崛起的金融支持［J］.经济研究，2007（5）：55-77.

［471］杨伟民.贯彻中央经济工作会议精神　推动高质量发展［J］.宏观经济管理.2018（2）：13

［472］杨新刚，张守文，强群莉.安徽省县域城镇化质量的时空演变［J］.经济地理，2016，36（4）：84-91.

［473］杨洋.中国的城镇化进程和发展方向［J］.时代金融，2014（30）：15-17.

［474］易行健，杨碧云.世界各国（地区）居民消费率决定因素的经验检验［J］.世界经济，2015，38（1）：3-24.

［475］殷醒民.高质量发展指标体系的五个维度［N］.文汇报，2018-02-06（012）.

［476］尹世杰.关于消费结构一些值得研究的问题［J］.湘潭大学学报（社会科学版），1985（4）：58-84.

［477］尹世杰.略论优化消费结构与转变经济发展方式［J］.消费经济，2011，27（1）：3-9.

［478］尹世杰.我国消费结构发展趋势与政策引导［J］.经济学家，1998（5）：3-5.

［479］于涛，张京祥，罗小龙.我国东部发达地区县级市城市化质量研究：以江苏省常熟市为例［J］.城市发展研究，2010，17（11）：7-24.

［480］余敏，赵洪进.河南省农村居民消费结构对产业结构的影响研究［J］.科技和产业，2015，15（11）：57-61.

［481］余文源，段娟.中国城乡互动发展的空间分布规律及其变化趋势分析［J］.中国人口·资源与环境，2008，18（5）：79-85.

［482］俞泓，王君.扬州新型城镇化建设中的问题与对策研究［J］.产业与科技论坛，2013，12（24）：35-36.

［483］禹四明，李亚诚.城镇化背景下居民消费水平与经济增长的动态分析

[J]. 消费经济，2015，31（5）：86-91.

[484] 喻开志，黄楚蘅，喻继银. 城镇化对中国经济增长的影响效应分析[J]. 财经科学，2014（7）：52-60.

[485] 喻开志，赵东伟，刘琪. 生态城镇化发展水平评价及对策研究——以四川省为例[J]. 国家行政学院学报，2015（4）：98-102.

[486] 袁天远，付迪. 中国农村居民消费结构分析[J]. 当代经济（下半月），2008（1）：34-35.

[487] 袁晓玲，王霄，何维炜. 对城市化质量的综合评价分析——以陕西省为例[J]. 城市发展研究，2008（2）：38-45.

[488] 原新，唐晓平. 都市圈化：一种新型的中国城市化战略[J]. 中国人口·资源与环境，2006，16（4）：9.

[489] 臧良震，张彩虹. 碳减排背景下中国城镇化与经济发展方式的动态响应分析[J]. 广西社会科学，2014（6）：82-86.

[490] 臧旭恒，孙文祥. 城乡居民消费结构：基于 ELES 模型和 AIDS 模型的比较分析[J]. 山东大学学报（哲学社会科学版），2003（6）：122-126.

[491] 张艾莲，刘柏. 地区消费过度敏感性分析[J]. 东北亚论坛，2013，22（2）：52-59.

[492] 张春华. 扩大农村居民消费需求问题研究[D]. 天津：天津大学，2014.

[493] 张光南，陈广汉. 基础设施投入的决定因素研究：基于多国面板数据的分析[J]. 世界经济，2009（3）：34-44.

[494] 张晖明，温娜. 城市系统的复杂性与城市病的综合治理[J]. 上海经济研究，2000（5）：45-49.

[495] 张克听. 消费行为的理性分析及政策选择[J]. 经济问题，1999（8）：3-5.

[496] 张亮亮. 经济转轨与城镇化进程中的居民消费行为特征：对1396户城镇家庭的实证分析[J]. 经济与管理，2013，27（7）：19-25.

[497] 张庆. 中国居民消费结构升级：影响因素及策略选择[J]. 商业经济

研究，2019（14）：56-58.

[498] 张伟，张宏业，王丽娟，等. 生态城市建设评价指标体系构建的新方法——组合式动态评价法 [J]. 地理学报，2014（16）：4766-4774.

[499] 张小莉，宋爽. 我国农村教育消费研究：现状及对策——基于城乡二元结构的视角 [J]. 科技促进发展，2016，12（5）：666-670.

[500] 张学敏，何西宁. 受教育程度对居民消费影响研究 [J]. 教育与经济，2006（3）：1-5.

[501] 张雪玲，叶露迪. 长三角地区新型城镇化发展质量研究："创新驱动"视角下的定量分析 [J]. 杭州电子科技大学学报（社会科学版），2016，12（6）：20-25.

[502] 张引，杨庆媛，闵婕. 重庆市新型城镇化质量与生态环境承载力耦合分析 [J]. 地理学报，2016，71（5）：817-828.

[503] 张卓元. 深化改革，推进粗放型经济增长方式转变 [J]. 经济研究，2005（11）：4-9.

[504] 张卓元. 我国转变经济发展方式的难点在哪里 [J]. 经济纵横，2010（6）：11-12.

[505] 章波，黄贤金. 循环经济发展指标体系研究及实证评价 [J]. 中国人口·资源与环境，2005（3）：22-25.

[506] 赵昕东，汪勇. 食品价格上涨对不同收入等级城镇居民消费行为与福利的影响——基于 QUAIDS 模型的研究 [J]. 中国软科学，2013（08）：154-162.

[507] 赵彦博. 城镇化质量提升与消费结构优化耦合发展的国际比较及对我国的借鉴 [D]. 北京：对外经济贸易大学，2017.

[508] 郑慧. 建立新消费升级体系 [J]. 中国金融，2016（14）：76-77.

[509] 郑鑫. 城镇化对中国经济增长的贡献及其实现途径 [J]. 中国农村经济，2014（6）：4-15.

[510] 郑玉歆. 全要素生产率的测度及经济增长方式的"阶段性"规律——由东亚经济增长方式的争论谈起 [J]. 经济研究，1999（5）：55-60.

［511］中共中央文献研究室. 十六大以来重要文献选编（上）［M］. 北京：中央文献出版社，2005：18.

［512］钟海燕. 城镇化、工业化与民族地区经济发展方式转变［J］. 广西民族研究，2013（2）：134-141.

［513］周江，李颖嘉. 中国能源消费结构与产业结构关系分析［J］. 求索，2011（12）：42-44.

［514］周丽萍. 转变经济发展方式中的产业结构调整［J］. 江苏社会科学，2010（6）57-61.

［515］周亮，车磊，孙东琪. 中国城镇化与经济增长的耦合协调发展及影响因素［J］. 经济地理，2019，39（6）：97-107.

［516］周民良. 切实推进中国新型城镇化进程：理论与实践应关注的若干方面［J］. 学习与实践，2013（5）：5-14.

［517］周荣蓉. 我国城镇居民消费结构与产业结构协调发展研究［J］. 学术界，2015（11）：159-166.

［518］周瑞瑞，米文宝，李俊杰，等. 宁夏县域城镇居民生活质量空间分异及解析［J］. 干旱区资源与环境，2017，31（7）：14-21.

［519］周叔莲，刘戒骄. 如何认识和实现经济发展方式转变［J］. 理论前沿，2008（6）：5-9.

［520］周一星. 城市化与国民生产总值关系的规律性探讨［J］. 人口与经济，1982（1）：28-33.

［521］周毅. 城镇化机制创新与城乡区域经济发展方式转变［J］. 西北师大学报（社会科学版），2010，47（6）：110-117.

［522］朱孔来，李静静，乐菲菲. 中国城镇化进程与经济增长关系的实证研究［J］. 统计研究，2011，28（9）：80-87.

［523］朱鹏华，刘学侠. 城镇化质量测度与现实价值［J］. 改革，2017（9）：115-128.

［524］朱文辉. 西部省区城镇化、能源消费与经济增长关系研究［J］. 喀什师范学院学报，2015，36（4）：26-32.

［525］朱英明. 区域制造业规模经济、技术变化与全要素生产率：产业集聚的影响分析［J］. 数量经济技术经济研究，2009，26（10）：3-18.

［526］宗成华. 中国西部农村居民消费结构变动研究［D］. 北京：中国农业大学，2015.

［527］李江苏、王晓蕊、苗长虹，等. 城镇化水平与城镇化质量协调度分析：以河南省为例［J］. 经济地理，2014（7）：70-76.

［528］梁振民. 新型城镇化背景下的东北地区城镇化质量评价研究［D］. 长春：东北师范大学，2014：12-16.

［529］李林杰，王玉静，申波. 人口城市化率与最终消费率矛盾症因及相关建议［J］. 商业研究，2009（11）：210-213.

［530］毕吉耀，张哲人. 经济形势理性看：坚定实施扩大内需战略［N］. 人民日报，2020-05-13.

［531］田俊荣，陆娅楠，刘志强，等. 加快经济结构优化升级［N］. 人民日报，2019-02-17.

［532］刘羡. 经济发展方式转变已迫在眉睫　体制改革促高质量发展［N］. 中国新闻周刊，2018-03-21.

［533］易信，刘磊. 以"三大转变"推动经济高质量发展［N］. 中国发展观察，2019，2（2）：1-2.

［534］王建. 城市化：扩内需保增长的战略选择［J］. 宏观经济管理，2009（05）：30-33.

［535］周毅，李京文. 城市化发展阶段、规律和模式及趋势［J］. 经济与管理研究，2009（12）：89-94.

［536］于晓丹，宋哲. 城乡差距研究文献综述：从量化的角度：以基本公共服务、居民收入及评价指标体系等为分析领域［J］. 湘潮（下半月），2011（3）：102-103.

［537］蒋勇，杨巧. 城镇化、产业结构与消费结构互动关系的实证研究［J］. 工业技术经济，2015，34（1）：20-28.

［538］王国刚. 城镇化：中国经济发展方式转变的重心所在［J］. 经济研究，

2010，45（12）：70-81.

［539］杨眉. 城镇化的发展规律、原则及路径［J］. 城市问题，2012（8）：26-29.

［540］聂新伟. 城镇化与扩大内需关系的经验检验［J］. 城市，2018（4）：3-13.

［541］戚义明. 改革开放以来扩大内需战略方针的形成和发展［J］. 党的文献，2009（4）：34-41.

［542］解瑾. 关于经济发展方式转变与经济结构调整的分析［J］. 中国商论，2019（6）：238-239.

［543］祁林德. 国外城市群发展的规律及其启示［J］. 郑州航空工业管理学院学报（社会科学版），2008（3）：173-175.

［544］李月，徐永慧. 结构性改革与经济发展方式转变［J］. 世界经济，2019，42（4）：53-76.

［545］陈淮. 扩大内需是我们的长期战略方针［J］. 浦东开发，2002（6）：16-19.

［546］李树真，刘菊芹. 扩大内需是长期的战略方针［J］. 金融信息参考，2002（2）：8-9.

［547］曹钢，曹大勇，何磊. 论马克思的城市发展思想与国际城镇化百年革命：兼论中国特色城镇化道路的创新问题［J］. 陕西师范大学学报（哲学社会科学版），2013，42（1）：5-17.

［548］陈浩农. 论我国消费升级的特征、制约因素与对策［J］. 市场论坛，2019（10）：18-21.

［549］吴波. 绿色消费研究评述［J］. 经济管理，2014，36（11）：178-189.

［550］夏杰长. 全球疫情冲击下的中国服务业：分化与创新发展［J］. 财经问题研究，2020（6）：3-12.

［551］邱晓东，吴福象. 世界经济格局演变与中国发展战略调整［J］. 国际论坛，2016，18（3）：60-66+81.

［552］魏勇，杨孟禹. 收入结构、社会保障与城镇居民消费升级［J］. 华东

经济管理，2017，31（3）：90-99.

[553] 白凤娇. 我国城镇居民消费结构优化升级研究［J］. 理论探讨，2015（5）：101-104.

[554] 许谨. 我国新型城镇化建设基本问题研究［J］. 中国外资，2013（4）：176+178.

[555] 石明明，江舟，周小焱. 消费升级还是消费降级［J］. 中国工业经济，2019（7）：42-60.

[556] 赵萍. 消费增长受制约　消费升级待破题［N］. 国际商报，2011-06-23（002）.

[557] 韩玉锦. 新冠肺炎疫情对经济会有多大影响：基于社会消费品零售总额的角度［J］. 产业经济评论，2020（2）：13-23.

[558] 傅志华，王志刚. 新冠肺炎疫情对居民消费的影响及对策［J］. 财政科学，2020（4）：33-40.

[559] 郑江淮，付一夫，陶金. 新冠肺炎疫情对消费经济的影响及对策分析［J］. 消费经济，2020，36（2）：3-9.

[560] 魏人民. 新型城镇化建设应解决七个失衡问题［J］. 经济纵横，2013（9）：12-15.

[561] 王仁伟. 新型城镇化建设质量问题及提升策略研究［J］. 农业经济，2017（6）：30-32.

[562] 赵莹，李宝轩. 新型城镇化进程中小城镇建设存在的问题及对策［J］. 经济纵横，2014（3）：8-11.

[563] 刘兆征. 学习贯彻十八大精神　加快经济发展方式转变［J］. 前进，2013（1）：21-23.

[564] 洪银兴. 依靠扩大内需实现经济持续增长：学习党的十八大精神［J］. 南京大学学报（哲学. 人文科学. 社会科学版），2013，50（1）：5-1.

[565] 中国财政科学研究院财政大数据研究所"疫情与居民消费"课题组，傅志华. 疫情对居民消费影响的调查分析与对策建议［J］. 中国财政，2020（10）：31-34.

[566] 张伟，刘壮. 疫情之下数字经济发展对经济的影响研究 [J]. 重庆邮电大学学报（社会科学版），2020，32（3）：102–112.

[567] 李克强. 在改革开放进程中深入实施扩大内需战略 [J]. 求是，2012（4）：3–10.

[568] 周小亮，吴武林. 中国包容性绿色增长的测度及分析 [J]. 数量经济技术经济研究，2018，35（8）：3–20.

[569] 丁成日，谭善勇. 中国城镇化发展特点、问题和政策误区 [J]. 城市发展研究，2013，20（10）：28–34.

[570] 向书坚，郑瑞坤. 中国绿色经济发展指数研究 [J]. 统计研究，2013，30（3）：72–77.

[571] 辜胜阻，王敏，李洪斌. 转变经济发展方式的新方向与新动力 [J]. 经济纵横，2013（2）：1–8.

[572] 曹远征. 农民工市民化是释放消费能力的重心 [N]. 证券时报，2018-12-18.

[573] 时浩楠. 中国省域人口城镇化与教育城镇化耦合协调关系研究 [D]. 合肥：安徽大学，2019：94–102.

[574] 胡日东，苏梽芳. 中国城镇化发展与居民消费增长关系的动态分析：基于 VAR 模型的实证研究 [J]. 上海经济研究，2007（5）：58–65.

[575] 国务院发展研究中心课题组，刘世锦，陈昌盛，等. 农民工市民化对扩大内需和经济增长的影响 [J]. 经济研究，2010，45（6）：4–16.

[576] 王健，赵凯. 中国城镇化、老龄化、城乡差距与经济发展研究：基于有调节的中介效应模型 [J]. 当代经济管理，2020，42（7）：49–58.

[577] 曹裕，陈晓红，马跃如. 城镇化、城乡收入差距与经济增长：基于我国省级面板数据的实证研究 [J]. 统计研究，2010（27）：29–36.

[578] 毛其淋. 经济开放、城镇化水平与城乡收入差距：基于中国省际面板数据的经验研究 [J]. 浙江社会科学，2011（1）：11–22.

[579] 王子敏. 我国城镇化与城乡收入差距关系再检验 [J]. 经济地理，2011（8）：1289–1293.

［580］吴海江，何凌霄，张忠根．我国人口年龄结构对城乡居民消费差距的影响［J］．数量经济技术经济研究，2014（2）：3-19.

［581］胡鞍钢．城镇化是今后我国经济发展的主要推动力［J］．中国人口科学，2003（6）：1-8.

［582］张秀利，祝志勇．城镇化推进与居民消费关系的实证：伪城镇化及其破解［J］．财经理论与实践，2015（6）：98-101.

［583］刘艺容．我国城镇化率与消费率关系的实证研究［J］．消费经济，2007（6）：54-60.

［584］张杨波．新型城镇化、扩大内需与消费结构优化升级［J］．浙江学刊，2017（6）：129-134.

［585］田成川．城市化：解决消费需求不足的必由之路［J］．宏观经济管理，2004：36-38.

［586］蔡思复．城市化是克服市场需求不足的根本途径［J］．中南财经政法大学学报，1999：24-26.

［587］孔艳芳．房价、消费能力与人口城镇化缺口研究［J］．中国人口科学，2015（6）：33-44.

［588］王春光．农村流动人口的"半城镇化"问题研究［J］．社会学研究，2006（5）：107-122.

［589］王宁．消费系统现代化：一个扩大消费的社会学视角［J］．中山大学学报（社会科学报），2009（6）：197-202.

［590］褚荣伟，张晓冬．我国农民工消费市场解读——金字塔底层的财富［J］．经济理论与经济管理，2011（3）：34-45.

［591］吴鸣然，马骏．新型城镇化进程中农村消费空间的转向与再生产［J］．商业经济研究，2016（1）：143-145.

［592］孙虹乔，朱琛．中国城镇化与农村消费增长的实证分析［J］．统计与决策，2012（5）：90-93.

［593］胡若痴．传统与新型城镇化对消费影响的对比分析［J］．黄海学术论坛，2013（1）：127-139.

［594］周晓虹，中产阶级：何以可能与何以可为［J］.江苏社会科学，2002（6）：37-45.

［595］李春玲，中产阶级的消费水平和消费方式［J］.广东社会科学，2011（4）：210-218.

［596］沈凌，田国强.贫富差别、城镇化与经济增长：一个基于需求因素的经济学分析［J］.经济研究，2009（1）：17-29.

［597］胡若痴.城镇化进程中流动人口消费问题探析［J］.管理学刊，2012：41-45.

［598］张翼.当前中国社会各阶层的消费倾向：从生存性消费到发展性消费［J］.社会学研究，2016（4）：74-96.

［599］刘园园，丛帅，楚进科.京津冀文化消费市场一体化研究：基于大数据视角下消费心理影响因素［J］.产业与科技论坛，2019（17）：82-83.

［600］陈福中，刘成，卢景新，供给侧结构性改革背景下技术创新对京津冀产业结构升级调整的影响：基于京津冀1985—2016年面板数据实证考察［J］.科技管理研究，2019（9）：11-16.

［601］李瑛."珠三角地区"城镇化中的消费集聚效应研究［J］.消费经济，2011（8）：34-37.

［602］刘毅.中产阶层消费结构变迁及特征：基于珠江三角洲城镇住户调查的分析［J］.经济学家，2008（8）：86-91.

［603］周春山，王宇渠，徐期莹.珠三角城镇化新进程［J］.地理研究，2019（1）：45-63.

［604］俞剑，方福前.我国城乡居民消费结构升级对经济增长的影响［J］.中国人民大学学报，2015（5）：68-78.

［605］李丹琪，江民星，戴玲.住房价格上涨对居民消费结构升级影响效应实证研究［J］.商业经济研究，2019（11）：34-39.

［606］魏勇，杨孟禹.收入结构、社会保障与城镇居民消费升级［J］.华东经济管理，2017，31（3）：90-99.

［607］ 孔凡文，许世卫. 论城镇化速度与质量协调发展［J］. 城市问题，2005（5）：58-61.

［608］ 魏后凯，等. 我国城镇化质量综合评价报告［J］. 经济研究参考，2013（5）：3-32.

［609］ 孙凤，易丹辉. 中国城镇居民收入差距对消费结构的影响分析［J］. 统计研究，2000（5）：9-15.

［610］ 白晓容. 促进消费由生存型向发展型转变的路径研究［D］. 长沙：湖南师范大学，2012.

［611］ 赵志坚，胡小娟. 我国城乡居民消费结构比较分析［J］. 消费经济，2007（5）：24-27.

［612］ 蒋南平，王向南，朱琛. 中国城镇化与城乡居民消费的启动：基于地级城市分城乡的数据［J］. 当代经济研究，2011（3）：62-67.

［613］ 雷潇雨，龚六堂. 城镇化对于居民消费率的影响：理论模型与实证分析［J］. 经济研究，2014，49（6）：44-57.

［614］ 鞠立新. 由国外经验看我国城市群一体化协调机制的创建：以长三角城市群跨区域一体化协调机制建设为视角［J］. 经济研究参考，2010（52）：20-28.

［615］ 刘敏，王海平. 京津冀协同发展体制机制研究：基于世界六大城市群的经验借鉴［J］. 现代管理科学，2014（12）：67-69.

［616］ 祝尔娟，叶堂林. 北京建设世界城市与京津冀一体化发展［M］. 北京：社会科学文献出版社，2014：69-73.

［617］ 罗震东，何鹤鸣. 全球城市区域中的小城镇发展特征与趋势研究：以长江三角洲为例［J］. 城市规划，2013，37（1）：9-16.

［618］ 付波航，方齐云，宋德勇. 城镇化、人口年龄结构与居民消费：基于省际动态面板的实证研究［J］. 中国人口·资源与环境，2013，23（11）：108-114.

［619］ 季松，段进. 空间的消费：消费文化视野下城市发展新图景［M］. 南京：东南大学出版社，2012.

[620] 刘秉镰，朱俊丰. 新中国 70 年城镇化发展：历程、问题与展望 [J]. 经济与管理研究，2019，40（11）：3-14.

[621] 陈锋. 改革开放三十年我国城镇化进程和城市发展的历史回顾和展望 [J]. 规划师，2009，25（1）：10-12.

[622] 苏红键，魏后凯. 改革开放 40 年中国城镇化历程、启示与展望 [J]. 改革，2018（11）：49-59.

[623] 蔡秀玲. 中国城镇化历程、成就与发展趋势 [J]. 经济研究参考，2011（63）：28-37.

[624] 冷兆松. 加快转变经济发展方式战略的形成历程与重大发展 [J]. 毛泽东邓小平理论研究，2011（9）：50-54+84.

[625] 陈志刚，郭帅. 中国经济发展方式转变的阶段划分与测度 [J]. 中南民族大学学报（人文社会科学版），2016，36（2）：89-95.

[626] 简新华，叶林. 改革开放前后中国经济发展方式的转变和优化趋势 [J]. 经济学家，2011（1）：5-14.